いろごと辞典

小松奎文

角川文庫
20848

目次

本文　五十音索引

凡例

一、見出しは、国語と漢語はひらがなで、外来語及びカタカナ表記が一般化されているものについてはカタカナで表した。
二、語彙の配列は、一般の国語辞典に倣った。
三、見出し語に続いて［ ］の中に漢字（一部旧仮名遣いや片仮名）の表記を示した。外来語と日本語の複合語の場合は外来語の部分を「…」で表した。
四、古語については漢字による表記が何通りもあったり、当て字があったりする場合があるが、その場合は［ ］の中に連記した。
五、同義語や類義語は、説明文の後に付記したものも一、二あるが、たいていは、◇印のあとに続けて記した。また、同義語や類義語の数が非常に多数の場合は、語源などを参考にして幾つかの系列にわけて整理した。
六、一般的に良く知られた同義語がある場合は、その語を以て説明とした。
七、同義語が幾つかある場合は、すべての語に説明はつけず、最も良く知られていると思われる語の見出しの所に説明をつけ、《「○○」の項を参照》と記して、説明してある語彙を明らかにした。

八、現代の文学や評論に使われている流行語や、現代の風俗界の用語・隠語類は原則として取り入れなかったが、現代の世相を考えたり、若者が自分の生き方を考える（反省する）よすがになったりすると思われるものは採録した。

九、「ゐ・ヰ」「ゑ・ヱ」「を・ヲ」は、助詞の「を」及び説明文の中の古文の引用以外は「い」「え」「お」と表記した。

十、参考のために引用した川柳のうち、原典が『誹風柳多留《はいふうやなぎだる》』及び『誹風末摘花《すえつむはな》』の場合は、句の後に（『誹風柳多留』）・（『末摘花』）と記したが、それ以外の場合は記さなかった。

十一、「……」、「……」、「……」（『末摘花』）。のように何句かが、読点で連続している場合は、すべて『末摘花』からの引用である。また、「……」。「……」。「……」。のように句点で切られている場合は、すべて別の原典からの引用である。

十二、原典が変体仮名で書かれている場合は、すべて平常のひらがなまたはカタカナに書き換えた。

十三、説明文中、原典が旧漢字や旧仮名遣いで書かれているものの引用は、なるべくそのままにしたが、現在市販されている原典の複製が既に常用漢字や現代仮名遣いに書き改められている場合は、やむを得ずそれに倣った。

あ

あ［**丫**］揚げ巻。

あ［**娃**］美しい女。器量が良い。

あ［**婀**］しなやか、たおやか。女の姿が美しいさま。

アーヌスムス　アーヌス（肛門）とオルガスムス（絶頂感）の合成語で、肛門や会陰部を舌などで刺激して性的興奮を起こさせ、オルガスムスを感じさせる方法や行為。一般に「肛門接吻」と訳されている。しかし、男女の肛門や会陰部にキスしたりリックするだけでなく、男性が女性の肛門に陰茎を挿入する行為までも含め、肛門快感の全てを含む意味で使われることも多い。

あい［**哇**］へつらう声、淫らな声や音。

あいえき［**愛液**］ラブ・ジュースを直訳した言葉。女性が性的欲望を感じたり、性的興奮を生じた時に、女性器の中に分泌される液。生理学的にはバルトリン腺液、膣からの分泌液や頸管粘液から成る。

まだ医学的にも判然としない点もあるが、要約すると、愛液は一応四種類あることになる。①淫欲を催した時に溺道《できどう》（尿道口）の下端付近から分泌される「バルトリン腺液」。

②興奮時に膣壁（精道壁）から汗のように滲出する「膣液」。③同じく興奮時に後交連《こうこうれん》付近から分泌される「スケーネ腺液」。④オルガスム時に子宮膣部（子宮の入口）の頸管から噴出する、白濁して粘性のある「頸管液」である。

愛液は男性器の挿入をスムーズにする働きをしていると共に、膣内の酸性度を中和させ、酸に弱い精子を殺さないように、膣内のpHをアルカリ性にする重要な役割をもっている。また空胞は陰茎挿入時のクッション的な役割をしていると考えられている。

愛液全体はほぼ透明なやや粘性のある液で、無味無臭に近いが、体の状態によって特有の匂いがある場合もある。

この液が分泌されると女性器が濡れることから、女性が性的欲望を感じたり性的興奮を生じている状態、または性交することを、昔は「濡れる」という言葉で言い表した。

ところで江戸時代には「津液《しんえき》」「淫水」「玉水」「走り水」「吐淫《とい ん》」など、愛液を総合的に表す言葉が数多くあったが、その他に「騒水（さわぎみず）」「真精（まき）」「精水（きみず）」という言葉があった。「騒水」が女性が淫情を感じた時に分泌する淫水の呼び名であるのに対し、絶頂に達した時に洩らす淫水は「精水」「気水」「真精」と呼んで区別していた。その上、絶頂に達した時の淫水は女陰の奥の方から吹き出してくることや、亀頭に当たる液であることまで知られていた。明治以降の現代科学で愛液が膣口付近で分泌されると誤解され、百年以上たってやっと真実が解明されようとしているのに、江戸時代の人は

既に淫情を感じた時に分泌する膣液と絶頂に達する時に分泌される子宮頸管液があること
を経験的に知っていたことは驚嘆に値するといえる。
愛液という言葉を、男性の精液の意味で使う場合もまれにある。
◇〔学術系〕膣液、バルトリン腺液、粘滑化液。
◇〔泉系〕泉、愛の泉。
◇〔液系〕淫液、陰液、恥液、欲望の液、津液、女液、滑液、予備液、愛の液、媚液、秘
液、おまんこ液。
◇〔感触系〕ぬめり、ぬらつき、ぬめぬめ、ぬるぬる。
◇〔汁系〕淫汁、お汁（おつけ）、液汁。
◇〔吐く系〕吐淫、吐精、吐津。
◇〔水系〕淫水、玉水、洩らし水、愛水、走り水、心の水、情の水、命の水、騒水、肉水
（なさけのみず）、精水、きみず、おまんこ水。
◇〔蜜系〕蜜、女蜜、秘蜜、淫蜜、愛蜜。
◇〔その他系〕保津《ほつ》、とろろ、ふのり、生麩、涎。
◇〔外国語系〕ラブ・ジュース。
あいえきのあじ〔愛液の味〕愛液は一般的には無味に近いが、体の状態によって特有の味
がある場合もある。一説によれば、ヨーグルトの味に近いという。「ヨーグルトの味」の

項を参照。

あいえきのにおい［**愛液の匂い**］愛液は一般的には無味無臭に近いが、体の状態によって特有の匂いがある場合もある。一説によれば、茹卵の匂い（ふっくらした体格の女性に多い、量は少ないが良く粘る）、チーズの匂い（匂いが強く、肉感派に多い）、クサヤの匂い（日本人に多く、量・粘りとも優れている。後背位を好む）、スルメの匂い（潮吹きが多く、小股の切れ上がった女性に多い）などがあるという。

あいかた［**敵娼・相方・相敵**］遊客の相手の遊女。または遊客がいつも相手にする特定の遊女。多数の仲間で登楼《あが》ったような場合は、誰にどの敵娼をつけるかということになる。こういう時は、花魁の名前を書いた札を用意し、めいめいが引く。さもなければ、花魁が吸っている朱羅宇《しゅらお》の長煙管を一束にしたものを引く。名札や長煙管の束を「杭《くい》」という。この時にわれさきに杭を引くようでは野暮とされるので、遠慮するのが常識。そこで、今度は誰から順に杭を引くかがもめるのである。「焼香の順にとしゃれる大一座」。これは葬式帰りの一行が揃って遊廓に繰り出した時の句。

あいぎ［**愛戯**］性行為に於ける様々な行動や行為。

あいぎ［**愛技**］性交のテクニック。

あいご［**愛語**］女性が性交中、特にオルガスム時に発する言葉。
◇浪り声（よがりごえ）。

あいこう［**愛咬**］体の一部を痛みを感じさせない程度に咬むこと。性交の前に愛情の表現として行ったり、性的感情を高める為に行われる。また、感極まった時の喜びの表現として咬むこともある。耳たぶ、肩、陰阜《いんぷ》、臀部などを咬むことが多いが、その他にその時の体や心の状態で咬む場所は変わる。愛戯として額、顔、胸などに自分の歯形を刻印するために咬むなど、人によって様々な部分を咬むことがある。
　歯形の跡により幾つかの型式に分けられる。①乳房に環状の歯形を付けるクハンダーブラカム（乱雲形）、②人目につかないように下唇を軽く咬むゲードハカム（秘密）、③下唇を激しく咬むウッチューナカム（膨れる）、④頬を膨れるほど咬むブラブーラマニビンドゥ（花飾り）、⑤女性器を紅潮するほど愛咬するブラブーラマン（珊瑚）などがある。「快り声、押さえる口へ食ひつき」「噛むやうに成たと笑ふ出合茶屋」「ほつれ毛を噛んで二度目の味を知り」などの句がある。

あいごたつ［**合炬燵・合火燵・合巨燵・相炬燵・相火燵・相巨燵**］一緒に一つ炬燵に入ること。炬燵の布団の中は人目を避けて情を通じるには絶好の場所であった。しかし、炬燵に男女が入ると、手足が触れ合って恋が芽生えることも有れば、ついちょっかいを出して嫌われることもある。
「ほんのりと恋の色付く合火燵」「手のひらを抓めばひらく相火燵」（開いたのは心なのか股なのか？）。また、相炬燵で恋が成就して性交にまで至ると、「炬燵掛り」「炬燵隠れ」

などという体位がある。
あいしゅう〔**愛執・あいしふ**〕一般には、欲望にとらわれて心が離れ難いこと（もとは仏教用語）。特に愛するものに強く心がひかれて自由にならないこと。性愛に心が奪われてしまうこと。愛する余りの執着。「（薫との）もとの御契り過ち給はで、愛執の罪を晴るかし聞こえ給ひて……」（『源氏物語』）。
あいじん〔**愛人**〕愛する人。昔は恋人の意味で使われていたが、最近は妻以外に愛する人、世間をはばかる関係の人、肉体関係だけを目的とする人など、情婦、情夫という言葉に近い、よくないニュアンスで使われる。
　似た言葉に「めかけ」という言葉がある。「めかけ」は昔は男女共に使われていたらしいが、近世以降はもっぱら妻のいる男が妻以外に愛する女の意味で使われているのに対し、「愛人」は男女共に使われるし、最近では配偶者のいない場合にも使われる点で違いがある。
◇〔愛する系〕恋人、愛人。
◇〔情系〕情人（いろ・まぶ・じょうにん）。
◇〔妾系〕妾、目掛け、女掛け、愛妾、立つ女、男妾、ひも、おかけ、男掛け、囲れ男。
◇〔掛け系〕手掛け、足掛け。
◇〔二番目系〕二号、二号さん、二の膳、次妻。

◇〔囲う系〕囲い、囲い者、お囲い者、囲われ、囲われ者。
◇〔いろ系〕色、情合、情郎、色男、色女、情人、情夫、情婦、恋人（ともに「いろ」と読む）。
◇〔女系〕など、小指。
◇〔側室系〕側室、側妻、腰元（ともに大名・身分の高い人の妾）。
◇〔莚・筵系〕御座直し、茣蓙直し、茣蓙敷き、御座敷き、筵直し、筵敷き（いずれも妾兼用下女）。
◇〔下女兼務系〕小間触り、炊き触り、茶の間仲居、二瀬《ふたせ》、二仕《ふたせ》、二瀬のうば（年寄妾）。
◇〔秘密系〕密夫、密婦、みそかお。
◇〔隠語系〕（情婦）れこ、なご。（情夫）まぶ。
◇〔現代語系〕（男女共通）意中の人、いろ、ラバー。
（女性）色男、情夫、密夫、かくし男、彼氏、a love、Geliebtea、sweet heart。
（男性）色女、情婦、密婦、かくし女、彼女、a lover、Geliebte(r)。
あいす［愛す］愛欲にふける。「今夜正しく女のかの許に行きて、二人臥して愛しつる顔よ」（『今昔物語』）。
あいぜん［愛染］深く愛して執着すること。愛欲、愛着。「この婆羅門の妻（め）に美麗なるを見て愛染の心をおこして」（『今昔物語』）。

あいぜんみょうおう［**愛染明王**］愛欲に迷う衆生を慈愛の心で解脱させるという、密教で愛欲をつかさどる仏。江戸時代には恋愛の守護神として信仰された。

あいだ［**愛打**］性行為は男女の敵対感情や征服欲なども伴う激しい本能のせめぎあいであり、性感の絶頂時には、相手の性感帯を手で打つことも性愛をより高め、恍惚とさせるテクニックにもなり得る。この様な行動を愛打という。

愛打には、指の使い方で四種類あるという。①中指と親指を合わせたその先端で、相手の乳房の膨らみを突くように刺激する方法。キーラ（指先の楔《くさび》）と呼ばれる、ただ注意することは指を楔のようにするだけで、打ち込むほど強くしてはいけない。②五本の指を揃えたその先で、女性の頭部を打つ方法。カルリータ（剣）と呼ばれる。③指を握り拳にして頰を突く方法。ヴィッドハ（拳骨）と呼ばれる。④乳房や他の部分をつまんだり引っ張ったりする愛打の方法。サンダンシカ（つねる）と呼ばれる。

あいたいじに［**相対死**］心中のこと。江戸時代十八世紀に入ると、江戸で心中が流行し多発した。幕府は、心中浄瑠璃と芝居を禁止すると共に、「心中」の二字を合わせると「忠」の字に成るという理由から、心中を相対死と改称した。

心中者の死体は裸にしてさらし、未遂者は三日間さらして非人に下げるという厳罰を含む法令を出した。

あいだる［**愛垂る**］相手に気に入られようと振る舞う。甘える。

あいぢゃく［愛着］深く愛して、思い切れないこと（もとは仏教用語）。「男、女に愛着して、命を捨て」（『発心集《ほっしんしゅう》』）。
◇愛執。
あいなめ［相舐め］男女が同時にお互いの性器を口で愛撫すること、つまりクンニリングスとフェラチオを同時に行うことである。相舐めには、男上、女上と横取りの三つの型があり、男が女の上に重なって行うものを「ひよどり越え」「椋鳥《むくどり》」または「巴取り」と言い、男女が横臥して行うものを「二つ巴」または「二丁だて」と呼んだ。女が上の場合を「逆巴」または「逆さ椋鳥」と言う。特殊な型に、「ひよどり越えの坂落し」と言って、男が立ち、女を逆立ちさせて舐め合う曲芸的なものもある。
◇69、シックス・ナイン、巴どり、二つ巴、椋鳥、菊戴き、相互舐陰《しいん》、相互性器接吻、ザッフィズムス、フェール・ソワサント・ナーフ、ソワサン・ヌーフ。
あいねずみ［間鼠］妾商売の女が二、三の旦那を持ちながら、その旦那に内緒で時々売春するのを鼠と言い、旦那や亭主のある女が、その旦那や亭主と相談の上で売春するのを間鼠と言う。鼠と普通の売春婦の中間という意味か。

あいのおか［愛の丘］女性の胸、あるいは乳房。

あいのもり［愛の森］陰毛。

あいびき［逢引・相曳・媾曳］男女が密会すること。最近のデートと異なり、江戸期には肉体関係を含むことが多い。文学的表現として、「逢瀬」という言葉が使われることもある。

あいぶ［**愛撫**］顔や体を撫でたりさすったりして愛情表現をすること（一般用語）。男女間において相手の体の部分に撫でたりこすったりして刺激を与え、性的興奮を起こさせる行為。性的快感を得るため、性交行為ができない場合の代替行為としても行われるが、性交行為の前段階の行為（前戯）として行われることが多く、性行為をより潤滑に行い、充実したものにする意義は大きい。刺激を与えるには、手・指が多く使われるが、唇・舌・歯・掌・足なども使われる。刺激を与える体の部位には、性器およびその周辺の他、いわゆる性感帯と呼ばれる敏感な部分があるが、二人の愛情関係や雰囲気などによって他の部分でも性的快感を与え、興奮を起こさせることができる。刺激の与え方としては撫でる・こするなど手を使う行動が主であるが、舐める・しゃぶる・嚙むなど口を使った行動も多い。時にはつねる・叩くなど一般には痛みを与える行動も性的興奮を高める。愛撫は巧みな技術も大切ではあるが、その名のように、深い愛情をもってゆっくりと優しく行うことが大切である。「愛咬」「愛打」「性感帯」「合炬燵」の項を参照。

◇愛技、愛戯。

あいぼれ［**相惚れ**］接吻の旧《ふる》い呼び名。接吻のさらに旧い呼び名は「お刺身」。相惚れは本来、男女が互いに惚れ合うことを言うが、江戸時代には接吻は相惚れ同士の間のみに行われたことから、「お刺身」のことを相惚れと呼ぶようになった。

あいまいおんな［**曖昧女**］明治初期に東京、京都、大阪ほか地方の数都市で見られた売春婦で、素人でもないが公の娼婦でもない女なのでこの名が付いた。

あいまいや［**曖昧屋**］いかがわしい家、特に淫売婦をかかえておく家。

◇曖昧宿、ラブホテル。

あいもどり［**逢戻り**］一度別れた夫婦が元の鞘に収まること。元の結婚も仲人も立てず祝言（結婚披露宴）も開かなかった、いわゆる馴れ合い夫婦の場合に用いる。「帋（かみ）入れに薬が有て逢戻り」（妙薬を持って自信をつけての逢戻りか）、「恥かしい人の羨む逢戻り」（女のわがままだったのか？）。

あいよく［**愛欲・愛慾**］異性に執着する性的な欲望。性欲。情欲。

アウトドア・セックス　屋外で行う性行為。主に野原、森、公園の繁みの中などで行われる。都会のように二人が密かに逢うことのできる施設の無かった昭和初期までの農・山・漁村部では、森陰や物置小屋などが活用された。時には麦、とうもろこし、里芋など、畑の作物の陰で行われることもしばしばあり、『麦畑』は歌にもなるほど有名である。『四季の詠《ながめ》』（文政《ぶんせい》十二年・一八二九）には「田舎は大やうにて、夜這は表向から仕かけ、稲むらのかげ麦畑、どこでもかまはず押しこがし、青天井に芝畳……これもまた上なき気さんじなものにて、都方ではまねもならざる楽しみとやいふべからん」とある。「これからはどこですべいと麦を刈り」、「まだ伸びもせぬにもう来る麦畑」（『末摘花』）。
最近では、公衆の目にふれる可能性の高い公園のベンチ等でも行われることも多い。
◇青天井、青カン、村出合、村出会、野良出合、野良出逢、芝畳、麦畑、麦の中。
あおかん［**青カン**］屋外で行う性行為。カンは姦の意味だろう。
◇青天井、アウトドア・セックス。
あおだいしょう［**青大将**］陰茎のこと（少し怖さの意味を含む）。
あおたざかり［**青田盛り**］青田八反の最高時の良器。「悋気せぬ女房青田ざかりに成て居」。
あおたはったん［**青田八反**］産後の婦人。産後の婦人は青田八反に値する程の快美なものであるという意味。略して「青田」ともいう。「待かねて青田でのばす鷺の首」（鷺《さぎ》の首は陰茎の暗喩）、「大事ない早い青田を刈る夫」、「つゝしんで青田にをりぬ夜の鶴」（夜の鶴は陰茎の暗喩）、「まちっとじゃ青田刈る鎌研でゐる」（鎌は陰茎の暗喩）。
あおにょうぼ［**青女房**］性行為をし過ぎた女性。男性の腎虚《じんきょ》に相当する。亭主が長根の持ち主だと、強く子宮を突かれて腹痛を生じ青女房になるといわれ、「板ねぶとおぼしき人の青女房」、「青女房へのこの浮名立てるなり」（『末摘花』）という句は有名である。
あかいいと［**赤い糸**］七福神が新年に集まり、神たちは円をなして座り、白糸と赤糸の束を手にとる。そして慎重に注意しながらよく振って糸を選び、赤糸と白糸を一本ずつ結び付けて堅い結び目を作る。これが新しく結婚するであろう人の運命の糸である。こうして、その年の縁結びを決めるという伝説がある。一方、中国には「赤い縄」の話がある。日本の神話伝説と日本に入って来た中国の赤い縄の話が結び付いて、「赤い糸」の話に成ったと考えられ、縁のあった男女のことを「赤い糸で結ばれている」という俗諺《ぞくげん》が生まれたと思われる。

最初のうち慎重に結び付けていた七福神はやがて疲れてくると、糸をゆるく結んだり、糸が縺《もつ》れているにも拘らず結んでしまったりするという。こうなると、離婚が生じたり、様々な悶着が起こるのだという。また、中国の「赤い縄」では男女は足首同士が結ばれているが、「赤い糸」では小指と小指が結ばれているというように、細かい点での違いが見られる。

あかいたま［赤い玉］男性の精液には定量があって、それを使い切るとシューッと白い煙が吹き出し、やがて赤い玉がポンと出て、その玉に「オワリ」と刻印されているという。吉行淳之介《よしゆきじゆんのすけ》の言い出した言葉らしい。彼の話では、精液の定量は、四斗樽一杯分（約七二リットル強）だというのだが、一回の射精で放出される精液の量は約三ミリリットルであるから、人間は一生の間に二万四千回放出できることになる。六十五年間の日数は二万四千日弱であるから、十六歳から始めて八十歳まで、毎日一回以上欠かさずやり続けても、まだ赤い玉を見ることはできないという計算になる。

あかいぬ［赤犬］月経のこと。

あかいれんあい［赤い恋愛］身体の美しさや性器の具合といった身体的なことだけに魅かれてする恋愛。命名者のシュテーケルは「赤い恋愛は、結婚の基礎としては白い恋愛よりまだ良いかもしれない。が、それは往々にして不確実な基礎である。なぜなら、赤い恋愛というものは、時の破壊力には到底堪え得ないからである」と評している。シュテーケルは、赤と白の二つの愛が二人共に備わっている恋愛や結婚でなければ、悲劇に終わり、悲劇の傷は修復し得ないものに成る、と説いている。

あかがい［赤貝］女陰の隠語（年増のものに使われることが多い）。赤貝を一名「にたりがい」というのは、形が女陰に似ているからだという。「蛤は初手赤貝は夜中なり」（この句の「蛤」は結婚式に出される蛤のお吸物のこと）は『末摘花』でも特に有名な句の一つ。

あかがいす［赤貝酢］女が酒を飲んで欲情し、女陰が濡れてくること。

あかじ［赤字］天保弘化《てんぽうこうか》の頃、伊勢《いせ》の桑名《くわな》の売春婦の高等なものを「黒字」と称し、下等なものを「赤字」と称した。これは看板行燈の屋号を上店は墨で書き、下店は朱で書いたことに由来している。また、前掛けも赤と黒に分けたともいう。

あかせん［赤線］昭和二十一年（一九四六）、GHQは民主化政策の一環として「公娼廃止命令」を発令。これで、長く続いた遊廓の歴史は一応幕を閉じたが、政府は性風俗の混乱を防ぐ為にと称して、従来の遊廓や売春地区を「特殊飲食街」として指定し、その区域内での売春行為を黙認することにした。営業許可区域が警察署の地図上に赤い線で示されたことから、この地域は通称「赤線地帯」略して「赤線」と呼ばれた。またこの地域の周辺には、赤線に向かわせるために男達を呼びとめる地帯が形成され、「青線地帯」と呼ばれた。当時、「赤線」は都内に一六か所あった。

あかなべ［**赤鍋**］女陰のこと。鍋は釜の対語。

あかのまんま［**赤の飯**］「小豆飯」と同じ。初経祝いのお赤飯。「あかのまんまにととそへるはづかしさ」(『誹風柳多留』、ととは尾頭付きの祝いの魚)。「恥ずかしさ赤のまんまにとと添へて」。

あかもん［**赤門**］女陰(生理中のもの)。

あがりなまず［**上り鯰**］①廓通いし遊蕩三昧の末、身代を使い果たした客。②老女のこと。「上り」は死の意味、死んだ鯰はヌメリ(光沢ある粘液)が無く、潤いが無い。

あきいち［**秋一**］「春三、夏六、秋一、無冬」の「秋一」だが、七月七日の夜、牽牛星《けんぎゅう》と織女《しょくじょ》星が天の川を渡って交わす年一回の逢瀬の意味にも使われる。「秋一は天上晴れた御出合」(『誹風柳多留』、天下晴れてというところを星だから天上晴れてと洒落た)。類句に「天の川八日は水がぐっと減り」がある。七日の一年ぶりの逢瀬で水(精液)を使い果たし、八日にはぐっと減っているだろうというがち。

あきかわき［**秋渇き**］秋冷の頃の性欲亢進を言う。「あきがわき」とも読む。

あきだな［**明き店**］長屋の明いている店。長屋の空家。明き店は長屋の男女(下男下女たち）の恰好の密会場所である。手近にあるし、金はかからないし、畳もあるが、埃で汚れているのが難点である。「その馴れ初めは明き店と下女が戀」（『誹風柳多留』）。「明き店を細目に開けて下女は待ち」、「明き店でいけまじまじと叩いて出」。

あきのおうぎ［**秋の扇**］男の愛を失った女（比喩言葉）。

あきや［**空家**］本来の意味は、結婚経験があるが現在は夫のいない女性、つまり、未亡人または離婚妻。最近では、恋人のいないＯＬや、夫が単身赴任していたり海外出張中の妻などを含め、性体験があるが現在はその対象になる男性がいない女性全般について使われる。

あくたがわ［**芥川**］大阪市西成区《にしなり》にある淀《よど》川の支流。在原業平《ありわらのなりひら》が中納言藤原長良《ふじわらのながら》の娘（後の清和《せいわ》天皇の后・二条《にじょう》の后）と情を通じ駆落ちをした。途中、芥川に着いた業平は十二単衣を着た二条の后を背負って川を渡る。この場面の絵は随所に描かれていて、江戸時代人にはよく知られていた。「いしきを撫でちゃァいやよと芥川」（『誹風柳多留』）。「芥川草をわけての詮議なり」、「恋の重荷を背負だした芥川」、「やわやわと重みのかかる芥川」、「くじるたび背中でもがく芥川」。

あくをぬく［**灰を抜く・灰汁を抜く・柿渋を抜く**］性交すること。軽妙かつ意味深長な使われ方をする江戸言葉。

あげぞこ［**揚げ底**］江戸時代の避妊法。吉野紙《よしのがみ》を丸めて口でよく嚙み、唾液で濡らしたものを膣の奥に詰め込んだ。

◇底、用心紙。

あげだい［**揚代**］遊女や娼婦を買う代金。嫖価《ひょうか》とも言う。例「揚代二朱なり。五百文もあるなり」（『旅枕五十三次』）。「ここの揚代は七匁五分なり」。

（参考）一両＝四分＝六貫＝十六朱＝銀六十匁＝六千文

一朱＝三百六十文（二朱＝七百二十文）

一匁＝百文（七匁五分＝七百五十文）

あげつび［**挙通鼻**］「寝盗られた」という意味。通鼻（女陰）を人に挙げたという意味か。

あげまた［**揚俣**］仰向けになって股を高く上げること。すなわち、女性が正常位の形をとることを言う。

あげや［**揚屋**］遊女屋から遊女を招いて客を遊ばせる茶屋。吉原《よしわら》では太夫を揚げて遊ぶ場所を揚屋と呼んでいたから、延宝《えんぽう》以降、太夫がいなくなるとともに揚屋も自然消滅した。「新吉原」の項を参照。

あげやじょろう［**揚屋女郎**］上等の女郎。揚屋に招かれる遊女は一、二流の上妓に限られていたことによる。遊女が揚屋に行くことを道中と言う。

あごではいをおう［**顎で蝿を逐う・顎で蝿を追う・腮で蝿を追う**］「あごではえをおう」と同じ。江戸時代は蝿を「はい」と読む方が多かった。

あごではえをおう［**顎で蝿を逐う・顎で蝿を追う・腮で蝿を追う**］腎虚《じんきょ》（性交過度）の状態。性交過度により体力が衰えると、動作が緩慢になり、蝿を顎で逐うような仕草をすると言う。川柳などでは縮めて「頤の蝿（あごのはえ、おとがいのはい、あごのはい、おとがいのはい、と読む）」と言う。「腎兵衛は懐手にて蝿を追ひ」、「腮で追う蝿は六味へたかる也」（「六味」は「六味丸」「六味地黄丸」と称する強精剤）。

あさぎ［**浅黄**］田舎侍。国元から遠く離れて江戸勤めをしている田舎侍は浅黄裏の着物を着ていたところからこう呼ばれた。単身赴任で女っ気のない生活を長く送っている上に、将来も結婚できる当てのない身分の者が多く、女郎を買った時にはせっかちに性行為を迫り、しつこかった。こうした野暮を通り越した厚顔にして無粋、粗野にして執拗な好色ぶりが、庶民たちからも軽蔑されていた。「ふられても遮二無二浅黄かかるなり」、「あまっ子のようなにはまる浅黄裏」、「おそいこと何してじゃいと浅黄聞き」、「浅黄裏ばれをいへどもわからねへ」（『末摘花』）。「浅ぎうら色にはいっこぐどんなり」（いっこは一向）、「紅閨に独座し浅黄小言也」、「行ゥ水ィでざんすが浅黄解せぬ也」（行水は月経の別称）。

あさごみ［**朝込み**］遊女と肉体関係のある廓の若い者が、客が去った後、遊女の閨房に押し入り翌朝まで遊興すること。朝参り。

あさだち［**朝立ち**］朝目覚めた時に陰茎が勃起していること。朝一番の放尿をすると勃起が解消されることから、朝立ちの原因については長い間、睡眠によって体力が回復している上、膀胱に溜まった尿の刺激によって起こる生理現象だと考えられていた。しかし、朝立ちのメカニズムについての研究によると、朝立ちの本当の原因は睡眠と深い関わりがあることが判ってきた。睡眠には徐波《じょは》睡眠とレム睡眠とがあることはよく知られているが、一九六五年のフィシャーの研究によれば、レム睡眠の時には陰茎の温度が上昇し、しかも陰茎の周径が増大することがわかった。したがって、レム睡眠の途中で目が覚めれば、勃起しているということになる。レム睡眠中には夢を見ていることが多いといわれていることから、夢精も関係があると考えられる。

「朝立ちは、小便までの命かな」（江戸川柳）。「寝起きから気嫌のいいのはへのこなり」（『末摘花』）。「朝の間に吾も見事と思ふて居る」。「いさましく寝起きにぬっと立いでぬ、是や陰茎（へのこ）の雁（かり）の高輪」（淫水亭笑山作『東街道五十三次』）。

朝立ちはどの位の割合で起きるものか、アメリカのキンゼイ報告（一九四八）によると、思春期～二十歳＝週一～一・四回、二十一～三十歳＝週一・四～一・八回、三十一～三十五歳＝週二回、三十六～四十歳＝週一・七回、四十一～五十歳＝週一～一・三回、五十一～七十歳＝週〇・五～一・三回、となっている。このデータから見ると、①朝立ちは意外に少ないものである。②三十代の男性が最も回数が多い。③朝立ちは七十歳になってもあるということがわかり、興味深いものがある。

朝立ちは肉体労働者より頭脳労働者の方が回数が多いという研究（一九七八年、白井）

もある。例えば、三十代では肉体労働者の朝立ち毎日組が約三〇パーセントいるのに対し、頭脳労働者の朝立ち毎日組は約四六パーセントもいる。四十代では、肉体労働者約一五パーセントに対し、頭脳労働者は約二一パーセントである。

これは生活リズムの違いが原因として考えられている。朝立ちの極めて少ない人が就寝・起床のリズムを正しくし、睡眠時間を増やしたところ必ず朝立ちが正常に復活したという。医師・TVのプロデューサー、新聞・雑誌の編集長など、いわゆる頭脳労働者でも生活が不規則で慢性の睡眠不足の者は朝立ちが少ないといわれる。

◇早朝勃起、朝まら、朝ピン。

あさづまぶね［**朝妻船**］水上淫売の船、または、その淫売婦。

あさまいり［**朝参り**］廓の遊女の多くは廓の若い者と肉体関係があった。客が去った後、その若い者が遊女の閨房に押し入ることをいう。朝込み。

あじ［**味**］①性交することの快感。「御味ヂを小鳥の尾からしり給ひ」(『誹風柳多留』)。②性交の際に相手の性器から受ける快感度の良し悪し、または、その性交による満足度。「湯上がりのあぢハ古語にもほめて有」、「娘なれど味わいは売女なり」(『末摘花』)。③趣、興味、魅力。

あしあらいおんな［**足洗女**］宿駅の旅行者相手の女郎。飯盛《めしもり》女より古い呼び名。

あしかぶり［**足被り**］遊廓で遊女が嫌な男の相手をする時の方法の一つ。まず無理強いして酒を飲ませ、寝ると直ぐに無理にも性行為に持ち込む。身を左右に揺すりながら擦りまわせば、逸早く射精もし、くたびれて直ぐに眠ってしまうので、遊女もゆっくり眠れるという。

あしかぼう［**海驢坊**］アシカのように、よく眠ってばかりいる女郎。

あしづかい［**足使い・足遣い**］江戸時代、女性が張形を使って自慰をする時に、張形を足の踵に紐で結び付けて行うこと。「かかとまで入れたと笑う長つぼね」、「長つぼね足を早めてよがるなり」、「長局くたびれ足にくくりつけ」（『末摘花』）。

あしはっぽん［**足八本**］蛸。女性の名器「蛸」の暗喩。「御秘蔵は足の八本無い斗り」（『誹風柳多留』）。「御寵愛足の八本ないばかり」。

あずきめし［**小豆飯**］娘に初潮が訪れた時にお祝いする「初花祝い」のお赤飯。「なぜ小豆飯だと兄は聞きたがり」、「もふ娘花見に小豆飯を焚く」、「洩れ出る月を見て炊く小豆飯」（月は月経血）、「洩れ出る月明らかに小豆飯」（『誹風柳多留』）。「小豆飯黙って喰やと振る舞われ」、「兄は訳しらずに祝ふ小豆飯」。「あかのまんま」とも言う。

あずさみこ［**梓神子・梓巫女・梓巫**］口寄せをする巫女。口寄せとは、死者の霊や憑きものを呼んで聞くこと。今でも青森県下北《しもきた》の恐山《おそれざん》のイタコによる口寄せが知られている。江戸における梓神子は田村八太夫《たむらはちだゆう》の配下にいて、他の宗教と関わりなく一家を成していた。この梓神子の中にも媚びを売り売春する者もいた。売春を承諾するか拒絶するかは、かぶって来た竹笠の置き方で示したという。「笠の置やうで男の口も寄セ」、「よせ申候と竹笠ころばせる」（『誹風柳多留』）。「竹笠をうつむけられてなへるなり」、「成りもせぬ梓にてれた水を向ヶ」（『末摘花』）。「あつさ弓笠を置クにも気あつかい」、「竹笠をかぶりへのこを寄せる也」。

◇市子、巫女、口寄せ、笹叩き、笹ばたき、梓弓、信濃巫《しなのみこ》、イタコ。

あずまおとこにきょうおんな［**東男に京女**］〝男はたくましい関東の男が良く、女はやさしく美しい京の女が良い〟という意味と、〝江戸の男と京の女は（性的に）相性がよい〟という意味がある。

◇讃岐《さぬき》男に阿波《あわ》女、築紫《ちくし》陰門《いんもん》に伊勢摩羅《まら》。

あそび［**遊・遊女・阿曾比**］遊女のこと（『万葉集』以来の古代語）。「遊び」には、楽しいことをして時を過ごすという意味だけでなく、遊宴、詩歌を作る、演奏する、歌い舞うなどの意味、性行為と共に「楽器を鳴らして歌う」という意味があり、「歌う」には神へ「訴う」という意味があった。つまり古代の遊女は、神々を祭り、裸で歌い踊る巫女だった。子宝を願い、豊作を祈願し、もめごとやいくさがあれば平穏を願って神に訴え、彼女たちは部族の男達と乱交し、その絶頂感の中で神の声を聞き、お告げを口走っていた。この乱交を「神遊び」と言い、現代まで神楽としてつながっている。神楽はアメノウズメノミコトが天の岩屋戸の前で演じた舞に発すると言われる。また、神仏の功徳を説きながら体を売る遊女は、「歩き巫女」や「勧進比丘尼《かんじんびくに》」として江戸時代まで生き続けていた。

あそびとり［**遊鳥**］端《はし》女郎、局《つぼね》女郎、けちぎり女などと呼ばれる下等の女郎。上妓のような苦心も身だしなみもなく、呑気で放縦なことを遊び鳥にたとえて付けたものらしい。

アタ　女陰の古代語。陰茎のクナに対応する。

あた［**咫**］古代に於ける長さの単位。女性器の平均の長さを基準にしたといい（折口信夫《おりくちしのぶ》の説。他の説では一咫＝五、六寸となっている）、八《や》咫鏡《たのかがみ》の直径は約五六センチということになり、現実にほぼ適合する。

あたごやま［**愛宕山**］陰阜《いんぷ》の発達している女、またはその発達している陰阜。または発達している陰阜のある女性器。愛宕山は東京都港《みなと》区にある標高二十数メートルの山である。江戸時代に曲垣平九郎《まがきへいくろう》が、馬で石段を上ったという『寛永三馬術《かんえいさんばじゅつ》』の話で知られる。またNHKが初めてラジオの電波を放送した山としても有名である。この山には後に下をトンネルが開通したので、トンネルの上にある山というところから、この隠語が生まれたといわれているが、トンネルの開通以前（江戸時代）にもこの隠語が使われていたともいう。

あたためる［**温める・暖める・煖ためる**］温かくする。転じて同衾《どうきん》すること、性交すること（同衾すると温かいことから）。「温めてくんなはしろと言うの也」、「温めてくんなと足をぶっからみ」、「煖ったためて進ぜようと聟は入り」（『末摘花』）。

あたま［**天窓**］頭と同じ。亀頭の先の意味などに使われる。「いいきげんへのこ天窓を上げ兼る」（『末摘花』）。

あたわす［**婚す、交会す**］結婚する、性交する（古語）。

あづまがた［**吾妻形**］女陰の形をした張形の一種で、女陰代用として昔の男性が用いた自慰用具。四つ目屋の広告には「陰門のかたちをこしらえたるもの也。ひとり寝のおとこたのしむの具なり」とある。べっこう製もしくは革製。出入口に羽二重またはビロードが張ってある。ビロードは当時非常に高価なものであったから、吾妻形一個の金額で何人もの女を買えたという。極めて贅沢品だったと言える。「吾妻形」の名は、宗鑑《そうかん》の『犬筑波《いぬつくば》集《しゅう》』に「あづまぢのたが娘と契るらんあふさか山をこゆる張形」の句から付けられたと言う。

使用法は、蒲団を両端から巻いて、中央にそれを挿入し、これを抱いて使うものだという。「時がりにして置てなぐさみ給ふあづまがた」、「江戸にても女房はほんのあづま形」。

◇陰戸形、革形、革の姿。

あて［**吾手**］吾が手という意味で、自慰行為という意味がある。

あていれ［**当て入れ・吾手入れ**］女性の自慰行為。

あてがき［**当て掻き・吾手掻き**］男性の自慰行為。誰かとの性交シーンを想像しながら行う自慰行為。一般の自慰、せんずりにも使うこともある。

あてくじり［**当て抉り・吾手抉り**］女性の自慰行為。誰かとの性交シーンを想像しながら行う自慰行為。

あてどり［宛取り・当て取り］性交。実際に性器を当てて行う性行為。

あな［穴・孔・竅］女陰、または、膣口の俗称。「借金の穴を、娘の穴で埋め」（『末摘花』）。「穴を出て穴へ入りまた穴の世話」、「穴を出て穴に遊んで穴に入り」（『誹風柳多留』）。「穴を出て穴に入迄穴の世話」。

あなきょうだい［穴兄弟］一人の女性を共有する男同士。

◇義兄弟、ホール兄弟。

あなずもう［穴相撲］性交行為。

あななし［穴無し］膣が開口していないこと。また、その女性。

◇鎖陰《さいん》、戸立て、陰門狭窄《きょうさく》症、小野小町《おののこまち》、小町病。

アナル・セックス　肛門性交、肛門愛。男性の同性愛の性行為として、また、男女間の特殊な場合の性行為として、女陰の代わりに肛門が使われる性交。

女性の場合は直腸部が膣部と隣接しているため、肛門からの挿入も相当の快感が得られるが、男性の場合は挿入する側だけの一方的な快感に終わるといわれている。「肛門交」の項を参照。

あひる［家鴨］売笑婦のこと（江戸時代）。尻を振って歩くという意味。別に、二百文をガアと言い、四百文で買えた娼婦なのでガアガアで家鴨と言ったとも言われる。

あひる［**家鴨**］多産の女。家鴨は子が多いから、石女《うまずめ》の対。「石女でもならず家鴨もつらいもの」。

あぶなえ［**危な絵**］江戸時代後期の浮世絵で、女が肌を露わに見せた扇情的なもの。

あぶらひかず［**油引かず**］臭気のない、上等な女陰。安タバコは刻みやすいように庖丁や葉に油を引いたため、その臭気が残っているのに対し、油を引かないものは臭気もなく、上等のものであることから来ている。

アポクリンせんえき［**…腺液**］アポクリン腺より分泌される液。放置すると微生物により分解されて悪臭を発することもあるが、普段は無色、無臭の液である。ところが女性が性的に興奮すると、アポクリン腺液の分泌が活性化し、匂いを発し始める。性行為中の女性の局部は蟻酸《ぎさん》に近い匂いがするという。

アマゾン　リビア西部にいた女性だけで生活している精悍な部族。彼女らは一定期間軍務につき、その期間中絶対に男を近寄らせない。ある期間、自分たちの種族を繁殖させるためにだけ男と交渉を持ち、生まれた男の子は男たちの手に渡された。女の子は、武器を持つ時に邪魔にならないように、成熟以前に乳房を焼き切ってしまう。この乳無し女軍団はギリシャ伝説のアマゾン軍団になぞらえてアマゾンと呼ばれた。アマゾンは他の幾つかの地域にもいたと考えられている。十六世紀半ば、南米にスペイン人が行った時に凶暴なアマゾンが住んでいたので、そこの川にアマゾン川と名付けたと言う。

あまっこ［阿魔っ子・尼っ子］女を罵っていう言葉。百戦錬磨の女。「あまっ子のようにはまる浅黄裏」（『末摘花』）。時には知り合いの娘に対して親近感を持って言う場合も多くあった。転じて、女陰の代名詞としても使われることがある。

あまつまら［天津麻羅］陰茎（『古事記《こじき》』『日本書紀《にほんしょき》』に出てくる）。

あまつまうら［天津真浦］あまつまら［天津麻羅］に同じ。

あまで［尼出］尼の姿で出る娼婦。大家の腰元風を装った私娼を腰元出と言ったのに対してこう呼んだので、尼出身というわけではない。「髪切って仕廻（しまい）尼出でまた時花り（はやり）」。

◇比丘尼、仕懸比丘尼、歌比丘尼、丸太、竹釘。

あまのいわと［天の岩戸］女陰の隠語。また、若い女性の陰部を衆人に見せる猥褻見世物をも天の岩戸と言う。

あら［新］新開（あらばち）の略。処女、または処女の性器。「丹田に気を落とし付けあらを割り」、「歯を食ひしめて新をわられる」。

あらせたい［新世帯］新所帯。新しい部屋・家具・台所に新妻。その初々しさ、恥ずかしさ、嬉しさと相俟って、人目さえ無ければ離れたくない気持ち、そしてちょっとした妻のしぐさにもやりたくなる欲望。「新世帯恥ずかしそうに紙を買い」（『誹風柳多留』）。「あら世帯夜することを昼間する」、「ゆふべしたまんまと昼間新世帯」（『末摘花』）。「新世帯刻み掛けてはしに入り」。逆にこんな川柳もある。「新世帯ひとのおもった程はせず」（『末摘花』）。

あらばち［**新開・新ら鉢・新鉢・新玉門**］処女、または、処女の性器。「新鉢は外から産をする心地」、「水揚げさせて新開を熟地にし」。

新婚初夜の性交を言うこともある。

あらばちをわる［**新鉢を割る**］処女が性交すること、または処女と性交すること。正規の婚礼にも使うことがあるが、どちらかというと、強いて処女を奪うというニュアンスを含んでいる。新鉢を割ることには他の性交とは異なった興味と関心があるので、好き物の男たちにとっては数多く新鉢を割ることは自慢の種でもあった。江戸時代の艶本には必ず新鉢を割る場面が一回は出てくる。

あわこ［**泡子**］堕胎された胎児。江戸時代、中条《ちゅうじょう》流の子堕し術で堕胎することを「泡子にする」と言った。

あわたてき［**泡立て器**］巨根。

あわび［**鮑・蚫**］女陰のこと。「あわび取なまこのくぐる心地よさ」（『末摘花』）。

アンネナプキン　生理用品の一つ。生理の処置として日本では、中世までは草の葉や木の繊維をタンポンのように膣に挿入したり、草の葉をナプキンのようにあてがっていた。江戸時代から明治時代までは「お馬」と呼ばれるT字帯や、「三栖紙《みすがみ》」がタンポンとして使われていた。明治末期から大正初期にかけては「月衣」や「ビクトリア」など、ゴム張りの生理帯が市販されたが、値段は五十銭から一円した。当時は女工の日給が二十銭の時代だから、誰でも使える代物ではなかった。その頃から生理血の処理には脱脂綿が使われていた。

そして昭和三十六年（一九六一）十一月十一日に、脱脂綿の五倍以上の吸収力のある「アンネナプキン」と、ナイロン製の「ネットパンティ」が、前年設立されたアンネ株式会社で誕生した。続いて昭和三十八年（一九六三）には、「アンネタンポン」が発売されて、欧米並みの生理用品が出揃った。以後、「アンネ」は生理用品の代名詞にさえなった。

あんばい［**塩梅・按配・按排**］男女の性器がぴったり合って具合がよいことを「塩梅が良い」と言う。言葉の起源は塩と梅酢からなる「塩梅（えんばい）」。昔の中国では調味料は酢と味噌と塩梅であり、この塩梅を加減して程よい味付けをしたことから、塩梅という言葉には良い具合とか良い程度という意味が生じた。斉《せい》の景公《けいこう》（BC五四七～四九〇在位）に対し宰相の晏平仲《あんへいちゅう》が「君臣のあいだも味付けと同じで、臣はただ君の心に合わせるべきでなく、君の足りないところを増し、過ぎたるところを減らすように忠告してこそ、気の合う臣と考えよ」と諫めたことから、相補い合うのを塩梅、あるいは、塩梅が良いというようになり、それが転じた。

あんばいよしのおでん［**塩梅良しのお伝**］文化《ぶんか》文政期（一八〇四～二九）の江戸にいた女

の異名。若い頃から美貌で、男に惚れやすく、淫蕩な女である上、生まれながらの名器の持ち主で性技が巧みだったから、男を蕩《とろ》けさせたという。木挽町《こびきちょう》の船宿の娘で、本名は「おむら」。幼い頃、女義太夫に弟子入りし、竹本《たけもと》お伝《でん》と名乗る。当時の女義太夫は芸ばかりでなく、性も売ることが多く、この道に入ったという。十代で御用商人秋山新三郎《あきやましんざぶろう》の妾になり、その時に巧みな性技を身に付けたという。やがて、当代人気役者三代目坂東三《ばんどうみ》津《つ》五《ご》郎《ろう》に惚れられ、三津五郎は妻を離縁してお伝を妻とした。三津五郎の妻になってからも、だれかれ構わず誘われれば誰とでも寝て、多くの男を相手にしてその性技を発揮し、塩梅良しのお伝の名は拡がっていった。やがて、同じ役者の五代目瀬川菊之丞《せがわきくのじょう》と浮気をすると、菊之丞も妻を離別し、奥州二本松《おうしゆうにほんまつ》に駆け落ちをしてしまった。三津五郎は怒って二人を殺そうとしたが、脚本作家の鶴屋南北《つるやなんぼく》の仲裁で、三津五郎に復縁したという。お伝は無毛症だったため、「かわらけお伝」とも言われた。

あんよはおへた［**歩行はお下手**］枕芸者。歩き始めた幼児にかける「あんよは上手、転ぶはお下手」という言葉のもじり。「歩行はお下手」は、「転ぶは上手」を暗示している。

い

いか［**烏賊**］男性器。男性器の全体の形が烏賊に似ていることから、女性器の「たこ」に対して用いられた。
いがい［貽貝］女陰のこと。平安時代、鎌倉時代には女陰の代名詞としてよく使われたらしい。
いがぐりがえむ［毬栗が咲む・毬栗が笑む］娘の性器が成熟すること。「いが栗も咲めば自れと落支度」。「毬栗が割れる」とも言う。
いきあな［生穴］女陰。「生穴に入るも死ぬ死ぬ往くと言ひ」。
いきたごようのもの［活きた御用の物］陰茎。「御用の物」とは女性が自慰に用いる張形のこと。生きた張形というのだから男性の陰茎そのものを意味する。
いきているかい［生きている貝］女陰。なま貝とも言う。「何病ひにも生きてゐる貝がどく」。
いきはり［生き針］陰茎。「後家へ乗り込み生き針を打おおせ」（『末摘花』）。
いきる［熱る・温る］息づかいを荒くして怒る（古語）。いきり立つ。
いく［行く・去く・往く・丟く］性行為の過程で、快感の頂点を通り越す状態。男性の場合は射精する時の状態がそれに当たる。女性の場合のそれは、男性のように明確ではないが、膣筋肉の特殊な収縮運動や体全体の痙攣に似た状態あるいは、失神に似た精神状態になることもあるといわれる。
いく［行く・去く・往く・丟く］性行為の過程で、快感の頂点を通り越す状態のときに発する代表的な言葉。「いくいく」「ゆきますゆきます」など、浪《よが》り声の代表として艶本の説明、川柳や謎解きに性行為を表す言葉としてよく使われている。かつてはこの「行く」と「死ぬ」が浪り声の両横綱であったが、最近では「死ぬ」がほとんど使われなくなり、「行く」が圧倒的に増えているといわれる。他にも「溶ける」「蕩《とろ》ける」「一緒よ一緒よ」「ねぇ、ねぇ！」などが増えているという。一体感を求める言葉が増えていると言えるのだろうか。

「行く」とは果たして何が何処へ行くのか。ドイツ語ではIch gehe（私が行く）ではなくEs geht（それが行く）だそうであるし、アメリカ人はHot go! と言うそうである。何か熱いものが、淫らなものが、性分泌物が行くのであろう。時には、魂が何処かに行くのかもしれない。「それいくいく目を細くして足をからみ」、「生穴に入るも死ぬ死ぬ往くと言ひ」、「行くぞ行きますと呂の音律の音」。

◇イット・カムズ（英語）、アイ・アム・カミング（英語）、キル・ミー（英語）、ホット・ゴー（英語）、ジュ・スィ・ドンネ（仏語）、プチ・モール（仏語）、モール・ドゥー（仏語）、エス・ゲート（ドイツ語）、ゴー・ゴー（パングリッシュ）。

いくやり［**幾遣り・幾槍**］幾回かの性交。数回の性行為。

いげた［**井桁**］酒通は枡酒を井桁という。マスさけが転じて自慰行為で我慢している童貞の男の意味の隠語になった。

いけのちゃや［池の茶屋］江戸時代のラブホテルである出合茶屋は各所に散在していたが、上野不忍池《うえのしのばずのいけ》畔には特に密集していて、雷も不忍池の上に来ると、その繁盛振りを覗き見ようとしてよく落ちたと言われる程で、「池の茶屋」というとこれら不忍池畔の出合茶屋を指すほど有名だった。出合茶屋は一応料理屋という看板を出していたので食事も出したが、飲食代込みでお二人様一分というのが相場だったという。

上野不忍池畔の出合茶屋の特徴は、①数多くあったこと、②池畔に在り、下が池で魚・水鳥・亀などがいて、蓮の花が咲いていたこと、③茶屋の奥行が少ないこと、④他の出合茶屋には各戸に便所があったのに対し、ここでは弁天島《べんてんじま》の隅に総後架《そうこうか》（共同便所）しか無く、便所で客が鉢合わせすることなどがあり、川柳にも取り上げられている。「口紅がすっぱり池の茶屋ではげ」「其下ですっぽん首をおやしてる」、「手の音にスッポンの浮く出合茶屋」、「池の茶屋玉に疵なは惣後架」（『誹風柳多留』）。「雪隠と奥行の無い出合茶屋」。

いけぶくろ［池袋］江戸時代には、（他の土地で働いている）池袋出身の女と交わると、池袋村の産神がはなはだ氏子を惜しんで、行燈・煙草盆・火鉢・石臼などが浮遊したり、家鳴りするなどの祟りがあるという俗信があった。同様の俗説は、練馬《ねりま》・目黒《めぐろ》、池上本門《いけがみほんもん》寺《じ》に近い池尻《いけじり》などの女についてもあった。「下女が部屋震動コイツ池袋」、「池袋家なりをさせたばちで化け」、「男より女にたゝる池ふくろ」、「瀬戸物屋土瓶がみんな池袋」、「なぐさみになる化物ハ池袋」（『誹風柳多留』）。「家内まだ池袋とは気が付かず」。

いしうち［**石打**］婚礼の夜、石で打ち固めるという縁起担ぎから、近隣の者がその家に小石を投げ打つ習俗。迷惑が大きいので江戸時代から禁止されていたが、ごく一部の地域では昭和三十年代まで続いていたという。美しい花嫁を取られた腹癒《はらい》せが多かったらしい。「石内の先達に来るまたいとこ」（『誹風柳多留』）。

いしがきせせり［**石垣せせり**］岡場所に行くこと。江戸時代（特に宝暦《ほうれき》、明和《めいわ》の頃）、江戸の岡場所の約半数が深川《ふかがわ》に存在した。近くに八幡神社があり、また、その多くが海岸にあったので、初めは八幡参詣や魚釣りにかこつけて、江戸市中から舟で通った。そこで岡場所に行くことを釣り用語で「石垣せせり」または「岡せせり」と呼んだ。売春婦には、家を構えるものの外に、岡にいる夜鷹、けころ、丸太等と舟に乗っている船饅頭、饅頭等がいた。

いしき［**居敷**］本来はお尻を意味する上品な言葉だったが、転じて性交、肉体関係の意味になった（元がお尻の意味であってもアナル・セックスのことではない）。

いしきかいいじょうれい［**違式詿違条例**］江戸時代には、授乳のために乳房を見られることや風呂上がりに褌《ふんどし》一つで夕涼みするなどは普通のことで、肌や裸を見せることには違和感がなく、日常的に比較的おおらかに行われていた。明治政府はこの条例により、混浴や立ち小便などを禁じるとともに、裸体風俗を次々と禁じていった。

いしんほう［**医心方**］平安中期、永観《えいかん》二年（九八四）に宮中医師の丹波康頼《たんばのやすより》によって書かれた医学書。隋唐《ずいとう》の医学書百余点を引用し、病理、治療法、本草、服石、鍼灸、養生法、食事療法等を網羅した労作で、全三十巻。完成後天皇に献上された。

この『医心方』の第二十八巻『房内』編には、三十項にわけて、具体的に性生活の知恵が書かれている。性生活は正しく知って行えば人生は充実するが、知らなければ若死にすると説いている。男女両者が喜びを感じるような性行為こそ自然の法則に則っているとい い、前戯や後戯の大切さも力説し、情の赴くままの性行為を戒めている。また、幾つになっても性行為を断つなといっている。「房内編」の項も参照。

いせい［**遺精**］快感や勃起を伴わず、不随意に精液を濡らすこと。壮年期に多い。

いせはら［**伊勢原**］多淫な下女。伊勢原・厚木《あつぎ》一帯は江戸に下女として奉公に出た相模《さがみ》下女の本場。相模女は何故か多淫で有名だった。「伊勢原を置いたで店がらんがしい」（『末摘花』）。※らんがしいは騒々しいという意味。

いせまいり［**伊勢参り**］伊勢神宮は最も神聖清浄な神社であるから、参宮道中の不浄を戒め、聖域を穢《けが》す神罰として、伊勢参りの途中での男の性行為を禁止した。また、亭主が伊勢参りの留守中の女房の間男をも禁じたことから、「伊勢参り」は参宮中の禁欲の意味になり、後には、あらゆる場合の禁欲の意味にも使われた。江戸時代には、伊勢参りの途中で万一性交すると、伊勢の女神の嫉妬のためにそのまま抜けなくなると言い伝えられ、亭主の伊勢参りの留守にその女房が間男を引き入れた場合もまた、抜けなくなるといわれた。

伊勢参りは元禄《げんろく》前後から始まり、宝永《ほうえい》二年（一七〇五）の御蔭参りでは、幟や提燈を押し立てた群衆が一日に、三、四万人、伊勢に向かったという。「文政七年（一八二四）に御蔭参りが流行って、男女交接して離れざる者を釣台に載せて通ったという風聞があるが、ただの怪我人らしい」とか、「天保元年（一八三〇）は春から御蔭参りが流行し、参宮の途中で交接した男女が、犬のつるみたるように離れず、せんすべなく長櫃に二人を入れて国許に送るのを数多くの人が見た」という記事などが見られる。

「抜けぬぞと女房をおどし伊勢参り」、「間おとこの子と知らず伊勢松とつけ」、「おっかないまくばいをする伊せの留守」（『末摘花』）。「伊勢の留守女房あこぎに網を引」（伊勢の阿《あ》漕《こぎ》が浦《うら》は禁漁区）、「鹿島よりよもやぬけじハ伊勢の留守」（鹿島《かしま》の要石《かなめいし》は地震でも抜けない）（『誹風柳多留』）。

また、夫婦揃っての伊勢参りでも性行為は禁止であったが、伊勢の地を離れればよいという都合のよい考えもあって、川柳には「伊勢地」「伊勢の地」という言葉が使われる。「内じゃない伊勢地じゃわいの此方の人」（体よく断る妻）、「恋の道一足伊勢の地をはなれ」。

イソギンチャク　膣内に襞が多く、ざらざらしていて、ペニスを抜き差しすると、その襞の一つ一つがイソギンチャクの触手のようにまつわりついてくるという女性器の逸品。

イタ（ヰタ）・セクスアリス　性生活という意味のラテン語。森鷗外《もりおうがい》の同名の著書で有名になった言葉。森鷗外は性欲的教育（性教育）に触れて、「性欲的というのはおだやかでない。セクシュアルは性的である。性欲的ではない。しかし、性という字があまり多義だから不本意ながら欲の字を添えておく。教育の範囲内で性欲的教育をせねばならないものだろうか。（中略）……然りという答に帰着している。家庭でするが好いという意見もある。学校でするが好いという意見もある。とにかくするが好い、出来ると決している。もとより物心がついてからである。（中略）……、人の性欲的生活をも詳しく解かねばならぬというのである」と言っている。

いたねぶ［板舐］　非常に長い陰茎のこと。いたねぶは板をねぶる（舐める）という意味で、風呂場で腰掛けに腰を下ろした時に、陰茎の先端が洗い場の（板に届いて）板を舐める程に長い陰茎だという意味。最下級品の陰茎とされている。

いちぎょうぜんじのぎゃくにんぎょうほう［一行禅師の逆人形法］　昔、中国にいた一行禅師という高僧が残した人間鑑別法で、女性に用いられる。これは、女性の顔の上に人形を逆にして重ね合わせると、体の具合が一目瞭然に判るというもの。人形の重ね方は、眉が人形の両足、眉間が股間、鼻が胴、小鼻の膨らんだ所が乳房、人中《じんちゅう》（鼻の下から上唇にかけて在る溝）は首、口が頭、そして、鼻唇溝《びしんこう》（小鼻から頬の下を通る溝）が両腕ということになる。そこで例えば、小鼻が大きければ乳房が大きい、鼻が長い人は胴も長いということになる。

いちくろ［一黒］「一黒、二赤、三白、四紫」の略。或いは「一黒、二雁高、三先太り、四紫、五欄干、六イボつき、七曲がり、八天狗、九腐れ、十チョロムゲ」や「一黒、二雁、三反、四鉄砲、五麩、六白下反、七錐、八長、九大、十小」の略である。いずれも江戸時代における、男性器のランキングである。この他にも「一麩、二雁、三反、四傘、五銅、六白、七木、八太、九長、十スボ」というのもある。

いちのどうぐ［一の道具］女陰。「嫁入りの一の道具を手代わり」（『末摘花』）。

いちばん［一番・壱番］性行為、または一回の性行為。「けんしきもありて廓の作法も正しく、遊女も皆おとなしき風にて、客を大切に手あてよく、宵に一番、夜中に一ばん、明けがた一ばんと、三番ぐらいはお定りのやうにさせる所なり。その余の度数は出精次第、何ばんにてもさせるなり」（『旅枕五十三次』府中より）。「たった一番させたよと浅黄うら」（『末摘花』）。

いちばんそう［一番叟］能や歌舞伎で祝儀として舞う「三番叟」に引っ掛けて繰返し性交することを「三番叟」と言ったのに対し、一番だけすることを「一番叟」と言った。

いちもうぞうにせんずりさんしりしぼぼ［一夢接二手銃三肛門四陰戸］性的な快楽度は夢精が一番、二番は自慰、三番が肛門性交で、普通の性交は四位であるという意味。何と言っても夢精が一番快楽度が高いという意味に使われたり、女性との普通の交わりは快楽度が最下位であるという意味に使われたりもするが、自慰行為は夢精ほどではないが本当の性交よりも快楽度が高いので、ついやり過ぎてしまわないように注意せよ、という意味にも使われる。

いちもく［一目］一回の性交（囲碁好きの隠語）。「間男は一もくおすとおくひき」（『末摘花』）。

いちゆめにせんさんこうしぼぼ［一夢・二千・三肛・四開］性行為における気持ち良さの順番。一番気持ち良いのが夢で見る性行為で、二番目はせんずり、三番目が肛門性交、そして四番目が実際の女性器による性交だという。夢が一番というのはうなずけない事もないが、「開」が最後というのは果たしてどういう意味なのだろうか。

いっけつこじ［一穴居士］妻以外とは絶対に性交しないという堅物人間。

いっけつしゅぎ［一穴主義］この場合の「一穴」は肛門の意味ではなく、一つの穴（女陰）の意味である。正妻以外とは絶対に性交しないという主義。妻への深い愛情からそうしている場合もあるが、妻以外の女性との性交を禁じている宗教を信仰しているという理由によることが多い。

いっけつにとうさんじょうしさい［一尻二盗三娘四妻］性の対象として好ましい順位を言ったものであり、一尻とは一番良いのは男色であるという意味で、女性相手の性行為の好感度の順位を示す「一盗二婢…」のトップである人妻との姦通を意味する一盗を二盗に蹴落としている。

いっしんきゅうせんのほう［**一深九浅の法**］性交秘戯の一つ。陰茎を深く女陰に挿入して息を一つつき、浅くひきだして息を九つつく方法（中国の深浅法の解釈）。なお、三深九浅、五深六浅、七深八浅、八深六浅、八深九浅、九深八浅などの諸法がある。「深浅法」の項を参照。

イット（女性の）性的魅力（小説及び映画の『イット』から。大正から昭和時代初期によく使われた言葉）。

いっとうにひ［**一盗二婢**］「一盗、二婢、三妾、四妻（または一盗、二婢、三妾、四妓、五妻）」の略。性の対象として好ましい女性の順位を言ったものである。一盗とは一番良いのは他人の持ち物を盗むことという意味で、人妻との姦通、今流に言えば不倫が一番良いということである。二婢は女中、召使の類いとの交わりが二番目に良いということである。一盗も二婢もどちらもスリルを伴う。古今東西を問わずスリルは刺激の要素となっている。時代と共にニュアンスは変わってきているが、ある面では男性心理をついているということがいえよう。同時に最近では、女性にも同様な心理が働いているようにも思われる。

いっとだる［**一斗樽**］昔から「男の精液は一斗樽」といわれてきた。それだけを出し切ってしまうと終わり、という意味である。もちろん科学的な根拠はない。一斗は一万八〇〇

○ミリリットル、一回の射精量は約三ミリリットル。したがって六千回の射精ができることになり、年間百回射精して六十年分になることになる。
いとぐち［糸口］亀頭の下面。包皮小体。
いとこどうしはかものあじ［従兄妹同士は鴨の味］従兄妹同士の性行為は鴨の味のように良いものだという言い習わし。従兄妹同士は幼い時からある程度知り合っているので気心は知れているから、不必要な気を遣う必要が無いから安心して交わることができる反面、兄妹弟姉ほど良く知り合っているわけでは無いから、性行為を通して新しい発見もあるからだろう。
いどころ［居処］お尻。もとは女房言葉の「おんいどころ」。略して、「おいど」とも言う。
いなのへそ［鯔の臍］女子の子宮口。鯔はボラの幼魚、ボラ・イナ・スバシリの胃壁は厚く、俗に「臍」とよばれている。子宮口の形が鯔の臍に似ているからこう呼ばれる。「赤貝のぐっと奥にはいなの臍」、「赤貝が呑み込んでいる鯔の臍」、「何やらの手触りに似た鯔の臍」。
◇子宮頸管部、花心《かしん》、ポルチオ、州走《すばしり》の臍。
いぬたわけ［犬婚・犬淫気］獣姦の一つで、犬と交接すること。上古の時代には法で禁止されていた。それはとりもなおさず獣姦が多かったことを物語っている。
いぬはりこ［犬張子］嫁入りに持参した枕用品入れの箱で、綺麗な模様のついた張子で作られ、蓋が犬の形をしていた。「ひんのい丶紙屑籠は犬張子」、「した跡を皆かんなめに犬はりこ」、「犬張子祭りの紙を喰にくる」（『誹風柳多留』）。「荷揃の外にしてをく犬はり子」。

いのこ［**亥の子・亥子・猪子**］陰暦十月上の亥の日。この日の亥の刻に、子孫繁栄・万病厄除の「亥の子の祝」を行った。また、この日から「炉開き」と称して炬燵に火を入れ、「亥の子餅（牡丹餅）」を食べて祝った。亥の日、玄猪（げんちょ）または厳重（げんちょう）とも言う。炬燵といえば、男女が体を接触する場でもある。「猪子からいい處へ手がとどき」（『誹風柳多留』）。「亥子から来られぬような義理になり」（炬燵の中で手を出し過ぎた）。「炬燵」の項を参照。

いぼ［**疣**］陰茎に疣のあるものは、男性の名器とされている。亀頭の頸部にあるものや陰茎胴部にあるものがある。最近では陰茎の表皮内に粒状のものを入れ、人工的に疣をつける手術をする者もあるという。特に真珠を入れたものが良いともいわれる。

いぼつき［**疣付**］疣付き張形のこと。「いぼつきは切らしましたと小間物屋」（『末摘花』）。

いぼつきはりがた［**疣付き張形**］疣の付いている張形。この疣の刺激によって普通の張形よりも強い快感が得られるという。

いぼまら［**疣摩羅・疣玉茎**］亀頭の頸部が疣のようになっている陰茎で、陰茎の一級品。女性の数の子天井に対応する。

いもじる［**芋汁**］強精食品の「とろろ汁」。または、芋田楽の暗喩。「まおとこ手つだっていも汁をする」。「芋汁はどうじゃと義母（ようぼ）膳を据え」。

いもでんがく［**芋田楽**］芋田楽は親芋と子芋を一本の串に一緒に刺し通すことから、一人の男が母娘両方と交わることを言う。江戸川柳では、婿が嫁の母親と交わることを言うが、舅が嫁と通じることにも用いる。「けしからぬ事は養母が孫を産み」（『末摘花』）。「入婿の不埒は芋へ味噌を付け」。外国では、一人の男を母と娘で取り合った末、仲良く共有するなど、女の側に主体性のある場合も多い。最近の日本では両者が見られ、「親子丼」という言葉の方が多く使われている。

◇いも、いもでん、親子丼、母子丼。

いらいら［**弄ら弄ら**］もてあそぶ。「いらいらいぢる」は弄ぶようにいじるという意味。カナで書かれていると、現代語の「苛々（イライラ）」と間違える場合があるので注意！

いらう［**弄う**］触ったりいじったりする。愛撫する。

いらく［**怡楽**］喜びと楽しみ。

いりぐちあそび［**入口遊び**］陰茎を女陰に挿入せず、女陰の入口だけを擦淫《さついん》して弄ぶ、女焦らしの性戯。

いりこみゆ［**入込湯・入混湯**］混浴の風呂。寛政《かんせい》三年（一七九一）に老中松平定信《まつだいらさだのぶ》が入混湯の禁止令を発布したので、それまでの江戸の湯屋はすべて混浴であったかのように思われているが、混浴だったのは場末の湯屋だけで、「女湯で赤子を抱ィて蓋にする」、「口々に噂さをなかす女風ろ」などの川柳からも分かるように、大方は混浴ではなかった。場末では利用者が少ないので浴室が一つしか無いから、日替わりにしたり、時間でわけたりしたがなかなか守られず、天保の改革で再度禁止令が出された。「夫婦別有るのは江戸の湯屋斗り」。入混湯では女体に触れるなどは自由であり、中には性交まで始める奴もいたという。「入込は抜き身ハマグリごったなり」、「入リ込みを好ム若衆の声かわり」、「ゑんかうにあきれて娘湯を上り」、「手長が足長が入込の風呂の内」、「せんずりをかけと内義は湯屋で鳴り」。禁止令後は「男湯へ入る年かと母叱り」となり、男は覗き魔が急増した。湯屋では男の性交場である二階に、女湯の見える覗き穴を開けたり、天窓から洗い場が見えるようにしたりしたという。

いれづめ〔入詰め〕一晩中性器を結合したままいること。または、一晩中性行為を続けていること。宿場などで廻し無しの女を買うこと。

いれどこ〔入れ所〕女陰の暗喩。「入れ所も有るに乳の下やぼな事」。これは謡曲「海士《あま》」（唐から運ばれてきた宝珠が竜宮に奪われ、奪い返しに来た藤原不比等《ふひと》と懇《ねんご》ろになった海女は悪戦苦闘して珠を取返し、乳の下を切ってそこに隠し、戻って不比等に渡して死ぬ、というあらすじ）を知らないと意味が通じない。江戸川柳にはこのように、諺・伝説・言習わし・はやり歌・古歌などをはじめ、講談、能、狂言、歌舞伎、謡曲などを知らないと理解できないものが多い。「入れ所を持っていながら乳の下」。

いれぼくろ［入黒子］江戸時代文政期になると、下級遊女たちの間で、女性器の上辺りに刺青をするのが流行った。これを入黒子と言う。綺麗な図柄で飾ったものもあったが、客の頭文字や家紋を彫った者もいたという。

いろ［色］男女の欲情、色情、好色。元来、「色」は仏教の影響から、目に見え、耳で聞こえ、体で感じるすべてのものという広い意味を持っていた。この「色」が性的な意味を持つようになったのは中世以降で、江戸時代になると性を表す言葉として使われることが多くなった。「色にふけり、情けに愛で」（『徒然草』）。

いろ［色］容貌や姿。特に美しい容姿、いろけ。「やむごとなき聖人なりといふとも色に愛でず声に耽らぬ者は有らじ」（『今昔物語』）。

いろ［色］なさけ、愛情。

いろ［色］風情や趣。特に華やかな風情。「御髪色にて柳の糸のやうにたをたをと見ゆる」（『源氏物語』）の例のように、『源氏物語』などでは特に髪の艶やかさを言う。

いろ［色］恋愛、恋愛感情。「色は思案の外」「色の駆け引き」。

いろ［色］江戸時代は肉体関係を伴う恋愛の意味で使われた。情事。性交、性行為。「色する」「色をする」と動詞的にも使う。「色をしてゐる事を誰が知る物だ」（咄本『無事志《ぶじし》有意《ゆうい》』）。

いろ［色・情合・情郎・色男・色女・情人・情夫・情婦・恋人］色欲・情事の対象となる

異性。
①古くは恋の相手としての女性を言った。「御心に染む色もなかりけるにや」(『太平記』)。
②江戸時代には男女を問わず、情事の相手の意味になった。情夫、情婦。「跡月参らねえから色が待って居るだらう」(『浮世床』)。
③その後は、遊女や女郎を含め、配偶者のある者が性的関係を結んでいる異性の意味になった。時には、内縁関係にある異性や、娼婦などが金銭関係を抜きにして男女関係を持っている相手を言うこともある。
◇まぶ、れこ、なご。
いろう［**弄う**］もてあそぶ、いじる。この言葉は男が女性器に愛撫を加えるときの、指先の動作を表現するときに使われる事が多い。
いろおとこ［**色男**］①女に好かれそうな美男子。②ある女が肉体関係を持っている男。③好色な男。「いろおとこ何処でしょったか飛び虱」(『末摘花』)。
◇②情夫、いろ、密夫、みそかお。
いろおんな［**色女**］①男に好かれそうな美しい女。②ある男が肉体関係を持っている女。情婦、いろ。
いろかぜ［**色風**］なまめかしくただよう風。「そよとふくさ(「吹く」と「袱紗」のかけ言葉）の色風も」（近松『反魂香《はんごんこう》』）。

いろこ［色子］出雲阿国《いずものおくに》が始めたといわれる女歌舞伎が猥褻度を増し、寛永六年（一六二九）十月に、風紀が乱れるという理由で禁じられた。それに代わって男だけの男歌舞伎が登場したが、風紀の乱れは正されなかった。それは、男ばかりだから、女装する役者が生まれ（後の女形、これが色子と呼ばれた）、男色を売るようになり、けっこう人気が上がってきたからである。色子は先輩の立役者と若衆の関係を持ち、舞台の果てた後は男色を以て客に接する一方で、人気役者である彼等は本来の男性としての機能を以て奥女中や後家などの情交にも応じた。現代感覚からすればずいぶん乱れた性生活のように思えるが、当時の芸能界では常識だったようである。「女をばする、男にはさせるなり」。
◇若衆、色子若衆、陰間、舞台子。
いろこい［色恋］男女間の恋愛・色情。男女間の感情を表す言葉として愛、恋、色などがあり、また、好き、恋する、愛する、惚れるなどの言葉が使われる。これらは時にはほぼ同じ意味の言葉として使われるが、時には全く違った意味として使われるし、同じ言葉が時代によって違った意味に使われることもある。またこれらの言葉が大切に使われる時代もあれば、安直に使われる時代もある。江戸時代、文化が爛熟し華美になったといわれる元禄時代（一六八八〜一七〇四）には、遊女が客に惚れることもないし、惚れたとも言わなかった。その意味で、元禄の江戸は健全だったと三田村鳶魚《みたむらえんぎょ》氏は言う。それが、明和

（一七六四〜一七七二）以後の時代になると、これらの言葉が安直に使われ出し、社会全体が色で動かされ、乱交状態が広まったという。それは寛政（一七八九〜）の改革でも改まらず、演劇・文学の上でもますます淫虐性を強くしていった。かの頼山陽《らいさんよう》（江戸末期の儒者）も礼儀正しい才女に対して、色には好いが女房には嫌だと言ったというが、時代性を反映したものといえる。このように言葉が安易に使われ猥褻化していった原因として、芸者の娼婦化と私娼の繁栄により刺激を失い、より強い刺激を求め始めたことが考えられている。現代の風潮に照し合わせて見ると感慨深いものがある。

現在は「色恋」という言葉は死語に近いが、明治から大正にかけての時代には、心の愛を「恋愛」と言い、肉欲も含む愛を「色恋」と言うように対比して使われたこともあった。「恋愛」の項を参照。

いろごけ［**色後家**］まだ若く色気の残っている未亡人。

いろごと［**色事**］①色恋ざた、情事、男女間の肉体関係を持つ恋愛。②また、色事の相手、愛人。「亭主が色事の所へ夜な夜な通ふ」（『浮世床』）。③芝居で行う若い男女の情事の演技。

◇③ぬれごと。

いろごとし［**色事師**］①女を口説くのがうまい男。②歌舞伎で、色事を得意とし、専門にする役者。

◇①女たらし、遊冶郎《ゆうやろう》、放蕩者。

いろことば［色言葉］明治時代の春画の書入れ。「よくってよ」とか、「いく、いく」などと書き込まれていた。この色言葉には「死ぬ」や「死にます」という言葉が無いことから、「死ぬ」は江戸時代までしか使われなかった浪り声《よがり》だったという人もあり、「死ぬ」は川柳だけで使われたものだという説もある。

いろしばい［色芝居］筋立てはとってつけで、衣装の前をまくり合って性行為を見せるだけの、男女二人の座敷芸。

いろじろおんな［色白女］広陰。色白女の女陰は広く大きいという俗説から。

いろづかにぎる［色柄握る］色事に通じ、遊里での遊び方を心得ている。

いろにでる［色に出る］心の中で思っていること（恋心など）が、顔やそぶりに現れる。。「君が名言はば、色に出でて人知りぬべみ」（『万葉集』）。「忍ぶれど色に出でにけりわが恋は物や思ふと人の問ふまで」（『拾遺和歌集』、百人一首に、平兼盛《たいらのかねもり》の歌として有名）

いろはしあんのほか［色は思案の外］恋愛感情は理性では抑えきれないものがある、恋愛をすると誰でも無分別になる、という慣用句・諺。

◇恋は思案の外、恋は盲目。

いろはぢゃや［伊呂波茶屋］①江戸、谷中《やなか》の感応寺《かんのうじ》の前に並んでいた水茶屋。明和・安永《あんえい》

（一七六四〜八一）頃になると私娼を置き、寛永寺などの僧を客にし、チョンの間の岡場所の一つに成った。いろは茶屋の名前のいわれは、初見世が四十七軒あったという説と、暖簾にいろはの文字が染め抜かれていたという説があるが、いろは茶屋の暖簾は玉簾が特徴だったから、四十七軒説が正しいと思われる。見世は一間半か二間間口、青簾をくぐると半間土間があり、上り框《がまち》の畳の部屋には粋な姐さんが座っているという図が残っている。川柳に「武士はいや町人好かぬいろは茶屋」とあるように、谷中には六十余の寺があったので、坊主の客が多かった。「いろはから始めましたとどら和尚」というのもある。

②江戸時代、大坂道頓堀《どうとんぼり》にあった芝居茶屋。四十八軒あった。

いろぼくろ［艶黒子］小股の内側の女陰の近くにあるほくろ。臍の下にあるほくろをいうこともある。十七世紀のパリではこのつけぼくろが流行した。

いわしみず［岩清水］男の顔の上に女を跨がらせてするクンニリングス。舌で女性器を愛撫しながら溢れ出る愛液を受ける姿が、山の男が山に入る途中で岩の裂け目から滴り落ちる清水を口に受ける姿に似ていることからの連想。まことに言い得て妙である。昔の人はなかなか良い呼び名を付けるものである。

いわつつじ［岩躑躅］男色（雅語）。昔、僧侶は女色を禁じられていたため、専ら男色に走り、それはまた暗黙に認められていた。その男色はもともと「男色は弘法《こうぼう》に始まる」という言葉があるように、先進国の中国から弘法大師が教わって来たといわれている。その弘法大師の弟真雅《しんが》は、兄に倣って大の男色好きだったといわれる。その真雅に関わる歌として『古今集』に「思い出づる常盤の山の岩つつじ言はねばこそあれ恋しきものを」との一首がある。言うまでもなく稚児さんへの愛着を歌ったもの。この歌から岩躑躅という雅語が生まれた。

いんあ［**淫蛙**］情欲によって愛液で濡れ、口を開いている女陰。

いんあい［**淫哇**］淫らな声。性行為の時に性器や愛液などによって生ずる淫らな音。「おと」または「ささめのおと」と読ませることもある。

いんい［**陰萎**］腎虚《じんきょ》の一歩手前の状態。やや性交のし過ぎのために陰茎が勃起せず萎縮してしまうことから生まれた呼び名。ちなみに更に性交のし過ぎが進むと腎虚に成るが、この場合は人によっては陰茎が萎縮せず、逆にやたらに勃起現象が起こることさえある。

いんいつ［**淫逸・淫佚**］遊びや楽しみに耽ること。男女の関係が乱れていること。

いんかく［**陰核**］女子の外陰部にある小突起。古くは比奈佐支・火戸先（共にヒナサキと読む）と呼ばれ、それが訛って「さね」と成ったと考えられている。

陰核は海綿体でできていて、表面は白膜で覆われている。普段は仮性包茎のように包皮に覆われていて、男性の陰茎によく似た構造をしている。従って発生学的には胚の同じ部分が、男では陰茎になり、女では陰核に成ったと考えられている。陰核は陰茎より小さいので、それだけ神経終末の密度は高い。したがって、陰核は女性器を含め体のすべての部位の中でも最も敏感な性感帯である。性刺激を受け色情を感じると勃起し、包皮がめくれ全体が肥大する。しかし、オルガスム期には、むしろ包皮の下に隠れてしまう。これはオルガスム期に陰核が小さくなるわけではなく、包皮小体が恥骨に引っ張られる結果、まわりの包皮が伸びてきて、陰核を隠してしまうからである。

陰核の大きさは七ミリメートル以下…三五パーセント、七〜十ミリメートル…四八パーセント、十ミリメートル以上…一七パーセントという統計がある。つまり日本人女性の場合、一センチ以上の陰核の持ち主は二〇パーセントに満たないのである。二センチ以上の陰核の持ち主もまれにはあるという。小さな陰核の女性は感度が鋭敏で、オルガスムに達するのが早く、一方、コリッと大きな陰核の女性は感度はやや劣り、オルガスムに達するのにも時間がかかるが、達し方が深く大きいという傾向がある。

日本人の陰核は包皮で覆われていることが多いが、白人ではほとんどがむき出しになっている。むき出しの方が刺激を受けやすく感じ易いと言われるが、反論もある。

ともかく、陰核には、女性の性感の中心的役割を果たすという、たった一つの役目しか無い。人体には無数の器官が存在するが、性的な快感だけのためにはたらく器官は、この陰核以外には無い。

◇〔漢語系〕陰梃、花心、花芯、玉理、陰核（『解体新書』）、紅舌頭。

◇〔古語系〕ひなさき（比奈佐支・火戸先・吉舌）、擒核（きんかく）。

◇〔俗語系〕まめ、さね（核・花心）、おさね。

◇〔外国語系〕クリトリス、クリット、クリちゃん、キッチェル、キッツラー（Kitzler、ドイツ語、くすぐる人という意味）、ヴェリタブル・ベル（veritablebell、イギリス俗語、本質的なベルの意）、エレクトリック・ボタン（electric button、英俗語、電気ボタン）、ブトン（bouton、フランス俗語、ボタン）、ビジュ（bijou、フランス俗語、宝石）、吉舌（きつぜつ、中国語）、シャムシュングライン（Schamzunglein、ドイツ解剖学用語、小陰舌の意）。

◇〔表現系〕肉の芽、花の塔、真珠の粒（美文的表現）。

いんかくのこうたいはんのう［陰核の後退反応］陰核は性的興奮により少し勃起するが、オルガスム期には包皮小体が恥骨に引っ張られる結果、まわりの包皮が伸びてきて、陰核を隠してしまい、むしろ小さくなったようになる。興奮平坦期に陰核が包皮内に隠れてしまうこの反応を「後退反応」と呼ぶ。この時期でも陰核は、その周囲に与えられた刺激を間接的に敏感に感じ取るものである。

いんがほね［因果骨］陰茎。

いんぎゃく［淫虐］①淫らでむごたらしいこと（学研国語大辞典）。②加虐的な性行為。③性交行為。心理学では性交行為そのものに淫虐さがあると説く。男性は陰茎を女性の体内へ侵入させることによって加虐欲を満たし、女性は膣で陰茎を啣《くわ》え込み把握することで加虐欲を満たすからである。オルガスムは男女とも軽い全身痙攣を起こしている。従って性行為に伴って起こる現象、例えば顔や体や声の表情は普通の意識心理学でいう「快」の表情ではなく、虐《いじ》め、虐められる者の表情であり、性行為には本来淫虐の喜びがあるのだと説いている。

いんきょ［**隠居**］川柳では老人の代名詞。陰茎が充分に勃起しない男という意味が暗喩されている。「御隠居は妾の咳にはみ出され」（『末摘花』）。

いんけい［**陰茎**］男性生殖器の一部。性行動において女性器に挿入し、精液を膣内に注入するための管の役目をする男性器の部分で、尿道を包む海綿体である。陰茎は陰茎海綿体部（胴部）と亀頭部（頭部）から成る。

《包皮》陰茎全体は包皮で覆われているが、成人にあっては多くは亀頭部は露出している。

《勃起》平常時（弛緩時）には陰茎は小さくなって下に垂れていて、女性器への挿入は不可能な状態にあるが、心理的または物理的・生理的な刺激によって欲情すると、海綿体に平常時の数倍ないし十数倍の血液が充満し膨張する。この場合陰茎は大きさ（太さ・長さ）を増すと同時に硬直して上に反り上がり、女性器への挿入が可能な状態になる。このことを「勃起」と言う。「勃起」の項を参照。

《大きさ》若い頃の男性にとって自分の陰茎の大きさは非常に気になるものである。思春期の男性の悩みの第一位は、自分の陰茎が他人より小さいのではないかということで、この事は昔も今も変わっていない。数十年前に、勃起時の極大十八・五センチメートル、極小六・〇センチメートル、平均十二・七センチメートルという事例が報告されてから、この悩みは大きくなった。実際には、弛緩時においても、また勃起した場合においても、陰茎の大きさには人種間にも差があり、個人差もあり、調査の方法によっても異なった結果が出ている。以下にいくつかの報告例をあげる。〇日本人の陰茎の長さは、弛緩時の平均七・三〜九・五センチメートル、勃起時で十一・九〜十三・四センチメートル。対して、アメリカ人の陰茎の長さは弛緩時の平均十・〇センチメートル、勃起時で十五・五センチメートル（ディッキンソンの報告）。〇勃起時の白人の平均陰茎長は十五・六センチメートル、黒人は十六・四センチメートル（キンゼイ報告）などの報告がある。時セネガルの黒人では勃起時の陰茎長が二十五センチメートルというのは珍しくなく、時には三十センチメートルになる者もいる（ストゥルの報告）という報告もある。陰茎の長さは人種間で比較した場合は、身長にほぼ比例すると言われている。

日本の男性の場合、勃起時の平均で、長さ十二・〇センチメートル、周囲十・五センチメートルくらいだという研究発表がある。同研究によれば、平時に於いては、長さ七・四センチメートル、周囲八・三センチメートルくらいだという。

なお、自分の陰茎が小さいのではないかという男性の悩みは、性交時に相手に十分な満足感を与えられないのではないか、そのために軽蔑されるのではないかという悩みでもあるが、愛情のある性交においては、異常といえるほどに極端に小さい場合でなければ、陰茎の大きさによる性交時の快感度には支障がないといわれている。

ちなみに他の動物の陰茎の大きさは次の通りである。
○チンパンジー＝十五〜二十センチメートル。○キリン＝数十センチメートル。
○ウマ＝五十センチメートル。○ウシ＝九十センチメートル。
○インドゾウ＝百センチメートル。○シロナガスクジラ＝三百センチメートル。
《膨張率》勃起する時の膨張率は、弛緩時に小さい方が高い。したがって膨張率では日本人は高いといえる。アメリカ人の平均膨張率は二・六倍、日本人の膨張率は二・八〜三・五倍（ディッキンソン）という報告がある。太さも勃起時では、アメリカ人の陰茎周は十一・〇センチメートルに対し、日本人の陰茎周は十一・五〜十二・八センチメートル（ディッキンソン）という報告がある。総合すると、日本人の方が太くなり、それだけ勃起時の硬さも増すといえるようである。

《勃起角》勃起時に陰茎が反り上がる角度にも、個人差や年齢差があり、二十歳代の最大時で四五度、四十歳代では〇度、平均で二〇度という報告がある。「マンテガザの五指」の項を参照。

《シンボル》また、昔は男性の最大特徴は睾丸とされていたが、近年では男性のシンボルといえば陰茎と考えられるように変わってきた。そのため、陰茎の大きさは思春期の男性にとっては最大の関心事であると同時に、悩みの原因になっているといわれている。

《陰茎の形》陰茎の形は、人種、年齢、性交経験、自慰経験、病気などによって異なる。

○ディッキンソン（米性科学者）の、陰茎を横から見た特徴による分類。①鈍刀型、②徳利型、③船首型。

○荒川の、陰茎周の大きさによる分類。

①松茸型、②試験管型、③きゅうり型、④バット型、⑤三角型。

○日本古来の言い伝えによる分類（十種類・十相）。

①ずんぐり男根、②皿竿、③木男根、④長男根、⑤馬男根、⑥雁高男根、⑦そり男根、⑧麹男根、⑨よじり木男根、⑩皮かむり。

《陰茎の異常》。

◇〔一般用語系〕いんきょう、男根（だんこん、なんこん）、陽物、玉茎、逸物、一物（いちもつ）。

◇〔古語・俗語系〕へのこ（屁の子）、まら（摩羅）、おはせ、ずく、てれつく（天礼菟久）、角のふくれ（『万葉集』に見られる）、久奈（くな・古代語）、雄元之処《おもとのところ》（『日本書紀』）。

◇〔足系〕前足、中足、第三の足。

◇〔婉曲系〕あそこ、一物。

◇〔大きい物系〕巨根、偉根、巨陽。

◇〔外来語系〕ファルス、ファロス、ファルロス、ペニス、M、コック、リンガ、ヨニ、勢（漢語）、呂留（りょる）、ブリアップ、ジュニア、ツェプテル、シュヴンツェ、ダミー（俗語）、ショート・アーム（短い腕）、スクリュー、ボール、ジョイ・ステッキ（歓喜の杖）、ポール（柱）、アムレット（護符）、ブル（雄牛）、シャット（矢）、ストッパー（栓）、スペクター（お化け）、オベリスク（尖塔）、カタパルト（大砲）、ダーツ（投げ槍）、メンツウラ（逸品）、テール（尻尾）、ナーブ（筋）、ハンガー（短剣）、バーセル（お荷物）、ホット・ステッキ（熱い棒）、ヴェッセル（水差し）。

◇〔外国語直訳系〕バナナ、鶏（コック）、銃（ガン）、把手（ノブ）、骨（ボーン）、エノブ（骨の逆読み）、道具（トゥール）、ヨーヨー、アコーディオン、はだか虫、筋肉、鍛冶屋のふいご、神秘の翻訳者、月、石の心、銀の乳房、王子、プリンス、王の美、妖精の顔、唐織錦の顔、心の野獣、瞥見の矢、百合の花、乱れ髪。

◇〔擬人代名詞系〕作蔵《さくぞう》、黒兵衛《くろべえ》、団兵衛《だんべえ》、愚図郎兵衛《ぐずろべえ》、得手吉《えてきち》、作造《さくぞう》、掛六《かけろく》、市松《いちまつ》。

◇〔擬人代名詞（外国）系〕聖ペテロ、聖フランシス、ピリポ、ジョン、ジャック、トミー、のっぽのジョン（親しみ）、盲目のボブ（不勃起状）、吠えるジャック（勃起状）。

◇〔形状系〕小僧、小和尚、藺笠《いがさ》。

◇〔元気系〕騎士、ナイト。

◇〔根系〕根、男根、肉根、大根、陽根、偉根、異根。
◇〔植物系〕松茸、芋、つく芋、つくね芋、大根、干し大根（年老いたもの）、アスパラガス、午蒡（細くしなやかなもの）、胡瓜、堅果、禁断の木の実。
◇〔せがれ系〕倅、悴、息子、坊や。
◇〔大切な物系〕珍宝、珍棒、金勢様。
◇〔男女対系〕すりこぎ（漢字は擂粉木、擂鉢と対）、杵（臼と対）、刀（鞘と対）、剣（鞘と対）。
◇〔注入系〕注射器。
◇〔提燈系（全て萎え摩羅）〕提燈、小田原《おだわら》提燈、提燈陰、愚図郎兵衛、岐阜提燈、ぶら提燈。
◇〔等級系〕麩、麩摩羅、雁、雁高、反り、上反り、下反り、尺八反り、傘、いぼ、善光《ぜんこう》寺《じ》、赤胴、白、木、太、長、すぼ。
◇〔道具系〕道具、鉄槌、斧、鎌、杵、筆、梃子、櫓栓《ろせん》。
◇〔動物系〕鰻、亀、蛇、大蛇（おろち）、うわばみ、青大将、馬、イカ、熊、泥鰌、なまこ、うつぼ、なまもの、蝦蟇《がま》、鷺《さぎ》、鷺の首、夜の鶴、鶴。
◇〔動物系（外国）〕鶏（cock）、鳥（bird）。
◇〔尖った系〕生き針、錐、串、子孫釘（しそんちょう）、角、ペン、杵、凸。

◇〔肉系〕肉柱、肉棒、肉塊、肉根、肉具、肉柄（いちもつ）、欲望の肉、棒状の肉。
◇〔柱系〕柱、肉柱、帆柱（勃起したもの）、火柱、宝柱。
◇〔一つ目系〕一つ目、一つ目小僧、一つ目入道、一つ目の神、独眼龍。
◇〔武器・鉄砲系〕ピストル、拳銃、連発拳銃、大砲、鉄砲、砲身。
◇〔武器・その他系〕武器、鉾、陽鉾、槍、矢、丹塗の矢、刀、名刀、柄、筒、刃物、抜身、抜身の刀（共に露出している場合に言うことが多い）、匕首、サーベル、火装武器、軍器、業物、大業物。
◇〔蛇龍系〕蛇、おろち、大蛇、青大将、蟒（うわばみ・ぼう）。紫龍。
◇〔方言系〕がも（秋田、がもコともいう）。
◇〔棒状系〕棹、竿、杖、捏《こ》ね棒、突っ突き棒、ソーセージ、スティック、ホルン（角）、尺八、欲棒、茶柱、天狗、目無棒、撞木《しゅもく》、擂粉木《すりこぎ》、筒、柱棒（ちゅうぼう）、如意棒。
◇〔勃起状系〕たけり（勃起したもの）、こわばり（勃起したもの）、逆鉾、そそり立ち（勃起したもの）、みなぎり（勃起したもの）、怒り、筋摩羅、いきり立ち（勃起したもの）、怒張（勃起したもの）、帆掛け船。
◇〔持て余し系〕厄介棒、欲棒、因果骨、元気棒。放れ駒、暴君。
◇〔幼児語系〕ちんぽ、ちんぽこ、ちんちん、おちんちん、チポ（アイヌ語）。
◇〔幼児系〕ちんぽ、ちんぽう（珍宝）、ちんちん、指似《しじ》、青唐辛子、小筆、すぼけ（皮かむり)、椎の実。
◇〔その他系〕天窓(あたま)、生きた御用のもの、生き物、一本、市松、くなどの神、五寸、釈迦、鈴口、ちまき、ずくにゅう、てれつく、天狗、大天狗、ょしこ、鈴、茎、歴、露転。
いんけいごうちょくしょう〔陰茎強直症〕陰茎が性欲や射精に関係なく勃起したまま元に戻らない病気。性病等が原因で勃起組織に欠陥を生ずるために起こり、快感はなくむしろ苦痛のまま三日間も勃起し続けるケースもある。

いんこう〔陰溝〕女性器の裂け目。割れ目。

いんこう〔陰垢〕陰茎に溜まった分泌物や排泄物のかす。恥垢。

いんごう〔隠号〕戯作者または浮世絵師が艶本を書くときのペンネーム。

いんし〔陰痣〕女陰の戸口にあるアザのこと。陰痣のある女性は必ず貴子を産むといわれている。

いんじゅう〔淫獣〕性欲が強すぎて獣のように淫らな行為に猛っている男。

いんじょう〔淫情・婬情〕性交したいという欲情。性交の快感。
◇淫欲、淫心、色情、色欲、痴情、春欲、好色心、いろけ。
いんじょう〔陰茸〕亀頭のこと。「かりくび」と読ませることが多い。

いんしん〔陰唇・陰脣〕女性外部生殖器の一部で、開口部に位置する部分。大陰唇と小陰唇がある。
◇〔秘・陰系〕秘裂、秘唇、淫唇、陰溝。
◇〔花・華系〕花唇、花弁。
◇〔幼児語系〕われめちゃん。
◇〔俗語系〕割れ目、びらびら。
◇〔外来語系〕赤い唇、シャムリッペン。

いんすいやけ［**淫水焼け**］女性器（特に小陰唇）が黒ずんでいること。また、その黒ずんでいる女性器（小陰唇）。性交経験を積むほど淫水焼けが生じるという俗説があるが、医学的には誤りである。

いんちゅう［**陰中**］女陰の中、すなわち、膣。『旅枕五十三次』には京女の素晴らしさを説いた後に「されば年老ぬうち東海道を修行し、其国々の味を心み、上京して京女の陰中に気をやりて、男の本意をとげ玉ふべし」とある。（「心み」は「試み」の、「玉ふ」は「たもう」の当て字）。

いんでき［**淫溺**］淫らなことに溺れ込むこと。

いんとう［**淫頭・陰頭**］亀頭。江戸時代の作品では「へのこがしら」と読むことが多い。

いんとう［**淫蕩・婬蕩**］異性との淫らな遊びに耽って、節度の無い様子。酒色にふけって素行の悪いこと。淫らな行いをすること。

いんにく〔**陰肉・淫肉**〕女性器、または、女性器外陰部を構成している大陰唇、小陰唇や陰核など、肉質の部分。「女十分姪心萌したる時は陰肉はり、云々」（『色道禁秘抄《しきどうきんぴしょう》』より）。

いんはい〔**淫悖**〕淫らで道に外れたこと。

いんばい〔**淫売**〕女が男から金銭などの代償を得て肉体を提供する行為。または、その行為をする人のこと。現代の「売春」あるいは「売春婦」と同義語。昭和初期までは「売春」よりも「淫売」の方が一般的に使われていた。

いんぶ〔**陰部**〕体の表面に見える男女の性器部。また、その周辺部を含めた部分。

◇〔三角系〕三角、陽三角（男性）、陰三角（女性）、倒三角、逆三角、三角洲、デルタ、三角風呂。

◇〔秘密系〕秘部、かくしどころ、秘密の部分。

◇〔その他系〕ひだ、股間。

いんぷ〔**陰阜**〕女陰のすぐ上の小高く盛り上がった部分で、性毛の生えるところ。男にとっては見た目からも触感からも、女を最も強く感じるところの一つである。その上いわゆる正常位での性交の際にこの部分での圧迫感が性快感を高める。それらのことから、優れた陰阜を備えた女陰こそが名器であるといわれる程、陰阜の様子や形状は重要な役割をしている。ちなみに、陰阜のある動物はヒトだけである。

◇〔古語系〕ほがみ（陰上）。

◇〔俗語系〕土手、土堤、臍下二寸。
◇〔丘系〕恥丘、秘丘、丘、陰丘、ヴィーナスの丘、ヴィーナスの山、ふくらみ。
◇〔その他系〕額、額口、森林地帯、紅臼山、愛宕山。

いんぷう〔**淫風、婬風**〕性に関する淫らな習慣、または、性に関して淫らな風潮。

いんぷん〔**淫吻**〕性的欲望。性交欲。

インポテンス impotence、男性の性的不能症（勃起不能症や性交不能症）、または陰茎萎弱病。インポテンスにはいくつかのタイプがある。

①「機能性インポテンス」最も多い心因性のインポテンス。現代においては社会的ストレスが原因の心因性インポテンスが多いと考えられ、性交不能の若者が増加する傾向にある。しかもどういうわけか三十代前半の新婚男性に多い。

②「器質性インポテンス」神経や血管に問題のあるインポテンス。

③「混合性インポテンス」糖尿病や腎不全などの病気の進行に伴って起こる（勃起不能症の原因になる病気には、腎臓疾患、腎臓炎や糖尿病、前立腺の病気、分泌腺の血管、脳脊髄の疾患や外傷、バセドゥ氏病、アルコール中毒、性器不全、淋病・梅毒等の性病、疲労、体力衰弱等がある）。

④「薬剤性インポテンス」近年注目され始めたもので、薬の副作用によって起こる。これには例えば胃潰瘍や十二指腸潰瘍などの治療薬H2拮抗剤によるものや、前立腺肥大症

の治療薬の一つ、抗アンドロゲン剤などと関連性があるものなどがあるらしい。インポテンスに対する治療は、インポテンスのタイプによって異なる。第一の心因性の機能性インポテンスは、ストレスの解消や心理療法が有効であるケースが多い。

第二の神経や血管に問題のある器質性インポテンスの場合は、ホルモンの補充をしたり、血管拡張薬をペニスに注射したり、プロステーシスと呼ばれる器具の埋め込み手術を行う治療法がある。

第三の病気による混合性インポテンスの場合は、まず原因となっている糖尿病や腎不全などの疾患の治療を進めるのが先決である。

第四の薬の副作用によって起こる薬剤性インポテンスの場合は薬剤とインポテンスの因果関係が未だ正確に解明されていないので治療が難しい。仮に因果関係が正確に解明されたとしても、もとの疾患を治療するために投与している薬を簡単に中止するわけには行かないなどの理由で、今後の研究による解決が望まれている。

また、男性は年齢と共に勃起力が低下していく。勃起する角度が小さくなると共に肥大・硬直する度合いも小さくなるため、女性器への挿入が困難になる。同時に精液の量や精子の数が減少し妊娠させる可能性が低下する。これは自然に生じるインポテンスであるが、七十歳を越えて妊娠させた例も数多くあり、その最高年齢は不詳であると同時に個人差がある。

近年の調査によれば、日本でのインポテンス患者数は数万人に上ると見られ、「陰茎プロステーシス」と呼ばれる手術や、「PGE1」の注射治療、「勃起補助具」による治療や経口薬治療法も開発されている。また、一九九八年に治療薬「バイアグラ」が話題になった。

いんむ［**淫夢**］性行為をする夢、妄想（もうぞう）。

いんもう［**陰毛**］性器の上の部分の陰阜《いんぷ》の辺りに生える毛。子どもには無いが、男女とも十二、三歳頃に生え始める。一般に断面は偏平で毛全体が縮れていることが多い。全体として多毛の人と少毛の人があり、稀には大人になっても無毛の人もある（女性に多く、陰毛のない成人の女性器をかわらけと言う）。

陰毛の生えている部分の形は逆三角形や菱形等が多い。

男性にとっては女性の陰毛は独特な魅力があり、陰毛を見るだけで十分に欲情をそそられることがある。そのために、日本では陰毛の見える写真、絵画、映画等が禁止されていた。

陰毛の上半分の部分は男性ホルモンの影響を強く受けて発達し、下方の部分は男女それぞれの性ホルモンの影響を受けて発達するという。

◇〔毛糸〕性毛、恥毛、毛、お毛々、真っ黒毛、毛むら、密毛、疎毛、局毛、ヘア。

◇〔草・叢系〕草、裾草、草むら、叢、草叢、繁み。

◇〔森系〕ジャングル、愛の森、森林、森林地帯、密林、疎林。
◇〔黒系〕影、黒い部分、翳り。
◇〔外国語系〕ヘア、シャーム・ハーレ。
◇〔髪系〕恥髪。

いんもうのかたち〔**陰毛の形**〕陰毛の生えている部分の形。医学的には一般に、①楕円形(水瓶形)、②逆三角形、③長方形、④台形(上辺の長い逆台形)に分けられ、日本人女性、白人女性ともに楕円形が最も多く、台形が最も少ない点は共通しているが、二、三位の順やパーセントには開きがある。楕円形は、日本人が五一パーセントで一位、白人は三四パーセントで一位。逆三角形は、日本人が二七パーセントで二位、白人は二四パーセントで三位。長方形は、日本人が一七パーセントで三位、白人は三二パーセントで二位。台形は、日本人が五パーセント、白人は一一パーセントでともに四位である。

日本では江戸時代より次のような分け方がされている。

①上品相(じょうぼんそう)正三角形の型で、生活力旺盛な痩せ型の女性に多く強運の持ち主。相手の男性にも運が向いてくるといわれ、いわゆるあげまんの女。先天的床上手で、積極的で性技にすぐれ、感度もいい。ただし、千人に一人といわれる。上品相の変化型として次のようなものもある。

ア、ホコ型…尖った正三角形。男勝りの女性に多い。性行為も強烈。

イ、キノコ型…細長い正三角形の上部がキノコ形に拡がっている。下部の毛の薄さから、やや性行為の面で弱さがある。

ウ、上長ヒシ型…正三角形の下部つまり土手の辺りがやや狭まっている形。やや運勢が弱い。

エ、細長ヒシ型…細長い正三角形の下部がやや狭まっている形。上品だが毛の総面積が少なく、性格的に冷たい傾向がある。

②中品相（ちゅうぼんそう）逆三角形の型で、日本の女性の約七割がこの形といわれるほど多く、一般的な形。毛が多いと助平で、少ないと我がままになりがち。個性が弱いので、相手の男性によって変わるといわれる。

中品相の変化型として次のようなものもある。

ア、曲線型…逆三角形の下辺だけの形つまり平たいV字形をしている。毛の面積が少なく、性行為も淡白。

イ、扇型…逆三角形の上部が円形をしていて扇の形をしている。情熱的で、性行為の面でも研究熱心。

ウ、五角型…いわゆるベース形。毛の密集度が高いので情熱的。ただしベース形が細長いと毛の量が少なく、やや冷淡。

エ、横長型…逆三角形の高さが低く、毛が下部もやや多くて全体として横長の形。毛が疎らな場合が多く、薄幸な運勢になりがち。

③下品相（げぼんそう）ハート形の型で、この型の女性は性格が陰湿で嫉妬深く、冷淡。美人ほど多い。性行為の面では機能的にも劣り、感度も鈍く、男崩しと言われる。下品相の変化型として次のようなものもある。

ア、少々型…下の方にほんの少々毛があるだけの形。運勢的にも弱く、性格も陰険。性行為も良くない。最悪の型。

イ、先だけ型…下の方にほんの少々濃く毛があり、ほかは薄い形。剛毛の場合は我が強く、男を利用する悪女タイプ。

ウ、側だけ型…ハート形の下辺だけに毛のある形。両端が捩れて逆巻いていると流転の相。

エ、疎ら型…ハート形全体が小さく、毛も薄い。生命力に乏しく、自我も弱い。男もその悲運にひきずられる場合が多い。

また、中国の観相学では陰毛の生える形から四つの型に分けている。

①男面（菱形の生え方）男性ではもっとも一般的な生え方であるが、女性では少ない。

②女面（逆三角形の生え方）女性の大部分がこの型。

③遊女面（細長い三角形の生え方）最近では別名東京タワー形と言い、男性にはしばしば見られるが、女性では希にしか見られない。この型の女性のセックスは素晴らしいといわれる。

④妾面（性器のすぐ上にだけ小さく纏《まと》まって生える型で、一見パイパンのようである）女性だけにみられ、この型の女性はたいへん情熱的だという。

また、中国の観相学による陰毛の生える形の四つの型の相性は、

A．女面の女性は男面・遊女面の男性と相性がよく、女面・パイパンの男性とは相性が悪い。

B．妾面の女性は男面・遊女面の男性と相性がよく、相性が悪い男性は無い。

C．男面の女性は女面の男性と相性がよく、男面・パイパンの男性とは相性が悪い。

D．遊女面の女性は女面の男性と相性がよく、男面・遊女面・パイパンの男性とは相性が悪い。

E．パイパンの女性は男面・遊女面・女面の男性と相性がよく、相性が悪い男性は無い。

いんもんかいかん［**陰門開観**］江戸時代末期から行われた、遊女の梅毒検査。江戸時代は梅毒に関してさしたる治療法もない上に、遊女たちには梅毒が粋な印とされる傾向もあって、廓で遊んだ一般庶民だけでなく、将軍や大名に至るまで患者が続出した。幕末になり欧米人にも被害が出たので、欧米人からの外圧で幕府は遊女専門の梅毒検査を始めた。その方法は、長径十五センチメートルの穴を開けた椅子に、下半身裸の遊女をまたがらせ、係員が上から力で押さえ付ける。医師は椅子の下に潜り込み、器具を使って陰門を開きながら中の方までつぶさに観察するというやり方である。遊女たちはこの恥ずかしい方法を

嫌がり、「絵にかいた枕草紙をやめにして、ナマを見たがるバカな役人」などと落首で反抗したり、陰毛や陰門の周りに細工を施して医者をびっくりさせる者も出た。大坂では「生恥をさらしたくない」と自殺した遊女も現れた。このように遊女たちからは評判の悪かった陰門開観も、正しい検査と西洋医学の治療によって絶大な効果を上げた。例えば横《よこ》浜《はま》の遊廓では、幕末では遊女の八〇パーセントに達していた罹患率が、明治七年には一・九パーセントにまで激減している。

いんやけ［**淫焼け**］性交の度数を重ねると、抵抗力を増した色素の変化により陰茎は暗紫色に変化するといわれ、これを俗に淫焼けと言う。淫焼けをした陰茎は「一黒」とか「紫色雁高」と呼ばれ、陰茎の上品とされている。

いんようかく［**淫羊藿**］碇草（イカリソウ）という植物を陰干しにしてつくった強精薬。羊が淫らになる葉という意味。中国に昔、一日に数頭の牝羊と交尾しても元気な牡羊がいた。羊飼いの男が不思議に思って観察してみると、その牡羊は時おり牝羊の群れから離れ、林の中に入っては何か草を食べている。羊飼いはその草を摘み、家に持ち帰って食べてみた。すると、もりもり元気になり、強力な強精作用があることが判ったという。

いんようわどうのじゅつ［**陰陽和動の術**］女が自ら女陰を持ち上げて、陰茎を迎え入れる方法。

いんれつ［**陰裂**］女陰（大陰唇）の亀裂線（一般用語）。陰核の下から陰唇小体までの長さ（医学用語、小陰唇のサイズ）。日本人の陰裂の平均は五〜七センチメートルで、白人は大体七センチメートル以上ある［笠井］。ラテン民族が一番大きいらしい。
◇割れ目、破れ目、裂け目、空割れ、空割。
いんれつさんずん［**陰裂三寸**］女陰の亀裂線の長さが三寸（約九センチメートル）で、ちょうど良い上品の女陰、つまり名器を表す言葉。
いんれつちょう［**陰裂長**］女陰の入口の長さ。いわば、女性器の大きさのこと。ある産婦人科医は、主婦、ＯＬ、芸者、踊り子など、十九歳から四十五歳までの女性一二〇〇人余りの女性器の大きさを統計的に調べ研究し、「日本女性の外陰部及び骨盤部の生体計測学的研究」という論文を発表し、一九六一年に三重県立医大から医学博士の称号を授与された。その研究結果を見ると、大まかにいえば、女性器は年齢とともに拡大していくといえる。
　陰裂長について年齢別にみると、十九歳以下＝七〇・一ミリメートル、二十四〜二十五歳は七一・三ミリメートル、三十〜三十三歳＝七二・六ミリメートル、四十〜四十四歳は七四・六ミリメートル、四十五歳以上は七一・〇ミリメートルである。
　この結果をみると、四十〜四十四歳でピークに達し、後は次第に縮小することが判る。出産後は弛緩するという通説は誤りであることを示している。分娩回数別に陰裂長の変化をみると、分娩〇回＝七〇・一ミリメートル、分娩一回＝七三・四ミリメートル、分娩四回以上＝七四・三ミリメートルである。この結果をみると、初産では一気に三ミリメートル以上増大するが、二回目以降はほとんど変化していない。体格別にみると、最も小さい体格群の女性では陰裂長の平均が六八・五ミリメートルなのに対し、最も大きい体格群の女性では平均七六・五ミリメートルであり、女陰の大きさは年齢や分娩回数よりも、むしろ体格の大きさによることが判る。

いんれつよんすんさんぶ［**陰裂四寸三分**］女陰の亀裂線の長いこと、すなわち女陰が大きすぎるという意味の言葉。陰裂が三寸（約九センチメートル）でも大きめなのだから、四寸三分（約十三センチメートル）もあっては、大き過ぎるというほかはない。

いんろうかい［**印籠開**］女陰の名器。江戸時代末期の『全盛七婦玖腎』には「佳撰開十八品の圖」として、名器十八品を図入りで説明してあるが、その二番目に「印籠開。たこにるいしたるじゃうかいなり。ぬきさしすぼすぼとしたるぐあひ、しまりかげん、まらをしごくがごとし」とある。挿入された陰茎を強く引き抜くように、締まった膣壁が蠕動《ぜんどう》して、強い刺激を与えるということだろう。

いんわいはりん［**淫猥破倫**］人道に外れた淫らさ。

う

ういじん［**初陣**］初体験（現代は男女両方に使われるが、江戸時代は主に娘の初交の意味で使われていて、恥かしさと怖さの気分を含む)。「初陣の娘こわごわ組み敷かれ」(『誹風柳多留』)。「初陣に娘こわごわ組み敷かれ」、「初陣は槍の深手をこらへかね」、「こわごわに組む初陣の女武者」、「木娘はぜひ無い肩へ食らひ付き」。

ういろう[**外郎**]正しくは「透頂香《とうちんこう》」という薬で、小田原名物。透頂香(外郎)は中国・元《げん》の礼部員外郎陳宗敬《れいほういんがいろうちんそうけい》という人が、応安《おうあん》年間(一三六八~七五)に九州博多《はかた》に来て創製したものといわれ、その子孫が北条氏綱《ほうじょううじつな》の時、小田原に来てこの薬を献上したという。虎屋が元祖で蒸菓子の外郎と共に販売している。透頂香は形も色も仁丹によく似た薬である。「まだまだ此薬の妙なる事には、只一粒を舌の上にのせるやいなや、口中すゞやかに、せいせいとして舌の廻る事、銭ごまがはだしでにげる…」「此辺すべてさがみなれば、国がらとて当所の女みな好色いんらんにして、三四番にてはなかなかあきたらず、まらはなへてもがってんせず、口をすい、へのこをしゃぶりする故、ぜひとも開もなめてやらねばならず、其時此ういらうを用ゆれば、舌じざいにはたらくゆへ…(中略)…あさく深く四角八面に舌まはりてはたらく故、女はたちまち気をやり、いんすゐどつくどつくとだしかけるを、其まゝ舌にうけて、のこらずすい取、呑べし。此上なき腎薬にて、とぼし詰の道中には折々此法を用ゆべし」と、『旅枕五十三次』に記されている。

うえそり[**上反り**]上に反っている陰茎の名器。「上反りは値がはりますと小間物屋」(『末摘花』)。

うえつき［上付き、上開］比較的上（前）の方に付いている女性器。具体的には、『春色忍ヶ岡』に「上品の女」について「玉門、三玉、四十八襞、たいていより六分上につき、核赤やかにして、高からず」と記されていることから、直立した姿を正面から見て、女陰の割れ目の六〇パーセントが見えるものを「上付き」といったと推測できる。現在では、女性が脚を開いた時に女性器の割れ目の両脇にできる「股間菱形」と呼ばれる菱形状の凹んだ部分の最もふくらんだ部分の二点を結んだ横線の、上下二センチメートル以内に膣入口の中央が来るものを「中付き」とし、それより上にくるものを「上付き」、下に来るものを「下付き」と言う。

上付きは欧米人に多く、アジア人には少ないといわれる。日本人は畳に座る習慣からいつも尻を床につけているので、重心が下がるために下付きが多いといわれるが、科学的な根拠はない。ともかく日本人で上付きの女性は約二割といわれているが、AV女優対象では二八パーセントをしめたという調査結果もある。アジア系でも子どものうちは一般に上つきである。

上付きは名器という俗説はなんら根拠はないが、古来、男性たちの願望ではある。正常位での結合がしやすいところから出たものであると想像される。「下付き・下着」の項を参照。「極上は臍を去ること遠からず」、「臍へ引っ付いて居るのでうまがられ」、「広いこと臍の際まで裂けている（「広い」は、世間は広いものだという意味）」、「お穴が上に付いたで流行るなり」など、多数の川柳がある。

うえば［**上歯**］亭主のこと。女房は下歯、娘はめんと言う。

うかとうせん［**羽化登仙**］人間に羽が生えて仙人と成って天に登ること。転じて（酒酔い、性行為などによる）快い気持ちを言う。

うかれめ［**浮女、浮かれ女、遊行女婦・宇加礼女・草嬢・浮かれ妻**］遊女を表す日本最古の言葉。古代では神に仕え、祭礼に奉仕し、接待として性を提供していた巫女は神聖なものであったが、やがて、そうした宗教的な意義が薄れ、売春が職業化していったものが、奈良時代の遊行女婦である。彼女らは地方の府中や街道筋の駅を巡り歩いたところから、この名が付けられたという。

◇浮かれづま、浮かれ君。

うきになる［**浮きに成る**］久方ぶりの交悦のために、それを待ちわびて発情する女性。もとは、びしょびしょに濡れる、身が浮くほどに溢れる、という意味で、欲情する女性を愛液の様子で美しく表現したと言われる江戸言葉。「つゝばらぬかはりに女中うきになり」（『末摘花』）。「憂気になる」が正しいという説もあるが、「いたうまちかねたると見へて、つらぬきとめぬ露の玉ぬれぬれと流れて…」（『艶色品定女《えんしょくしなさだめ》』）、「あへばまたたまる涙のぬるみより、あつくわき出す、真心の水」（『三体志《さんたいし》』）など、愛液の溢れる様を言ったと見るのが良いと考えられる。

うきね［**浮き寝**］夫婦でない男女の一時的な共寝。仮の男女関係。遊女などの、かりそめの添い寝。

うぐいすのたにわたり［**鶯の谷渡り**］男性が女性の体のあちこちにキスまたは舌戯を加える愛撫のテクニック。四十八手の体位の中にこの名が含まれていることがあるが、結合体位ではない。

うこんずきん［**鬱金頭巾**］肛門性交の結果、亀頭や雁首に糞便がついた状態。また、その状態の陰茎。

◇黄色な襟巻、黄錦の鉢巻、黄巾。

うさぎがはしる［**兎が走る**］激しい性交運動で愛液が白く泡になる状態。また、それによって生じる女性の快感。海が荒れて白波が立ち始めることを意味するキャンパーたちの俗語から生まれた比較的新しい隠語。

うし［**牛**］張形のこと。「きうな事汗かいて居る牛遣い」、「牛をつかってアレサもうイッソもう」、「牛どうし角つきあひの妾部や」、「牛若と名付て局秘蔵する」、「馬ほどな牛を局は持って居る」（『誹風柳多留』、馬は巨根の隠喩）。「長局馬を下りると牛に乗り」（この馬は月経の隠語、馬を下りるは月経期間が過ぎる）。

うしのひとつき［**牛の一突き**］早漏の男と敏感症の女の形容。牛の交尾は一瞬にして終了し、雌雄とも満足するのに譬えた言葉。

うじゃける「うじゃじゃける」と同じ。

うじゃじゃける　女性が欲情し性器が愛液のために甚だしく濡れてくる様子。もとは熟れる、化膿する、湿ってぐちゃぐちゃと成るという意味。「うじゃじゃけたやうに女は勃やす也」。

うしろだき［**後ろ抱き**］女を腰の上に抱き上げて交接する膝座背位。菱川《ひしかわ》（狩野）師宣《もろのぶ》の『表四十八手』には、「手をかへ品をあらたむるも、多くはこの道に長じすぎてのことなるべし」と説明がある。師宣の図の女は懐妊の様子なので、女が妊娠中の体位として勧めているのかもしれない。

うすときね［**臼と杵**］女性器と男性器のたとえ。古謡に「臼と杵とは夫婦でござる。ソレ搗け、ヤレ搗け、ペッタン、ペッタン」というのがある。

うずらのたまご［**鶉の卵**］子宮膣部。

うたがき［**歌垣**］古代日本で春と秋に男女の集団が特定の山上・海岸などに集まり、終夜歌舞飲食して楽しんだ民間行事。まず男が女に歌いかけ、女が応えて歌い返し、最後は一夜妻と呼ぶ性の解放に終わるのが普通で、いわば乱交の宴。豊穣を願う予祝行事が起源だといわれるが、後には一種の風流芸となり、宮廷行事の中にも採り入れられた。『続日本紀《しょくにほんぎ》』には「歌垣は男女集会して和歌を詠み、交接を契る所なり」と記されているし、『万葉集・巻の九』には「他妻に吾も交らむ、わが妻に、人も言問へ、この山の領く神の昔より、禁めぬ行事ぞ、今日のみは目串も勿見そ、言も咎むな」とある。歌垣は東国では「かがい」と呼ぶ。奈良時代の公文書『筑波風土記』によれば、春の花が咲く頃と秋のモミジが色づく頃の二回行われていた。関東の善男善女が群れ集い、未婚既婚の別無く男女は互いに歌を口ずさみ、踊り、そしてまぐわうのである。この自由恋愛謳歌が一定期間だけ行われる非日常的行為だからこそ、古代人は心を昂ぶらせ、別人と化し、喜悦感を味わいながら、その歓喜の中で豊作豊漁を神に祈る、神聖な行事だったのである。

この「歌垣」はその後「盆踊り」での乱交や、祭りの夜の「お籠り」などのいわゆる「無礼講」に変化して行った。明治になり新しい倫理観から「無礼講」が否定されると、個人的な夫婦交換が始まり、現代に至るのである。「かがひ・嬥歌」の項を参照。

うつぼ［靫・鱓］真性包茎のこと。矢を入れる靫から由来したか、鱗のない鱓魚（うつぼ）に擬して言うのかは不明。

うどかづら［独活蔓］平城京跡から出土した遺物の中の張形。これは、奈良の都・平城京にたくさんいた独身の女官によって使われた物らしい。独活蔓を男根形に削った物で、出土した時には炭化が進んでいたが、それでも直径が一・八センチメートル長さは十八センチメートルあり、もとの直径は三センチメートルくらいだったと想定されている。出土したのは大膳寮《だいぜんりょう》のゴミ捨て場で、紙に包まれて捨てられていたという。男に恵まれて必要なくなった女官が捨てたのではないかと考えられている。

うどとにしん［**独活と鰊**］夫婦仲のよいこと。ウドの煮しめにニシンの酢の物が非常によく合うところからの慣用句。

うねめ［**采女**］古代、地方の豪族が帝に献上した女官。彼女たちは十三歳から三十歳までの郡司《こおりつかさ》の娘や姉妹で、美しく、教養もあった。初めは豪族が帝に服従の証しとして差し出したもので、その最も重要な役目は帝と性の交わりをすることだった。それは、それぞれの国の国霊を身につけている采女と性行為をすることによって、国々の神を統一できるという信仰によるものである。

八世紀には采女の数は六六人と決められていたが、実際にはもっと多くの采女がいたという。

うば［**乳母**］広陰・太り肉《じし》・毛沢山の代名詞。「蛸は蛸だが乳母のは銚子（大味）なり」。「廣さうな名で狭いのは乳母が池」（『誹風柳多留』、乳母が池〈姥《うば》が池〉は浅草《あさくさ》に実在の小さな池）、「乳母が池指で瀬踏みをして這入り」、「広い事知りつつ乳母を口説く也」。「左右の髭を掻き撫でて乳母をする」。「大喰らひ羊の如し乳母が馬」。

うま［**馬**］①巨根の代名詞（馬の陰茎は古来一般に人の目に触れる陰茎の中では最も大きく、長さが五十センチメートル程ある）。「土手の草、濡れたで馬は滑り込み」、「馬と言や男お馬と言や女」（『誹風柳多留』）。②巨根の持ち主。「道鏡が母、馬の夢見て孕み」。

◇巨根、豪根。

うま［**馬**］①月経のこと。江戸時代の月経帯は、和紙を重ねて局部に当てがい、その両端に付けたこより紐を腹に巻き付けて縛った。その形状が馬の腹帯に似ていたので「馬」と呼ばれた。「馬に乗る」とも言う。「馬と言や男お馬と言や女」（『誹風柳多留』）。②生理用品、月経帯（この場合には「お馬」と言うことが多い）。「花に馬つないで七日淋しく寝」。

うまずめ［**産（生）まず女・石女**］結婚しても（何度も性交しても）子を生まない女。不妊の原因が男女のどちらに在ろうと、そう呼ばれた。

うまにのる［**馬に乗る**］月経。または月経が始まること。月経帯を締めることを手綱にとえたのである。「陣中で巴は馬に二つ乗り」。

うまにはのってみよひとにはそうてみよ［**馬には乗って見よ人には添うて見よ**］馬は乗ってみないと良否が分からず、人は夫婦になって共に苦労してみないと、本当の値打ちは判断できない、という意味。

うまのじ［**馬の字**］江戸時代、亭主が外出する時に嫉妬深い女房は、亭主の陰茎の先に墨で「馬」の字を書いたという。ある日、馬の字を書かれた一物を余所で使った後、女に同じように書かせて帰ったが、少し字が大きくなっているのを女房に気付かれた。その時の亭主のセリフ、「ソリャア、お前、馬だって豆を食やぁ大きくなるわサ」。

うまのすけ［**馬之助・馬之介**］巨根を人名に擬した代名詞。または巨根の持ち主の別称。

うまをおりる［**馬を下りる**］月経期間が終了する。「馬に乗る」の反対ということ。

うめばちげいしゃ［**梅鉢芸者**］東京湯島《ゆしま》の芸者。湯島天神をもじってこう呼ばれた。泉鏡《いずみきょう》花《か》の名作『婦系図《おんなけいず》』のお蔦《つた》の舞台として有名である。

うらもん［**裏門**］性行為で陰茎を入れる穴としては一般に女陰であり、これを表門と言うのに対して、肛門交における肛門のことを裏門と呼ぶ。肛門交には相手が女性の場合もあるが、男色による場合をさす事が多い。表門に対して裏門は愛液の分泌がなく、潤滑性に問題点はあるが、女陰との交合よりも肛門交の方が締まりが格段に良く、男の側の快感が多いといわれていて、男色だけではなく嬶《かかあ》相手に肛門交を迫る男が、川柳にはしばしば登場する。「表門より裏門はしまりよし」。

◇肛門、菊座、釜、後門、牛蒡の切り口、一穴、アヌス。

うり［**ウリ・売・売春**］平成時代、中・高生の援助交際が盛んになると、初めは、一緒に喫茶店に行く、映画を見るなど、単なる男女交際だけで金を得る者もあったが、やがて、性行為の相手をして多額の金を得る者、つまり、売春をする者が増えてきた。この売春行為を彼女らは「ウリ」と称した。あくまで金を得るのが目的で相手を選ばないのが「ウリ」で、彼女らも罪があると考えているのに対し、自分が気に入った相手と自分も楽しみながらするのは（実情は売春であっても）「ウリ」ではなく「援助交際」であると、彼女らはニュアンスの違いを主張するが、彼女らの罪悪感から逃れるための言葉のすり替えにすぎないと感じられる。

うりかた［瓜形］男性の亀頭をかたどった張形の一種で、女性が指先にはめて自慰に使うもの。

うるうどし［閏年］旧暦では一年が三百五十四日なので、十九年に七回の割で一年が十三か月ある閏年があり、この追加された月を閏月という。閏年や閏月には妊娠や出産が多いという俗信があった。「ことし閏年行燈まで孕む、娘お〇〇こに手をあてろ」（信濃俗謡）。「戌の日にさらしの売る閏年」、「閏月嫁きいきいがわるいなり」（『誹風柳多留』、きいきいが悪いはつわり）。「中条ハ閏ゥの腹を知行ニし」。

うわばみ［蟒・蟒蛇］陰茎のこと。陰茎はその形が蛇の頭首部に似ているので、よく青大将、大蛇などに譬えられるが、性交に対する怖れを感じるような場合は「うわばみ」に譬えられる。「生むすめの目にうわばみと見える也」、「長局うわばみなどを鵜呑みなり」（『末摘花』）。

うんう［雲雨］男女の契り、性行為。また、性行為の歓び。「巫山《ふざん》雲雨」の略。江戸言葉では雲雨と書いて「おしげり」と読んだ。

え

えいん［会陰］膣口と肛門の間の部分。俗に「蟻の戸渡り」と言い、女性の鋭い性感帯の一つである。

えきかんいん［**腋間淫**］女性が、性器の代わりに腋の下に男性器をはさんで射精させる偽交の一つ。

えきじょのほう［**易女の法**］養陽には女を代えるのが良いと説く。『玉房秘訣《ぎょくぼうひけつ》』に「陰陽の交わりを行い精気を吸収し精を養おうとするには、一人の女のみと交わっていてはいけない。三人が九人、さらに十一人と多ければ多い程善い。そして女性の陰精を吸収し自分の精液とともに上鴻泉（脳室）に還元すれば、肌は光沢を増し、身も軽く、目も澄み、気力益々盛んに老人も二十代の若さに戻り、力は百倍する。…云々」とある。若さを保つには女を代えて交わるのが善い方法だとは、現代女性が聞いたら怒り出すに違いない。

エス［**S**］シスターの略で、女学生間の同性愛者のこと。戦前は中等学校以上になると男女共学ではなかったから、女子の生徒しかいない女学校では同性愛傾向の生徒が多く存在していた。中でも、女生徒だけで起居を共にする寄宿舎生活をした女子師範学校などでは、特定の同性愛関係が生まれ、その行為もよく見られたといい、その傾向のない生徒でも、同性愛の生態については熟知していたという。

えちぜん［**越前**］包茎。越前福井侯《えちぜんふくい》は槍に熊の毛皮の鞘を用いていたところから「越前の皮かむり」と言われ、包茎の代名詞になった。「越前は一生おさな顔うせず」、「おさへたは越前なりと湯番言ひ」（『末摘花』）。

エックス・ワイ・ゼットスポットりろん［**XYZ…理論**］膣内には、X（膣前壁）、Y（膣後壁）、Z（子宮口）の三つの刺激スポットがあり、一回の性交中にこの三つの刺激スポット全部を効果的に刺激しなければ女性に絶頂感を与えることはできないという理論。脳波にはα波、β波、θ《シータ》波、δ《デルタ》波の4種類があり、女性が性交中にオルガスムに達するとθ波が出る。また女性が性交中にオルガスムに達すると膣の最奥部から頸管粘液を分泌するが、このどちらもX・Y・Zスポットへの刺激によって生じるものであるという。

この三つのスポットへの刺激を与えるには、それぞれに適した体位があり、Xスポットには女性上位系、Yスポットには座位系、Zスポットには後背位系が良いという。

えつみ［**悦味**］快感を味わうこと。オルガスムに達すること。「真快を悦味する婦女は言語途絶し、手足冷却し、気息も聞えず、全く死人と同じくなる。このような女としてこそ即身成仏なれ」（『覚悟禅』）。

えてもの［**得手物・陽物**］陰茎のこと。

えほう［**愛法**］古代から江戸時代までは、神事と性が深く結び付き、神社の巫女たちは遊女を兼ねていた。十一世紀に書かれた『新猿楽記《しんさるがくき》』には「伊賀のトウメは玉門をたたいて舞い踊り、いなり山のアコマチは鰹節の張形でフェラチオをして喜ぶ」という意味の文がある。この二人はれっきとした巫女で、このような卑猥なしぐさは、男女の愛を復活させるためのマジナイで、「愛法」と呼ばれた。十三世紀には和泉式部《いずみしきぶ》という貴族の女が、夫の愛を取り戻すために巫女に愛法を依頼した記録が『沙石集《しゃせきしゅう》』に書かれている。巫女は貴《き》船《ふね》神社で素っ裸になり、玉門をたたきながら三度回って見せ、同じことをやるよう和泉式部に命じたが、式部は、恥ずかしさに顔を真っ赤にし、「ちはやぶる、神の見る目も恥ずかしや…」と歌を詠んで断ったという。後《ご》白河《しらかわ》院が巫女たちを集め「陽剣の遊び」という神楽を舞わせたこと、藤原兼家《かねいえ》が「うちふしの巫女」を抱いて政治の予言を得たなど、当時の巫女は性の権威者であるから、愛法の他にも、出産時の産婆役や売春も行い、顧客には皇族や貴族も含まれていた。

えほん［**艶本・笑本・會本・咲本・恵本・画本**］江戸時代の、性を題材とした絵入りの本。公刊の本を「絵本」と書いたのに対し、性を題材とした本は表記のような文字を当てて同じく「えほん」と読んだ。艶本を「えんぽん」と読んだのは明治以降のことである（林美《はやしよし》一《かず》氏の研究によれば、江戸時代にえんぽんと読まれたのは唯一つ『艶ほん戀のあやつり』だけで、これには「えんほん」と振仮名が付いているという）。

　艶本には大別して、浮世絵師の描く枕絵を主体とした絵本スタイルのものと、読物スタイルで、その中に何枚か挿絵として枕絵を入れたものとがある。いずれにしても、最初に作者が全体の構成を立て、稿本を作り、装丁、見返しの図案、挿絵の構成を考え、作者自身が稿本に下絵まで描き込んで版元に渡した。絵師は稿本の指示通りに口絵、挿絵、枕絵を描き、作者の校正を経てから彫師に回されたという。「やくたいは画本迄買ふむつまじさ」(益体《やくたい》は埒もないという意味)。
◇秘書、密書、三冊、枕本。
エムけん［**M検**］中学生の頃、育ち盛りの性器を無理やり見たり見せたりし合うこと。同性愛期の名残が、同性の性器を見たいという欲求になると考えられている。この時期が過ぎると、異性の性器や異性間の性交行為を見たいという欲求に変わっていく。
◇解剖。
えめる［**笑める**］女陰。「笑めるもの」の略かと思われる。(「腫物が笑む」というように、古くは何かが口を開くことを「笑む」と言った)。
えもり［**柄洩り**］騎乗位での性交で、愛液が陰茎を伝わって流れ降りること。柄洩りは本来、唐傘の渋紙の防水力が弱ったため、雨水が柄を伝って下りて来て、柄を持つ手を濡らすこと。「からかさの柄洩りのやうに下に成り」(『誹風柳多留』)、「茶臼では柄洩りがすると亭主言い」。
えらをぬく［**鰓を抜く・腮を抜く**］女性器に指を入れ、膣の奥にある子宮膣部を触知すること。
えん［**閹**］男子の生殖器を取り除くこと。去勢すること。また、生殖器を除かれた男子。
えんえん［**燕婉**］手足を絡み合わせること。

えんぎ［**縁起・延喜**］紙や粘土で作られた男性性器の模型で、新年に町で売られ、娼家で礼拝されていた。

えんきりでら［**縁切寺**］江戸時代、男の側からは縁切証文（いわゆる三下り半）を出すだけで簡単に離縁する事ができたが、女の側からは男の一方的な拒否があるかぎり絶対に離縁は認められなかった。女が離縁したい場合には、中仙道《なかせんどう》は板橋《いたばし》の宿、岩《いわ》の坂《さか》にあった縁切榎《えのき》の皮をはがして、相手に判らない様に飲ませれば縁が切れるという迷信に頼るしかなかった。そんな封建時代に、女の側からの縁切が黙認される唯一の制度があった。それが縁切寺と呼ばれ、江戸の女の場合は、鎌倉の東慶寺《とうけいじ》（松ケ《まつが》岡《おか》御所ともいう）と上州《じょうしゅう》の満徳《まんとく》寺《じ》である。女がこの寺に駆け込めば、寺法により女の生命と権利が保護され、形式的に尼になり、二、三年辛抱すれば完全に縁が切れ、離婚できた。この方法は明治三年（一八七〇）まで行われた。

えんこう［**猿猴**］月経のこと。「猿猴坊」とも言う。猿猴とは猿の総称であり、猿は尻が赤いことからこの隠語が生まれたといわれる。実はもう少し複雑で、山中の谷川の水面に映った月を、枝の上の猿が腕を長く伸ばして捉えようとしている、よく知られた「猿猴捉月」という掛軸の絵に由来している。尻が赤いのに加えて、水の月すなわち「月水」との語呂合わせもあるのである。「ゑんこうの月影映る下盥」（『誹風柳多留』）。

えんこう［**猿猴**］女にいたずらをする男。誰彼構わず思わぬところから手を出して来るから。

えんじん［閹人］生殖器を取り除かれた男性。宦官や男色家。

えんすけげいしゃ［円助芸者］明治時代に、金一円で売春した芸者。芸者には松助《まつすけ》、玉助《たますけ》、花助《はなすけ》など、助の付く名が多かったことによる。

えんぜん［艶然・嫣然］なまめかしく、淫らっぽくの意。（広辞苑にはない用語）。美しい女が、にっこり笑う様子（学研現代新国語辞典）。

えんぷく［艶福］異性から愛される幸せ。普通男性が女性から愛される場合に言う。

えんぷくか［艶福家］多くの女性から愛される幸せな男性。

えんむ［艶夢］色っぽい夢、逢引の夢、性行為の夢。

お

おいにょうぼう［老女房］年上の妻、姉女房。年齢には関係ない。「ヲ、寒ぶと謎をみしらす老女房」。

おいらくのこい［老いらくの恋］年老いてからの恋。戦後まもない昭和二十三年（一九四八）、歌人の川田順《かわだじゅん》が、娘ほど年下で弟子の大学教授夫人と恋に落ち、自殺覚悟の上で家出した。その時に「墓場に近き老いらくの恋は怖るる何もなし」という歌を残した。男性の平均寿命が五十五歳の当時、川田は六十五歳であった。この歌から「老いらくの恋」は当時の流行語になった。

おいらん［**花魁**］江戸吉原の遊廓で、姉女郎のこと。また、格の高い遊女。妹分の女郎や新造・禿《かむろ》が「おいらの姉さん」を縮めて呼んだことから「おいらん」と成ったという説が一般的であるが、別説もある。浅草本堂裏の奥山《おくやま》と呼ばれる所に建てた念仏堂の開祖善応が、吉原の遊女に桜を一本ずつ寄進させ、その木に源氏名を書くという粋なはからいをした。その数まさに千株、この時から「千本桜」と呼ばれ、享保十五年（一七三〇）には奥山全体の桜が満開になり、江戸随一の桜の名所になった。その時に生まれた句が「おいらんがいっちよく咲く桜かな」であり、これから花魁の名が生まれたというのである。

◇姉女郎、太夫、れき。

おうめいたん［**鶯命丹**］寛永時代の淫薬。興奮性の刺激剤の一つ。

おえる［**生へる・起へる・勃へる**］（身体的）陰茎が勃起する。（心理的）欲情が高まる。「勃える」には盛んになる、急に起こる、押し上げるという意味があり、身体的な意味で使われることが多い。「冷飯とおえるに困るひとりもの」（『末摘花』）。「つくづくとおへたのを見る壱人リ者」、「いい寝顔見て居るうちにおへる也」、「おへたにはかたれずおおさおさなり」、「壹人りもの暇だとかく勃へるなり」、「さみしさにへのこをおやし眺めてる」、「壹人ものおへると壹本したためる」。心理的な勃えるの句には「勃え切って居ても女は目にたたず」がある。

おおかみもの［**狼者**］すれっからしの娼婦。「うれしがる狼ものが死ぬる死ぬる」。

おおごし［**大腰**］大きく腰を動かすこと。「大腰を使う」「大腰で…する」というように使う。

おおはな［**大鼻**］大きな鼻。鼻の大きい男は陰茎も大きいという俗説から、巨根の意味が含まれる。「けなりそふに聟の大鼻見入る外母（うば）」けなりそうには羨ましそうにという意味。

おおふな［**大船**］女陰が大きくふくれ、膣内が分泌液で満たされている様子。この言葉は最近ではほとんど使われないが、小説の中などでもっと使われたら表現が豊かになって良いと思われる言葉の一つである。

おおわざもの［**大業物**］勃起して大きくなった男性器。

おかけ［**男掛け・囲れ男**］男妾。ひも。「男掛け」は、妾を「女掛け」と書くのだろうと思ったところから生まれた昔の新語。「囲れ男お帰りなさりゃうがひ也」、この男掛けは嫌いな吸淫をさせられたのだろう。

おかぬらし［**岡濡らし・陸濡らし**］偽交の一種である、股間淫の俗称。（岡・陸には正規ではない・偽のという意味がある）。最近では、慣れないカップルが慌ててうまく挿入できず、正常な性器結合ができないまま失敗して他の部分を濡らすような射精をしてしまう場合にもこの言葉が使われる。
◇素股。
おがのたわむれ［**男鹿の戯**］菱川（狩野）師宣の『表四十八手』にある体位の一つ。いわゆる「後ろ立ち取り」である。挿絵の背景には梅や桜と思われる古木が数本描かれている。庭先なのか林の中なのかいずれにしても、風情満点。
おかばしょ［**岡場所**］江戸時代の非公認の遊廓、私娼窟の総称。深川、品川《しながわ》は岡場所の中でも品も良く繁華であったが、切見世《きりみせ》、蹴転《けころ》、根津《ねづ》、地獄《じごく》など、安く下等な岡場所も数多く存在した。「岡場所ハこれでこまると無腰也」、「けいどうのばんに無こしで武士かへり」。
おかぶと［**御兜**］性具の一種で、男性器の亀頭にかぶせるもの。「お腰元おかぶとでならいやと言う」（『末摘花』）。
◇助け舟、かぶと、武具、兜形、鎧形。
おかま［**お釜**］男の同性愛者（もとは尻の意味で、男の同性愛者が尻を使った愛技をすることから来ている）。または、同性同士の性行為。さらに転じて肛門の意味にも成っている。
◇鶏姦《けいかん》、男色、竜陽。
おきのいし［**沖の石**］濡れた女陰。新婚当時の女陰。百人一首の「わが袖は汐干に見えぬ沖の石の人こそ知らねかわく間もなし」をもじって、新婚当時は休む間もない性行為の連続で、かわく間がないことを言っている。「新しいうち女房は沖の石」(『末摘花』)。

おきゃく［**お客**］生理。来ないと困るが、来てほしくない時にも来るからという。生理中の性行為の意味にも使う。「お客とは女の枕言葉なり」(『誹風柳多留』、枕言葉は常套句という意味)、「女同士お客と言へば通用し」。

おくこしょう［**奥小姓**］小姓のうち、主君の居間や寝所に仕える小姓のこと。戦国時代の武将に仕えた奥小姓は、美少年が多く、戦闘中は女っ気が無いから、武将の性行為の相手をさせられることが多かったという。

おくのいん［**奥の院**］女陰、または女陰内部の俗称。奥の院は寺院の本堂よりも奥に在り、秘仏などを安置した大切な場所のことで、元来は僧侶の隠語。「片膝を立っていびつな奥の院」(『誹風柳多留』)。

◇内陣。

おくろもの［**御黒物**］鍋や釜などの黒い品物(女房言葉)。陰毛や女陰にも使われる。「お黒物とんで出し乳母は乳を呑ませ」(『誹風柳多留』)。「お黒物つん出し夜着の綿を入れ」。

おけけ［**お毛々**］陰毛。戦前は一般通俗的に広く用いられた言葉。

おこう［**お好**］女の好き者。淫乱女。「噂さのお好小ン便たごでもだんねハイ」、だんねは大事ない、構わないという意味。あの噂の淫乱娘は小ン便たごと悪口言われたって平気だよ。

おことがみ［**御事紙**］閨房用の紙。◇延紙《のべがみ》、吉野紙、簾紙《みすがみ》、桜紙《さくらがみ》。

おこる［**熾る**］元の意味は炭火が赤く燃える、熱が籠もる。転じて陰茎が熱をもって熱くなること、すなわち勃起すること。

おさしみ［**お刺身**］接吻（花柳界の用語）。情事の前戯であったことからこう呼ばれたという。魚の刺身のことは逆に『相惚れ』と呼んだ。相互に舌を吸い合う時の感じがお刺身を口に含んだ時の感触に似ているから、舌を吸い合う接吻だけを「お刺身」と言うのだという説もある。

おさすりおんな［**お擦り女**］陰核を擦り合せる技巧を持った同性愛女。ハレムや一夫多妻の国では空閨《くうけい》を慰撫するためにこういう女が存在した。

おさね［**御核**］女陰。本来「核」は陰核という意味であるので、現代では「お核」をもっぱら陰核の意味で使うが、古くは「さね」に陰唇の意味もあって、「おさね」と言った場合は女陰の意味になることが多い。

おさめかまいじょう　宝暦二年（一七五二）に道後《どうご》の遊女屋の主人によって書かれたと思われる、遊女の性技指南書。その後、写本が幾つも出されている。江戸の吉原などと異なり客に最大の奉仕をせざるを得ない一遊女屋が、女体を商品とするために、普段の養生から始まり、交合で男を籠絡する秘技を伝授する一方で、商品としての女体が損なわれないための注意事項も漏れなく網羅し、経営者としての配慮をしている。つまり、遊女の管理・指導を逐条的に記したもの。題名は平仮名で書かれているが、その内容から、「おさめ」は「治め」または「修め」、「かまい」は「構い」であり、「じょう」は「条」であり、「修め構い条」の漢字が当てられるものと考えられる。

おさら［**お皿**］極端に膣の浅い女陰、または、いわゆる穴無しと呼ばれる女陰のこと。そして、その持ち主の女性をもお皿と言う。古くからの言葉。どちらも、普通の女陰を壺と呼ぶのに対してつけられた呼称。

おしかのたわむれ［**男鹿戯**］女は腕立て伏せの状態から、膝を伸ばして尻を上げ、男はその後ろから交接する体位。

おしげり［**雲雨・重合・お重合り**］性行為をすること。遊女が客と枕を交わすこと。「おしめり」からの転化。雨が降る、濡れるの意。「雲雨」の項を参照。
◇知《ち》音《いん》、濡らしを掛ける、契りを結ぶ、濡れごと、水遊び。

おしつけわざ［**押付業**］愛想の無い娘を無理やりに性交させること。

おしてふぎ［**押して不義**］強姦のこと。「不義」が合意による道ならぬ男女関係なのに対し、「押して不義」は力、特に権力によって強姦すること。江戸時代には武士も町人も長男であれば父の後を継ぐことができるが、次男以下はいわゆる冷飯食いである。特に武士の場合は職も無く所帯を持つこともままならぬ身であったから、町人や自家の下女を強姦したものと容易に想像できる。しかし強姦は意外に少なかった。理由としては、罰が厳しかったことと、遊廓などの性のはけ口が備わっていたためである。

おしとねおことわり［**お褥御断り・お茵御断り**］徳川《とくがわ》将軍の妻妾の定年制。将軍の妻妾つまり大奥の中﨟《ちゅうろう》は三十歳に成る前に自分から申し出て、将軍の性生活のお相手を遠慮し辞退する不文律に成っていた。この習わしを「お褥御断り」と言う。

◇御床御免。

おしどりのいきち［**鴛鴦の生血**］飲むと淫乱に成るといわれている。

おすいもの［**御吸い物**］接吻の隠語。接吻するという動詞的に使う場合は「御吸い物を吸う」と言う。

おそいねのちゅうろう［**お添寝の中﨟**］江戸時代、大奥での将軍の夜の寝所は、小座敷に四組の夜具が敷かれ、真ん中の二組は将軍と今夜のお相手の中﨟（伽《とぎ》の中﨟）のものであり、将軍の向う隣りの夜具には別の中﨟が寝た。これを「お添寝の中﨟」と呼んだ。因《ちな》みに伽の中﨟の反対隣りにはお坊主の夜具が敷かれている。お添寝の中﨟もお坊主も何もせず、ひたすら聞き耳を立てて将軍と伽の中﨟の性行為を監視し、不祥事の発生を阻止すると同時に、翌日には、一部始終をお局様に報告する義務をおわされていた。しかも、襖一枚へだてた別室ではもう一人の中﨟が夜通し聞き耳を立てて不寝番をしていた。伽の中﨟は将軍を喜ばせ、将軍のお種を頂戴するのが目的で、自分が快感に浸ってはいけないというから、これも大変だったろうが、じっと動かずに人の性行為を聞かされていたお添寝の中﨟もお坊主も不寝番の中﨟も大変だったろうと推測される。

おそくず［偃側図・偃息図］中国医学書の中の房中編にある性交体位の参考図。中国の医学書では閨房の秘術もマジメに医術の一つとして研究されていた。不老長寿の為には、何十通りもの性交体位から秘薬の使用法に至るまで、医師の指導のもとに行われたものと思われる。その房中書には様々な体位の説明があるが、文章の説明だけでは解り難いので、参考図として挿入図が作られた。この図を偃側図（または偃息図）という。これは本来、補養・延年の為の医学的参考図であるから、ただ単に裸体の男女が交合している体位図が並んでいるだけで、情緒とか美的配慮とかは無い。この偃側図が我が国に舶来され、時代が経つに従い、本来の医学参考図としての使命から離れて、日本独自の大和《やまと》絵として発展し、春画として成っていった。

やがて、性器だけを実際よりも特に大きくデフォルメして描くようになり、枕絵になっていく。最初は暦法に倣って十二番の絵巻として完成したが、ただ十二態の秘戯が描かれているだけのものが多く、まれに男色や女同士の組合せが入ったりするが、説明も言葉書きも一切無い。ただ鎧武者や法師や後家や若衆や娘などの顕著な衣裳風俗によって枕絵らしさは出ているが、偃側図の域を出ていない。

近世後半の版画時代になると、背景が描かれ、十二か月のたたずまいも表現され、組物の枕絵が生まれ、言葉書きの挿入によって姦通や近親相姦など、複雑な人物関係を説明することも可能になった。

最初十二態が組だったものが、やがて、二倍、三倍、四倍と増えていって、ついに四十八番の絵巻まで現れるようになった。これが、体位の四十八手の始まりである。「偃息」は臥しやすらうことを意味する。

おそそ「**於曾々・於素々**」女陰。発祥は関西の方言らしいが一般にもよく使われている。「さのさ」にこんな歌詞がある。「おそそ変なもんだ、おそそ変なもんだ、座れば笑う、立てばすまして口すぼめ、立て膝すればべっかんこ、あぐらかきゃ口あいて大笑い」。「素々」の項を参照。

おちゃ「**お茶**」女陰のこと。京の島原《しまばら》や難波《なにわ》の新町《しんまち》の遊廓が盛んに成った時、ちょうどその頃流行していた茶道にことよせたかくし言葉が数多く作られ、使われた。お茶もその一つで、遊女たちの女陰を暗喩したもの。

おちゃづけ「**お茶漬**」吉原の遊女が狎妓（こうき・客の馴染の遊女）に内緒で通じること。

おちゃはいけん「**お茶拝見**」女の股を開かせて女陰をよくよく見ること。また、遊女の股を八文字に開かせ、女陰を様々に玩弄する、廓での一般的な床遊び。

おちょぼぐち「**おちょぼ口**」狭陰。または、深く長い膣の女陰。口の小さな（おちょぼ口）女の女陰は小さい、口の小さな女の膣は細長いという俗信から生まれた隠語。

おっこち［**落っこち・堕落**］男と女が恋愛関係になること。また、そうなった情人のこと。「あの、煙草屋の娘、なんだかァ、源さん、だいぶおっこちだね」「あの後家さんはなんだよ、近ごろおっこちだねェ」（いずれも六代目三遊亭円生《さんゆうていえんしょう》の落語『岸柳島《がんりゅうじま》』のまくらより）。

おっとせい［**膃肭臍**］雄の膃肭臍の精力は強く、その肉や陰茎は最高の強精食品として知られている。「うそじゃないおっとせくふて腹へつく」（腹へつくは、陰茎が腹に付く程勃起したという意味）。

おていけ［**お手生け**］殿様などの側妾。「お手生けの枝ぶりためる国家老」（「ためる」は曲がったものを真っ直ぐにすること）。

おとこごめん［**御床御免**］徳川幕府の将軍の正夫人及び側妻は三十歳に成る前に、自分から申し出て性行為の対象から外されるのが習わしであった。これを「御床御免」と言う。「お褥御断り」と同じ。

おとこのじゅにゅう［**男の授乳**］性行為には、吸収摂取する喜びと与える喜びがある。男は生理的には精液を失うので、損耗感がある。しかし、与えたという喜びもあり、それを心理学では「男の授乳」と言う。「大根の水を搾る」の項を参照。

おとこひでり［**男旱**］結婚や遊びの相手としての女に不自由している男の状態。「男日照り」と間違えてまれに、結婚や遊び相手の男に不自由している女の状態を言うこともある。

おとこひでり［**男日照り**］結婚や遊びの相手としての男に不自由している女の状態。

おとこをすう［**男を吸う**］（女からみた）性交。女性の摂取欲を含んだ江戸言葉。「有つきり男を絞る出合茶屋」。

おに［**お若**］肛門、または肛門交のこと。「おにゃけ」の略。「水揚げをくなりくなりがおにをする」。初めての男色は撓《しな》ったりぐにゃついたりする男根を操って、経験豊富な客が肛門交をするものだ、という意味。

おにゃけ［**お若気**］肛門、または肛門交のこと。若衆、若道に由来する言葉。

おののこまち［**小野小町**］小野小町は、小野篁《たかむら》の子の良実《よしざね》の次女。十三、四歳で宮中に仕え、四十歳くらいまで、歌の才能と美貌で世に知られた。引く手あまたの男性からの申し込みをすべて断ったところから、穴が開いていないのではないかと噂され、「穴無し小町」とさえ言われた。転じて、①極端に膣の浅い女性のこと（古くからの言葉）。②膣口閉塞症の女。

「極内で小町も一度外科に見せ」、「さりとては又おしいこと穴がなし」、「あいわっちゃ小町さなどとずいと立ち」（江戸川柳）。「鎖陰《さいん》症」の項を参照。

また、小町の「面影の変らで年の積もれかしたへて命の限りありとも」（たとえ命に限りがあるとしても、私の容貌は変わらずに若いままで年月が経って欲しい）という歌から、穴無しのくせに、という川柳も多い。「穴も無いくせに面影おしむ也」（『誹風柳多留』）、

「穴も無いくせに小町は恋歌也」、「面影はあんまり小町虫がいい」、「わが顔を至極惜しんで一首詠み」。

深草少将《ふかくさの》の小町への執心に断りきれず、百夜通って来たら受け入れますと言ったが、百夜目に少将は雪で凍死してしまうという謡曲の「通小町《かよい》」は有名で、百夜目に少将が通って来たら穴の無い小町はどうしたのだろうかと川柳子は気にする。「もう一夜通うとけつをされるとこ」。

おはしがた［男端形］張形のこと。「おはしがたとて、玉茎のかたちをまねびつくることは、いとかみつ代よりのわざにて石しても木しても造り、もとは神わざにのみもちいられしを、ならの京なりて、こまくだらなどの手部どもが、呉といふ国よりおほくひさぎいだす水牛といふものの角してつくりはじめたるは、さまかたち、きはめてうるはしく、わたを湯にひたしてその角のうつろなる所にさしいるれば、あたたかにこえふくだみて、まことのものと何ばかりのけじめなきを、宮仕の女房たちなど、いとめづらしとて、めでくつかへり給ふあまりに、男もすといふかわつるみといふことを、女もしてみんとて、やがてその具にばかり用ひ給ひしなり…云々」（『阿奈遠加志《あなおかし》』より）。要は、陰茎形の造り物が古くから行われていて信仰的存在だった物が、宮仕えの女達の秘具になってしまったと書かれている。

おばしら［男柱］陰茎。勃起した陰茎。

おはせ［**男茎・お破前・男根**］陰茎のこと。鎌倉時代から使われた古語。江戸時代まで使われた。語源は不明。男柱（おばしら）が転訛したという説や、陰茎が魚のハゼに類似しているので、ハゼから来たという説、万葉語の杖（はせ）から来たという説などがある。
◇遠婆勢、男端、男橋。
おはち［**お鉢**］女陰。
おびひもをとく［**帯紐を解く**］性交すること。性交することを女が受諾すること。
おびへはさむ［**帯へ挟む**］ズボンと異なり着物では男性器が勃起してしまうと始末が悪い。そこで思わぬ時に勃起してしまった場合には上にあげて帯に挟んだという。「生きたのを帯へはさんでしめ殺し」、「もちあつかひ寝起の帯へひっぱさみ」、「かなしさはむかしハ帯へはさんたり」。
おびをとく［**帯を解く**］肌を許すこと。性交することを女が受諾すること。「はずかしさ帯といてから打わすれ」、「帯解てからは女が尋常な」。
おぼこ［**未通女**］処女。或いは、結婚していない女。「うぶな子・うぶ子」の訛りで、「未通女」は当て字。
お○こざ［**お○こ座**］女陰に据え置く物という意味。具体的には、凍蒟蒻《こおりこんにゃく》や高野豆腐を少し湯でもどしたもので遊女の用具である。これを女陰の膣口に半分ほど入れ、残り半分を外に出しておく。交合して陰茎を根元まで挿入させると、「お○こ座」は湯にもどしても直ぐに締まる物だから、膣口の外に出ている部分が睾丸を抱き抱えるようになり、男の快感は凄いという。抜き差しを長く繰り返すうちに、男は痛がるようになる。その点、凍蒟蒻や高野豆腐の代わりに使われた物で、京から来た餅麩は同様に使用しても効果絶大であり、男の快感も凄い上に、女陰を傷つけることもなく、最適な「お○こ座」であったという。

おまんこ［御門戸・汚門戸・御摩牟戸・阿真无庫・生麻武拠］女陰・女性器の俗称（もとは関東地方・東京の方言）。「おまんこ」という言葉は古書にもあまり見られず、この言葉がいつ頃から使われたのか詳《つまび》らかではない。『旅枕五十三次』の新居《あらい》の宿の説明に「ここは女を通さず。わかしゅ（若衆）は男女分明ならざればまへをまくらせ、ちんぼうなれば通しおまんこなれば通さず」とある。この記述の内容には誤りがあるようだが、「おまんこ」という言葉が古くから使われていたことの証拠ではある。なお、古くは御摩牟戸・阿真无庫・生麻武拠などさまざまな漢字が当てられていたという者もいるが定かではない。また、御門戸・汚門戸などの漢字は語源説に従って当てたもので、比較的新しい当て字と思われる。

　男性の外性器の場合は現在、おちんちんという呼び方が広く一般的に使われ、全国の人に通用するのに対し、女性の外性器については地方によってその呼び名がまちまちであって、共通語はもちろんそれに近い呼び名もない。ちなみに「おちんちん」は主な国語辞典に載っているが、女性器を意味する言葉は「おまんこ」をはじめとして、「ぼぼ」「べべ」「おそそ」など、いずれの地方用語も辞書には載っていない。そればかりか、「おちんちん」の方はテレビ・ラジオの放送で堂々と使われるのに対し「おまんこ」は、卑猥であるという理由から放送禁止用語に指定されている。地方用語「べべ」「おそそ」などは禁止指定されていないので希に使われることがある。確かに関東人にとっては、「べべ」という言葉は平気で言えるが、「おまんこ」という言葉を使うことには非常に抵抗がある。山陰・北陸の人にとっては全く逆のことが言えるのである。それなのに、「おまんこ」だけが禁止されていることから「おまんこ」という言葉が全国に知られ、共通語として認識され始めているということは皮肉な現象である。

ともかく「おまんこ」或いはこれの同義語が一般に使えないということは何かと不便である。特に児童の性教育に適切な用語がないことは不便である。編者は「ほと」或いは「つび」という古い言葉を復活させて使うのが良いのではないかと考えている。因《ちな》みに、この辞典では適切ではないかもしれないが「女陰」という言葉を仮に基本語とした。

「まんこ」の語源には様々な説がある。一つは饅頭の「まん」に親しみ・愛らしさを表す「こ」が付いたとする説。その饅頭は女陰に形が似ているところからついた俗語であるとも、また、江戸時代に隅田《すみだ》川に舟を浮かべて売春をしていた女達が口実のために饅頭を売っていたのが語源だともいわれる。二つ目の説は、月に一回紅い血を満たすから「満紅」

だとする説である。第三には「門戸」がなまって「まんこ」に成ったという説などである。この三つの説は、まず「まんこ」ができて、その前に「お」がついたと考えているわけだが、「まんこ」の前に付く「お」は一般に敬称・愛称につける「お」であると考えられている。しかし、「汚門戸」説のように、月に一回、紅い血で汚れるから「汚」を付けたという考えもある。第四に「おめこ」が転じたとの説もある。珍説の一つに、東南アジアで湯飲みや小鉢を「マンコク」または「マンコ」と呼んでいるのが転化したのだというのがある。「女陰」の項を参照。

おめこ「**御女戸・御女子・玉門・オメコ・お○こ**」女陰（元来は瀬戸《せと》内《うち》の方言だが、江戸時代には関西はもちろんさらに広い地域で使われた）。「おまんこ」の語源に成ったとの説もある。現代では「おまんこ」というのが憚《はばか》られる時や、ラジオやテレビで放送禁止用語の「おまんこ」が使えない時に「おめこ」と言う。つまり昔とは逆に、現代では「おまんこ」が「おめこ」の語源になっている。

おもいがわ「**思ひ川**」恋の思いが非常に深く、また、絶えることのないことを、川にたとえた語。

おもいけつ「**思ひ消つ**」（忘れられないことを）無理に忘れようとする。「今日は、この御事（藤壺《ふじつぼ》を思うこと）を思ひ消ちて、あはれなる雪の雫に濡れ濡れ行い給ふ」（『源氏物語』）。

おやかす［**生やかす・勃やかす**］陰茎を勃起させる。淫情を催す。

おやこたわけ［**上通下通婚**］近親相姦。『古事記』では性的タブーとして「上通下通婚」を挙げ、近親相姦を非常に厳しく禁じている。当時の書物の『大祓《おおはらえ》の祝詞《のりと》』にも「国つ罪」（人間の世界で始まった罪）として、「おのが母犯せる罪（親子間の近親相姦）」「おのが子犯せる罪（親子間の近親相姦）」「母と子と犯せる罪（母と性的関係を持った時、同時にその娘とも性的関係を持つこと）」「子と母と犯せる罪（娘と性的関係を持った時、同時にその母とも性的関係を持つこと）」を挙げている。後の二つは近親相姦ではないが、穢《けが》らわしいこととして挙げている。

おやこどんぶり［**親子丼・母子丼**］母と娘で一人の男性を共有すること。

おやこどんぶり［**父子丼**］父と息子で一人の女性を共有すること。

◇芋田楽。

おやす［**生やす・勃やす**］①陰茎を勃起させる。「昼日中おやして亭主叱られる」（『末摘花』）。②淫情を催す。「おやしたと知れぬで女つみ深し」（『末摘花』）。

おやまのおきゃく［**お山のお客**］江戸時代四宿の一つ品川宿には、芝《しば》の増上寺《ぞうじょうじ》の坊さんが、同じように頭を丸めた医者になりすまして遊びに行った。これをお山のお客と呼び、「医者は医者だが薬箱もたぬ」と言われ、宿場全体の生活費の八割がお山からの金だったというから驚く。「死んだ金生かして使う品川（しな）の客ころもころもの別れなり」。

オルガスム　Orgasm、極快感、恍惚状態。特に性交時の性的快感によって起こる恍惚状態。性交の際に起こる高度の興奮、性的興奮の最高点をいう。

オルガスム時のメカニズムは、血液中の酸素が極端に減り、脳中モルヒネ様物質の増加することから、時には失神、弱い痙攣、視覚不鮮明などの症状が現れる。これが快楽状態に譬えられることから「小さな死」と呼ばれることもある。また、血中酸素が減ることで二酸化炭素が増え、呼吸が速くなって〝あえぎ〟になる。

快感の刺激は脳幹の中心に達し、大脳の性中枢を刺激し、それが全身に広がって性器の筋肉を収縮・弛緩させて絶頂感をつくる。したがって生理的には、オルガスムとは性器とその周辺の筋肉が強烈に惹き起こすリズミカルな収縮・弛緩であると定義できる。男性の場合は射精が起き、女性は弛緩及び緊張の消散が起こる。

心理的にはオルガスムは性行為の最中にのみ起こる自我の崩壊現象であるといえる。

世間には、「すすり泣き」「のけ反り」「よがり声を発し」「失神する」のが本当のオルガスムだと錯覚している場合が多いが、医学や性科学などの識者はオルガスムの正しい達し方は存在しないと言う。態度も静かなものから絶叫、失神など多種多様であり、時間的にも二、三秒から三〇秒、それ以上まである。人それぞれに違いがあり、同一女性でも日によって、体調によって異なることもある。大切なのは二人の心がしっかり結合していることであるから、男性は相手の女性の様子だけを責めたりせず、自分の性技巧も反省し、工夫すべきだと考えられる。

また、お互いが同時にオルガスムに達しないのは良くないかの如く書かれた本が多いが、それはあくまで理想であり、ずれた時間にオルガスムを感じることの方がはるかに多い。それもまた人間の性の在り方として素晴らしいことだといえる。

近年の脳の研究では、オルガスム時には快感を示す〝シータ（θ）波〟と呼ばれる脳波が出ていることが証明されている。この〝シータ（θ）波〟は快感の度合いが増すほど多く放出される。これは性的な行為、性器への行為に限らず、本人が快感を感じている時に放出されるのである。このことから、性の快感は性器の快感ではなく、脳の感じる快感であることが明らかである。

オルガスムは、興奮期、平坦期（高原期）、オルガスム期、消褪期《しょうたい》の四段階に分けられる。これは男女とも同じだが、それぞれの時期や持続時間などに性差があり、個人差、年齢差も大きく関わっている。

男性の場合は射精の際にのみオルガスムに達し、射精と同時に頂点を迎えるので、短時間で単発的である。それに対し女性は一回の性交の間に何度でもオルガスムに達することが可能である。

女性は前戯の在り方や本人の経験などの諸条件によりオルガスムの状態に違いがあり、六つの型に分けられる。

一、高台型＝頂上が安定して長い。
二、高波型＝頂上にやや波があるが、高さを持続する。
三、山脈型＝頂上から少し降りてはまた頂上を迎えるというように、三回・四回盛り返す。
四、二山型＝一度頂上に達した後、二度目のやや低い頂上がある。
五、一山型＝一回だけの短時間頂上、裾野は男性よりも長い。
六、消失型　頂上がない。
また、経験の程度により三段階に分けられる。
一、陰核（クリトリス）オルガスム…これは十代の処女でも自慰行為をすることで得られる。
二、膣（ヴァギナ）オルガスム…これは特定の相手と半年ないし一年間、恒常的に性交しなければ得られないのが普通である。
三、子宮膣部（ポルチオ）オルガスム…これは女性のオルガスムの中で最高のものだといわれる。子宮の入口である子宮膣部に亀頭が当たると、快感が子宮から内臓全体に広がって行き、その快感は次第に大きく強くなって、体じゅうにびんびんと響き渡るといわれる。
また昔から、女性のオルガスムはどこで得られるのかで論争があった。マスターズらは陰核説を唱えて一世を風靡《ふうび》した。これに対しGスポット説が話題を呼び、現在では、陰核、膣、どちらでもオルガスムは得られるというところに落ち着いている。ただし、Gスポット説には膣のどこからも知覚神経が見つかっていないという弱点があったが、日本の亀谷と渡により膣口から三分の一あたりに神経の存在が確認された。その神経の種類や働きなど不明な点は残されている。

ちなみに、「オルガスム」はギリシャ語で「濡れる」「ビチャビチャになる」という意味の「オルゴ（Orgo）」から来ている。同義語の「アクメ」はフランス語で「頂点」や「山場」の意味であり、英語の「エクスタシー」は恍惚の意味である。

◇〔国語系〕気が行く、気をやる、よくなる、のぼりつめる、堤を切る。

◇〔漢語系〕頂上、絶頂感、絶感、絶頂期、絶頂性感、極快、極快感、極致性感、極地性感。

◇〔外語系〕アクメ、オルガズム、オーガズム、オルガスムス（ドイツ語）、エクスタシー、プチ・モール、小さな死、小死。

おろち〔**大蛇**〕陰茎のこと（少し怖さの意味を含む）。

おわせ〔**男茎**〕陰茎。男柱（おばしら）から転じたとも、また、川魚のはぜから転じたともいわれる。「おはせ」の項を参照。

おわたり〔**お渡り**〕性交のこと。

おわりはつもの〔**終り初物**〕産後の女性のこと。産後の女性との性交は初物のように素晴らしいという意味。狂句に「七十五日目、初物のやうな味」というのがある。

おんいどころ［御居所・御居処］お尻。または性交。略して「おいど」または「いどころ」と言ぅ。

おんしたのごいのかみ［御下拭いの紙］性交の後、陰所を拭ぅ薄紙。

おんせんマーク［温泉…］ラブホテル（昭和二十年代頃の呼び名）。この時代はラブホテルの看板には旅館名のほかに「お風呂もあります」という意味で必ず温泉マークが使われていた。温泉マークの名はこのことに由来している、同じ由来から「逆さクラゲ」とも言われた。

おんないしゃ［女医者］江戸時代の婦人科医のことで、女医のことではない。女医者は、婦人科の診察・治療の他に堕胎も盛んに行ったという。下谷《したや》御成《おなり》街道の中条流女医者中山玉木の広告札には「月水早流し代、三百七十二文」と書いてあった。「あいそうに上ぅ開と言う女医者」（『末摘花』）。「おくれの髪を掻き上げて女医者」（『誹風柳多留』、おくれの髪は陰毛）。

おんなひでり［女旱］結婚や遊びの相手としての男に不自由している女の状態。まれに「女日照り」と間違えて、結婚や遊びの相手の女に不自由している男の状態をいう場合もある。

おんなひでり［女日照り］結婚や遊びの相手としての女に不自由している男の状態。

おんま［お馬］江戸時代の月経帯。和紙を重ねて局部に当て、その両端に付けた紐を腹に巻き付けて縛ったのが、馬の腹帯に似ていたので「馬」または「お馬」と呼ばれた。「馬と言や男お馬と言やぁ女」、「奥様の御馬も羊ほど食らひ」、「素人の馬羊ほど紙を喰ひ」、「奥様の御馬も延べを束で喰い」（『誹風柳多留』）。

か

カー・セックス　car + sex（和製英語）、自動車の中で行う性行為。人に見られる可能性があるので、それが心理的刺激になって良いと言う者もいるし、エンジンをかけたままでおくと、その振動によるリズムがたまらなく良いと言う者もいる。一方、普通の乗用車では狭くて特定の体位しか取れない上に無理な姿勢で行わなければならない。それに他人に見られる不安もあって、どうしても短時間の行為になりがちである。そのため、あまりカー・セックスを繰り返すと早漏の原因にもなると考えられている。カー・セックスの元祖は、千年も前に平安京で牛が引く「牛車」の中で行われていた。在原業平が牛車セックスをしたことは、『伊勢物語』に書かれている。その後、牛車が廃れ乗り物は駕籠に代わったが、駕籠では狭すぎて性行為には不向きだった。明治に入り、駕籠に代わって馬車が使われるようになると早速、馬車セックスが始まり、これをする男を「ハコ乗り野郎」と言った。明治の元勲伊藤博文《いとうひろぶみ》もそうだったことが、『雑学明治珍聞録』に載っている。

カーマ・スートラ 西暦一世紀から六世紀の間に出された、ヒンズー教の愛の聖典。「カーマ」は性愛、愛欲を意味し、「スートラ」は経典の意味であるから「愛の経典」という意味になる。世界の文学として最高のものであると評価されている。

かい［**貝**］女性器の代名詞。貝は音が古語の「開」と同じである上に、その形がよく似ているから古くから女性器の表象であった。「この貝を拾いに来たと床の痴話」（『末摘花』）。

かいあわせ［**貝合わせ**］女性の同性愛行為。つまり女性二人が抱擁しあって性的快感を得て性欲を満足させること。二つの貝殻を合わせて競う江戸時代の遊び「貝合わせ」になぞらえ、女陰を貝に譬えて、昔からこの言葉は使われていて、現代まで及んでいる。

◇桃と桜の花角力《はなずもう》、共食い、おめ、トーハー。

かいいん［**誨淫**］淫らなことを教えること。「男女の情さえ書いてあれば、どんな書物でも、すぐ誨淫の書にしてしまう」（芥川龍之介『戯作三昧』より）。

かいがら［**貝殻**］長命丸《ちょうめいがん》や女悦丸《にょえつがん》など閨房秘薬（塗り薬）の容器。これらは蛤の貝殻に入れて売られていた。略して「貝」とも言う。「丸薬の貝殻残る出合茶屋」（『誹風柳多留』）。

かいきゅう［**快泣**］快感から発する泣き声。よがり声。

かいきょう［**快叫**］快感から発する叫び声。よがり泣き。

かいごのはな［**解語の花**］美人のこと。言葉の意味は、ことばを理解し、ものを言う花という意味。玄宗《げんそう》皇帝の従者が皇帝に〝池の蓮の花が美しい〟と言った時、皇帝が楊貴妃《ようきひ》を指して『池の蓮の花も、この言葉を解する花には及ぶまい』と言った古事によると言われている。

かいしゅん〔**回春**〕若返ること。性欲・精力を盛り返すこと。

かいしゅん〔**買春**〕正しくは「ばいしゅん」と読む。日本人の海外などでの買春、特に七、八歳から十三、四歳の少女買春や、国内での「援助交際」と称する、中・高生などの未成年女性の買春が問題になり始めてから、売る側よりも、金の力で買う側に問題ありとの考えから、売春に対し、買う側を区別するために「かいしゅん」と読むようになった。

がいしょう〔**街娼**〕夜の街に立ち、或いは流して客を拾い、売春する女。江戸時代の街娼には次のような種類がある。

《夜鷹》（与多加・夜多嫁）…惣嫁《そうか》（大坂での呼称）。辻君《つじぎみ》（京都での呼称）。夜発（やほち）、昼伏、夜行、隻狐、恠鴟（カイシまたはケシと読む。怪しい猛鳥の意）、想嫁、想与《そうよ》女《め》、売女、夜発（やぼつ）、孀嫁《そうか》。

《船饅頭》（舟饅頭・舟まんぢう）…饅頭、舟万・船饅、舟遊女、お千代舟、ぴんしょ、井野堀、亥の堀。

《船比丘尼》…丸太、丸女、丸太舟、比丘尼、からす。

《歌比丘尼》…尼の姿をし、小歌を歌いながら色を売る女。

《梓神子》（梓巫女・梓巫）…市子、巫女、口寄せ、笹叩き、笹ばたき、梓弓、信濃巫、イタコ。
◇夜の花、夜の女、夜鷹。
かいぞえ［介添え］江戸時代までの日本では、新婚生活が旨く行くように、仲人には「初夜権」が与えられていたり、また、新婚初夜が滞りなく済むために隣室で待機している務めがあった。この役目についている仲人を介添え、または介添人と言う。「処女膜」の項を参照。「はずかしい紙に音あり新枕」（隣室の仲人に、後始末の紙の音を聞かれていると思うと、新妻にとっては恥ずかしいことであったろう）、「介添にそっとさし出す折れた櫛」（初夜の営みが無事に、しかも激しく済んだ証拠の折れた櫛を仲人に見せる新妻）、「しずまりてかいぞへが噛む夜着のゑり」（初夜の営みが済んで静かになった頃には、仲人もさぞや挑発されて夜着の襟を噛むしかなかったろう）。
かいばらえきけん［貝原益軒］寛永七年（一六三〇）、黒田《くろだ》藩士の家に生まれ、儒学・本草学を学び、幾多の著書を著わしている。若い頃の性の乱費をいましめた「接して漏らさず」という言葉で特に知られているが、江戸時代には、男が一生の間に放出できる精液の量には限りがあり、それを使い果たすと終わりになると信じられていたからである。言い換えれば、大切に使っていつまでも性生活ができるようにしたいという益軒の考えが著わされている。
彼の著書『養生訓《ようじょうくん》』も有名である。これは彼が八十四歳の時の著書で、中国の医学書などの集大成と言える。『養生訓』の中では、七世紀の中国医書『千金方《せんきんぼう》』から引用した、適正な性交回数の記述が有名である。二十歳代で四日に一回射精、三十歳代で八日に一回射精、四十代で十六日に一回射精、五十代で二十日に一回射精し、六十代になれば性交を止めて射精しない。もし体力があれば、月に一回射精する。というものである。

かいもの［**支い物**］性交時に女性の尻の下に置く物。尻の下に枕や座布団などを置くと、男性器の挿入がしやすい上に、深く挿入することができるので亀頭が子宮膣部に達し易くなる。当然性感も高まると共に妊娠し易くなるので、性感や妊娠を嫌った江戸時代の娼婦は、痛いと言って支い物を拒否したと言う。

かいん［**過淫**］性交のしすぎ。

があああ［**呀々唖々**］口を開け、驚いたような声を発すること。女性が性行為中に発する声の漢語的表現。

かがい［**かがひ・嬥歌**］常陸筑波明神に男女で参詣し、暗くなると男女が互いに混り合った状態で寄り合い、目をつむったまま性交するという風習。春秋の二回行われた。明治になってから風紀取締令によって廃止になった。

『万葉集』巻九の「筑波嶺に登りてかがひ会為る日に作る歌一首幷せて短歌」を紹介する。

「鷲の住む筑波の山の裳羽服津《もはきつ》のその津の上に率《あども》ひて娘子壮士《をとめをとこ》の行き集ひかがふかがひに
人妻に我も交はらむ　わが妻に人も言問へ　この山をうしはく神の昔より禁《いさ》めぬ行事《わざ》ぞ

今日のみはめぐしもな見そ　事も咎むな／反歌　男神《ひこがみ》に雲立ち登りしぐれ降り濡れ通るとも我帰らめや」。『常陸国風土記』には、「坂より東の諸国の男女、春の花の開くる時、秋の葉の黄《もみ》づる節、相携ひつらなり、飲食をもちきて、騎《うま》にも歩《かち》にものぼり、たのしみあそぶ」とある。俚諺《りげん》にも、かがいで婚約が得られなかった女は女としての値打ちがないと言わんばかりに、「筑波峰のつどひに娉《つま》の財《たから》を得ざれば、むすめとせずといへり」とある。

「かかい」の漢字及び語源は不詳であるが、『万葉集』には「嬥歌」と書いて「かがい」と読ませているし、『常陸国風土記』の註釈本に歌垣の字に「ウタガキといひ、又カガヒといふ」とあるから、かがいは歌垣の音読みとも思える。

「筑波のかがい」と同様な習俗は「肥前《ひぜん》の杵島山《きしまやま》」「摂津《せっつ》の歌垣山《うたがきやま》」「大和の海柘榴市（つばいち）」「出羽《でわ》の山寺」に残されていた。

かく［掻く］男が自慰行為をすること。「せんずりを掻く」「マスを掻く」というように使うことから来ている。「ふられた夜かいたを夜着矢鱈ふき」、「独り者タチツテト故カキクケコ」（『末摘花』）。この句には「哀れと思いサシスセソ」という言葉が付いている。艶本などには和製漢字として「排」という字が当てられている。最近では女性の自慰行為にも使うことがある。

かく［隔］戦に出ている城主の奥方が家来に性交相手を求めた場合、木の葉などを差し込み、それを隔てて奥方の欲望を静めたという。また、僧侶が婦女を犯すような場合も同様にしたという。これを隔という。

かくしどころ［**隠し所・陰所・隠処・陰処**］性器、陰部。

◇秘所、秘部。

かくしばいた［**隠し売女**］江戸の私娼の総称。江戸時代には各盛り場や街道の宿駅に売春婦を置くことの要望が強くあったが、幕府や諸藩では認可しないばかりか、再三にわたって禁止令を出している。そこで、茶屋の茶汲女、旅籠の飯盛女《めしもり》、船宿の洗濯女などと称して女を置き、実情は売春をさせていた。お上もやむをえず、一軒で二人までという制限を付けたり、売春をしない本当の茶汲女や飯盛女を何人以上置くという条件を付けたり、服装が華美にならない、前掛けをする等の条件を付けたりして暗黙に了解していたというのが実情であった。

◇隠し色、隠し米。

かげこ［**影子**］男色を売る少年。

かげつのなぞらえ［**花月の擬へ**］男色。菱川（狩野）師宣の『表四十八手』によれば、男一人に若衆と娘と、つまり男色と女色を一どきにする楽しみ。一人の女を仰臥させ、その上にもう一人の女を四つん這いにさせて、一男が二女を相手に交合するのも「花月擬」という。

かげま［**陰間・蔭間・影間・艶野郎・艶郎・野良・衒艶郎**］男色の女役。陰間は、もとは表舞台に立てない役者の卵のアルバイトだったので陰間と言われたというが、後には陰間を専業とするものが出てきた。その陰間は景政《かげまさ》の当て字だという説もある。それは鎌倉権《ごん》五郎《ごろう》景政は片目だったのでメカケの意味で使われたのが初めで、最初は男女の妾に通用したという。陰間は女子同様の美しい着物を着て、年少の時は前髪姿、やがて僅かに額を剃り、紫の野郎帽子で被《おお》う。親方の元で遊芸を仕込まれ、陰間としての肉体的修行を積み、十四、五歳から客をとらせられる。陰間の働く年数は短く、十六、七歳までである。十八歳以上になると陰間の足を洗い、奥女中や未亡人相手の男役に転業する習わしになっていた。

陰間即ち男娼は俳優の内職から始まり、「色子」「舞台子」は俳優が表芸であり、その最上のものが「太夫子」と呼ばれた。陰間は舞台の陰の間に居る者という意味であるが、売色が専業になっているし、「飛子」は飛び歩いて旅をするという意味で、これも売色を専業としていた。

男娼は男客を相手にするだけでなく、芝居茶屋や中茶屋、小茶屋で、有閑夫人や御殿女中の相手にもなった。つまり、相手によって男役も女役もつとめたので、「女をぼする、男にはさせるなり」という句がある。女客を妊娠させるなど、種々の悲喜劇が繰り返され、「中条でたびたび堕ろす陰間の子」という有名な川柳もある。

◇お釜、野郎、若衆、色子、太夫子、舞台子、飛子、陰舞、蔭子、男娼、小姓、稚児、娼《しょう》襠子《とうし》、少人、喝食《かつじき》、影間野郎、影間の子。

かこい［**鹿恋・囲・鹿子位・十五**］座敷持ちの遊女には、太夫、天神、鹿恋いとあり、鹿恋は第三位のいわば最下位の遊女である（廓言葉）。太夫の揚げ代が銀五十三匁、天神が二十五匁、鹿恋が十六匁だったため、四四（鹿）が十六という九九算の語呂合わせから生まれたと言われる。実はキンゴというカルタに、十五で勝負する（トランプの二十一に似た）遊びがあり、十四をカコイと言った。鹿恋の揚げ代が十四匁だった所からこの名が生まれたというのが正しいらしい。西鶴《さいかく》は十五と書いてカコイと読ませているが、これはキンゴの十五遊びから来ていると思われる。

かさ［**傘**］亀頭の頸冠部が傘のように開いている陰茎。陰茎の上品と言われる。

◇善光寺摩羅

かさねことば［**重ね言葉**］浪《よが》り声。浪り声は、息も荒くなるので自然に簡単な単語を繰り返すことが多い。あれあれ・それそれ・そこそこ・いくいく・しぬしぬ・もうもう・やめてやめて・いいいい・もっともっとなど春画の書き込みにも多く使われている。「閨中軍重ね言葉でいどみ合ふ」。

かさのなでおろし［**傘の撫で下ろし**］陰茎を勃起させる技法の一つ。女性が陰茎の胴中のやや先端寄りを握り、亀頭から根元の方に向かって包皮を剝くように撫で下ろす行為。

かさばる［**嵩張る**］量・体積が増えるという意味から、勃起するという意味に使われる。

かっちゃう)」。「女中のハかさばらぬので持ったもの(保ち得る、助

「気が悪くなっても女かさばらず」、

かさぶくろ[**傘袋**] 女陰(細長いものを入れることから)。

かさまつたけ[**傘松茸**] 傘の開いた松茸のような陰茎。陰茎の逸品といわれる。「道鏡の塚から出たかさまつたけ」(『末摘花』)。

かしてさんねん[**嫁して三年**]「嫁して三年、子無きは去る」の略。結婚して三年経っても子供が生まれない場合は、結婚を解消する、という意味。男中心の考え。「産まないで去ったら先キで矢鱈出来」、「しただけを徳とあきらめ帰すなり」、「産まなければ産まないと姑云い」(『末摘花』)。

かじばのまとい[**火事場の纏い**] 振られながら熱くなるという洒落。男女の仲は微妙で、最初は意気が合わなかった間でも、振られながらも熱心に口説いているうちにどんどん熱くなっていく。そういう仲ほど強い結びつきになるともいわれる。

かしもとがずるい[**貸元がずるい**] 貸元(女性器)がずるい(だらしない)という意味から、女の淫奔なことを言う。「かし元トのずるいきさきハ二条也」(二条とは清和天皇の后で、在原業平と恋したり、五十五歳になって僧とも通じたりして、后の位を剝奪された)。

かしわもち[**柏餅**] 女陰の象徴語。柏餅の合わせ目の部分が、白い餅肌の女陰の割れ目を想像させるところから、川柳の対象にもなっている。「柏餅餡をくじって叱られる」(『誹

風柳多留』)。「気を付けて見ればおかしい柏餅」、「皮を剥く餡をばくじる柏餅」。

かしん［**花心・花芯・花蕊**］陰核。子宮。子宮口。女陰。女陰の深部。女性器を花に譬えて、女性器の蕊つまり陰核の意味に使われたり、女性の芯と解して子宮の意味に使われたりもする。現代小説などでは漠然と女陰の意味など曖昧に使われるが、江戸時代にはもっぱら子宮口の意味で使われている。例「花心、亀頭を嚙む」。また花心は女陰の深部という意味でも使われる。

かしんきとうをかむ［**花心、亀頭を嚙む**］江戸時代の『壇《だん》の浦《うら》戦記』は、子宮膣部の機能による快感をこのように形容している。つまり、女性の子宮口は陰茎の先端をあたかも嚙むように吸い付ける。この加虐的な行為が、快感を呼ぶのだという。愛咬《あいこう》も同じようなものである。

かずのこ［**数の子・鯑**］①小陰唇の肉襞（形と色からの連想）。②膣口付近の膣壁（指を触れた時の感触からの連想）。③数の子天井の略。

かずのこてんじょう［**数の子天井**］小陰唇の裏側の肉襞がイボ状に成っているもので、女陰の上品と言われる。大陰唇の発達していない女陰に多く、数の子天井の女陰の膣口は小さいことが多いという説もある。

　また、膣壁の皺襞によって数の子の表面のようにザラザラした感じを与えるものも数の子天井と呼ばれる。この皺襞はじゃばらの様に長軸に直角にあり、江戸時代にはこの皺襞は四十八あるという俗信があった。医学的には、この状態があるのは、愛情の伴わない性行為の場合だけであるというから皮肉である。「蚯蚓千匹」の項を参照。

かたおなみ［片男波］クンニリングスの江戸時代の呼び名。

かたくい［生買］酒食をしないで遊女と寝るだけの客。

かたつきみ［片月見］江戸時代、吉原などの遊里では八月の十五夜と九月の十三夜には月見と称して盛大にお祭り騒ぎをした。いつからか十五夜に行って十三夜に行かないのは、片月見と言って忌み嫌われ、十五夜に行くと十三夜にも来るよう遊女に約束させられたと言う。「片月見せないものだと下女へはい」、「気にかけて九月は下女が這ってくる」と、川柳では洒落のめしている。

かたてつまみ［片手摘み］陰茎を勃起させる弄根《ろうこん》の技法の一つ。女性は陰茎の胴中を握って締めたり緩めたりする。普通弄根技法の初めの方で行われる。

かつう［嫁痛］英泉《えいせん》の『枕文庫《まくらぶんこ》』に、「少女はじめて男に交わる時は、血気にはやる男根により陰戸に疵をつけることあり。これを嫁痛という」とある。これは、処女膜の破瓜に因るものも含むであろうが、初夜においては女の愛液の分泌はほとんど無くて、女陰に湿り気のないのが普通であるというから、初体験には他の痛みもあり、それらの痛み全体を指しているようである。『枕文庫』は「菓子昆布とふのり二種類細末にし、唾にてよくとき亀頭に塗って行うと新開といえども痛むことなし」と教えている。さらに、嫁痛が生じた場合には「かかる時は千金方に大黄一両、酒一がを煮沸し、ひと沸きしたところで火から下し、さめたところでこれを服用し、その上陰戸を洗うべし」と教えている。

かつぐ［**担ぐ・強姦ぐ**］「かつぐ」には三通りの意味がある。

（1）古代から行われていた略奪婚のこと。これは婚姻形式の一つで、相手の娘やその保護者の承諾が得られない場合、男が相手を奪い取って嫁にしたり、男の友人が数人がかりで娘を奪って来て男に与えるという形式を取る。

（2）相手の娘は承諾しているのに両親が承諾しないため、男と娘が示し合わせて逃げる場合で、略奪婚の形をとるので同じく「かつぐ」と呼ばれ、江戸時代や明治時代の場合は多くはこのケースである。

（3）江戸時代以降は、だます、襲うなど、婦女誘拐や集団暴行の意味に使われる。

江戸川柳に現れるのは、（2）と（3）のケースである。「かつがれた下女は明地で賤ヶ嶽」、「かつがれはせぬと娘のねだる市」、「かつがれた下女は生き物狂い也」、「かついだは嘘手を引て逃たなり」（『誹風柳多留』）。「めめっこと打棄って置かつがれる」、「災難はかわりごっこに下女される」、「かつがれた下女貧僧の重ねとき」（『末摘花』、貧僧の重ね齋《とき》は、飢えた者が豊富な食べ物にありつくこと）。

◇略奪婚、嫁かつぎ、嫁ぬすみ、かつぎ出し、かたげ。

かどうのしょう［**火動の症**］腎虚《じんきよ》がすすんで、性交欲はますます高まり、やたらに陰茎がたつ症状。腎虚死した男の陰茎は立ったままだといわれる。「火動の症は腎虚の甚だしき症状。この時期には情欲熾烈で、一種の発狂状態になり…」と『古川柳風俗事典』にある。「はだかにてくわどうの症はおっかける」。

かなえ［鼎］『徒然草』の第五十三段の仁和寺《にんなじ》の法師がふざけて鼎をかぶって抜けなくなる話から、交接した陰茎が抜けなくなることに譬えられる。「伊勢の留守間男鼎程さわぎ」（『誹風柳多留』）。江戸の川柳作者が俗説だけではなく、古代から当時までのまじめな作品に関しても広い知識を持ち、これらを駆使していることに驚かされる句の一つである。

かなづち［金槌］全体として大きく、特に亀頭が大きい陰茎。雁高。

かなてこまら［鉄梃摩羅］勃起して堅くなっている陰茎。

かなめいしのきょく［要石の曲］射精後もそのまま両性器が結合されたままで寝入り、抜去しない保続性交の体位。

かのえさる［庚申］交合禁忌の日。庚申の祭は平安時代の宮中から始まり、年に六度（閏年には七度）の庚申の日の夜を守庚申《しゅこうしん》・申待《さるまち》・庚申待《こうしんまち》といって夜通し遊ぶのである。寝てはいけないということから、この日に性交した男女は神罰を受ける、そして、この夜に妊娠すると手の長い（盗癖のある）子供が生まれるという言い伝えが生まれ、庚申の日は交合禁忌の日になった。当時の男女はこの習俗をきちんと守っていた。庚申は六十日に一回来るので、つまり二か月に一回のことだから良く守れたのであろう。「こうしん」とも読む。甲子《きのえね》の日も同様に禁忌の日であったが、庚申の方が川柳で良く見掛ける言葉である。「かのへ申女房をくどきおとすなり」、「ぬす人の子もできよふとしうといひ」、「けつをするぶんはかまわぬ庚申」（『末摘花』）。「あきらめて跡さして寝る庚申」、「まって居る鳥のうたふをかのえ申」、「新所帯（あらせたい）お仕事をする庚申」、「今日庚申だと姑いらぬ世話」、「五右衛門が親庚申の夜を忘れ」（『誹風柳多留』）。「泥棒が出来たらままとおっぱじめ」。

かのじ［**可の字**］ある金持の老人が三人の息子の嫁を自分の誕生日の祝いの席に呼び、「何か面白い趣向でお酌してくれ」と言った。長男の嫁は「〝姦〟の字でお酌します」と言って娘二人を連れてお酌をした。老人は喜んだ。次男の嫁は男の子を連れて「〝好〟の字で一献差し上げます」と言ってお酌をした。老人は一層喜んだ。三男の嫁は新婚でまだ子がなく、「私は〝可〟の字で一献差し上げます」と言い、左足を腰掛けの上に乗せて水平に伸ばし、右足一本で立って、自分の股間を指差した。老人は「なるほど、確かに〝可〟の字のかたちだ。面白い」と言い、大層喜んで酒を飲んだが、飲みながら〝可〟の字の〝口〟のところをつくづく眺めながら「だが、〝可〟の字の〝口〟のところが、少しゆがんでいるのう」と言った。満座の人々はそれを聞いて、みな大笑いしたと言う。

かぶとがた［**甲形・冑形・兜形・カブト形**］張形の亀頭部のみのもので、男性の補助具。べっ甲または水牛の角で作られている。女性の快感を増すために亀頭部を大きくするのが目的である。勃起前にはめると抜けることが無い上に精液を洩らさず、避妊用としても珍重された。江戸時代にオランダからコンドームとして輸入された「茎袋（きょうたい）」が革製で堅く、コンドームとしては評判が悪く、もっぱら勃起不全の男の補助用具として使われたものが、その後改良されて、カブト形に発展して行ったといわれている。

◇鎧形、武具。

かま［**釜**］男色或いは肛門交の場合のお尻の意味。

◇尻、後庭（中国語）、裏門、肛門、菊座、後門、一穴、牛蒡の切り口、アヌス。

がま［**蝦蟇・蟇・ガマ**］女陰。蛇を飲み込むヒキガエルからの連想、または、ガマ口から生じた洒落言葉（キンを入れる）。

かまど［**竈**］女性器の象徴。

かまぼこ［**蒲鉾**］無毛の女陰のこと。

かまほり［**釜掘り**］男色者。

かものはら［**鴨の腹**］若い女性の陰毛。または、若い女性の陰毛に手を触れた時の感触の形容。

からしゃけ［**乾鮭・干鮭**］乾燥した鮭のようにやせこけた男。性行為の激しい妻に精力を搾り取られて、干し鮭のように痩せこけてしまった男。「大事の婿を乾鮭にする」。

からどこ［**空床**］遊廓で、一晩中待たされて敵娼《あいかた》がこないまま夜が明けてしまうこと。江戸（関東）の遊廓では「廻し」と言って、一人の遊女が一晩に何人もの客を相手にしたので、順番待ちの為に長い時間待たされて、時折こんなことがあったらしい。

からぼうこう［**空奉公**］賃金の貰えない奉公の意味。転じて、性交において、女性ばかりが何回もオルガスムに達して快感を得るのに対し、男性はもっぱら奉仕させられるだけだという意味で使われる。

からめて［**搦手**］後背位、または肛門性交。搦手は城の表門に対し裏門のこと。そこで、いわゆる正常位を本手取りと言うのに対し、後取り（後背位）を搦手と言う。また、裏門は肛門の代名詞でもあるから、肛門性交という意味でも使われる。「女房の搦手を責め叱られる」、「搦手を攻める野陣の憂さ晴らし」、「落ちさうな腹を搦手から攻める」（落ちそうな腹とは、臨月間近な妊婦の形容）。

かり［**雁・亀頭・鴈・笠**］亀頭。亀頭頸冠部の俗称。艶本には「鴈」の字を間違えて「鳫」の字が書かれていることが多いが、江戸時代の戯作者は誤字・当て字はまったく気にしていなかったようである。

かりだか［**雁高**］立派な亀頭。または亀頭冠が陰茎幹に比べて大きかったり、雁の首のように亀頭冠の首筋が据わっているなど、亀頭冠のすぐれた陰茎の上品。「かり高は咬えて引くと思うなり」（『末摘花』）。
◇紫色雁高（ししきがんこう）。

かりたかきが…［**雁高きが…**］「雁高きが故に貴からず、気遣るを以て貴しと為す。玉茎太きが故に貴からず、気味よきを以て貴しと為す」の略。『実語教《じつごきょう》』（寺子屋の教科書）にある「山高きが故に貴からず、樹有るを以て貴しと為す。人肥えたるが故に貴からず、智有るを以て貴しと為す」のパロディー。幕末の戯本『実娯教』には「仮高故不貴／以気遣為貴／玉茎太故不貴／以能気味為貴」とあり、「以能気味為貴」は「よがるをもってたっとしとなす」と読ませている。

かりょう［**火龍**］火を負った竜。勃起し熱くなっている陰茎。

かわかむり［**皮かむり**］包茎。「おれきれきにもあるものは皮かむり」（『末摘花』）。

かわずにょうぼう［**蛙女房**］夫より年上の妻。目（妻《め》）が上にあるという意味。

かわつるみ［**厠つるみ**］男色。

かわばおり［**革羽織**］すれっからしの女。

かわらけ［**土器**］男女性器に陰毛の無いのを言う。概して女性に多い。本人は非常にはずかしい思いをしているらしいが、女性の場合は逆に非常に名器であるとの評価もある。『失題艶道物』には次のように説明されている。「かわらけぼゞ味はひ悪しゝ開中に潤ひ少くびらびらする物も無くして明見せのごとし」。「壹分するかわらけ隠居秘蔵する」（『誹風柳多留』、初老の男には少女のようなかわらけがお気に召したか）。「かわらけはさっぱりとした片輪なり」（『末摘花』）。

かん〔鰥〕妻のいない男、やもお。
かんか〔鰥寡〕妻のいない男と夫のいない女。
かんぎ〔関木〕関木とは門（かんぬき）と同じ。恥骨が門の横木のように飛び出している女性器は名器の一つで「関木」と言われる。また「関木」は膣口が上過ぎて恥骨の直ぐ下にあるため、挿入する時や、興奮が増してきた時に、陰茎が圧迫されて疼くような痛みを感じる。これを好むか否かはともかく、極端な「関木」の場合は背向位をとらざるを得ないと言う。
かんきょ〔鰥居〕年を取って、妻が無く、独りで暮らす男。
かんげん〔関元〕臍の下約九センチメートルの所にあるツボ。このツボは性器の活動を活発にする即効性と共に、基本的な性的能力を強くする働きもある。一日数分間、このツボを押すだけで良いので、習慣化しておくとよい。
かんしょ〔鰥処・鰥處〕妻が無く、独身で暮らす。
かんだっこのひだりまがり〔神田ッ子の左曲り〕神田《かんだ》ッ子は陰茎が左に曲っているという俗説。その理由は判らないが、江戸末期の戯作物にはよく出てくる言葉。「神田の芸妓も御座敷へ左棲」、「神田の祭礼集まった左利き」。
かんとうや〔関東屋〕関東屋と大書した隣りに男娼名を書き連ねた行燈で知られた大坂の若衆宿。男色だけではなく、女からの求めに応じて男役も兼ねていた。「後家の蛸和らかにした関東や」。

かんぬき［閂］陰茎。閂は（門を閉める時に）穴に通す棒であるから。

かんぷ［鰥夫］やもお、やもめ、妻のいない男。

かんぷ［姦夫］他人の妻と密通した男。

かんぷ［姦婦］夫以外の男と密通した女。

かんぶし［かんぶ紙］遊女が使う性具の一つ。性交の際に、この紙を陰茎に巻いて膣に挿入させる。すると、かんぶ紙は吸収力が強いので男の分泌液も女の分泌液も吸収してしまい、膣内がかさかさになる。抜き差しを繰り返した後、女は頃合を見て嘘でも「痛い」と言い出す。そして、かんぶ紙を外し、代わりに、魚の浮袋に湯を浸した綿を入れた物を、陰茎の根元に巻き付ける。抜き差しを重ねると、綿湯が絞り出て膣の中に湯が溜まり、抜き差しごとにゴッポゴッポと音を立てるようになる。その奇妙な快感に男はたちまち射精に導かれる。「かんぶ紙」は「乾皮紙」か「鴈皮紙」の訛ったものだろうといわれている。

がんろう［玩弄］もてあそぶこと。手指或いは唇・舌等を使って性器或いは乳房などを弄ぶように愛撫すること。性的行為を行うこと。

かんろすい［甘露水］精液。

き

き［**気**］①性交時の快感、オルガスム。「気が行く」「気が通う」「気に入る」「気の入った」などの使い方をする。②愛情や性行為を受け入れる気持。「気がある」「その気がある」「その気になってる」などの使い方をする。「しらぬが仏お竹どん気は無いか」（『誹風柳多留』、お竹《たけ》は大日如来《だいにちにょらい》が化身したという伝説上の下女）。

きえつ［**喜悦**］江戸時代の作品では「よがり」と読ませることが多い。

きぎ［**嬉戯**］遊び戯れること。楽しく遊び戯れるように行う性行為。

きくざ［**菊座**］男色或いは肛門交の場合の肛門、またはお尻。肛門交に於ける菊座の善し悪しは『好色訓蒙図彙《こうしょくきんもうずい》』（貞享《じょうきょう》三―一六八六）に「衆道の上品といふは、第一、後門に肉多く、福らかにして、肌細やか也。谷深くして、菊座柔らかに、四十二の襞緩やかにして、口しまらざれば、濡らしに従ひ靭やかに、滑らかになり給ふ也。（中略）下品は、第一、後台に肉無く、厚皮にして、骨高なる事、紙越しに簀子探るが如し。谷浅くして、六月の水無瀬川也。（以下略）」とある。別の書によれば、上品の襞が四襞少なく、三十八しかないものを中品と呼んでいる。「裏門へ回って菊の根分けかな」（江戸川柳）。

◇肛門、裏門、釜、後門、牛蒡の切り口、一穴、菊左衛門《きくざえもん》、アヌス、菊の花、菊の門、菊の紋。

きくらげ［**木耳**］擬似陰茎。にわとこ等の枯木に群生する茸で、色は暗褐色、形は人の耳に似ている。生または乾燥して食用にする。この木耳を陰茎状の絹袋に詰めた物を湯に浸すと、木耳はふやけて本物の陰茎同様に成ると言う。

きけいし［**嬉契紙**］やわらかな紙によがり薬を塗って、それを亀頭部に貼りつけて性交時に用いる、江戸時代の媚薬。避妊効果もあったという。薬の処方は不明。山芋の汁ではなかったかといわれている。

きけんじょう［**喜見城**］天人が遊ぶという最高の楽園。日本の竜宮城のような所で、男女の自由な情事が暗に秘められている。

きこう［**鬼交**］毎晩のように、男なら美女、女なら美男が現れて、夢の中で性行為を行い続けること。また、そのために女なら愛液の過度分泌、男なら夢精による腎虚《じんきょ》により衰弱してしまう病気。恐らく性的ノイローゼの一種であろうと想像されるが、平安時代の『医心方』という医学書では、この美男、美女は「淫鬼」という鬼で、この鬼に取り付かれて起こる病気だと説いている。そのため、男の場合は、七日、七晩、射精しないで女と交わり続け「淫鬼」の誘いを防ぐという方法、女の場合は、全裸で股を広げ、多量の硫黄を燃やして女陰を燻《いぶ》し、「淫鬼」を寄せ付けないという治療法が採られた。いずれの場合も女性にとっては拷問以上の苦しみだったに違いない。

ぎこう［**偽交**］正常の性交ができない場合や正常の性交を嫌う場合に、他のやり方で性交を代用させる方法。娼婦は馴染みでない客に対しては陰茎を股の間にはさむ股間淫という方法を使い、客には気付かれなかったという。最近では、乳房の間にはさむ方法も良く使われるほか、口で代用する口淫、腋の下で代用する腋間淫《えきかんいん》などもある。股間淫、紅葉合わせ（乳房間）、腋間淫などいずれも豊満な女性が行うのに向いている。男性にとっては、代用とわかっていても変わった触覚的刺激を与えられる楽しみがある。また、その白い胸、可愛い口、豊満な柔肌を凌辱しているという征服感は格別なものがあるといわれる。

江戸時代より昭和初期まで偽交は専ら娼婦が正常の性交を嫌って行うことが多く、一般の男女が行うのは月経時などに限られていたが、近年では、正常の性交に忌避感を持つ夫婦が増えていることや、遊び感覚で性行為を行う恋人同士が増加している傾向から、偽交が一般にも広く行われるように成ったといわれる。

◇偽似性交、股間淫、素股、紅葉合わせ（乳房間）、口淫、腋間淫、ぎまん、にせまん。

きしす［**気死す**］オルガスムに達すること。絶頂感で失神すること。

キス　唇を相手の唇または顔や手などに触れて軽く吸う動作で、相手に対する親愛の情を表現する行為。

西欧諸国では手の甲へのキスは尊敬を、額へのキスは親しい者への愛情を、唇へのキスは恋愛の情を表すなどの意味合いがあり、広く一般社会生活の中でも行われる。日本では接吻、口吸い、口ねぶりなどの言葉が示すように、唇へのキスのみが行われていた。それは当然男女間の愛情の表現であるが、古来より公衆の面前でのキスの習慣は日本にはなく、主に性行為の前戯として行われていた。江戸時代の庶民たちは口吸いは人前では決して行わなかったが、閨房では非常に濃厚に行うことが一般的だった。

唇へのキスを始めとして、耳・首筋・乳首など性感帯へのキスは、男女間の愛情の強い表現の延長として相互の肉体の官能を呼び覚まし、性欲を高め、快感を高める働きがある。それによって愉楽が成就されるから、性交の前戯として極めて有効であり、洋の東西を問わず一般に行われる。「接吻は欲情を目覚めさせる誘惑の手であり、官能の歓びを伝える快楽のメッセージである」という言葉もある。

最上の接吻は濡れた唇の上で、唇と舌とを吸うこと。舌を吸うことによって、甘く、新鮮な唾液分泌を促し、それは互いの口の中で混ざり合い、官能に震えを与えるという。

西沢爽《にしざわそう》著『雑学艶学』によれば、日本の文書に接吻の記事が初めて出たのは『土佐《とさ》日記』だという。それには「押鮎の頭をしゃぶっていると、男と女が口を吸う様子に似てる。押鮎に心があれば、私は吸われていると思うに違いない。それにしても、早く都に帰って京女たちの口を吸いたいものだ」という意味のことが書かれているという。『土佐日記』は今から約千年前に書かれているから、その当時も愛の行為として接吻が行われていたことを示している。

同じ時代に書かれた『医心方』にも前戯としての接吻が扱われている。「ひらめ（比目魚）」という体位の説明に「男女俱臥、女以一脚、置男上。吸口吸舌、男展両脚。以手担女上脚、進玉茎」（なんにょともにふし、おんないっきゃくをもって、おとこのうえにおく。くちをすいしたをすって、おとこりょうきゃくをのべ、てをもっておんなのじょうきゃくをかかげ、ぎょくけいをすすむ）とある。「医心方」および「房内編」の項を参照。

◇〔一般系〕接吻（明治以降）、くちづけ。

◇〔古語系〕口吸い、相惚れ（古語）、口舐り（くちねぶり）、手付け、さしみ・お刺身（遊廓用語）、親嘴（しんし、くちくち）、接唇（うまくち）。

◇〔外来語系〕キス（英語）、キッス（英語）、キュッセン（ドイツ語）、ベーゼ（フランス語）。

◇〔洒落系〕呂の字、火曜日。

※「くちづけ」は本来は口癖という意味。

きせい［**愧声・媿声**］恥ずかしさで出す声。よがり声。

きせはぎ［**着せ接ぎ**］自慰行為のこと。

きぞう［**木蔵**］まだ色気づかない男。童貞の男。生娘に対する言葉。

きつね［**狐**］古来、狐は美貌の異性に化けて人間と性交したがっているかのごとく想像されてきた動物である。男からは、狐の女陰は締まりがいいといわれたり、女からは、多毛であるところや体臭が強く野性的であるところが情欲をそそるところに魅力があるといわれている。心理学者は、人間は昔々遊牧民時代の名残として、人獣相婚の郷愁を心の底にひそめているのだと解釈している。

江戸の川柳にも、「毛深いに三国ながら気がつかず」、「ただならぬ毛切れと博士奏聞し」、「国王は狐の味もしめたまい」などの句がある。これらはいずれも、インド、中国、日本の三国にわたって国王を誑《たぶら》かした〝九尾の狐〟を詠んだものである。〝九尾の狐〟に関しては「葛《くず》の葉《は》」や「狐忠信《ただのぶ》」のようなロマンスも書かれている。

きとう［亀頭］陰茎の先端部（生理学的用語）。亀の頭部に形が似ているところからこの名がある。

亀頭の粘膜は厚くて硬いものが良いといわれるが、日本人に多いのは、〝もろくて薄いタイプ〟と〝硬くて薄いタイプ〟である。白人には、〝もろくて厚いタイプ〟と〝柔らかくて厚いタイプ〟が多い。〝薄くて柔らかいタイプ〟は感じやすいという。

◇雁首、雁高、グランス、鈴口、淫頭、陰頭、へのこがしら。

きとうかん［亀頭冠］陰茎の亀頭部、または亀頭部の表皮を言う。陰茎の茎部の直径に比べて亀頭部が大きいと、亀頭部と茎部との境の溝は深くなり、亀頭の後縁が突き出し、松茸の笠が開いた状態になる。これを亀頭冠と言うこともある。

きとうけい［亀頭頸］陰茎の亀頭部と茎部との境の溝の部分は、あたかも胴と頭の間の括《くび》れた部分つまり頸の部分に当たるので亀頭頸と呼ばれる。

きとうこう［**亀頭溝**］陰茎の亀頭部と茎部との境の溝。茎部の直径に比べて亀頭が大きいとこの溝は深くなり、松茸の笠が開いた状態になる。これが性交運動の際に膣の内壁を摩擦するので、女性は高い快感が得られることから、別名を雁高と呼ばれ、男性の名器の一つである。

きぬぎぬ［**衣々・後朝**］①共寝した男女が、翌朝、各自の着物を着て別れること。②男女の相会うた翌朝。③男女の相別れること。

平安時代の女性は一般に一人で外出することはしなかったから、男女がデートするには男が女の家に行くしかない。これを一般に「夜這い」と言う。女が男を迎え入れるかどうか、二人の関係を女が家族に話すか話さないか、女が男を迎えて性交するかしないかは、すべて女の自由意志で決められたという。女が気に入って二人がいい仲に成れば性交もした。その場合は別れる時に衣を交換したという。そこでできた言葉が「衣々の別れ」であり、意訳したものが「後朝の別れ」である。「後朝」はもちろん一緒に寝た後の朝の意味である。

きね［**杵**］陰茎（女性器を臼にたとえるのに対して）。

きねつき［**杵搗き**］性交運動。臼の中に杵を搗き入れ、持ち上げする様子に譬えた言い方。

きねのさかさづき［**杵の逆さ搗き**］女性上位で、女性が腰を上げ下げする性交運動。男性上位での「杵搗き」に対しての言葉。

きのえね［甲子］大黒天《だいこくてん》の祭日なので、庚申と並んで性交禁忌の日となっていた。「おもひ出し甲子の日といふ女房」。

きのえのこまつ［喜能會之故真通］文化十一年（一八一四）に発表された葛飾北斎《かつしかほくさい》の枕絵。寛政改革の浮世絵の取締まりと、その一環として歌麿《うたまろ》らが文化元年にお咎めを受けて以来、数年間は江戸から秘画が影をひそめた。その枕絵界に北斎は『繪本つひの雛形』に次いで、この力作『喜能會之故真通』を出した。その下巻に描かれた、全裸の海女の局部を吸引する大蛸のグロテスクな絵は、眼の肥えた江戸の枕絵通を驚倒させる程の衝撃的構図である。女と蛸の交合の図は前例があるが、海女の下半身に大蛸が、口には小蛸が吸い付いて、性の歓喜をうたいあげている妖艶さは北斎独特のものである。

きまら［木摩羅］木のように堅い陰茎。味もそっけもない棒みたいな陰茎。十代の青年に多いといわれる。麩摩羅に対していう。

◇竹摩羅。

きみ［気味］心持ち、趣、風味。「気味がよい」は気持ちよい、快感を感じるという意味。「気味よく」は気持ちよくという意味。

きみず［気水・精水］愛液。女が淫情を感じて出す愛液を「騒水《さわぎみず》」と言うのに対し、性交時の快感が絶頂を迎えオルガスムに達した時に出す愛液を区別して「精水」と言う。科学的には「騒水」がスケーネ腺液、バルトリン腺液、膣液などを指すのに対し、「精水」は子宮頸管液を指すと思われる。「真精（まき）」とも言う。「真精」の項を参照。

きむすこ［**生息子**］まだ女性と接しない息子、うぶの息子（広辞苑）。

きむすめ［**生娘**］まだ男性に接しない女子、世間なれない娘（広辞苑）。「生娘はさせそうにしてよしにする」、「生娘にしたたかへのこ引かかれ」（『末摘花』）。

◇おぼこむすめ、処女、未通女、手入らず。

きむすめ［**木娘**］生娘よりも固い、何も知らぬ小娘。「木娘を竹でしこなす湯の土産」。「湯の土産」は、筆の軸の中から人形が飛び出す人形筆のこと。土産を見せて木娘をからかっているのであろう。

ぎもう［**義毛・偽毛・擬毛**］陰毛のかつら。日本での歴史は古く、陰毛のかつらは既に江戸時代からあったが、局部不毛が差別された明治・大正時代に特に急激に発達した。糊で張り付けて使用するが、張り付け方が杜撰《ずさん》だと入浴時などに剝がれてしまうという笑えない失敗があったという。義毛作製の材料は、デパートなどに落ちている本物の陰毛を集めて作ったといわれる。

ぎゃくのみねいり［**逆の峰入り**］女上位の性交。「逆の峰入山伏が上に也」（『誹風柳多留』、山伏は女陰の隠語）。「峰入り」の項を参照。

きゃん［**俠・キャン**］男伊達。男らしい気っ風や挙動。江戸時代、蔵前《くらまえ》や神田の男達は特に侠気に満ちていたといわれる。元禄の末から享保・元文《げんぶん》までは「キオイ」(元は馬子や船頭の意気を見せること)が使われ、宝暦以降「キャン」となった。寛政頃から文政には「イサミ」となり、安政《あんせい》には「イナセ」と呼ばれるようになった。深川辺りでは女にも「キャン」の気っ風があり、「おキャン」と呼ばれた。これは江戸っ子かぶれであり、温和・円淑・徳操などのある処女にはふさわしくないので、「おキャン」イコールはすっぱ娘という意味になった。

ぎゅう［妓夫・牛］①吉原などの遊廓で、花魁たちが並んでいる張見世の前に立ち、客の世話をやきながら上がるのを勧誘している男衆。②夜鷹の用心棒。夜鷹数人に一人か二人の妓夫がつき、客を勧誘し、冷やかしの客は体よく追い払い、喧嘩を防ぎ、悶着を捌くという仕事をした。

きゅうきょう［九竅］人体の九つの穴。俗に人体は、百個の骨と九つの穴から成り立っているという意味の「百骸《ひゃくがい》九竅」という言葉で言い表され、芭蕉《ばしょう》の『笈《おい》の小文《こぶみ》』の冒頭にも見られる。九つの穴とは、両眼・両耳・鼻孔・口・肛門・小便口である。女性にはもう一つの穴があるので、「百骸十竅」と言えば「女の体」という意味になる。もちろん辞書にある言葉ではない。

きゅうけい［吸茎］フェラチオのこと。この「吸茎」の他にも「尺八」とか「千鳥の曲」など、フェラチオを意味する古い日本語が幾つかある。このことは日本でも昔からフェラチオが行われていたことを示している。しかし、西欧や最近の日本では吸茎が主として前戯の一つとして行われるのに対し、昔は妊娠中や月経の時に性交の代わりに行われたようである。

きゅうしゅん［**吸浚**］「吸」は吸うこと、「浚」は底までさらうこと。したがって「吸浚」は、性行為において舌や唇を使って女陰を吸い、舐めるクンニリングスの様子を表現するのに使われる言葉。「吸吮《きゅうせん》」と同じ。「吸唆」は誤字。

きゅうせいじゅつ［**吸精術**］女が進んで女陰を動かして男性器を助け、自分の精を男に吸わせる方法。男はそれによって精力が増大すると言う。

きゅうせいのようじゅつ［**九勢之要術**］『黄素妙論《こうそみょうろん》』で素女《そじょ》は「交合の奥伝、養生の神術なり。然れば、交合の道に其の法九あり」として次の九つの性交体位を説明している。和訳本の『艶道文指南』から引用する。

一、龍翻勢。「女人をあをのけに伏さしめ、其の股を開かし、男子その股の間に在り。腹の上にかかり伏し、先づ口を吸ふべし。女は腰を張り、玉門を持ち上げ、玉茎を受くべし。男子は玉茎にて、玉門の合せ目を撫でつつ、潤ふに従って玉茎を動かし、八深二浅の法を行ふ時は、両情共に楽しく、百情忽ち消除するなり」。竜が天空を飛ぶ様子という意味だが、つまりは正常位。

二、龍歩勢。「女人、うつむきに伏さしめ、男其の後にかしこまり、女の腰に取りつき、即ち玉茎を入るべし。五深八浅の法を行ふ時、玉門はりふくれ、津液外に流れ、玉門の内固くなるものなり。男の意ゆるゆるのび、女情悦して、互ひに血流流通するなり」。竜が歩く様子という意味だが、要は男上位の女後背位である。

三、猿搏《えんばく》勢。「男子座して両の股を合せ、両足を揃へて差し出す。女人、両股を開き、男の腿の上に座し、両足にて男の腰を挟み、即ち両皮結合して、玉門潤ふ時、玉茎を差し入れるべし。男子、女人の尻を抱へて、九深五浅の法を行ふ。津液外出して、五病頓に癒ゆ」。猿が前向きに組み合っているさまという意味。女上位の座位。

四、蟬附《せんぷ》勢。「女人うつむき伏し、両の手をつき、左の股を差し延べ、右の腿を屈めて、男子其の尻に膝ま付き、即ち玉茎を差し入れて赤珠を叩き、六浅九深の法を行ふべし。玉門はづみたるに依りて思はぬ所に当たり、残りなく精汁を出すなり」。蟬が木に取り付いているという意味だが、俗に言う逆茶臼に近い体位である。

五、亀騰《きとう》勢。「女人をあをのけに伏さしめ、男子の両手にて女の両足をとらへ、女の乳のとまりまで女の足を押し屈め、即ち玉茎を差し込む時、女人の欲情おのづから動じて、美快を極め、液汁流れ出づること限りなし」。亀が勢いよく乗りかかる様子という意味。男上位の屈曲位。

六、鳳翔《ほうしよう》勢。「女人を床の上に横ざまにあをのけに伏さしめ、女自ら両手を以て男を抱へ、両足を腹の上にかがめ置く。男は床の上より立ちながら玉茎を深く差し入れて、玉門の奥を左右にこぢるべし。女、自ら腰を左右に動かす時、三深八浅の法を行ふべし。誠にこの勢は陰陽秘術の口伝なり」。大鳥が空を飛んでる形。女は横臥位。

七、兎吮《とせん》（または菟吮）勢。「男子、あをのけに伏し、両足を差し伸べ、女は男の股の上より、女の顔男の足首の方に向ふべし。女の手にて玉茎を握り玉門に当て、琴絃に望ましめ、潤ひ生ずる時、深く差し入れて、三深八浅の法を行ふべし。女の心中美快なることたぐひなし」。兎が飛び跳ねる前の姿勢。いわゆる逆茶臼型。

八、魚接鱗《ぎょせつ》。「二女を用ふる時の法なり。一女をば仰向けに伏せしめて股を開き、一女は男の交合する時のごとくうつむきて胸を合せ、あをむきたる女の股の間にかしこまり、両女の玉門相合せて、互に抱き合ひ、男は両女のしりへにかしこまり、上下の玉門を眺め、膨れ潤ふ時先づ下の女の玉門に玉茎を差し入れ、静かに出入するなり（以下略）」。

九、鶴交頸《かくこうけい》。「男子、壁に依りかかりて座す。女の手にて男の首を引き寄せ、女の右足にて男の腰を打まとふ。男、右の手にて女の左の股を押し上げ、女の足首を男の肩に打ちかけさせ、両人の身をしっかりと合せて、女の手にて玉茎を握り、玉門にあてがひ、二寸は及ばしめ、（以下略）」。女上位の座位。

きゅうせん［**吸吮**］「吸」は吸うこと、「吮」は吸ったり舐めたりすること。したがって、吸吮は吸ったり舐めたりすることを意味し、性行為において、舌や唇によって性器などを吸ったり舐めたりする愛撫行動を表現する場合によく使われる言葉。

きゅうほう［九法］様々な病気は、喜・怒・憂・思・悲・恐・驚の七種類の感情動揺（七傷という）による心の病から誘発される、と『素女経』は説明している。そして、それらの心の病を除き、百病を追放して元気になるための九種類の性交体位を示し、これを「九法」と呼んでいる。

①〝亀騰〟女性は仰向けになり、深く膝を曲げて乳房の近くまで引きつける。男性は上から結合し、女性の両膝を押して乳房に刺激を与えながら陰茎の根元で陰核をせめる。膣と陰核を刺激する秘法。

②〝兎《と》吮毫《せんごう》〟脚を真っ直ぐ伸ばして仰臥した男性の上に、女性は男性に背を向けて跨がり、膝を男性の体の外側に置く。男性は女性の陰核をおし上げるように、陰茎を抜き差しする。

③〝魚接鱗〟仰臥した男性の上に、女性は胸を男側に向けて跨がり、自ら陰茎を受け入れる。ただし少し入った所で止める。小陰唇が亀頭を浅く包む程度の結合のまま、女性が動く。

④〝虎歩《こほ》〟女性は膝をついて前にうつ伏せになり、首を低く、尻を高くする。男性は後ろにひざまずき、女性の腹を抱いて陰茎を膣深く挿入する。抜き差し速度を早め、四十回行う。

⑤〝鳳翔〟女性は仰臥し、自分で両脚を上げる。男性は女性の股の間にひざまずき、床

に手をついて陰茎が子宮に届くほど深く挿入する。女性に二十七回腰を動かさせると、女性は尻を上げて一気に果てる。

⑥〃猿搏〃仰臥した女性の両腿を担ぎ、女性の膝が乳房の上に来るように折り曲げる。男性が深く挿入したままでいると、女性が悶え、陰茎はさらに怒張する。陰茎を強健にする秘法。

⑦〃龍翻〃女性は仰臥して足を伸ばす。男性はその上にかぶさる。女性は陰部を持ち上げて陰茎を受け入れる。男性は陰核を突き上げながらゆっくりと八浅二深の抜き差しをする。女性が達すると自然に膣が締まる。

⑧〃蟬附〃女性はうつ伏せになり、体を真っ直ぐに伸ばす。男性はその上にかぶさり、深く結合し、女性の尻を少し上げさせて陰核を攻める。五十四回攻めると女性は急に昂まり女陰が開く。ストレス解消の秘法。

⑨〃鶴交頸〃男性は正座し、女性がその腿の上に跨がり、両手で男性を抱き締める。男性が女性の尻を抱いて揺り動かせば、陰茎が陰核や小陰唇を刺激し、女性は自ら律動し始める。

きよう［**起陽**］勃起した陰茎。

きょう［**筐**］女陰のこと。

きょういん［**矯婬・矯淫**］女がなまめき媚びながら、男を魅きつけるようにする、淫らで卑猥な様子や行動。

きょうおん［嬌音］なまめいた、色っぽい声。嬌声。

きょうがた［京形］べっ甲細工の上等品の張形。表面には凹凸のなだらかな波形の彫刻がほどこされ、内側は極めて薄くなるまで削られた優美な細工物である。ぬるま湯に浸すと柔らかくなり弾力性がでて、使用すると本物同様か、あるいは本物以上の快感があったといわれている。

ぎょうかつ［翹活］勃起。「翹」は上げる、ずば抜けるという意味。「活」は生き生きとしている様。したがって「翹活」は生き生きと上げるという意味になる。江戸文学では「翹活」に「しゃっきり」という振り仮名を付けている。

きょうご［叫語］性行為中に性感が高まってくるに伴い女性が発する叫び声。古今の例を挙げる。

《江戸時代》「電気をかけられたよう」「惣身がいつぞぞくするよふだ」「手足がふるえる」「アアこれなふなふとふるい出し…」「モヲモヲ身がちゞむよふだ」「かの所もエレキ、爪先までしびれ」「ミうちがしびれて、からだをしぼるやうにいゝヨいゝヨ」「アアモウどうもふしぶしが、くだくるやうぢや、コレやッふさ」「からだがずんずんするほどいゝよ」「脳天までしびれて…」「足のつま先からからだ中どこもつかミたてるほどよくってよくって」「堪へがたや」「乙な気になりました」「おかしい気になりました」「味な気持になりました」「なんだかたまらない」「なんでこんなにいゝんでしょう」「あゝよい。こたへられぬわいなあ」「もうもうよくつてよくつてかハいくつてぎりもぐわいぶんもいらねへア、」「可憐のふ」「ヲヲ嬉しや」「もうもう口もきけんほどよいわな」「わがねわがね(東北でダメダメの意)」「心よさがもうどふもなりませぬ」「あゝめがくらんできた」「アアめがまうめがまう」「奥の方へ当るたんびに気が遠くなつて来るよ」「命とりよ、ころすのか」「ワたくしはもふ、しんでも本望じや」「死んぢやう」「こゝでこのまゝま死んぢやいたい」「おくのはうがまことにむづむづして来たハなネへ」「これさそんなにときをりやすんできをもませなんすな、エエじれつてへよ」「いまのとこいまのとこ」「アレそのその今のやうに」「おもいれつきのめしておくれヨウ」「もつときつくつきのめして…」「アレサぐつと」

《明治時代》「頭は痺れ骨身がとけて、心が天国へでも行つた様に無我夢中」「…もう心が…脱けて…行つちまいそう…」

《大正以降》「気が変になった」「アアどうしたらいいの」「どうにかなっちゃいそう」「アア気が違いそう！」「ああ、気ずげになりそうだ」「息がはずむ様だからくちをすハせておくれ」「早くよ、ミミがなつてきたヨ」「いきがはづミますわいな」「泣かして泣かして」「腰が抜けそう」「だるくなつた」「からだが宙に浮く様だ」「飛行機に乗ったやう」。

きょうしゅう［嬌羞］色っぽくはにかむ。

きょうしゅん［叫春］ よがり声。
きょうしょう［嬌笑］ 色っぽい愛嬌笑い。
きょうじょう［嬌嬈］ なまめかしくなよなよとした女の様子。
きょうしょうもん［脇章門］ 脇腹。経穴の名から来ている。男性の性感帯の一つでもあるので、性交時に女性が両脚でここを締め付けるようにすると、性感が昂まる。
きょうたい［茎袋］ 江戸時代のコンドーム。薄い革製の袋に紐が付いていて、陰茎の根元にくくり付けて使用したという。文政十年（一八二七）頃に出た書物に、「革形、茎袋と云う。革袋は薄き唐革にて作り、蛮名リュルサックという、淫汁を玉門の中へ漏らさぬ為の具にて、懐胎せぬ用意なり」という文がある。「くきぶくろ」とも読む。
きょうふのしきじょうか［恐怖の色情化］ 女は男の攻撃に対して快感を感じることが多い。痛いこと、苦しいこと、恐ろしいこと等を逆に享楽すると心理学者は言い、これを「恐怖の色情化」と名付けた。
ぎょく［玉］ 美しく大切なものという意味が転じて、性に関する物、性器、特に女性器の名称に冠される事が多い。玉液、玉茎、玉水など。
ぎょくえん［玉掾］ 女陰の縁。「掾」は座敷の外側に作られた細長い板敷。「ぎょくてん」と読むのが正しい。『旅枕五十三次』では「いんもんのふち」と振り仮名が付けてある。「名にしあふ京女﨟とて日本六十余国のうち、女の品は此国を以て最第一とす。（中略）、是にしたがひ玉門も又上開多く、玉掾やわらかく羽二重にさわるがごとく、すべてはだ合すべすべとしてきよらなる事、たとふるものなし。云々」とある。

きょくかい［**極快**］オルガスム。

きょくぎ［**曲戯**］変わった体位。または、そのような変わった体位で性行為をすること。「曲取り」が特に変わった体位を意味するのに対して、「曲戯」は意味が広く、いわゆる正常位以外は「曲戯」と呼んだらしい。

ぎょくすいあそび［**玉水遊び**］遊廓で嫉妬ぶかい客を相手にする時の遊女の手管の一つ。床に入ったら丹念に性行為をし、くたびれて寝入った客をくすぐって起こし、無理やりに再び性行為に及べば、男は愚かにも嫉妬心を起こさないという。

きょくどり［**曲取り・曲交合**］変わった体位（例えば立ったまま性交する体位）。または、いわゆる正常位以外のすべての体位（例えば女性上位、後背位など）。また、そのような変わった体位で性行為をすること。「一ッには先生御工夫の曲交合など御伝達うけたい存じより」（『膝磨毛《ひざすりげ》』）。「くせどり」とも読む。「枕草紙は曲取りの仕様帳」、「横取りの後取りのと達者にて」、「曲取りは先ず遠慮する姫始め」、「その為曲取り明日芝居なり」、「枕草紙の通りにすれば寒い」、「羽衣が欲しいで曲取りをさせる」（『末摘花』）。

ぎょくぼう［**玉房**］高貴な女の人の部屋。古代では男が女の部屋に夜這いするのが普通だったから、女性の部屋はすなわち性交する部屋という意味になる。

ぎょくもん［**玉門**］女陰。女陰の入口。「玉門」と書いて、「ぼゞ」、「つび」などと同意語の振り仮名を付けたものも多い。「おまん」と振り仮名を付けた例も少しある。

きり［**錐**］弓の的の中央にある孔、または、前に射当てた的の穴へ後の矢を当てること（弓術用語）。転じて、女陰または膣孔。男性器を弓矢に譬え、女性器を的に譬えることはよくある。春潮描く矢場の浮世絵の添え書きに、「まいにちまいにちこのよふにかよふのもおめへのきりをゐよふばかりだ。とんだふっくりとしていっそぬらぬらしてゐるまとだ。おれがとっておきの矢でおもいきりいてやらふ」とある。

きりおとし［**切落し**］芝居小屋の大衆席。大入場、追込場とも言う。狭くて身動きができない程混雑し、体が接し合っていたから、男女間の淫らな行為も行われていた。また、それを期待して芝居見物に行く女もいたという。「なめくじを二本ひん抜く切落し」（『誹風柳多留』）。「くじる外よい智恵の出ぬ切落し」、「切おとしとてもの事に入れたがり」、「どう工風してもされない切落し」、「切落し二寸長いとするところ」（『末摘花』）。「切落し下女どふしたか動けいず」。

ぎりまん［**義理まん**］①夫婦間の義理として行う性交のこと。「またうちでせにァすまぬと朝帰り」（『末摘花』）。②社会的な義理として行う性交のこと。

◇義理飯。

きりみせ［**切見世**］吉原の廓内の細い道に面した最下級の淫売宿。一名長屋、または悪河《あくが》岸《し》とも言い、間口六尺（一・八メートル）の小女郎屋で、約十分を一区切り（「一切れ」と言う）として売春したという。もちろん十分間では目的を達しないことが多く、延長戦になればその分の代金を取られたため、数倍もの金を取られる者もいたという。「切見世で豆のこわめしおっことし」（『末摘花』、豆のこわめしは葬式で会葬者に渡す大豆入りおこわ）。

きんぎょ［**金魚**］月経。「金魚だお止しと鰻を入れさせず」。

きんしつあいわす［**琴瑟相和す**］琴と瑟を弾ずる音がよく合うように、夫婦間の相和して仲睦まじいこと。更に転じて男性器と女性器がぴったり合うこと。琴は五弦または七弦の大ごと、瑟は二十五弦のおこと。ともに楽器である。「妻子好く合うこと琴瑟を鼓するが如し」（『詩経』）。

きんじょく［**窘辱**］自由を奪って辱めること。無理やり性行為を行うこと。

キンゼイほうこく［**…報告**］Kinseys report、米インディアナ大学の動物学者アルフレッド・キンゼイ博士らによる、人間の性行動についての調査報告書。調査は個別面接によって行われ、その膨大な調査結果の統計数値とその解析により、現代アメリカの性生活の容態を多角的に考察し、赤裸々に報告している。一九四八年に男性編、五三年に女性編が出た。

　この報告の特長は、我々が普段知りたいと思っているが知り得ない他人の性生活の内容を詳細にわたって記録し、明示し、閨房生活の神秘のヴェールを剝ぎ取り、人間の愛欲生活を白日のもとに曝《さら》したところにある。そしてこの報告の大きな意義は、性的な快感を淫《いん》靡《び》なものから美徳そして健康な営みに連れ戻したことにあったといえる。

次に、報告の中から概要だけを一部紹介する。

○婚前交渉をしている女性全体の率は、十五〜二十歳では一五〜二〇パーセント、二十〜二十五歳では三五〜四〇パーセントである。都市部だけでは五〇パーセントに達し、性的刺激が強いことを示している。

婚前交渉の場所は、女性の四八パーセントが男性の家、四〇パーセントがホテルまたは金を出して借りた部屋。若い年代には車の中というのが少しある。

婚前交渉で、前戯に要する時間は夫婦間交渉の場合より長く、七五パーセントの女性が十一分から一時間、またはそれ以上の時間を費やしている。その理由は二十歳以下で五〜十週間で一回、二十歳以上でも三週間に一回という頻度から、愛欲への耽溺というよりも、愛情の深さによるものと解される。

○独身女性の自慰行為でオルガスムに達する例、十五歳未満で三〇パーセント、十五〜二十歳で三七パーセント、二十〜二十五歳で四〇パーセント、二十五〜三十五歳で五八パーセントである。独身・既婚を問わず自慰行為は女性全体の六二パーセントに見られ、男性の七五パーセントが自慰行為の体験を持っている。

○週あたりの性的捌け口の頻度は、男性の場合二十一～二十五歳で二・六七回、二十六～三十歳で二・六三回、三十一～四十歳では二・〇〇回、四十一～四十五歳では一・七九回、四十六～五十歳で一・八八回、五十六～六十歳では一・〇八回であり、女性の場合もほぼ等しい示性曲線になる。

人間の性欲は男女ともに十五歳でピークに達し、以後年齢と共に性的活動は凋落する。

○独身男性で性的捌け口を娼婦に求める者は、二十六～三十歳で約二三パーセント、三十一～三十五歳で二八パーセント、三十六～四十七歳で三九パーセント、四十七～五十歳で五二パーセント。娼婦を買って遊ぶ週あたりの回数は〇・三一回で、約三週間に一回ということになる。結婚後の娼婦との交渉は最大でも五パーセント以下になる。このことから、結婚は生殖目的ではなく、男女ともに性的捌け口の充足であることが認識されると同時に、独身男性にとって娼婦の存在が有用であるとしている。

○性感帯の調査では、陰核については女性の九八パーセントが性的反応を顕著に示しており、男性の亀頭部より末端神経網が稠密《ちゅうみつ》に集中発達していて、触刺激や快感の感受度がはるかに高いと判断された。

また、女性器の大陰唇・小陰唇・膣口前庭部・陰阜《いんぷ》の性的感受度はほぼ同程度で、しかも陰核と比してもその感受度は五～一〇パーセント低いだけであって、女性は性器全体が性感帯を形成していることが証明された。さらに女性は体表面全域にわたって性的な触覚反応・知覚反応が生起していて、女性が触覚動物的な人間であり、性反応において男性より遥かに優っている存在であることが判る。

○前戯という愛撫行為のうち単純な口唇接吻は九九パーセント、つまりほとんど常になされている。男性が女性の乳房を手で刺激するのは九八パーセント、口唇で乳房を吸う行為は九三パーセント、女性が男性の陰茎を手で刺激するのは九一パーセント、また、男性が女性の性器を手で愛撫するのは九五パーセントなされていて、これらは性行為の中ではごく当然な行為である。

クンニリングスも五四パーセントの率で行われ、フェラチオも四九パーセントの夫婦が実行している。高学歴の若い夫婦だけに限れば、クンニリングスは六七パーセント、フェラチオも六二パーセントの夫婦が実行している。

前戯に要する時間も高学歴ほど長く費やしていて、三十〜四十分が圧倒的多数である。

○女性がオルガスムを体験するのは結婚生活の長さによって上昇し、結婚一か月で全女性の五〇パーセントが体験し、結婚半年から一年で残りの二五パーセントが体験し、結婚一年以上たってさらに二〇パーセントが体験する。性交時に必ずオルガスムを体験するのは四〇パーセントである。

○性交体位は正常位が一般的であるが、どの体位が最も性感を高めるかは確認できない。体位の変化は自己満足的なものであって、生理学上、解剖学上でどの体位が最も優位であるとはいえない。

〇性行為中、若いカップルの九二パーセントは全裸である。

きんたいえん［**錦袋円**］了翁道覚《りょうおうどうかく》という僧の発明した傷薬。了翁道覚は寛永七年（一六三〇）出羽の国に生まれ、十二歳で出家。三十三歳の時、性欲に悩み、迷いを断つために自ら小刀で男根を切り羅切《らせつ》した。この傷口が悪化して二年ほど苦しんだが、ある日、夢の中で薬の処方を感得し、その通りに薬を作って去勢した患部に塗ると、疼痛が消え、数日で完治してしまった。了翁道覚は寛文五年（一六六二）、江戸不忍池畔に薬店を開き、この薬に錦袋円と名付け売り出し、大儲けをした。その金は難民救済と孤児の養育に使われたという。

きんたま［**金玉**］睾丸。または男性器。キノタマが訛ってきんたまになったといわれる。「キ」は（神酒と書いてミキと読むように）『酒』のことである。昔の酒は今のどぶろくのように白く濁り、ドロドロネバネバしていた。その白く濁った液を貯えておく玉という意味である。

ちなみに「お前は男だろう！」と言う時に、昔なら「お前、キンタマがついてるんだろう！」と言われた。昔は、男のシンボルである男性器の代表は睾丸であったから、金玉と言えば睾丸そのものを意味すると同時に、男性器、つまり睾丸とその付属物である陰嚢《いんのう》や陰茎を含めた呼び名でもあった。最近では「お前は男だろう！」と言う時に「お前、オチンチンがついてるんだろう！」と言われるようになってしまった。近年、男性器の代表が陰茎に移って来てしまったことを示している。そして男性器の代表ではなくなり、あたかも陰茎の付属物に成り下がってしまった金玉は、その名も睾丸だけの意味に変わってしまった。

きんちゃく［巾着］膣口括約筋が強く、膣口付近の収縮力が強い女陰の名器。挿入された陰茎の根元を強く締め付けるので、男性は強い快感を感じることができる。『春色初音之六女《しゅんしょくはつねのうめ》』（天保十三年・一八四二）に「…子宮の口より煮え湯の様なる淫水を、ドクドクドクと玉茎の鈴口へはぢき掛ければ、男は…（中略）、玉門の中火の如く、肉はふくれて巾着の口をメる様に、抜差の度毎、玉門のふちがまくれ込み、亦まくれ上がり、果は女も泣き出す」と描写されている。巾着と呼ばれる名器は江戸時代の男にとって「蛸」と並んで憧れだったらしく、数多くの川柳が残されている。「巾着を持った妾が恩意《ぎょい》に入り」、「太さが当百（天保通宝の百文銅銭、文銭に比べてかなり大きい）で巾着開きしみ《ぼぼ》」、「巾着と言う筈金まで括り込み」、「巾着は見合いの外の拾いもの」、「大同小異巾着と蛸の味」等々である。

きんねこ［金猫］江戸の寺の境内にいた芸妓。隠れて売春する女を山猫といい、玉代が金一分を着ん猫、銀二朱を銀猫といった。

きんれいほう［金冷法］陰嚢《いんのう》を水で冷やし、精力を強くする法。

睾丸は熱に弱いから、陰嚢は他の皮膚より三度ほど低音に保たれている。そのために寒ければ、陰嚢の外皮や数種の膜と筋肉によって睾丸は上がって腹の中に納まり、暑ければ陰嚢がだらりと下がって放熱し易くなっている。このように睾丸が保護されているのは、大切な精子の生産工場であるからであり、睾丸の精子生産能力によって精力に差がつくのである。

だから昔から、精力を強くしたい人は陰嚢に水を掛けて冷やすことをした。精力の強いことで知られるオットセイのオスがそうしていることからヒントを得たのだというが、真偽の程は定かではない。

く

くう［**食う・喰う**］女性器が男性器を中に挿入させることを、女陰を口に譬えた言い回しで「啣《くわ》える」とか「食う」と言う。「藪入りの帰りたくない物を喰い」、「日に増して茶うすなんぞと望み喰い」（『末摘花』）。「喰らへども味はひ娘初手知れず」（『誹風柳多留』）。

くうけい［**空閨**］夫（または妻）のいないひとりねの寝室のこと。閨は本来女の部屋という意味であるから、空閨という言葉は一般には女のひとりねの場合に使われることが多く、相手の男がいないために性的欲望が満たされず、飢えて悶々としている女を想像させる。

クーリッジこうか［…効果］雄と雌のネズミを一匹ずつ箱に入れるとすぐ交尾をする。はじめ回数が多いが、しばらくすると徐々に回数が減ってきて、やがて雄は雌を見向きもしなくなる。ところが新しい雌と入れ替えるとまた交尾の回数が増えるのである。この現象を「クーリッジ効果」と言う。「女房と畳は新しい程いい」という諺は、人間にもクーリッジ効果があることを示している。

くさむら［**草むら・叢・草叢**］陰毛のこと。

くさる［**腐る**］男女が淫らに狎《な》れ合うこと。「二人はとうに腐っている」という言い方をする。また、腐っている二人の関係を「臭い仲」と言う。

くじりかた［**久志里形・抉り形**］陰茎の先半分を模して作られたべっ甲製の女性用自慰用具。一般の張形よりやや小形で、湯に温め、指に嵌《は》めて使う。女性の自慰用具として用いるほかに前戯用としても用いられた。

◇せせり形。

くじる［**抉る・刳る**］手指を女陰に入れて、掻き回すように玩弄《がんろう》する行為、ヘビイ・ペッティング。現在はほとんど使われないが、江戸時代には閨房用語としてよく使われた言葉である。「谷の清水を指で汲む面白さ」、「くじる手の窪淫水の潦（にわたずみ・長雨による庭の溜り水）」、「我が身をくじって人のしたさを知れ」（『誹風柳多留』、「我が身を抓《つね》って人の痛さを知れ」のパロディー）。「座頭の坊撫でるついでにくじる也」（『末摘花』）、座頭の坊は男按摩)。
◇こじる。
くすぐりおんな［**擽り女**］十八世紀初頭、ロシアの宮廷には女帝など女主人の足の裏をくすぐるのを専門とする下女がいた。イギリスの宮廷にも存在したという。これはモンゴルやタタール民族の風習を受け継いだものといわれる。足裏くすぐりは前戯として行われただけでなく、性行為の代償行為としても行われ、ロシア女帝アンナ・イワノヴナやイギリスのヘンリー八世の娘のエリザベス女王（生涯独身）は、足裏くすぐりだけでオルガスムに達していたといわれている。
くちくち［**親嘴**］接吻。
くちすい［**口吸い**］（口唇）接吻。「送り膳こぼすまいとて口吸われ」、「口吸ふた唾（つ）を呑み込んでむせる也」、「芽を吹いてもらふた礼に口を吸ふ」、「心もとなふ先ず吸はす口」、「つい口を吸くさったと泣て居る」。「キス」の項を参照。
くちどり［**口取り**］口唇愛撫、口腔射精。フェラチオ。オーラル・セックス。「取り」には性交あるいは性交方法という意味があるので、オーラル・セックスのことを昔は「口取り」と言ったのではないかと容易に推測されるが、意外にも「口取り」という言葉は江戸時代には見られず、なぜか江戸末期になって急に普遍化し、明治以降になって文献にも見られるようになった。『婚礼秘事袋《こんれいひじぶくろ》』の「口どりの図」の説明に「くちどりの仕やうは男女ともに上の口びるをのばしてわが上歯をうは口びるのうらへ付てむかふの舌をわが舌にまきてずいぶん歯のさはらぬやうにすふべし尤まらのねぶりやうも右に同じ」とある。また明治三十九年（一九〇六）の『女閨訓』の「口取《とり》」の項には「口にて精汁を吸ひ取る法なり。唇淫とも云ふ」とあり、その後に男の精汁には、牛乳鶏卵などの及ばぬほどの滋養があって薬にもなるから、きたないなどと思わず、時々夫から吸い取った方が良いと書いている。

くつ［靴］女性器（象徴語）。欧米では靴は女性器の象徴とされている。日本でも昔から女性器の俗語として「毛靴」「毛雪駄」「草鞋」などが使われていて、共通点が見られる。足（男性器）を入れるものだからという見方もあるが、フェティシストの中に靴フェチの占める割合が多いことなどから、性と履物を結び付ける何らかの心理的な理由があるようにも思われる。また、シンデレラの物語に代表されるように、靴や履物が関係する物語は多い。これらが性と結び付いていると考えることは常識に近い。

靴の中でも特にハイヒールが性との関連が高いのは、欧米でもまた近代日本でも共通しているようである。これもまた、ハイヒールを後ろから見た形が女性の裸体に似ているからという俗説があるが、もう少し深い心理的関連性があるように思われる。ハイヒールに限らず女性の靴を見て性欲が生じたり、スニーカーなどの匂いで性器が勃起するという男性も少なくはない。だが詳しい統計も心理的な分析もまだされていないようである。

くどくび［九毒日］信長《のぶなが》、秀吉《ひでよし》に仕えた武将村上義明《むらかみよしあきら》の『養生訓』にある言葉。義明は養生の基本として、次の三点を戒めた。

一、気を尽くし、心を苦しめること（ストレスをためる）。

二、珍物の美食や連続の飽満と夜食。

三、淫事を恣《ほしいまま》にし、腎精を尽くし、水源・骨髄を燥《かわ》かすこと。

この中の第三はつまり性行為は控え目にせよということである。この戒めを守るために「九毒日」というものを作った。毎年五月の五、六、七、十五、十六、十七、二十五、二十六、二十七の九日間の性行為を禁じたのである。一年間でたったの九日間だけ禁欲してもたいした効果も無いようだが、旧暦の五月は今の七月頃に当たり、体力が消耗する夏を前に体力を温存することを図ったと思われる。

くながい［**くながひ・叩交・婚・婚がひ**］男女の交わり、性交（古語）。「婚（くな）ぎ合い」から転じたと思われる。「天皇、后と大安殿（おほやすみどの）に寝てくながひし給へる時に…」と『霊異記《りょういき》』にも見られる。

くなく［**叩く**］性交することを意味する古語。

くなぐ［**婚ぐ、叩ぐ**］性交する（古語）。くなげ、くながれ、くながんなどの活用がある。婚ぐや叩ぐの漢字は後世の当て字。

くま［**熊**］陰毛が濃く黒々と密生している女性、またはその女性器。『失題艶道物』には次のように説明されている。「毛深き陰門すさまじく見ゆれども中々味はひは良き物なりこれも大方は淫乱多し」。

くまんこ「熊ん子」本格的電動こけしの第一号といわれるもの。アイヌ民族衣装のこけし本体部分の根元のところに、子熊の顔をした陰核愛撫用の突起が付いているのが特徴。陰核、膣、肛門の三か所を同時に刺激できる傑作といわれる。あまり本物の陰茎そっくりに作ると刑法一七五条のわいせつ物頒布・公然陳列罪になるのでこの様な形にしたのだが、これがかえって大ヒットの原因になったようである。素材には感触の良い湿度感のあるゴムが使われている。その後素材はゴムから塩化ビニール、シリコンと変わった。さらにトランジスターからICへと電子機器の発達により、機能も振動ばかりでなく、くねり、左右回転等も加えられて今日の電動バイブレーターへと発展してきた。平成に成ってから作られたIC―7は、ファジー回路を組み込み、微妙な動きをするので大人気であり、北欧の女性向けに大量に輸出されている。

くもとなりあめとなる「雲となり雨となる」男女が契りを結ぶ。肉体関係になる。「雲となり雨となったで月を見ず」（『梅柳』）。「濡れ給ふ御幸巫山の雲と雨」（『誹風柳多留』）。

くらがりどうぐ「暗がり道具」（多くは女性の）性器。「神よからぜひにくらがりだうぐなり」。

くらがりや「暗がり屋・闇り屋」遊女屋。隠女屋（こそや）とも言う。「くらがり屋のかゝ中入に茶をくんで行」。

くらやみまつり［**暗闇祭**］五月五日頃に行われる、武蔵《むさし》国（東京）府中六所《ふちゆうろくしよ》明神の祭礼。御神燈はじめ家々や路地など、町中の燈火を全て消し、闇夜に御旅所に神幸が行われる。奉幣が終わって還輿《かんよ》の時には、太鼓の音を合図に篝火《かがりび》を焚き、消されていた燈火を一斉に点ずる。その明暗による演出効果で祭が盛り上がる。六所明神は現在大国魂《おおくにたま》神社と呼ばれ、ほぼ昔の形式のままに祭が行われている。

「真暗な夜宮他国に無い神事」という句が『誹風柳多留』にあるが、暗闇祭の形式は全国各地にあり、その規模や賑やかさが他国には無いという意味だと推測される。伊豆《いず》音無《おとなし》神社の暗闇祭では、真暗な中で参詣者が尻を摘み合う「尻つまみ」の風習があり、山城《やましろ》国懸《あがた》神社の暗闇祭では、闇の間に知らぬ者同士が雑魚寝をし、その時に儲けた子は神から授けられた子とする「種貰いの行事」として長く続いていた。このように各地の暗闇祭の大半が性的習俗と結び付いていたことから、府中の暗闇まつりにおいても、何らかの性的風習が行われていたと考えられるが、詳述した記録は無く、文学作品上に散見するだけである。「五日の夜六所参りは七里行き」、「夜渡る祭り府中と夢中なり」、「不断行くうちを夜宮で門違い」（『誹風柳多留』）。「府中の闇にとんだお祭」、「六社の雑魚寝明けて放れ鵜」（「祭」には房事の意味もある。六社は六所と同じ）。「今日という今日さっぱりと、心にかかる雲も晴れ、月の武蔵の府中宿、雑魚寝も縁の六社前、（中略）仲人入らず三々九度」（黙阿弥

『好色芝紀島物語《こうしよくしきしま》』)。

クリトリス clitoris、陰核。女子の外陰部にある小突起。女性器の比較的上部にあり、最も性感の強いところといわれる。語源はギリシャ語のクレイトリス(小さい丘)とかクレイオ(隠れているもの)から来ている。「陰核」の項を参照。

◇陰核、さね、おさね、クリット、クリちゃん。

くりのはな[**栗の花**]栗の花の匂いは精液の匂いによく似ている。精液や射精、性行為の言葉を直接言わずに、婉曲的、美文的に表現したり、室内の雰囲気や行為を情緒的に表現する場合によく使われる。

◇栗の香、栗の薫。

くるまがかり[**車掛り**]数人の男が熟睡している女を輪姦すること。「寝ごい下女車がかりを夢のよう」、「くやしさに下女五人目へ咬らいつき」。

くろぼたん[**黒牡丹**]張形のこと。

くわえこむ[**銜え込む・啣え込む・啌え込む**]①女陰が陰茎を入れて嚙むように締め付ける。②女の方から男を誘惑して出合茶屋に連れ込む。逆ナンパする。江戸時代、池の茶屋では、女が連れ込む方が多かったという。

くわな[**桑名**]桑名は蛤で有名。蛤は女陰の代名詞。そこで、地名と女陰を掛けた意味に使われる。「桑名の娘ぱっかりと明けて売り」(『誹風柳多留』)。

くわばたけ［**桑畑**］浮気心で桑を摘む美女を口説いたら、自分の妻であったという、秋胡《しゅうこ》の逸話をふまえた言葉。「年を経て妻見違へる桑畑」、「女房とは知らず桑畑追ひ廻し」、「桑畑さう見忘れる筈がない」（『誹風柳多留』）。「秋胡」の項を参照。

ぐんこう［**群交**］集団で暮らしている縄文時代の男女が自由に性交し合い、性を共有していたこと。したがって、この時代の男には個人的な親子意識はなく、生まれた子は集団として共有し、育てた。この時代は竪穴式住居で、約二〇平方メートルの広さの部屋が一つしか無かったのだから、性に関しておおらかだった半面、性行為は楽しむというよりも、ある決まりにしたがって行っていたと考えられている。

くんちなすび［**九日茄子**］十三夜前後の茄子。九月九日、十九日、二十九日の茄子を食べると福があるといわれていた。「三九日茄子」ともいう。この時期になると、茄子は十分熟して旨味が増すとともに、割れ目ができて女陰を想像させる。「開（ぼゞ）ほどに口を明てる九日茄子」（『誹風柳多留』）。「九日茄子程われている開で、嫁に行くとは食わせ者」という『浮かれ節』もある。

クンニリングス　cunnilingus、女の性器を男が舌や唇で愛撫する行為。主として性行為の前戯として行われる。男の愛の確証として女は知覚するという心理的効果があり、これだけでもオルガスムに達する程である。さらに生理的にも刺激的であるといわれ、前戯としては極めて効果的である。

クンニリングスによる愛撫の仕方としては、①女性の外陰部に軽く唇を当てる、②軽く吸う。③舌の先で陰核を舐めたりつっ突いたりして刺激する。④舌で外陰唇や内陰唇を舐める。⑤淫水を吸う。⑥外陰唇や内陰唇や陰核に軽い愛咬《あいこう》を加える。⑦舌を膣口に出し入れする。などの行為があり、一般にこれらのうちの幾つかを組み合わせて行う。

クンニリングスの手順としては、①恥丘や大陰唇など周囲から入り、女の心理的欲求を高める（じらし）。②ソフトに摩擦したり、舐め上げたり、音を立てたりして暗示効果を高める（暗示）。③舌先でつついたり、会陰部や肛門への指の刺激を併用したり、「濡れてる」「綺麗だ」などの言葉も使って、心と体への刺激を高めてゆく（刺激）。④舌先で膣前庭を刺激してから膣に舌を挿入し、男性器が挿入してくることへの期待感を高める（挿入）。⑤本格的に陰核を刺激する。陰核を吸い上げ、舌先でつつき、上唇・舌・下唇を一つにして密着面積を大きくしておいて、首を左右に振ったり、円運動させたりする（陰核吸引）。

日本では第二次大戦後、アメリカの性風俗に感化されてから流行し始め、さらにポルノ映画やAVの普及で一般化されて行った。古くは、女陰を不浄なものとみる傾向があったので、クンニリングスの習慣はなかった。にも拘らず、吸陰や片男波《かたおなみ》など、クンニリングスを表す言葉が古くからあったということは、昔から行為そのものは存在したことを意味する。しかし「ばかな婿いい塩梅となめている」の句が示すように、痴態と見られていた。

また、純愛の証明としてクンニリングスを要求する女が昔からいたことを示している。「舐陰《しいん》」の項を参照。

「海女の開水貝の気で亭主舐め」、「極ずいの浅黄舌人形が好き」、「股ぐらでべろべろをするぼぼんのう」、「馬鹿（貝）の剝身の気でしゃぶる実の先」などの句あり。

◇〔楽器系〕笙《しょう》、笙を吹く、ハーモニカ、ハーモニカ（を吹く）。

◇〔擬声系〕ペロペロ、ぺぇろぺろ。

◇〔吸う系〕吸淫、吸陰、吸膣、喫陰、啜《せつ》陰。

◇〔舐め系〕舐陰（しいん）、舐め舐め、なめまん、まんなめ。

◇〔その他〕片男波、山さん、舌人形、尸《し》舔《てん》、床柱。

◇〔外来語系〕カニリンガス（英語）、フェール・フォイユ・ド・ラ・ローズ（薔薇の花弁を獲るの意）。

け

けいあん［**桂庵・慶安・慶庵**］①縁談や奉公の紹介者や斡旋所。②妾の口入屋（請宿）。江戸にもあったが、京都が最高のお妾の供給地で、大名相手に毎日数人紹介していたという。「慶安と母と目見への御駕籠脇」。

けいえん［閨怨］夫または恋人と離れている女が、一人寝の寂しさを、怨み悲しむこと。端的に言えば「性的不満」「欲求不満」のことである。

けいかん［鶏姦］男の同性愛。肛門性交。

けいけつ［経穴］東洋医学では生命の源である「気」の活用が基本であり、その気を引き出すために、鍼灸や指圧などで刺激を与えるポイントのこと。一般に「ツボ」と呼ばれる。経穴は八〇〇〜一〇〇〇以上あり、幾つかの気のパイプで繋がっていて、これを経絡と言う。『素女経』では、性感を高める経穴への刺激を勧めている。経穴への刺激によって女性の血行は促され、精神的にリラクゼーションが図られ、交感神経の働きが活発化して感度が高まると説いている。性的効果の大きいツボには、体の表に七か所、裏に八か所あるという。

①四白（しはく）…耳。裏をこすったり穴の中に指を入れて刺激する。
②中府（ちゅうふ）…首の付け根から鎖骨にかけて、ゆっくり指圧する。
③膻中（だんちゅう）…乳房の間。豊胸の効果もある。
④枢筋（すうきん）…乳房の下側。上に向けて撫で上げる。
⑤大巨（たいこ）…へその横。強弱をとりまぜて刺激する。
⑥居りょう（きょりょう）…腰骨から鼠蹊《そけい》部。腰骨から揉みしだく。
⑦賀頂（がちょう）…足の親指と第二指の間。軽く刺激する。

〔以上が体の表、以下は体の裏〕
⑧天柱（てんちゅう）…首の裏側。感度抜群なので軽いタッチでじらすように押す。
⑨膈兪（かくゆ）…肩胛骨《けんこうこつ》下部のすぐ内側。背筋の快感ツボ、爪を軽く立てて逆撫でして刺激する。
⑩上りょう（じょうりょう）…鳩尾の真後ろに当たる辺りの背骨。性感の発達している女性には効果的。
⑪下りょう（かりょう）…臍と鳩尾の間の真後ろに当たる辺りの背骨。揺するように刺激する。
⑫次りょう（じりょう）…臍の真後ろに当たる辺りの背骨。乳首をつまみながら押して刺激すると快感が全身に走る。
⑬湧泉（ゆうせん）…臀部の上半部。ここは性感密集地帯。
⑭承扶（しょうふ）…膝の裏側。ここを押すと緊張が解けるので未発達の女性に効果的。
⑮委中（いちゅう）…土踏まず。優しく撫でて刺激する。

げいしゃ［**芸者・弾妓**］「芸者」という言葉の意味は時代や職域によって大きく異なる。現代では、酒宴の席で歌・踊り・三味線などで客を楽しませることを職業とする女性ということができるだろう。少し前の時代まで溯ると、たいこもち・廓芸者・町芸者・深川芸者（辰巳《たつみ》芸者・羽織芸者）などがあり、旅芸者・枕芸者・温泉芸者・男芸者などの言葉もある。

寛政(一七八九〜一八〇一)の頃まで大諸侯の家来に、弓術・馬術・体術・槍術・剣術・砲術のすぐれ者を集めた武芸者の武の字を省いた芸者組というのがあった。人形芝居では、人形遣いを役者といい、浄瑠璃の太夫さんを芸者という。歌舞伎では『古今役者大全』によれば「諸方へ召され、舞所作事をして、それを業とするを芸者といひ、芝居へのみ出て、所作にかゝはらず、狂言へひたむきにかかるを役者というて、…」とある。参考のため。

《芸者の変遷史》現在の芸者に至るまでに幾つかの変遷の歴史がある。その概略を述べると、

一、白拍子=平安朝以来の歌・踊り・芸で客を楽しませていた女性たち。芸と酌と売春を兼ねていた。

二、踊子(前期)=町家の娘が芸事を学んで、武士や富豪の家に招かれて、宴会に歌舞や三味線を以て興を添えていた。

三、娘歌舞伎=慶長《けいちょう》・寛永時代の芸者。白拍子と同類。

四、歌比丘尼=歌を芸とする芸者。

五、踊子(中期)=江戸初期の技術、収入ともにプロとしての芸者。戦国時代の殺伐とした気風の残る江戸初期には、踊子が非常に歓迎されたので、個人的な自慢で芸を人に見

せるのではなく、初めから師匠について学び、祝言や祭事の場合に芸人として人に見せる、独立の職業が成立した。やがて料理茶屋へも出入りするようになる。

六、踊子（後期）＝踊子が職業として成立すると、従来と異なり、むしろ貧乏人の子女等が職業として歌や踊りを習い、酒間の斡旋もするようになり、さらに売春までするようになる。建前は未婚・未成年の娘ということなので、娘風の装いをしており、舞子・娘などとも呼ばれた。

七、芸者＝江戸の遊里吉原からこの言葉が使われ始め、田沼《たぬま》時代に完成。年長けた者を芸者と呼び、そうでない若年の者は半玉、舞子あるいはお酌と呼ばれ、今日に至っている。最初は女芸者と男芸者があったが、男芸者が幇間と呼ばれるようになると、芸者といえば女のこととなり、廓芸者と町芸者に分かれた。廓芸者が遊女と一線を画す為に売春は厳禁されたのに対し、町芸者は踊子の伝統を引いて自由だった。

けいせい［**傾城・契情**］（城主がその色香に迷い城を危うくするほどの）美人。中国ではもとは国を危うくするという意味しかなかったが、李《り》白《はく》や白楽天《はくらくてん》の詩では完全に美人の意味で使われている。日本ではもっぱら遊女の意味で使われている。「しこうして後契情はたれに行く」（『誹風柳多留』、性交が終わると遊女は小便をしに行くという意味。傾城と呼ばれる遊女は事前事後の手当てをきちんとしていた）。

◇傾国、女郎。

けいちゅうのご［閨中の語］性行為をするベッドの中での言葉。男女の愛の語らいや、女性の浪《よが》り声の第一段階をいう。『女閨訓』（明治時代の結婚教育書）には嫁ぎ行く女子の為に「交合の間、一々其の感情を言葉に出して言ひ表はす事なり。之又大いに夫の心を楽しましむるものなり。飲食の馳走にても御世辞と云ふもののある事なり。何を馳走しても、うましとも云はざれば張合のなきことぞかし。されば快しとか恋しとか或はもっと奥をとか口許を擦りてよとか一々注文するも亦、夫をして張合あらしむる所以なり」と書かれている。

◇閨房の声。

けいぼう［閨房］寝室、婦人の居間。性行為をする部屋。転じて、性行為の意味で使われることもある。「閨（ねや）」の項を参照。

けいぼうようし［閨房用紙］閨房で使われる紙。性交後の後始末として、精液や愛液で濡れた男性器や女性器の清拭に使われる薄い紙と、避妊用に使われる紙とがある。前者は御《おん》事紙《ことがみ》とも言われ、古くは三栖紙（簾紙、御簾紙、みす）、野辺紙（延紙）、吉野紙などが使われ、近代になり、さくら紙が使われたが、最近ではティッシュペーパーが使われている。

日本では既に平安時代の貴族階級が世界に先駆けて閨房用紙を使い始め、江戸時代には庶民層にまで広まっていた。外国では最近まで性交後に紙で処理をする習慣はなく、昭和二十年（一九四五）に日本の敗戦で進駐して来たアメリカ兵は、パンパンガール（アメリヵ兵相手の売春婦）がチリ紙を使うのを見てびっくり仰天したという話が残っている。後者には三杉紙などがある。「三杉紙」の項を参照。

げかい［**下界・下開**］下付きの女性器。または良くない女性器。「白龍に聞けばやっぱり下開也」（『誹風柳多留』、白龍《はくりよう》は羽衣伝説に出てくる漁師の名。天女のあれの味はどうだったと聞いたら白龍は、天女は上界の者なので上付きの上開だと思ったが、下界でやったせいか下付きの下開でしたよと答えた）。

げきこさいか［**撃鼓催花**］鼓を撃って花を催すと読む。女性の手指の技によって陰茎を勃起させる技法の美称。

けきりいし［**毛切り石**］陰毛の手入れをするための石。湯屋に置いてあり、商売女はそれで陰毛を叩いて切った。「いらぬ事女房石にてさねをぶち」（『末摘花』）。

けぎれ［**毛切れ**］性交する時に、女性の陰毛によって陰茎が切れて怪我をすること。毛深い女、特に割れ目の左右に毛の多い者に接した時に起こるといわれる。しかし必ずしもそうとは限らないらしい。赤線時代にはこの毛切れを防ぐために、女性は線香を束ねた火で毛を焼いたという。「毛巾着せいて道具に切れが出来」（『末摘花』）。

けきんちゃく［**毛巾着**］毛皮製の巾着で、女陰または性交の代名詞。毛巾着は煙草入れとしても使われたが、中の煙草を取り出し易いように、革の端が口元から出ていたが、その様子は、毛の多い女陰の割れ目から小陰唇の肉襞がはみ出しているように見えたというから、女陰の代名詞としても刺激的な言葉だったらしい。
「ちっくりと舌出している毛巾着」、「毛巾着せいて道具に切れが出来」（『末摘花』）。

けころばし［**蹴転ばし**］通称「けころ」。蹴転ばしは、蹴って転ばすという意味ではない。蹴る＝馬や牛＝「乗せる」に、転ぶ＝寝る＝性行為をするが合成されてできた言葉。「山下のけころ」の項を参照。

げじょ［**下女**］江戸時代の家事手伝いや雑用係の女奉公人。下女といえば、好色で自堕落な女というイメージが付きまとっている。当時の女奉公人は一般に、上《うわ》使い、仲働き・端下に分けられる。上女中（上使い）と下女中（仲働き・端下）とでは、採用の際の基準が異なっていた。上女中は近隣の町内の者で、裁縫その他諸事万端の心得があったのに対し、下女中は近国の（多くは貧困のため売られて来た）田舎者だった。
元禄（一六八八～一七〇四）頃、大坂では「遊女より自堕落で、身をひさいでは衣類や金銀をねだり、美食・芝居などにうつつをぬかす存在」だったという。江戸でも宝暦～天《てん》明《めい》（一七五一～八九）には奉公人使用が一般化し、相模・安房《あわ》・上総《かずさ》・下総《しもうさ》から多数の下女が採用されるに及び、下女の好色性は一般化した。一方で、江戸は男性の数が圧倒的に多い社会だった上、商家の手代、丁稚などは四十歳近くまで結婚できない時代だったから、性の相手としても狙われていて、様々な川柳が作られている。「下女の尻つめれば糠の手でおどし」、「不承知な下女十本でおっぷさぎ」（十本は両手）のように、性の誘惑をはねつける下女と、「ひきつけた様な目付で下女よがり」、「後家の下女鵜の真似をして追ン出され」（鵜の真似は後家の真似）のように、性に溺れる下女が詠まれている。「慾得じゃござりゃせんと下女させず」、「下女なんと聞いたかあくる晩させず」、「浮気ならいやさと下女はぬかしたり」、「口どめのたんびに下女は色がふえ」（『末摘花』）。

けしょうのもの［**化生の者**］美しく飾り、または巧みに媚びて人を迷わす女。妖婦。

ゲスケル　世界で最も催淫効果が高いといわれるアルゼンチンの性具。馬またはロバのたてがみから作られた毛ブラシで、亀頭の後部にくくり付けて用いる。これの働きは実に強烈で、女性は高いオルガスムに達し、オルガスムが退いた時にはすっかり無感覚になり、力が抜けてしまうという。

けせった［**毛雪駄**］女陰のこと。

◇毛靴、毛巾着、毛桃、毛饅頭、毛鞘（いずれも女陰のこと）。

けせった［**毛雪駄**］炬燵の中などで、足をのばして裾の中に潜り込ませ、足の指先で陰毛の辺りをつつくペッティングをいう。「牡丹餅を食い毛雪駄をつッかける」、「炬燵にて毛雪駄を穿く面白さ」。正しくは「毛雪駄を穿く」「毛雪駄を履く」「毛雪駄をつッかける」と言う。

けそう［**毛相**］陰毛の生え方と全体の輪郭の相。

生え方の相には、①上向きに生えている（上品の相）。②下向きに生えている（下品の相）。③絡み合って生えている（情は深いが淫乱の相）。の三通りがある。

輪郭の相については「陰毛の形」の項を参照。

げっけい［月経］成熟した女性の子宮から定期的（普通二十八日ごと）に出血する現象。

またはその血液。
◇〔一般用語系〕メンス、生理。
◇〔赤色系〕紅屋、金魚、赤団子、火、紅潮。
◇〔隠語系〕行水、手前、役、障り。
◇〔祝い系〕日の丸、旗日。
◇〔猿系〕猿猴《えんこう》、猿猴坊、おえん（お猿）、おこう（お猴）。
◇〔汚れ系〕汚れ、月の汚れ。
◇〔古語系〕めぐり、あかねそんけ、げしん、さく。
◇〔血液系〕トマト、ケチャップ。
◇〔俗語系〕アンネ（生理用品の商品名）、パックリ。
◇〔月系〕月よりの使者、月一の便り、月のもの、月水、月夜、月屋、月のさわり、月の役、月見、三日月。
◇〔花系〕桃の花、花、花見、花七日、月華。
◇〔その他系〕天癸《てんき》。

げっぱく［**月迫**］もとは年の瀬、歳の暮れの意味。江戸人はこれを臨月の意味にも使い、「月迫する」と動詞的にも使った。「うしろからしなとハよほど月ッぱくし」、「うしろから女房くどく月迫さ」。
けなしぼぼ［**毛無し開**］陰毛の生えていない女陰。
けまんじゅう［**毛饅頭**］女陰。『末摘花』の「毛まんじゅう万民是れを賞翫す」は有名。
けやき［**毛焼き**］毛切れなどを防ぐために遊女らが線香で焼いて陰毛を手入れすること。「毛やきして見れば余っ程長いもの」（『末摘花』）。
けやり［**毛槍・毛鑓・毛鎗**］陰茎。
けらくどう［**快楽道**］性行為において、性器刺激だけに陥らず、中国仙道《せんどう》（ツボ療法）を応用した皮膚感覚的刺激、精神的刺激によって真の快楽を得る方法と技術。
人間の体には数多くのツボがあり、それらは七つの道筋すなわち経絡に分けられる。このツボを刺激することによって病気治療をするのが中国に古来より伝わるツボ療法で、中国仙道と呼ばれる。ところで性行為においても、ただ単に性器を刺激するだけでは真の快楽には至らない。性器刺激は勿論《もちろん》だが、皮膚感覚的刺激や精神的刺激を含め、中国仙道に則ったツボを心得た刺激が必要であると考えるのが快楽道である。
快楽道では経絡により七つの快楽域を設定し、昇天域、極楽域、観音域、邪淫域、恍惚域、愛欲域、幻覚域と呼んでいる。これらの快楽域を前戯や性行為中に刺激することによって、ストレスを解きほぐし、心の安らぎを得、快楽を受け入れるための安らかな体つくりをもたらし、性行為に深い満足と深遠な心の快楽が得られると考えている。

[昇天域] 女性器周辺から会陰部、腰、尻の経絡周辺。＝最も端的に刺激が伝わる部分で、その名の通り、オルガスムをもたらすツボなので、彼女がオルガスムに達するまで愛撫を止めないことが大切である。なお極楽域などとの同時刺激は更に効果がある。また、シックスナインは欠かせないパターンで、会陰部を軽く押すと女性の感度が高まり、フェラチオに熱が入る。陰毛を手で揉みながら陰核を小刻みに擦ると良い。

[極楽域] 乳房・乳首の経絡。＝舌で舐める、指でつまむなどのソフトな刺激で、昇天域に匹敵する快楽をもたらす。乳首の刺激でホルモンが分泌されて性欲が高まり、血液循環が良くなって全身が敏感になる。乳首と乳房を同時に刺激するのは望ましくはない。乳房は押し上げるようにして軽くバイブレーションするのも良い。

[観音域] 太腿、膝、足、足先、足の裏にかけての経絡。＝膝には女性の生理と関係あるツボがあるので、ここを刺激すると陰核が勃起してくる。また、立って仕事をしている女性の場合は観音域の刺激によって疲れが取れ、体調が整う。特に足の裏への刺激は疲れがスッと取れる。

[邪淫域] 耳から歯茎にかけての経絡周辺。＝上歯茎には精力増強のツボが有り、刺激すると会陰が反応し感度が高まる。耳の穴のツボは内臓の働きを促し性感を呼び起こす。瞼

への陰茎による刺激も効果的である。

［恍惚域］首筋から肩、腋の下、腕を通って手に至る経絡周辺。＝恍惚域はリラクゼーションのツボで、手のひら、指先、親指のつけ根は溜まった疲れをとり、眠っている性欲を呼び覚ます。首筋は体をときほぐし、喉仏の外側に沿ってのキスは女性の羞恥心を少なくする。腋の下のツボは乳房の感度を増す。

［愛欲域］背中から腹にかけての経絡周辺。＝臍の下九センチメートルのツボを刺激すると体調を整える働きがあり、生理不順や婦人病にも効果がある。背中から腰の部分への刺激は疲れをとる。どちらも安心感が生まれると共に性感を高め、愛撫を素直に受け入れる態勢ができてくる。つまり、疲れや理性によって埋め込まれていた性欲を掘り起こし、火をつける働きがある。

［幻覚域］後頭部からこめかみにかけての経絡周辺。＝後頭部を頭蓋骨の下の窪みから額の方に向かってゆっくりと押す時の刺激はストレスを取り、ゆったりとした気分にさせる。眉間を両親指で押すと、目の疲れがとれて、これもストレス解消になる。瞼へのキスもリラックスさせる効果がある。いずれも性欲を抑えつけていた疲れやストレスを取り去って性交への予感を高め、快楽感が体に湧いて来る。

けんか［**堅果**］（勃起し堅くなった）男性器。

げんきぼう［**元気棒**］陰茎のこと。

こ

こ［**戸**］女性器。本来は扉・出入り口の意味。戸口、門戸とも言う。
こいずもう［**恋相撲・恋角力**］性交行為。
こいなき［**恋鳴き**］鳥や獣たちが交尾期に特殊な声を出して鳴くこと。また、その鳴き声。サル山のサルは交尾期には恋鳴きで騒がしくなるが、シカの恋鳴きは笛のような優しい鳴き声で、秋の哀感を呼び、古くから詩にも詠まれている。この恋鳴きを利用し、交尾期のシカの鳴き声に似せたシカ笛を使ってシカをおびき寄せる猟師もいる。
こいのやまにはくじのたおれ［**恋の山には孔子の倒れ**］恋のためには孔子《こうし》のような聖人であっても身を誤ることがある、という慣用句。
こいろをかせぐ［**小色を稼ぐ**］ちょっとした情事をする、という慣用句。
こう［**姣**］なよなよと美しい。なまめかしい美人。淫らな様子。
こういしゅんけい［**紅幃春閨**］女性のいる、なまめかしい奥部屋。
こういん［**広陰**］広く大きい女陰（膣）のこと。生まれつきの場合もあるが、出産を繰り返して広くなった場合もある。一般に狭い女陰の方が男性にとっては良いといわれていて、狭陰が名器と言われ好まれる傾向がある。しかし、広陰の方が陰茎が挿入し易い（特に経験の少ない場合は尚更）上に、広い膣から徐々に締め付けられていく気分はまた格別に素晴らしいので、広くても締め付けの良い女陰の方が本当の名器であるともいわれる。
◇広通鼻《ひろつび》、盥、据風呂、据風呂桶、日本海、太平洋。
こうかい［**好開**］多くは「すけべい」または「すけべぇ」と読む。
こうごう［**交合**］男女の肉体的まじわり。性交。江戸時代の文章や絵の添え書きでは「まじわり」と振り仮名を付けて意読することも多い。
◇媾合、交接、性交、交媾、肉交。
こうごうき［**交合器**］性器。性器が生殖の器官としての呼び名であるのに対して、交合のための器官と考える場合の言い方。『秘事作法』によれば、最高の交合器は「皮肉厚くして肥え、赤黒く盛り上がるに、げに固く締まりあり。又少しく湿りあり。又大小の皺深く、意の如く伸縮自在なり。つぼ口開けば、紅朱肉深く重なりて、つぼ口花心開けば、吸い取るが如く、閉じれば、如何様にても開く事なし」とある。
こうさくち［**耕作地**］「女は汝らの耕作地なり、勝手にたがやせ」。これは『コーラン』の言葉である。日本にも「女は畑」という言葉がある。封建的で、男尊女卑の感じはあるが、一方で女性の重要さや偉大さを感じさせる言葉でもある。
ごうしぶせ［**盒子伏**］盒子というのは蓋のあるお椀のことであるから、盒子伏とはお椀を伏せたような形でうつぶせになること。つまり、女性が背向位の性交体位の形を取ることである。

こうしゃ［巧者］粋な女。床上手な女。普段は淑やかで身を美しく清潔にしており、性交時には情熱的に男ごころを迎えるのが巧者であり、粋な女だという。

こうしゅうべんじょ［公衆便所］男を選ばず性交の相手をする尻軽女。誰もが排泄できるところだからという意味。

こうしょうせいど［公娼制度］公娼は鎌倉時代から存在していたが、制度として、特定区域を限って娼婦を集めたものが成立したのは江戸時代からである。中でもよく知られているのが、江戸の吉原《よしわら》、京の島原《しまばら》、浪華《なにわ》の新町《しんまち》である。特に、江戸の吉原は江戸時代二百五十年の太平の世の象徴であり、階級的な治外法権地として、江戸町民の文化と芸術を産んできた。

現代の民主主義の時代に人道主義や人権尊重の立場からは、公娼制度などは認められるべくもないが、封建時代の社会生活では、第一に男娼禁止の手段として、第二に集娼地域を設定して犯罪の防止・検索の為に、第三は社会階級制の固定からくる結婚難の調和策として、第四に経済的調整策として、それなりの効果を上げていた。明治以後も同じ理由で公娼制度は継続され、昭和三十二年に売春防止法が施行されるまで、何らかの形で公娼制度は存在した。

こうしょくさんだいでんきしょ［好色三大伝奇書］明治時代を代表する艶本の『袖と袖』

（伝・小栗風葉著）、大正時代の『乱れ雲』（伝・佐藤紅緑著）、昭和時代の『四畳半襖の下張』（伝・永井荷風著）を言う。

こうじるし［**口印**］キス（江戸時代後期の隠語）。「さっき手めへが湯に入ってゐる時、げんなまで先へおつとめを渡しておいたから、もう手つけの口印までやらかしておいた」（『東海道中膝栗毛』）。

こうしんせいかん［**口唇性感**］精神分析学では、嬰児時代から幼児時代にかけて人間はまず母親などの乳を吸うことから口唇の快感を覚える。これを口唇性感（oralerotik）という。これに次いで、排泄物をためたり、あるいは一気に排泄したりする粘膜的快感を知り、これを肛門性感（analerotik）および尿道性感（urethralerotik）という。そして、手足の指を始めとして、身体全体の皮膚を撫でたり摑んだり吸ったりして快感を得る皮膚性感（hauteerotik）がある。それが思春期に至って、内分泌腺等の活動と共に性器部位がぐんぐん生育し、あらゆる自己愛の力が性器に集中する。そして他の部分の性感はみな、性器の支配力に従属し、性器の性感を補佐する役目に変わって行く。これを性器統裁（primat der genitalien）という。

ごうちん［**強チン**］女性が男性に挑みかかること。強姦に対する言葉（大正時代には既に使われていた）。

こうとう［**紅灯・紅燈**］赤い灯。遊廓の灯。

こうもんこう［**肛門交**］男（または女）の肛門に陰茎を挿入して行う性行為。肛門交に関心の深い男がいて女房との肛門交を迫るが、女房に嫌がられるという場面は、江戸時代の戯作や川柳によく見られる。「芳町に行きなと女房承知せず」「あれ馬鹿らしい陰間じゃおっせんよ」「ヲヤ馬鹿らしい芳町へ行きなんし」。
◇アナル交、アナル・セックス、アヌス・セックス、肛門性交。

こうやろくじゅうなちはちじゅう［**高野六十那智八十**］高野紙は一帖で六十枚、那智半紙は一帖が八十枚であることを言った言葉。転じて、高野山や那智山で修行する僧侶たちは、六十歳や八十歳になっても、まだ男色のお小姓役をつとめるものがいるという意味になった。修行僧たちは高齢になっても男色には特別に精を出すということである。これには、自分の身には少しも快楽は感じられないが、他人に後庭華《こうていか》を提供することによって、相手に情を施すという犠牲的献身こそが仏の功徳に通じると解釈する仏教的意味合いが真面目に考えられていたようである。「男色の至って面白きは、年ゆきの若衆なり、高野六十那智八十といふ事をしらずや」（『傾城禁短気』）。

ごかいちょう［**御開帳**］もとの意味は、寺の厨子の扉を特定の年または期間に開いて秘仏や祖師の像などを人々に拝ませること。転じて、女性が着物をひろげて女性の秘所を見せること。さらに転じて女陰や性交の俗称にもなっている。「蓮葉守手まりをつくとて開帳し」（『末摘花』）。

ごがつきんぼうじせつ［**五月禁房事説**］五月は性行為を慎まなければならないという俗説。紀州徳川《きしゆうとくがわ》家の付家老で新宮《しんぐう》藩主の水野《みずの》忠央《ただなか》は、天保十二年（一八四一）四月に、『源氏物語』などの物語、『拾遺集』などの歌集、『延寿撮要』などの医書を引用して『五月禁房事説』という著書を残した。しかし中国では古くから同じことが言われていたし、日本でも十七世紀頃には「五月は斎戒して房事を慎むべし」「特に五月十五日には性交を行うな」「五月に精液を漏らしてはいけない」などの記述が見られるから、五月に性行為を禁ずる考え方は存在していたらしい。特に根拠が示されていないので迷信とも取れるが、湿度の高い時期なので疲労が溜りやすいので戒めたのだろうと解するのが良いと思われる。中国では五月を「毒月」とも呼んだらしい。

こかんいん［**股間淫・股姦淫**］女性が正常の交合を嫌って、女陰の代わりに股間を代用する性交。娼婦はこの方法を良く心得ていて、不馴れな客にはほとんど気付かれることなく行ったという。「偽交」の項を参照。

◇素股、岡ぬらし、偽交、偽似性交。

こかんひしがた［**股間菱形**］女性が脚を開いた時に女性器の割れ目の両脇にできる菱形状の凹んだ部分。名付け親は国立滋賀医大の笠井寛司先生。この菱形の左右の最も膨らんだ部分の二点を結んで線を引き、その線の上下二センチメートル以内に膣口の中央が来るものを「中付き」とし、それより上に膣口の中央が来るものを「上付き」、下に来るものを

「下付き」とした。

こく［**扱く・放く**］自慰を行うこと（主として男性の場合に用いる）。「扱く」にはしごくという意味があり、「せんずりを扱く」というように使い、それが短縮化されて「扱く」になった。一方、「放く」には放出する・放つという意味があり、精液を放出することから来ていると考えられる。したがっていずれにしても本来は男性が自慰行為を行う場合に用いる言葉であるが、最近では女性の自慰行為にも使われることがある。

ごくずい［**極髄**］この上ないこと。性的に猛烈に執拗なこと。「極ずいの浅黄舌人形が好き」。

こくせい［**黒勢**］色黒の陰茎。

こくせい［**哭声**］大きな泣き声。性行為中に出す男性の吠えるような声。

こくどう［**穀道**］肛門。

ごけ［**後家・寡婦**］未亡人（夫に先立たれた妻）のこと。後家には性経験があることから、古くは地方によっては独身男性の性教育を任されていたこともある。

また、後家は孤閨をかこっているだろうと想像されることから性の渇望者と考えられ、若者たちの性の好い対象として、川柳などの題材としてよく取り上げられている。実際には後家だからといって必ずしも性の渇望者とは限らない。ただ、「二十後家は立つが三十後家はたたない」（「三十後家は立つが四十後家はたたない」という言い方もある）という諺のように、交合の愉楽を完全に知り得ている中年の後家の方が、若い後家よりも性に対する渇望は強く、その欲望には勝てないようである。

「能ういふた桃栗三年後家一年」「あの後家はひだるかろうと愚かなり」「ふてへ後家七日もたたぬうちに泣」「坊主のは精進の気で後家をくひ」「目をくぼませて後家の男はにげる」（『誹風柳多留』）。「後家の供庫裡でゆすって酒を呑み」（『末摘花』）。

亡き夫の後生を弔うため剃髪した後家もいた。「惚れられるほどは残して後家の髪」（『誹風柳多留』）。

そしてそのような後家は亡き亭主への義理や世間体も考えて、江戸時代には金銭で片付く陰間を買いに出掛けることになり、それもまた川柳の好材料とされた。

こけい［**孤閨**］女の独り寝。夫に先立たれてしまったり、夫が戦場に赴いたり長旅などで長く不在だったりして、妻が独り寂しく寝ること。または独り寝る部屋。最近は、夫が単身赴任している場合や、妻の長期出張などの場合の男の独り寝にも用いられることがある。◇空閨。

こけいをかこつ［**孤閨を託つ**］独り寝の淋しさを恨みに思う。性行為の相手がいない淋しさを愚痴る。

こごし［**小腰**］腰を小さく動かすこと。「小腰を使う」「小腰の運動」などという使い方をする。

こころのみず［心の水・情の水・精水・精汁］愛液。性行為における生理的分泌物に対して江戸時代の人が「心の水」と名付けたということは、性行為における心の重要さを感じていた証左といえよう。

ござかき［ゴザかき］中年女の性交欲求の強さを言い表す言葉。「四十したがり、五十ゴザかき」と言う。ゴザとは、茶の会で一会すんだ後さらに客をもてなすために別座敷に招いてする宴を意味する後座のことか、または茣蓙の意味であろうか。

ござをなおす［茣蓙を直す・御座を直す］妾になる。性交の相手をする。男同士の場合は、男色の相手を務めるという意味。

こしえくぼ［腰笑窪］女性の腰の真裏の尻の割れ目のすぐ上に現れる菱形の肉の盛り上がりと窪みのこと。えくぼに似ている。少女時代には無く、二十代初めから三十歳頃まで見られ、三十代後半になると消える。若くて脂肪の分布状態が良い時に男性経験を豊富にすると発現するといわれている。ミロのヴィーナスに腰えくぼがあることはよく知られている。

こしかけわざ［腰懸業］女が長床几《しょうぎ》に腰掛けてする性交体位の総称。日常生活の中で椅子やベッドが使われる現代では多くみられる腰掛位も、もっぱら座布団や敷布団を使っていた江戸時代には非常に少なかったといわれている。長床几を活用した体位は腰掛けてする性交体位の数少ない江戸時代版といえよう。しかし菱川（狩野）師宣の『表四十八手』には「いずくにてもあれ、もちゆるところあまたあるべし。たゞ才覚によるにこそ」とある。

ごしきのこえ［五色の声］閨房の声を江戸時代には五色の声といった。声色や発声の仕方が、人により時に応じて異なることを指して言ったものであろう。高橋鐵氏はその内容から、五色でなく六色あると言っている。

1. 求めの言葉（例）「いっそ殺して殺して」「きっと抱いて」
2. いとしみの言葉（例）「あなたあなた」「マイ・ダーリン」「憎いお方」
3. 問い掛けの言葉（例）「エエ、もうどうしたらよかろのぅ」「どうしようどうしよう」
4. 拒みの言葉（例）「いやいや」「やめてやめて」「もうあかん」
5. 言い表しの言葉（例）「それいい」「アアしびれるような」
6. 呼び掛けの言葉（例）「お母ちゃん！」「ヘブン！」

ごしょうのほう［五傷の法］戦国時代の永禄三年（一五六〇）に多聞《たもん》城を築き、近世城郭建築の先駆者として知られる松永久秀《まつながひさひで》が書いた性の極意書。戦国時代は相次ぐ合戦のため武士の性生活は頽廃的で多淫になり、体を壊す者も少なくなかった。それを憂い部下の健康管理のために書いたものだといわれている。「最近の男はみだりに性交を行う。二十歳から三十歳の盛んな年頃には、一日一夜の間に三、四度、あるいは五、六度も漏らすに及ぶ」と現状を嘆いている。「これでは健康を損ない、合戦の役には立たない」として性行為のやりすぎを戒め、適度な性交回数として「二十歳で三日に一度、三十歳で五日に一度、四十歳では七日に一度、五十歳以上は半月に一度漏らすべし」と標準を示した。

さらに性交回数もさることながら、日時や場所、体調、相手の女なども大切であると具体的に述べ、次のような性行為をすると病気になると警告しているのが「五傷の法」である。

一、女がその気になっていないのに、無理に交わってはいけない。肺を患うもとになる。

二、女が求めている時に交わらず、やる気を無くした時に交わるのも良くない。無理に交わると女は腰気《こしけ》（膣内炎）になる。

三、高齢になってちゃんと勃起しないのに、無理に若い女と交わって、精液を放出してはいけない。必ず目を悪くし、終いには失明する。

四、生理中の女と交わると、男女とも腎臓を悪くする。

五、酒に酔い、無理に交わり、遅漏になると、後で顔が黄色になる。

これらが医学的に正しいかどうかは別として、一聴に値する。彼はまた、「女を満足させるのは、男根の太さでもないし、挿入の深さでもない」と説き、気分の盛り上げ、性感帯への刺激の必要性など、性技の大切さを説いている。

「まず、女がその気になるのを待ってから、男根を少し挿入する。女の息が荒くなったら、男根をゆっくりと出し入れする。女陰から愛液があふれ出たならば、男根を淫門の口へ引き出し、左右を突く。次に、男根を深く挿入して、静かに左右をつっ突く。いつも深く挿入すればいいというものではなく、女の快感の高まりに応じて変化させなければいけない」と述べている。

こすぎがみ［**小杉紙**］上質の漉き紙。吉原などの遊女は避妊のために、この紙を口に含んで唾液で濡らし、それを丸めて膣内に詰め込んでおいたという。

ごすん［**五寸**］陰茎の長さ。または陰茎の代名詞。江戸時代の人は陰茎の長さを五寸、最大六寸と考えていた。「人間わずか五寸ほど入れたがり」（『誹風柳多留』）。「大名は四五寸よごし風呂を立て」（『末摘花』）。

ごそごそ　性行為。「ごそごそ」は暗い中で何やら音がすることを表す擬音詞だが、川柳などでは性行為および後始末に伴う音ととらえている。「下女か色あそこのすみじやごうそごそ」（『末摘花』）。

こそや［**隠女屋**］遊女屋。闇り屋（くらがりや）とも言う。

ごたい［**五態**］「艶（あでやかさ）」「婉（しとやかさ）」「媚（いろっぽさ）」「嫋（なよやかさ）」「娼（うたいあそぶ）」の五つの様子。女忍者はこの五態を必要に応じて体からにじみ出させ、その扇情的なエロティシズムで相手の劣情を誘い、体を開き、役割を果たすことに徹した。

こたつ［**炬燵・火燵・巨燵**］炬燵に男女が入ると、手足が触れ合って恋が芽生えることも有れば、ついちょっかいを出して嫌われることもある。「もちっとじゃ股へとどかぬ火燵の手」「ヲ、すかん巨燵の中で手が長い」「火燵から思へば遠し硯箱」（硯箱を使って手紙を書くより火燵の中で手を出す方がずっと近道）。「瓜田よりこたつの足の疑わし」（『末摘花』）。一緒に一つの炬燵に入ることを「合炬燵」と言う。

こちこち 行為の濃厚な様子。「後家と坊さまこちこちとした同志」（『末摘花』）。

ごちょう［**五徴**］『素女経』『玄女経』など古代中国の性技書に書かれている、女が絶頂に至るまでの五つの段階。

それぞれの段階でよく女体を観察し、それぞれの段階に応じた愛撫法を行うことをこれらの書物では説いている。『素女経』と『玄女経』とで大きく違う点は、『素女経』が個々の段階で（陰茎による）愛撫法を示しているのに対し、『玄女経』では五つの状態が揃ってから（陰茎による）愛撫、挿入を始めなさいと説いていることである。

『素女経』の翻訳原文を引用すると、次のごとくである。

①「男女ひそかに対面し、対話りなどするに、俄に女のおもてあかくなるは、淫事の念きざすしるしとなり、そのとき、男子の玉茎を女人の玉門にあてがふべし」

②「女人、鼻をすすらば、欲念肺の臓に起ると知るべし。即ち、玉茎を少し入るべし」

③「女人、眼をふさぎ、口を明き、舌をさまし、息遣ひ荒くなる時は、淫情脾に起ると知るべし。其時ゆるゆると玉茎を出入すべし。余り深く入れるべからず」

④「玉門あたたかに、うるほひ豊かにして、津液外に流れるは、腎気の起ると心得て玉門の口へ玉茎をぬき出し、左右を横につくべし」

⑤「女の足に男の腰をはさみ、女の手にて男の背を抱き締め、口を吸はん事を求めば、肝の臓に気起ると心得て、玉茎を深く玉門の奥に差し入れて、静かに左右に突くべし」

次に、「五徴」として総合的に解説されたものを挙げる。

①『火の徴』愛撫によって興奮した女性はこれから始まる性行為への期待から目が潤み始め、やがて充血してくる。さらに顔に赤みを帯び、顔全体が紅潮してくる。頬は火照り、唇が渇くので舌なめずりをするようになる。男性はその時、陰茎の先で唇や乳首をなぞったり、女性の手を陰茎に導き触れさせたり扱かせたりして陰茎のイメージを植え付けさせるのも良い。反応が著しい場合は陰茎の腹の部分を膣口に密着させ、挿入せずに上下前後に摩擦するのが良い。

②『土の徴』次に乳首が堅くなり、小鼻に汗がにじんでくる。肌はしっとりと汗で湿ってくる。これは精神的にも肉体的にも興奮が高まりつつある証拠である。ここでの急激な愛撫は逆効果であるから、ゆっくりと乳首やうなじへの愛撫、ディープキスを繰り返せ。女性から挿入を求められても、前戯として陰茎を浅く入れ、軽い抽送で膣壁を摩擦する程度に止どめる。

③『金の徴』顔全体が火照り、さらにのどが渇き唾を呑み込む仕草をする。乳首は堅く

ツンと立ち、小陰唇が肥大し始める。これは興奮の高まりが安定期に入ったためで、一見興奮が冷めてきたように思えるが、次の更なる興奮の上昇に備えている状態で、女性の体内では快感は継続し増殖しているので、一気の挿入や強い律動はしない方が良い。『素女経』では、強い刺激を求めて来たらば律動を始めると説いている。『養生方』では、ゆっくりと体を揺すってやるのが良いと説いている。

④『水の徴』いよいよ女性の興奮も絶頂近くなり、膣より愛液が潤沢に滲み出始め、女陰がすごく濡れてくる。膣内に指を挿入してみると、小刻みに膣壁が震えているのが感じられる。女性は最早焦らされることに身悶えして、挿入を望む気持ちで一杯になっている。腰を浮かせて挿入を催促する女性もいる。女性が昂まり、身悶えする様は男性をも興奮させ、しとどに濡れた秘部に陰茎を突き立てたくなるが、さらにもう一段階待ちなさい。『素女経』では、ここで陰茎を深く入れなさいと説いている。

⑤『木の徴』さて最終段階。愛液に濡れそぼった女性器はあたかも陰茎の挿入を迎えるかのように変化する。肥大した小陰唇は、花が花びらを剝き出しにするように襞を露出し、愛液がその淫らな花びらだけでなく、尻の方に流れ出してきて会陰部から肛門までを白濁した液で光らせている。そして女性は四肢を踏ん張り、腰を持ち上げ、膝は小刻みに震え、目は何かを求めるようになり、何も見ていないかのように焦点が定まらなくなる。ここでゆっくりと陰茎を挿入しなさい。『素女経』では、この段階になったならば、陰茎を浅く

しなさいと説いている。

ごところぜめ［五所責め］性交中に男性が、女性の五つの性感帯に同時に刺激を与えること。三所責めや四所責めは一般的に使われるが五所責めは少ない。五所については膣・口・乳房の三つは共通だが、後の二か所については、肛門、陰核、足の裏などの内の二つを選んでいるものが多い。

ごにんぐみ［五人組・五指娘］自慰のこと。また、ジギタチオ（弄根）の一技法の名。江戸時代の隣組制度である五人組になぞらえて、五本の指の協力作業である自慰（弄根）を意味している。

こねぼう［捏ね棒］陰茎。

こぶまき［昆布巻き］女性が和服の場合、帯も解かずに裾を広げただけで仰臥し、脚を拡げて性交する体位。

ごぼう［牛蒡］陰茎。「芳町で午蒡をあらふ女客」（『誹風柳多留』）。細くて貧弱な陰茎という意味で使うことが多い。その場合には大きな女陰は「据風呂」という言葉で表現される。

ごぼうのきりくち［牛蒡の切り口］肛門。

こまた［小股］「小股」とは体のどの部分を言うかは定説はないが、人体の下腹部の胴と脚の接するY字部のVの部分、即ち鼠蹊《そけい》部というのが正しいようである。「小股の切れ上がった」は、色っぽくいなせな女の形容である。具体的に小股の部分が切れ上がるとは、Vの部分の角度が小さいことであるから、尻や腿が適度に張り切っていてしかも胴部がぐっと細身でなければならない。
永井荷風《ながいかふう》は「小股の切れ上がった女とは、顔は男好きするといふ事を姿のよしあしに移して言へるものなり。着物の着こなし上手にて、立居の様ははなはだ軽快なれど、けっして色気を失わず、しなやかにしてしかも厭なきものを言ふべし。でぶでぶ肥りたるもの、腰太くして尻大きなものは言はれず。また上流婦人や良家の令嬢に対しては用ひかたかるべし」と書いている。単にハイレグが似合うだけでは「小股の切れ上がった女」とはいえないようである。

こもちさけのきりくち　［子持鮭の切口］　女陰。鮭を胴斬りにすると、その断面は、全体の形や色合いが女陰のように見える。まして子持鮭を胴斬りにした場合には、肉に囲まれている筋子（または白子）の紅色の丸い部分がちょうど膣口のように見えて、一層現実感が生まれてくる。膣口が見えるわけだから、この「子持鮭の切口」は単なる女陰の意味ではなく、情欲が高まって陰唇が開き加減になっている女陰の表現である。だから、これだけでも既に愛液で潤っている様は想像されるが、より鮮明に表現する時には「子持鮭の切口に白酒をたらした如く」という言葉が使われる。

ごよく　［五欲］　女性が男性に対して性的願望を表す仕草を『素女経』は五つに纏めて「五

欲」と呼んでいる。

①女性は性的に欲望を感じ始めると、自然と呼気が乱れ、荒々しい息づかいになる。わざと俯いて胸の拡副の具合を隠そうとするのも呼吸の乱れを悟られまいとする心理である。目を伏せるのも恥ずかしいというより同じ心理である。

②さらに性的想像が高まると、自らの膣に陰茎が挿入される幻想が脳裏に浮かび始める。するとその擬似行為として小鼻や口がだんだんと開いてくる。これは陰茎を受け入れ深く収めたいという心の現れである。

③女性を抱き寄せた時に小刻みに震えるのは、愛液が滲み出し、体が陰茎を受け入れられる状態にまで高まっていることを示す合図であることが多く、性的な恐れや驚きではない。武者震いと同じと考えられる。

④キスや軽いペッティングで心身ともに性的な欲望が満たされ始めると、発汗が起こる。うなじや胸元がうっすらと汗ばんできたら、それは早く服を脱がせて欲しいと体が訴えていることである。

⑤いよいよベッドに入ると、今まで男性にもたれかかるようにしていた女体が硬直したようにピンと真っ直ぐに伸びる。これはむき出しの裸体を恥じる緊張感と、これから始まる愛の行為への期待感がないまぜになった心理の現れである。この硬直をときほぐすのが「五徴」などの愛撫法である。「五徴」の項を参照。

ころぶ［転ぶ］①「転ぶ」「寝る」「性交する」は、しばしば同じ意味で使われ、関連する「起き上がり小法師」や「ダルマ」も同じ意味で使われる。②芸者、酌婦など（本来売春婦でない者）が隠れて淫売すること。「三味線の下手は転ぶが上手なり」「転んだ子泣き出すで猶はやるなり」（『末摘花』）。「金につまづいて踊子転ぶ也」（『誹風柳多留』）、「転んだ子二分取らぬうち起きぬ也」（踊子の転び代は二分が相場）。「いつなりと御用の節はころぶなり」。

③寝転ぶから転じて、女性が男性に対して性行為を許してしまうこと。

こん［根］性器。主として男性器、特に陰茎を意味するが、「女根」など女性器にも使う場合もある。

ごんさい［権妻］妾（仮の妻という意味）。

こんせいじん［金精神・根精神・金勢神・魂精神］男根を祀った神。神体は自然石または石製・木製等で男根の形をしている。地方により牛の形をしていることもある。

◇金精様。

こんてん［根転］男性器が変じて女性器になったり、女性器が変じて男性器になったりすること。現代風に言えば性転換。『甲子夜話《かっしやわ》』（江戸時代のエッセー集）に、尾張《おわり》に住む農家の娘ソノは突然性器が腫れ上がり、膏薬を塗り続けても効果がなく、一か月後には陰茎と陰嚢ができ始めるとともに、声変わりして完全な男になったという実話が記載されている。現代医学でどう説明するのかわからないが、このようなことを根転といった。

こんにゃく［**蒟蒻**］速成の吾妻形のこと（川柳でよく使われる言葉）。実際に蒟蒻を重ねたものをお湯で人肌に温めて女陰の代用品として自慰行為に使ったことから来ている。実際には寒冷期には蒟蒻が冷めてきていざ使う時になると冷たくなるので、最初に熱い湯で温めておいて使うとちょうどよいのだが、重ねた蒟蒻の間に挟まれていた熱い湯で陰茎を火傷してしまったという笑えないような笑い話があり、川柳にとっては恰好のネタになる。

さ

ざい［**座位**］文字通り両者が座って行う性交の体位。男性は胡座《あぐら》、正座または椅子に腰掛けた形を取り、女性はその上に座った形をとる。

座位では膣内各ポイントを刺激しやすい上に、両手を自由に使えるので、乳首やうなじはもとより背中や陰部など女性のあらゆる部分への愛撫が思いのままにできる。それに結合部分を見ながらできることや強く抱き締め合うことができるなど、興奮を高め愛情の絆をより強固にできる万能の体位である。また、男性の心臓や腰、脊髄などへの負担が軽く、スタミナの消耗を最小限に抑えられるので、人間の生理に最も適合している体位でもある。総合的に見て最も良い体位だという者もいる。

座位には、一般に次の五通りとそのバリエーションがある。

①対面座位…座った男性に抱かれるように女性が相対する体位。腰を回転させながら、陰茎を膣の後壁に押し当てる。口と手が自由自在に使えるので、乳房、耳たぶ、両腋、首筋、小陰唇、陰核、肛門など女体のあらゆる性感帯を愛撫することができる。

②背面座位…座った男性の膝の上に女性は背を向けて座る体位。女性が股を大きく開いて座れば、膣前壁を刺激できる。この時女性が男性の膝を押さえつけるようにすればより深く結合でき、刺激も高まる。狭いスペースでもできるので浴室等で行うのに向いている体位である。

③横臥座位…座るか腰掛けた男性の腿の上に女性は横座りに乗る体位。女性は男性に抱きかかえられるので、安心感や幸福感に満たされるが、抽送運動や愛撫の行動をするには無理がある。

④対面上座位…ソファー、ベッド、椅子に掛けた男性の両腿を女性が跨ぐようにして抱かれる体位。陰茎がちょうど膣前壁を刺激する角度になる。男性はソファーやベッドのクッションを利用すれば抽送運動が楽にできるので、スタミナのロスが少なくて済む。立位への移行も楽にできる。

⑤背面立座位…股を開き加減に腰掛けた男性の上に、女性は背を向け、大きく股を開いて腰掛ける体位。女性の体内を陰茎で掻き回すような感じで女性の腰を振るのが良いが、

女性の腰をしっかりと押さえていないと陰茎が膣から抜けやすい。女性は上半身をのけ反らせれば膣前壁を刺激され、前に倒れ込めば膣後壁が刺激される。

さいかん［**済患**］男女の間が気安くなり、懇ろになること。憂い（患）を無くす（済）という意味から転じて、気楽なという意味が生じた。

さいかんかいわ［**済患懐和**］男女が懇ろになること。江戸艶本には「ずるずるべったり」と読ませているものがある。

さいくば［**細工場**］女陰のこと。江戸時代に大工の隠語として発生し、他の職業の人にも広く使われるようになった。「細工場がとんだひろいと根津《ねづ》の客」。根津も遊廓の在った場所の一つ。

さいごくさんじゅうさんばんふだしょ［**西国三十三番札所**］尼僧の間に人知れず流布されていた同性愛の方法。女性特有のオルガスムスの連続性を利用し、その回数が三十三番に及ぶもの。性感部を札所に譬え、各札所ごとに一体ずつの菩薩を配置し、卑猥なお経を唱えながら秘戯を続けるという。

さいじょ［**彩女**］もとは好色な相の女という意味だが、理想的な美人の呼称でもある。『玉房秘訣』に書かれた彩女の説明を要約すると「身体は中肉中背。性格は奥ゆかしく、慎み有り、情熱的。容貌は黒髪、細い目、肉づき豊かな耳と口、やや高めの鼻、鼻腔も高め。柔らかな肌、白く薄い皮膚、艶やかな肌色。たおやかな身のこなし、四肢の関節は脂肪に覆われ、骨格が太くふっくらしていること。肉付きは柔らかく弾力があること。声は和調低音。陰部はしなやかで、膏のように滑らかで、肉付きが豊かである。陰部に毛は無く、もし有れば、細くて絹のように滑らかであること。更に津液が多いこと」とある。

さいばたん［西馬丹］室町時代頃から使われていた強精薬で、服用すると男根の膨脹度を高めるという。

ざいもくわたし［材木渡し］何らかの理由で陰茎が充分に勃起しない場合には、陰茎を自分の腹の方にくっつけ、先が陰核に触れるようにして女性の上に乗る。これを材木渡しと言う。女性が陰核の刺激で前後運動を始めれば、その刺激で陰茎も勃起し始めるという。

さいんしょう［鎖陰症］女陰が塞がれていて性交ができない症状。まれにこうした女性がいるといわれる。有名な小野小町《おののこまち》も鎖陰症だったと言われ「穴なし小町」の伝説が生まれた。じつは裁縫に使う待ち針（糸を通す穴がない）が小町針とも呼ばれるのは、小町には穴がないという伝説からきている。天保五年の『色道禁秘抄』（西村定雅著）には、「世俗小野小町を穴無しという。之は鎖陰といい、稀にあり、昔は之を開く治療なく小町如き美女を廃人としたること無念なり」とあり、江戸後期の『枕文庫』（渓斎英泉著）には、「生れつき膜にてふさがれて玉茎を収らざるものあり。これは医、その皮を破るの具ありて、治療すれば淫道通ず」とある。また『瘍科秘録』（本間玄調著）には、「鎖陰は華岡青洲先生の唱えたる名称にて、婦人生れながら陰戸塞いで嫁することならぬものの事なり。陰門の口は常の如見ゆれども、中は肉充実して少しも通ぜず。勿論経水は下らず、経候の期に至れば、気血上衝して頭頂強痛し、黙々として気の塞ぐものなり」と述べられている。

現代ではこれは「処女膜閉鎖症」（学名 Atresia hymenalis）と呼ばれる。普通は処女膜に若干の空隙があって月経血を通すが、時にはこれがまったく閉鎖している者があり、全女性の〇・〇一四〜〇・〇二四パーセントあると報告されている。この場合には月経血が膣の中に貯溜し、膣溜血腫となり、さらには子宮にまで及び、月経の度に腹痛を起こす月経病となる。現在では処女膜を切除することによって容易に完治させることができるという。

医学的には他に、膣欠損、膣閉鎖、陰裂癒着、小児性外陰、陰唇肥大、陰核肥大、硬孃膜、歯状処女膜などが原因と考えられている。

さえずる［**囀る**］フェラチオをすること。

さえのかみ［**塞の神・障の神・道祖神**］道路を守り、悪霊を防ぎ、また旅人を守る神として建てられた、男性性器（時には男性器と女性器）を象られた神。村落のはずれや森（悪霊が住む）に通じる道の端に置かれた。
◇疫神。

さお［**竿・棹**］陰茎の俗語。現代でも俗語として一般に使われることが多い。「道鏡に棹をサ、せる舟もあり」。

さかがつお「**逆鰹**」勃起した陰茎。上から下に向かって挑みかかる状態を暗示している。「早ぅ仲直す肴の逆鰹」。

さかともえ「**逆巴**」女性上位のシックスナイン。男性上位を巴取りというのに対し、こう呼んだ。

さかなのえらぶくろ「**魚の鰓袋**」魚の浮袋（腸管袋）のこと。外国では「フィッシュスキン」と言って、魚の浮袋を性交時に陰茎に被せて避妊目的に用いるというが、わが国では補助具として用いられていた。鰓袋の中に麦粒を入れ、これを息で膨らませ、それを縛ってから膣の奥底に入れる。その際、紐の端を膣口に出しておいて、勃起した陰茎を挿入させる。そうすると袋が陰茎の鈴口を叩いて男の快感を高める。さらに、紐の端を引くとさらに快感は高まり、容易に射精に導くことができるという。

さかほこ「**逆矛・逆鉾**」勃起した陰茎。神話の「天の逆鉾」に由来している。上から下に向かって挑みかかる状態を暗示している。「さかほこでおのころ嶋のたね卸」（『誹風柳多留』）。「逆鉾のしたたりおぎゃぁおぎゃぁなり」（『末摘花』）。

さがみ「**相模**」相模下女あるいは相模女の略。「二三日間がありゃ相模うらみ侘び」（『末摘花』、「恨み侘び」は百人一首の「恨みわび干さぬ袖だにあるものを恋にくちなん名こそ惜しけれ」の言葉を援用し、空閨をかこつという意味）。「まだ入れぬ内から相模べそをかき」（『誹風柳多留』、べそをかきは愛液で濡れること）。「壱番でもふおくのかと相模言ひ」

「口説かれて相模お安い事と云ひ」「据膳はおろかさがみは送り膳」。「昼信濃夜は相模が大食らひ」(『誹風柳多留』、信濃とは信濃の国から冬季だけ江戸に出稼ぎに来た米搗きや下男で、「信濃者三杯目から嚙んで食べ」という句があるほど、大食いとして知られていた)。

さがみおんな［**相模女**］江戸時代の川柳や艶本で、助平女の代名詞。「みさきはよい所女の夜這」と謡われたように、相模の国には女の方から夜這をかける風習があったらしく、相模の国は色を好む風があった。そんなことから噂が誇張されて、相模女といえば助平だということになったと思われる。「此の国の女は陰心いたってふかく、一義をこのむことはなはだし。けっしていやとはいわず、じゆうになってさせる也」(『旅枕五十三次』)。「相模屋の婿来ては死に来ては死に」(『誹風柳多留』)。

さがみごけ［**相模後家**］好色者として知られる相模女と後家をつないだ新造語。狂句(幕末期の川柳)にはこのような新造語の技巧がしばしば見られる。「是からはあばれ喰いだと相模後家」(『柳の葉末』)。

さがりぼぼ［**下がり開**］極端な「下付き」のこと。『失題艶道物』には次のように説明されている。「至って下品の陰門は小ばら長くして格別ぼゞ下がり後ろへ廻りて後門と間なし味はひ悪しゝといへども下がりぼゞは至って淫乱なるもの故よく良がりてもてなしよし」。

さきばしりのいんすい［**先走りの淫水**］愛液。女性が淫情を催した時に陰中に出す透明な粘液。「先走りの水」と同じ意味にも使われる。

さきばしりのみず［**先走りの水**］男性が淫情を催した時に陰茎の先から出す透明な粘液で、カウパー腺、スケーネ腺から分泌される。「先走りの淫水」と同じ意味にも使われる。

◇先走りの淫水、カウパー腺液、予備液、呼び水。

さくらがい［**桜貝**］女陰。小説や歌詞の中で、少女や処女の女陰に使われることが多い。

さげじゅう［**提重**］提重は数人分の弁当をつめる物で提重筥ともいう。売春行為の取り締まりを避けるため、食べ物・菓子類や油、元結、糸、針などを入れた提重を持ち歩き、これらを売り歩く風を装って屋敷をまわり、売春する女が流行り出した。この女たちを提重という。発生時代は詳らかではないが、寛政時代（一七九〇頃）に取り締まりが厳しくなると姿を消したが、文政時代（一八二〇年代）までは存在したらしい。「さげ重と号ししょこなめさせるなり」（しょこなめはちょんの間）、「提重は房主殺シの毛まんぢう」（房主は坊主の当て字）（『末摘花』）。「重箱を下げて寺内へしのぶ売」、「手が有てい丶と提重うれる也」、「さげ重ハおもたく成と又おろし」（『誹風柳多留』）。

さけわた［**酒綿**］酒を綿に浸した物。酒を手に付けて陰茎を熱心に手弄すると勃起力が衰えるという。肛門交の場合、客の逸物が大きすぎると肛門に傷が付く恐れがあるので、男色の稚児の必需品だった。男色の場合も一般の娼婦の場合も客と交わらずに帰す術の一つであったらしい。

ざこね［**雑魚寝**］多くの男女が入り乱れて寝ること。大正から昭和初期には「乱交」と同じ意味に使われた。古くから京都大原《おおはら》の雑魚寝が知られている。節分の夜、大原と八瀬《やせ》の中ほどにある金毘羅《こんぴら》山（通称江文山）の麓にある江文明神の産土神《うぶすながみ》の社殿に、男女が参籠して通夜をする。この夜の様子を西鶴《さいかく》は「まことに今宵は大原の里のざこ寝とて、庄屋の内儀・娘・又下女・下人にかぎらず、老若男女のわかちもなく、神前の拝殿に、所ならひとてみだりがはしくうちふして、一夜は何事をもゆるすとかや。いざこれよりと、朧なる清水、岩の陰道、小松をわけてその里に行きて、牛つかむはかりの闇がりまぎれにきけば、まだいはけなき姿にて逃げまはるもあり、手を捕へられて断りをいふ女もあり、わざとたはれ懸るもあり。しみじみと語る風情、ひとりを二人して論ずる有様なほ笑《おか》し。七十におよぶ婆々おどろかせ、あるいは姨《おば》をのりこえ、主の女房をいやがらせ、後にはわけもなく人組み、泣くやら笑ふやらよろこぶやら、聞き伝へしよりおもしろき事にぞ」と書いている。

「八瀬の下女大はらになるくらまぎれ」、「玉鉾を祭りに立てる雑魚寝村」、「雑魚寝のあした気のわるい屑拾ひ」、「破れ鍋の蓋を雑魚寝で見つけ出し」、「おまつりはいっちざこ寝が面黒し」（『誹風柳多留』）。「若水で雑魚寝のへのこ洗ふなり」（『末摘花』）。「大原の闇を出て来て手を洗ひ」、「大原は雑魚寝小田原箱根也」。

ささめ［**私語**］ひそひそ話。

さざめ［秘言］「ささめ」から転じて、男女間の痴話、むつごと。
ささめき［私語］声をひそめて話すこと。男女間の痴話。むつごと。
ささめきごと［私語］ささめくことば、ひそひそばなし。むつごと。
ささめごと［秘言］男女間の痴話。むつごと。
さしじい［挿し爺］江戸時代の堕胎を専門に行うもぐり医師。江戸時代は避妊法が発達していなかったので、代わりに堕胎法がいろいろと考えられていた。薬によるものは副作用が危険であり、お灸によるものは効果が不確かであった。そこで、直接流産をさせる為に異物を子宮口から挿入する方法も行われた。最も多く用いられたのは、片手で握ってやや出るくらいの長さに切った酸漿《ほおずき》の根を、皮を剝いて子宮口に挿入する方法である。酸漿の他に箒草の幹、蓬《よもぎ》の軸、桑の根等が用いられた。これを専門に行うもぐりの医師まがいがいて、男ならば「さし爺」、女ならば「さし婆」と呼ばれた。
させる［交合る］「性交させる」を簡略化した言い方。女性が性交することを容認すること。「させろとはあんまり俗な口説き様」、「尋常にさせろはとんだ口説きよう」、「もう一つさせてたもれとゆり起し」、「言い訳もあろうにさせるからした」、「雑な仲サアしやァがれさしやがれ」、「させたいとしたいは直に出来る也」、「させろより男冥加はしてくんな」（『末摘花』）。「させもせず仕もせず二人名を残し」（二人とは穴無しの小野小町と一生無交の弁慶)、「させたなら衣を返し与ふべし(羽衣伝説の句)」(『誹風柳多留』)。

さついん［**擦淫**］女陰を指などで愛撫したり、愛撫させたりすること。また、女性が自慰することと。

◇チチラチオ。

サック　コンドームの別称。一九五〇年頃までは一般的に広く使われていた。

さつまいも［**薩摩芋**］形や色から男性器になぞらえられる。「よう似たのなんのとさつまおいしがり」「さつまいもやもめは味に握って見」「ゑゝのさと踊子さつまいもを食ひ」。

さと［**里・廓**］遊廓、遊里。江戸で「里」と言えば吉原のこと。「丁」とも言った。

さね［**核・小根・肉核・玉舌・紅舌・花舌・実核・淫舌・湿舌**］陰核。女性器全体をいうこともある。「さね」の語源は「小根」であり、小さい男根という意味である。日本の古代人にそのような考え方があったことを示している。「陰核」の項を参照。

〔注〕「さね」には「われざね(尿翅)」を略した「さね」もあるので、文書や絵の添え書きにある「さね」をすべて陰核と解するのは注意を要する。

◇陰核、おさね、クリトリス。

さねかぶりたこぼぼ［**実冠蛸開**］陰核が大きく、オルガスムの時に陰茎を吸い込んで離さないという女陰の名器。

さねだこ［**核胝・核胼**］女郎上がりの女。「針だこの代りさねだこを持参なり」(『末摘花』）。普通の女なら針だこがあるが、女郎上がりなら陰核にたこがあるだろうという発想。

さぶるこ［**遊行女婦・佐夫流児**］遊女。「うかれめ」と共に遊女を表す最古の言葉。『万葉集』巻十八に「里人の見る目恥かし佐夫流児に惑わす君が宮出後姿（しりぶり）」とある。

さまちゃん［**様ちゃん**］彼氏のこと。民謡などに使われる。

さまつたけ［**早松茸**］松茸に似ていて、食べられるが別種のもの。「張形は早松の味と多門しゃれ」（『誹風柳多留』、多門は大奥で雑事を行う下級下女）。張形は形は陰茎そっくりだが、味の方はまったく落ちるよ、というわけ。

さよのなかやま［**小夜の中山**］浪《よが》り声、または、よく浪り声を出す女。小夜の中山は東海道の宿駅で、伝説の「夜泣き石」で知られる。「女房は小夜の中山生まれなり」（『誹風柳多留』）。

さわぎみず［**騒水**］女性が淫情を感じて分泌する愛液。オルガスムに達した時に膣の深奥から洩らす「精水」に対する言葉。

さわりさんびゃくめ［**障り三百匁・触り三百匁**］筒もたせに引っ掛かり、触っただけで本番まで進む前に押さえられた時の示談の間男代、銀三百匁のこと。「三百匁出してわかげの髪無月」（髪無月は神無月の十一月と髪を無くして僧になった、をかけている）、「障り三百下拵らへじゃ此方（こち）の嗔」、「もうこらへられんが〆て六百匁」（六百匁は金十両）、「弐百匁できかざ二人をかさねおれ」。

さんかく［三角］陰部のこと。性器のある腿のつけね付近は、つけねのYラインと陰毛とから逆三角形を成しているので、「三角」あるいは三角にちなむ呼び方で呼ばれることが多い。一般には女性の場合に多く使われる。

◇陽三角（男性）、陰三角（女性）、倒三角、逆三角、三角洲、デルタ、三角風呂。

さんけいする［**参詣する**］性交する、女陰に陰茎を挿入する。女陰を観音様や奥の院などに譬えた言い方。

◇お参りする、詣でる。

さんごくようこでんせつ［**三国妖狐伝説**］金毛九尾の妖狐にまつわる伝説のことで、この妖狐は中国にあっては殷《いん》の紂王《ちゅうおう》の后妲妃《だつき》となり、天竺《てんじく》にあっては斑足《はんそく》太子の夫人華陽《かよう》となって淫虐の限りを尽し、大陸を追われてからは日本に飛来して鳥羽《とば》法皇の内裏に官女の玉《たま》藻前《ものまえ》として現れ、法皇の寵愛をほしいままにしたが、安倍泰成《あべのやすなり》に調伏されて那須野《なすの》が原で殺生石になったという伝説。この妖狐の話は艶本の恰好の材料であったため、『画図玉藻譚』『大和妖狐伝』など数多くの艶本が江戸時代に出版された。

さんじゅうさせどきしじゅうしどき［**三十させ時、四十し時**］女性の三十歳代は性交「させる」年代で、四十歳代は性交「する」年代であるという意味。人生五十年といわれた時代の言葉である。性行為に最も適していると思われる十代、二十代は性欲にまかせ、本能のおもむくままに無我夢中で性交しているだけであるが、三十代になると相手にやる気を起こさせ、受動的ではあるが、相手に思う存分やらせることのできる年代である。それだけ性行為に対する経験も蘊蓄も深くなり、成熟した女の魅力に満ち溢れ、相手を自由にコントロール出来るということであろう。また、四十代になると性欲も衰退し始めると思われがちだが、性行為に関する経験が一層深くなり、自分のことだけでなく相手の様子も十分に判ってくるので、豊富な経験からくる深い蘊蓄を傾けて、若い頃よりもむしろ自分の方から積極的に行為をするようになるという。最近では、五十代後半から六十代になる女性でも非常に積極的な人もいるというから、昔の三十代は現代の三、四十代に当たり、昔の四十代は現代の五、六十代に相当するといえるのかもしれない。

さんじゅうのとびら［三重の扉］女性器における大陰唇、小陰唇、処女膜を言う。この三つの扉が揃っているのは人間の特徴と言える。人類に近い類人猿のゴリラの牝でも、性的興奮が高まるとその大きな陰核と小陰唇が膨脹して目立つだけで、大陰唇は無いのと同然である。下等な猿になると大陰唇はまったく無く直接膣孔が現れる。他の哺乳類は陰核は発達している（背向位をとる為らしい）が、小陰唇はほとんど無い。処女膜は、キリン、ハイエナ、熊、犬、馬、ろば、象、豚などに原型らしいものがあるだけである。人間だけに三重の扉が発達している理由として、美観と保護、それに性感を強化して複雑化する為だと考えられている。

さんしょう［山椒］男色を行う時、肛門内に山椒を少し入れると暫くして痒みが出て堪え難くなり、それが行為中の刺激になって良いといわれているが定かではない。『旅枕五十三次』にも「穴を犯さんとする時、山椒をよくよく細末したるをつわ（唾）にてねり、若衆の肛門の口へ少し指にてさしこむべし」とある。

さんしょう［**散娼**］廓などに組織立って存在する娼婦・遊女に対して、街道の宿駅などにたむろしたり、武士軍団に付き添ったりしている娼婦たちのこと。娼家制度に属さない娼婦。戦国時代の最後期、十六世紀の末に京都万里小路《までのこうじ》に遊里が開かれるまで、つまり奈良時代から戦国時代までは全ての娼婦は散娼だった。

さんせんいちしん［**三浅一深**］性交運動のリズムを表す言葉である。四拍子のリズムで、三回は浅く突き次の一回を深く挿入する方法を三浅一深と言う。このように性交運動にリズムとアクセントをつけると性感が増加されるのである。「三浅一深」は古来より日本で言い伝えられたもので、中国では八深九浅、九深五浅、七深八浅などがいわれている。射精延長法としては十浅一深が最も良いという説もある。

さんだいごけそう［**三大後家相**］頬骨の高い女性、額が広い女性、口が大きい女性の三つの相は、結婚しても男に逃げられる相であると言われる。いずれも男勝りで強気であることが裏目に出るらしい。

さんだんじめ［**三段締め**］子宮部、膣の中央部、膣口部の三か所で収縮する女性の名器。性交時に女陰に挿入した陰茎は、この三か所で締め付けられるので、快感も大きく深い。

◇俵締め。

さんちゃじょろう［散茶女郎］寛文八年三月、湯女などが禁止され、私娼五百人余りが新吉原に収容された。この私娼から公娼になった遊女たちを散茶女郎と言った。「意気張りもなく、振らずといふ意にて、散茶女郎といひけり、是は、吉原遊女共が、時のたはむれに散茶女郎といひしが、云ひ止ずして、今に散茶といひもて来りしなり」と、『異本洞房語園』に説明されている。散茶女郎を第三級の遊女の名称とする説明もみられるが、本来は私娼から公娼になった新しい遊女たちを、先からいる遊女らが罵って言った言葉なので、遊女の階級の名称ではない。どんな客でも初回から振ること無く性交してくれる女郎のこと。

し

じい［自慰］自分の手指または擬似陰茎や擬似女陰などの道具を使って自分の性器に刺激を与え、生理的に性的快感を得て性欲を満足させる行為。

男性は勃起した陰茎を手で握るように持ち、その手を前後に動かして陰茎を摩擦する行動をする場合が多く、身近にある布団などにはさんだり、布団やソファーなどに押し付けたりして摩擦する場合もある。また、女性器に代わる道具（擬似女陰）を工夫したり、女性器模造品を購入したりして、それを使用して行う場合もある。

女性は多くは指先で陰核を摩擦したり指を膣口に挿入するが、このほかに、男性の陰茎の代用品（擬似陰茎）を膣に挿入したり陰核に擦り付けたりして行うこともある。

擬似女陰には女陰部分だけのものもあるが、臀部など腰周辺を含むもの、頭部・胸部・臀部などもあり女性の上半身のもの、それに全身のものなどがある。古くは擬似女陰としてコンニャクなどが使われたが、江戸時代以降は、現在に相当するものが工夫され、発達してきている。「蒟蒻」の項を参照。

擬似陰茎には、古くは身近にあるキュウリ・ナスなどの野菜類やすりこぎや人形などの他、専用に作られた張形や木耳《きくらげ》などがあり、最近では電動バイブレーターなどが知られる。ちなみに、こけし人形もそのために作られ始めたという説もある。「張形」「木耳」の項を参照。

自慰を行う際、次のようなことをすることによってより快感が高められ、一層効果的に快感が得られるという。
①恋人やスターなど好きな異性の写真や絵を見る。
②性行為を描写した絵や写真等、性的な興奮を起こさせるものを見る。
③恋人や好きなスターの名前を呼んだりする。
④好きな人の裸体や好きな人との性行為を想像し、思い浮かべる。

この時に想像する好きな人を通称「オナペット」(またはオナニー・アイドル、オナパト、オナニー・パートナー)と言う。

男性は射精によって自慰行為を終わらせることが多いが、女性の場合は人によって終わり方が異なる。

江戸時代にも一般に自慰は健康上よくないとされていたが、明治時代に自慰の害が強調されたため、自慰行為には弊害を伴うという考えが続いている。徳冨蘆花《とくとみろか》は十四歳の頃に貸本屋で『造化機論』(明治八年刊行のJ・アストンの性科学書)の挿絵を見てつい自慰を行い、それが心の傷として残っていたらしく、「自分の陰茎が弱小で、摺子木大にならないのはあまり早くから己が陰茎を弄し過ぎた」(大正三年八月十七日)とか、「俺は早くから淫を覚えて、濫《みだ》りに精液を漏らした。俺の頭脳の悪いのも一は其為だ。俺の子がないのも、確に其為だ」(大正四年十二月六日)と、日記に記している。哲学者の出隆《いでたかし》も十八歳の日記に「また手淫。小さな快楽。だが大きな罪、罪悪感。罪なる罪なる我なる哉」と罪悪感にさいなまれる悩みを吐露している(『哲学青年の手記』)。薄田泣菫《すすきだきゅうきん》は『大阪毎日新聞』(大正五年五月十五日付)に、新渡戸《にとべ》稲造《いなぞう》博士は近眼の理由を学生から聞かれた時に、本をいくら読んだからといって人間は近眼になるものぢゃないと言ってから、ちょっと顔を赤らめて「気恥ずかしい訳だが、性欲の自己満足を余り行《や》り過ぎたもんだでね…」といって、強く自慰行為を戒めたというエピソードを紹介している。

最近では特に過度に行わない限り、自慰をしても特に支障はないというのが定説になっている。

男性は思春期を中心にほとんどの人が自慰行為を経験するが、女性の経験者は少ないといわれてきた。最近の調査では女性も、六〇〜八〇パーセントの人が経験しているというデータが出ている。別の調査によれば、日本の大学生の自慰行為経験者は男子では九二〜九三パーセント前後であり、女子は二〇パーセント強から三〇パーセントの間で上下している。また高校生の場合でも、男子の経験率が八〇パーセント前後なのに対し、女子は二〇パーセント以下である。女子の自慰経験者は年々減少の傾向にあるという調査もある。

古くは「あてがき」「せんずり」「おかず」などといわれてきた。明治時代以降「オナニー」の訳語として「自瀆」という言葉が使われていた。大正時代の性の啓蒙者の山本宣治《やまもとせんじ》は、この言葉には罪悪感が感じられるとして、肯定的な表現として「自慰」という言葉を使い始めた。同時代の性科学者の青柳有美《あおやぎゆうび》は「人工遂情（自分自身で思いを遂げる）」という訳語を使っているが、「自慰」の方が一般的に使われた。その後「マスターベーション」（それを略した「マス」）という外来語が広く使われるようになったが、最近では「オナニー」が最も一般的に使われている。

「オナニー」の語源は旧約聖書に登場する人物オナンに由来している。オナンの兄エルには妻タマルがいたが、子供が出来る前にエルが死んでしまった。古代イスラエルの法律にしたがってオナンは兄の妻タマルと交わることになったが、その子は自分の子とならないことを知って、オナンはタマルと交わる時には膣外射精をした。このことが「オナニー」の語源になった。したがって「オナニー」は本来は膣外射精の意味であったが、生殖を目的にしていないという意味で自慰と同じととらえられていた。

◇〔俗語系〕ずりねた、おかず、須磨の浦、ちんぴく美人。

◇〔手系〕手淫、手開（てぼぼ）、手筒・手銃（てづつ）、手細工、二本組、五人組、五人囃、五指娘。

◇〔自分系〕自慰、自瀆、自家発電。

◇〔独り系〕独淫、独楽、独悦、独悦行為、一人遊び、独り遊び、独遊、大悦。

◇〔擦り系〕千摩（せんずり）、千摺（せんずり）、ちずり（千摺・千弄・千摩）、ちずりもかき、千度擦り。

◇〔古語系〕かわつるみ、当て掻き（あてがき）、吾手掻き（あてがき）、着せ接ぎ（きせはぎ）、吾手抉り、吾手入れ、貰い床。

◇〔洒落系〕須磨の浦。

◇〔外国語系〕オナニー、マスターベーション、マス。

ジー・スポット［G…］グレーフェンベルグ・スポットの略。女性の膣口から約五センチ奥の膣前壁にある非常に敏感な性感帯のこと。女性がオルガスムに達しやすい特に敏感な性感帯として陰核がよく知られているが、実はこの膣の性感帯（G・スポット）の刺激によりオルガスムが連続して起こることが判ってきた。これをクリトリス・オルガスムに対して膣オルガスムという。この部分を最初（一九五〇年）に観察し、確認したのがドイツの産婦人科医、エルンスト・グレーフェンベルグ博士である。彼は「異常に激しい性欲を喚起するゾーン」と名付けた。後にその部分は発見者にちなんでグレーフェンベルグ・スポット（G・スポット）と呼ばれるようになった。

このG・スポットの刺激によってオルガスムに達するには騎乗位、屈曲位、後背位、座位等の体位が良い。騎乗位の場合、女性は少し後ろにのけ反るほうが良い。後背位は上付きの女性には不向きだが下付きの女性にはぴったりの体位である。座位の場合は男性は体を反らすことによってG・スポットがよく刺激される。

このG・スポットは男性の前立腺に相当する部分が退化したものらしく、すべての女性にあるわけではなく、むしろ無い女性のほうが多い。人間がまだ雌雄同体であった頃の名残だともいわれている。

◇グレーフェンベルグ・スポット、G・エリア、G領域。

しいのみ［**椎の実**］幼き男児の性器。「見つかって椎の実程にして逃げる」（『末摘花』）。

しいん［**舐陰**］男女が相手の性器を口または舌を使ってなめる行為。主として女陰への行為（クンニリングス）をいう。男女どちらの行為も昔から行われていたように思われるが、江戸時代は、心中立て（愛情が不変であることを誓う義理立て）として、女は彫り物（入墨）をしたり、髪を切ったり、小指を切り落としたりしたのに対し、男は女陰を舐めるという行為が行われたため、クンニリングスだけが記録に残ることが多くなったわけである。

◇オーラルセックス。

しいん［**視淫**］女性の裸や戯態を見て性的欲望を満足させる行為。老齢のため精力減退した者や病的な理由で性交不能な者に多い。

じおうがん［**地黄丸**］江戸時代の代表的な強精内服薬。「兵（つわもの）も太刀打折て地黄丸」（太刀を折るは腎虚のこと）、「たっぷりと水ほしがって地黄丸」（水は精液）、「白い事地黄で出来た子のあたま」、「ふしぎ也ぢわうやのうれん大こくや」、「こりゃどうじゃ翌日から地黄呑ましゃんせ」。地黄丸には大根が良くないといわれ、地黄丸を飲む時には大根は食べない。「ねばりづよい大根あがらぬので読めた」。「地黄飲む側に大根美しい」（『誹風柳多留』、大根は勿論女の脚）。「無駄な薬煎じてるいい女房」（いい女が女房じゃ地黄丸を飲んでも無駄か）、「地黄丸昼は飲みつつ夜は消え」（夜も我慢しなきゃ薬効も消える）。

しおち［**仕落ち**］遊女は客を喜ばせて早く射精に導くために、自分もあたかも快感に酔っているかの如く身体をのけぞらし、息をはずませ、よがり声を上げたりして、オルガスムに達した振りをする。ところが時には、自分の演技に乗り過ぎて本当にオルガスムに達してしまうことがある。自分で仕掛けた仕掛けに引っ掛かって落ちるので「仕落ち」と言う。

プロでさえそうなのだから、一般の女性でオルガスムに達し難い人は、振りを付けてみるのも良いのではないかと思われる。「振りを付ける」の項を参照。

しおふきげんしょう［汐吹き現象・潮吹き現象］ オルガスムに達した時、鯨が汐を吹くように大量の愛液を噴出し、ベッドを水びたしにするという女性がいる。これを汐吹き現象と言い、そのような女陰を「汐吹き」または「汐吹き貝」と言い、そのような女性を「汐吹き」または「汐吹き女」と言う。従来、単に愛液の分泌が過剰な状態と考えられていたり、強い興奮から尿を漏らすのだと誤解されていた。それはこの潮吹きの液が膣からではなく、外尿道口から噴出されるからである。

その解明は、一九五〇年にグレーフェンベルグ博士がこの現象に「女性の射精反応」と命名したことに始まる。一九八〇年にウィップル女史が、性交時の失禁に悩む女性の射精現象のビデオ撮影に成功した。膣口から二～三センチの前壁に、尿道周囲を取り囲む部分が男性の前立腺と同じような構造をしている女性が、全体の約三〇パーセントいることが判った。彼女はこの部分をグレーフェンベルグ博士にちなんでG・スポットと呼んだ。

この部分の腺構造はたくさんの穴で尿道と通じていることや、その腺構造と膣壁の間には、陰茎の海綿体と同じような構造が存在すること、そしてそれが陰核ともつながっていることなども解明された。

やがて、G・スポットに刺激を与えると襞々の皺が平坦になり、どんどん盛り上がってきて、膨張した部分からは、尿道に通ずる穴の中に精液のようなものが湧き出て尿道の中に流れ込み、これらが集まって外尿道口からピューッと射出されることが判った。
この射出液体の成分は愛液とも尿とも異なり、男性の前立腺から分泌される液に似ている。最近の医学でさらに詳しく解明されつつある。

じおんな［**地女**］（遊女・芸者・娼婦等ではない）素人の女性。「じもの」と読ませることも多い。地女（素人の女性）は淫らで愛液が多くすぐ熱くなる、陰毛の手入れがしてないなど、悪い意味で使われることもある。「地女は唐人ほど口のはた」、「地女の疵は駄蠟を燈すよう」。

◇地の者、地者。

しがち［**仕勝ち**］乱交。

しぎとはまぐり［**鴫と蛤**］男と女。または両性器の結合。鴫（鷸）が蛤（蚌）の肉を食べようとしたら蛤が急に殻を閉じた。鴫は嘴を挟まれて難渋し蛤は殻を開けられず難渋し、相争っている所へ漁師が来て双方を捕えてしまった。いわゆる「漁夫の利」の語源になった「鷸蚌《いつぼう》の争い」の故事も川柳子から見ると、蛤（女陰）と嘴（陰茎）の交わりの暗喩となってしまう。「鴫も鴫また蛤も蛤と」「空き店をのぞけば鴫と蛤が」（ともに宝永時代の句）。

しぎはまぐり［**鴫蛤**］女陰が痙攣して急に閉じたので女陰に入れた物が抜けなくなって難

渋することの暗喩。「指が抜けかね鳴蛤もかくやらん」。

じごく［**地獄・地極**］江戸時代初期より三百年にわたって使われている、関東地方での素人女の私娼の異名。江戸では中州の素人風の私娼をいう。語源に関しては、娼婦に関わりあってこの世の〝地獄〟に堕ちたという説、その逆に〝地〟上の〝極〟楽だという説、さらに〝地〟者（素人）が〝極〟秘に売春したからなど、諸説がある。「地獄屋ハ爰かと浅黄うら尋」。

しこみばり［**仕込み針**］女郎が惚れた客と性行為をした後で、使ったコンドームに刺した針。または使ったコンドームに針を刺して捨てること。そうすると、この客は他の女郎と遊ばないという迷信が昭和十年代に流行した。

しじ［**指似**］小児の陰茎。古くは、男女両方の童の性器の名として使われていたらしい。指似子とも言う。

ししい［**四肢位**］女が膝をつかずに、手足で四つん這いになっている背後から、男が女の腰を覆って接する体位。

◇種子ヶ島、大渡し、駒がけ、広つび、牡牛体、牡羊体、四足獣技法、田植え、ポンペイ式技法。

ししきがんこう［**紫色雁高**］男性器の逸品。赤黒く紫色を帯びた肉肌色をしている上に、亀頭が高く張り出した流線形をしていて、一級品といわれる陰茎。歌舞伎「仮名手本忠臣蔵」八段目の「紫色雁高我開令入給」から出た言葉。「紫色雁高ぅ死ぬ死ぬと女だし」(『末摘花』)。

◇雁高いぼ摩羅。

しじこ［**指似子**］小児の陰茎。「その憎さ指似子隠してふろへ入」。まだ小さいと思っていたのに、恥ずかしさを感じる年頃になってきた様子。

しじみ［**蜆**］女陰（子供のもの）。

しじゅうしまだ［**四十島田**］「三十振袖四十島田」の略で、年配の女性が年に似合わず若い服装・化粧をすることの譬え。または、からかいの言葉。夜鷹の代名詞としても使われる。

しじゅうはちひだ［**四十八襞**］膣内にひだが多く、ざらざらしている女陰のことで、男性に最高の快感を与える名器であるといわれている。

しじゅうはって［**四十八手**］性行為における性戯状態の俗称。相撲の勝ち手技の俗称「四十八手」に譬えて名付けたもの。

性戯の四十八手の元祖・菱川（狩野）師宣は性交体位の他に前戯、後戯も引っくるめて考えていた。以後、大方の四十八手には指技、口交などが含まれるが、昨今では体位だけをいうことが多くなってきている。古くは性行為が男女の精神的な融合も含めた性戯として把えられていたのに対し、昨今では性行為が単なる性交技術つまり性技と考えられるようになった現れとも考えられる。なぜ数が四十八手になったのかは「偃側図（おそくず）」の項を参照。ちなみに『新撰古今枕大全』は八型、『素女経』と『黄素妙論』『つび相撲』は九型に分け、ヴァン・デ・ヴェルデは十体位、『好色旅枕』は十一型、『智恵之海』は十二型、『玉房秘訣』は十五型、『カーマ・スートラ』は二十五型、『衛生秘要抄』は二十六型、『ジャルダン・パルヒューメ』は二十九型に分けている。『洞玄子』は三十型、『アナンガ・ランガ』と『アート・オブ・ラブ』は三十二型、『ラティラハスヤ』と『からくり草紙』は三十六型、『大歓喜品』は四十八型に分け、高橋鐵は六十二体位に分けている。

しすんしごろ［**四寸仕ごろ**］長さ四寸（約十二センチ）くらいの陰茎が、長すぎず短かすぎず、性交するのに丁度頃合いの大きさだという意味の俗諺。ちなみに陰茎の太さの方は、円周が陰茎の長さと同じくらいが良いとされていたから、つまり太さも四寸くらいが良いということになる。

しせい［**熾盛**］火が燃え上がるように非常に盛んなこと。恋情や情欲の非常に激しい様子を表す時に用いられる。例、淫乱熾盛。

したぞり［**下反り**］勃起した時に下に反る陰茎。上反りに対し、良くない陰茎の代表といわれる。しかし、『失題艶道物』には次のように説明されている。「下反りのへのこは至って下品なりといへども女うつぶけにし後ろよりするには下反りにしくはなしといへり」。

したたかもの［**強か物・健か物**］強い一物、猛々しい物という意味。すなわち、勃起した陰茎。

したたるい［**下垂るい**］色気が溢れてイヤらしい様。「したゝるやびくにはかはふものではない」。

したつき［**下付き・下着**］比較的下の方（肛門に近い方）に付いている女性器。どの程度ならば「下付き」と言うかは「股間菱形」の項を参照。「下付き」はアジア人に多いといわれるが、アジア人でも幼いときには上付きである。また従来、日本人の下付きは約一割といわれているが、最近のある調査結果では、上付きの二三・三パーセントに対して、下付きはわずか八・一パーセントに過ぎなかった。AV女優を対象にした調査では一九パーセントが下付きという結果もある。

正確な計測に依らずに口頭回答のような場合、外国人のようにヒップが大きいと後ろからは性器結合し難いために、同じ位置に付いていても上付きと感じてしまうようなことがあって、単なる感覚的なものに過ぎないことが多い。そのため何やら分かったような調査結果が報告されたり、さらには下付きは名器であるなど、様々な俗説が生まれる。

科学的な計測では、外国人も日本人も大差ないという結果が出ている。つまり、ヒップの大きさとの関係、陰茎の大きさや角度、体位などによって、上付きと感じたり下付きと感じたりするということである。

下付きについて、『失題艶道物』には次のように説明されている。「ぼゞ少し下りて谷間時の所にありて後門との間一寸ばかりなるあり此類多し味はひ良からずこのぼゞをとぼす時は女をうつ向に這はせ男後ろより割込み女の尻を男の膝の上に引付る様にして行ふべし」。

したにんぎょう［**舌人形**］クンニリングス。指で女陰を弄し愛撫することを「指人形」といったことから転じて生まれた言葉。「犬は舐めるが舌人形であろう」（犬は指が使えないので、舌人形をしている）。「極ずいの浅黄舌人形が好き」（『柳の葉末』）。

したば［**下歯**］女房のこと（元は大工の隠語、亭主は上歯、娘は面と言う）。他人が人の女房のことを言う時は、下歯をひっくり返してバシタと呼び、この呼び方は昭和まで使われていた。

したゆ［**腰湯**］性行為の前や後に秘部を清潔にするために使う行水。吉原などの遊女は避妊のために腰湯を使い、膣内まで良く洗浄したという。

したるい　べたべたして甘ったるい、なまめかしいという意味の古語。

しちじゅうごにち［**七十五日**］一般に産後七十五日間は性交禁止とされていたので、ただ単に「七十五日」と言えば、産後七十五日交合禁忌の意味である。『手ばこのそこ』（女性医学書、宝永頃・一七〇〇年代初め）に、「昔は百日だったが、せめて五十日は待ちなさい」という意味のことが書かれている。まじめな亭主にとっては七十五日間は待ち遠しいものだろう。抗生物質のない時代、産褥熱《さんじょく》による死亡率は極めて高かったので、当然のことであったと考えられる。「七十五日見せをひく稀レな事」（『末摘花』）。「女房に七十五日貸しが出来」(『誹風柳多留』)。「七十五日初もののよふに待ち」、「今少し七十五日暮れかかり」。「七十五日」と書いて「ものいみ」とも読む。

しちそん【七損】『素女経』では、体調不振の時に無理な性交をすることは精力を衰えさせ、不能にさせる原因となると説き、その予防と治療の方法として七つの性交体位を示している。これら不能の原因と予防を「七損」と言う。七損に共通な点は、女性に主導権を委ね、男性は射精しないということである。

①「奪脉」脈搏不順の意味。勃起不十分や満腹時の性交で起こる。治すには仰向けに寝た女性の足を男性の尻に掛けさせ、男性は動かずに女性に体動を任せる。女性の絶頂後陰茎を抜く。これを一日九回、十日間続ける。

②「機関」肝臓障害のこと。大小便を排泄した直後に性交すると起こる。治すには女性が対面騎乗位になり前屈みになる。この体を支え、女性だけを絶頂に導く。

③「気泄」精気が体外に洩れるという意味。疲労して汗が乾かないうちに交わると唇が異常に乾き、この病になる。治すには女性が背面騎乗位になり、陰茎を浅く受け入れて腰を振る。

④「百閉」脈が閉塞するという意味。淫乱女性との過度の性交により、精液が枯れて万病を併発する。治すには女性上位で、女性は四つん這いになり、女性の手で陰茎を挿入させる。男性は動かず、女性が自らはてるのを待つ。

⑤「血竭《けつけつ》」血気が尽きるという意味。力仕事やスポーツの後の性交は病み付きになり易く、この症状になる。仰向けの女性の腰を持ち上げさせ、両脚を広げて伸ばさせる。男性は深く交わり、女性に十分奉仕してもらう。

⑥「溢精」早漏や勃起不全のこと。焦って交わったり、深酒をして性交するとなる。治すには仰向けに寝た女性の膝を曲げて浅く挿入し、女性に腰を振らせ、女性が達したら抜く。

⑦「絶気」精気が尽きるという意味。気が進まないのに交わると起こり、気が滅入り、苛立ち、眩暈がする。治すには、女性の両脚を担ぎ、深く挿入して女性に腰を振らせる。男性は動かず、女性が絶頂に達したら陰茎を引き抜く。

しっちゅうはいい［**膝肘背位**］膝と肘をついて四つん這いになった女性の後ろから男性も膝をついて交わる体位。最も一般的な背向位。

◇うしろどり、さしさば、ひよどり越え、下手櫓、出船、膝臥位、白虎勢、膝胸位、虎歩勢、隔山取宝、隔山点燭。

しっとのうらやみ［**嫉妬の羨み**］もう一人の女に見せ付けながらする性行為。菱川（狩野）師宣は『表四十八手』の一つに入れているが、最近でもこの方が強い性感を感じられるという者も多いという。

しつぶか［**湿深**］しつこく話し掛けたり、ちょっかいを出したりすること（江戸言葉）。

転じて、性交時に手技や舐陰などを執拗に行う客（江戸の遊里語）。しかし、『俚言集覧』（明治三十三年補）には、淫蕩であってその上執拗である人という意味のことが書かれているし、『擲銭青楼占』（安永三年・一七七四）には、「此卦の女郎はきついしつぶかなり。ことになじみなれば、床の内海をなすべし」とあるので、湿深は男にも女にも使われた言葉である。「内の用をば足さぬしつぶか」。

しつぶかい［湿深い］淫欲が激しく、性交時にも執拗なこと。「湿深い奴でこそあれなめくじり」。舐陰を好む奴は、多淫であり、淫蕩であり、淫欲の激しい奴だと断言している。

してん［尸舔］クンニリングスのこと。

じとく［自瀆］自慰のこと。瀆は汚すという意味があり、自慰行為が良くないこと、罪深いことと考えられていた時代の呼び方。大正時代に「自慰」という言葉が使われるようになってからは使われなくなった。

しとね［褥・茵］古くは座る時に用いる敷き物。後世は、寝る時に畳の上に敷く物、現代風に言えば敷布団である。「褥を共にする」と言えば、一緒に寝ることであり、性行為をすることを意味する。

寝る時に褥を用いるのは上層階級か廓であって、中層以下はうすべりを用いていただけだから、枕絵を見る時、褥の有無によって廓の寝所か庶民の性生活かを判断することができる。

しぬ〔**死ぬ**〕代表的よがり声として知られる。艶本の説明、川柳や謎解きによく出てくる。「しぬしぬ」とか「しにますしにます」というように繰返し言葉になっている例も多い。「我死了」「I'm dying!」「Kill me」「Ich sterbe」「殺して」等々、同義語は時代や洋の東西を問わずに数多く存在する。しかし、昔から男性の浪り声には「死ぬ」はなかった。また、最近ではなぜか女性も「死ぬ」という言葉を発しなくなり、代わりに「行く」がよがり声の代表になっているという。「死にますと言ふはいきます時の事」（「いきます」はもう一つの代表的浪り声の「行きます」と「生きます」をかけている）。「死にいすと言って末期の口を吸ひ」、「生穴に入るも死ぬ死ぬ往くと言ひ」、「死ぬと言ふ字も聞き所で面白し」（「死ぬ」という不吉な言葉は他では聞きたくない。聞くのならば閨房に限りたいもの）、「死ぬと言ふ字も書く所で面白し」（明治の川柳・前句の模倣）。「おっかさん死んじゃいやだと目を覚し」、「男の悦声しかし死ぬは言はざりし」。

しのばずのいけ〔**不忍池**〕上野にある池。江戸最大の出合茶屋の密集地。東叡山《とうえいざん》のある忍が岡に対し、琵琶湖を模して作られた池で、池には蓮の花が咲き、魚が泳ぎ、水鳥が集まった。

〔第一期〕寛永年間（一六三〇年頃）に弁天島《べんてんじま》が築かれ、寛文年間（一六六〇年頃）に石橋が架けられて、参詣人が急増し、茶店が生まれた。「鍋蓋のとってのような池の道」。其《き》角《かく》（宝永四年・一七〇七没）の句「出ぬ茶屋に欺かれても蓮かな」から、この頃には昼間だけの出茶屋があったとわかる。享保十四年（一七二九）の句「夫の目を忍ぶが男彼茶屋《おかの》遊び」からは出合茶屋の誕生が推定できる。

〔第二期（延享四年・一七四七～宝暦二年・五二）〕延享四年に仲町寄りに新たに築地《つきじ》ができ、茶店、揚弓場、講釈場などが建て連ねられ繁盛したが、汚物のために池の鯉が死んだという理由から、五年足らずで娯楽街は廃止された。淫らになり過ぎたというのが真相である。

〔第三期（明和元年・一七六四～安永十年・八一）〕全盛時代。「出合茶屋しのぶが岡ハもっともな」「池の名に背いて池の茶屋をかり」（『誹風柳多留』）。「しのバずの茶屋で忍んだ事をする」。

〔第四期（文政三年・一八二〇～天保末・四四）〕池を浚渫した泥を仲町寄りの池の中に池畔に沿って帯状に新土手を築き、茶屋街とした。「新土手ハ二タ重眼縁の池の端」、「新土手の二タへまぶちに美人草」（『誹風柳多留』）。

じのり〔**地御**〕広い意味の正常な体位のこと。「本手」とも言う。他の体位は「曲交」「早業」と言う。

しばだたみ〔**芝畳**〕芝草（イネ科の野草）の生えた草原。農村部の麦畑に匹敵する山村部でのアウトドア・セックスの絶好地。都会での密会が陰湿な手段に頼ったのに対して、農村における出合には自由でおおらかな雰囲気があった。

しまだ［**島田・生娘**］生娘。

しまやのばんとう［**島屋の番頭**］鶏姦の代名詞。弘化元年（一八四四）のこと、江戸小伝《こでん》馬町《まちょう》一丁目の島屋という呉服店の番頭が、小僧に対して肛門交を強要したことが表沙汰になった。これを「島屋の番頭事件」という。番頭は暇を出されて吉原の河津屋に住み込んだが、弘化二年（一八四五）十二月五日の大火で焼け出された。これがきっかけで「島屋の番頭、ケツホリ番頭、小僧は難儀、早桶《かんおけ》だんのう、丸焼だんよう」という俗謡ができて流行り、一層世間の評判になった。「島屋の番頭子供等は見ると逃げ」。また「島屋でもいいには小町ちと困り」という句がある。穴無しと言われた小野小町が、「それならば島屋（肛門交）でもいいよ」と言われたら、小町もさぞや困るだろうという句。

しめしごとあまよのたけがり［**しめしごと雨夜の竹がり**］中国の性典と蘭学の知識を融合させた江戸末期の性典の題名。

しゃか［**釈迦・釋伽**］男根のこと。松茸を見て釈迦が大笑いしたからだという説や、釈迦の立ち姿が勃起した陰茎と似ているからという説がある。もう一つ、釈迦が「唯我独尊」と称えたからであるとの説もあり、この方が「自己愛の元」としての男性器を巧みに象徴しているように思われ、真偽の程はともかく、重視したい説である。

しゃくはち［**尺八**］フェラチオのこと。縦笛と言わずに尺八としたのは、尺八は縦笛と異なり、その形が反り返っていて勃起した陰茎により良く似ているからである。

しゃせい〔**射精**〕精液を排出すること。
◇〔放つ系〕放つ、放出、放射。
◇〔出す系〕出す、吐きだす、放出する。
◇〔発射系〕発射、発射する。
◇〔爆発系〕爆発、爆発する、はじける。
◇〔吐く系〕吐きだす、吐精。
◇〔外国語系〕エヤクラチオン ejakulation（ドイツ語）、シュプリッツ、シュプリッツェン、エジャキュレーション、ショット（米俗語）。

しゃせいげんかいかんかく〔**射精限界感覚**〕性行為中に性器の興奮が高まってきて、もう直ぐ射精が始まるなと男性が感じた時、その射精をせずに止どまることのできる、ぎりぎりの限界の時の感覚。

この射精限界感覚がつかめれば、射精の少し前に性交運動を緩くしたりして刺激を小さくし、射精時期を延ばすことによって早漏を改善することができる。そのためには、普段から自分自身も長く快感を味わいながら相手の女性にも快感の極致を堪能させようという気持をもって性交体験を積んでいくことにより、早くこの感覚を把握することが大切である。

しゃみせんぜめ〔**三味線責め**〕三所責めと同じ。女を膝に抱いて接合し、右手と左手を使って愛撫し、女に声（音）を出させるところが、三味線を弾く姿に似ているのでこう呼ばれる。乙な命名である。

じゃみる　結婚に異議を唱える。結婚を思い止どまる。「じゃみ」は江戸言葉で菊石（あばた）のことで、あばた顔のことは「じゃみっ面」あるいは「じゃも面」といった。それが転じて粗悪品のことを一般に「じゃみ」というようになった。それが動詞化して「じゃみる」となると、異議を唱える、いろいろなことを思い止どまる、買うのを止める、というような意味が生じてきた。それが色の道で使われると「じゃみ」は安女郎、特に年の若すぎる女郎の意味になり、「じゃみる」は結婚に異議を唱えたり、結婚を思い止どまるという意味で使われるようになって、しばしば川柳などに登場することになった。「よいとしをしてけいせいのじゃみを買い」は、いい年齢のおっさんが年端もゆかぬ若く未熟な女郎を買ってるよと、からかっている句。「眼に見えぬ疵で縁談じゃみるなり」は、眼に見えぬ疵で縁談を断ったという句。眼に見えぬ疵というからには容貌にある疵ではない。では果たしてどんな疵か、どこの疵か？「妹の方ならと婿じゃみるなり」。姉は年を取り過ぎているのか、妹の方が美人なのか？

シャン　schön（ドイツ語）、美人のこと（大正・昭和の学生言葉）。

しゅうかへいげつ［**羞花閉月**］花を羞かしがらせ、月を雲に隠れさせるほどの美人。「閉月羞花」と同じ。「閉月羞花」「沈魚落雁」の項を参照。

◇花を羞じらう、花も羞じらう、沈魚落雁。

じゅうかん［獣姦］動物を相手に性行為をすること。古代エジプトでは獣との交合は聖なる行為とされ、鰐、山羊、牛など、神々の化身である聖獣と交わることは神と人間の和を結ぶと信じられていた。この古代エジプトの秘儀が各地に広まり、後世に伝えられたと考えられている。しかし中世以降の獣姦は聖的なものではなく、快楽的な、性的欲求を満たすための行為になった。

獣姦の対象となる動物は、男性では、ヒツジ、ヤギ、ニワトリ、イヌ、ウシなど。女性では、イヌが断然多く、ネコ、ヘビ、ウマなどもある。

獣姦の方法としては、①性交そのものを行う場合、②動物の体の一部を用いて自慰行為を行う場合、③動物に自分の性器を舐めさせて満足する場合、④動物の性器に愛撫行為を加えて楽しむ場合、⑤動物の性器に愛撫行為を加えながら自慰行為に耽る場合、などがある。

欧米では歴史も古く、古代エジプトの秘儀から始まったといわれる。エジプトのメンフィス寺院では犢（こうし）を全裸の娘たちが飼育し、その犢の性器を様々な方法で刺激して発情させ、娘たちはこの発情した犢と次々に性行為を行い、礼拝するという。古代ギリシャにも、パーン（牧神）と呼ばれる下半身が山羊の神がニンフを追い回していた話に準じて、牡山羊と女性の交合が寺院の中で行われていた。獣と交わることは淫らなことではあるが、道徳に反せず、むしろ神聖な行為とされていた。それに反し、ユダヤ教では獣姦はタブーとされ、旧約聖書でも強く禁じている。しかしその事は当時獣姦が比較的一般に行われていたことを意味するものであるともいえる。古代エジプトでは迷信に基づいて淋病や梅毒の治療法としても用いられたらしい。これは日本にも伝わっていて、農山村には性病に罹ったイヌがいたという。

日本でも古くから獣姦が行われてきた。平安初期の『延喜式』に、動物と行う性交は「畜《けもの》犯せる罪」としてかたく禁じられている。

このように欧米と日本の獣姦に対する考え方の差から、欧米文学や外国のアダルトビデオには獣姦の場面がよく出てくるが、日本の作品にはほとんど見られない。欧米の作品では、人間の女性と牡犬という組合せの場合が多いが、牡馬との組合せという場合もある。日本では数少ないが、『狐妻』に書かれた狐との獣姦、『日本霊異記』に記された蛇との獣姦、『今昔物語集』に出てくる大蛇との獣姦などの話がある。

ヨーロッパではその後獣姦を禁止した時代もあり、獣姦の場合の最高刑として死刑を当てたこともあるという。

◇人獣相姦、人畜相姦、ソドミー。

しゅうこ［**秋胡**］結婚五日目に老母を新妻に託して単身赴任した魯《ろ》の秋胡は、五年目に帰国途中、桑の葉を摘んでいる美人を妻と知らずに口説いた。夫の母を養い続けてきた妻は夫の浮気心を恨んで投身して死んだ。教訓逸話であるが川柳では、「何の葉だなどと秋胡は側へ寄り」(『新編柳多留』)。「桑を摘む女房に惚れる馬鹿なこと」「ひどい見忘れ桑摘み口説いてる」(『誹風柳多留』)。「桑畑」の項を参照。

じゅうさんパッカリけじゅうろく［十三…毛十六］女子は十三歳でパッカリ（初潮）も始まり、十六歳で毛が生えて性器が完成するという言い習わし。もちろんこれは数え年でのことではある。

じゅうどう［十動］中国の隋・唐時代の性書『素女経』という本に、女性が性交中に示す徴候として「五徴」「五欲」「十動」という判別法が書かれている。その中の一つの「十動」によれば、女性は男性と結合を果たした後、次に揚げる十の体の動きで「こうして欲しい」というサインを男性に送っているという。以下「十動」の日本語訳。

一、両手でしっかりと抱きついてくるのは、もっと体を密着させたいということ。
二、両腿をピンと伸ばしてくるのは、陰核のまわりを恥骨でこすって欲しいということ。
三、お尻を揺り動かすのは、もう良くて良くてたまらない、子宮も突いて欲しいということ。
四、両脚を絡めてくるのは、もっと奥まで入れて欲しいということ。
五、両脚をよじるのは、中がくすぐったいほど良くて、耐えられないということ。
六、体を左右に揺するのは、膣の両側も突いてほしいということ。

七、腹の表面が平らに硬化するのは、オルガスムが近付いてきているので、ピストン運動のピッチをもっと強く、早めて欲しいということ。

八、体を起こして男に向かってくるのは、淫楽が極限にまできているので、唇を吸って欲しいということ。

九、女が体をそらせて何かに摑まろうとするのは、快楽で絶頂にさまよっている最中で、恐ろしくなっているため。

十、淫液がすべるように流れ出て体がぐったりしたのは、絶頂が終わり、満足したということを示している。

じゅうどうさ［**十動作**］中国の隋・唐時代の性書『素女経』に書かれている、性交中に女性が男性に十の動作で送っている「こうして欲しい」というサイン。「十動」の項を参照。

一、両手にて男を抱く時は、陰部と陰部を密着させたき表情なり。

二、ひじを伸ばすは、陰核摩擦の表情なり。

三、尻が動くのは、感覚極上の表情なり。

四、腹部が反るのは、絶頂感を望む表情なり。

五、両足にて男を縮むるは、深き挿入を欲する動作なり。

六、両股をあわすは、陰戸に痒ある動作なり。

七、身体をそらせてもちあぐるのは快楽極点の動作なり。

八、身体を左右に振るのは、左右二側へ深き挿入を求むる動作なり。
九、上身たちあぐるは、身体四肢に快感が達せし動作なり。
十、玉戸しとどに濡れるは、すでに頂点を究めし動作なり。
（「十動」「十動作」共に、原典を翻訳し写本を重ねるうちに、当事者の意向も書き加えられて、少しずつ変化したものと考えられる。比較的原典に近いものといわれる「女人淫情十動之候」の項を参照）。

じゅうにゅうごうしゅつ「**柔入剛出**」ゆっくりと入れ、速やかに出すのが良いということ。初めに性交する時の中国の古書の教え。

しゅちにくりん「**酒池肉林**」非常に贅沢な酒盛り、豪華な宴（一般の国語辞典）。古代中国・殷の全盛時代に、紂王の女・妲妃は王を唆して周囲三里に及ぶ高楼を築き、その中に二つの池を掘って酒を満たして「酒池」と称し、酒粕を積みあげて丘とし、樹々には百獣の肉をつるして「肉林」と称した。その上、群臣に女を与えて日夜、乱交の宴を催していた。これを「長夜の宴」と呼んでいるが、このような状態を「酒池肉林」と言う。

しゅどう「**衆道**」中世における男色。「しゅどう」に「主童」「殊道」「主道」の文字を当てることがある。『男色実語教』によれば、「主童」は十二～十四歳の三年間で、男色の若衆を花に譬えると蕾の時代。「殊道」は十五～十八歳の三年間で、花に譬えると盛りの時代。「主道」は十八～二十歳の三年間で、花に譬えると散る花の時代に当たるという。

しゅんが［**春画**］男女の秘戯・性行為の様子を描いた絵（あるいはそのような絵を中心に構成された絵本）。春画という言葉は中国の「春宮画」から生まれたといわれる。「春宮」は「春宵宮幃」の略で宮廷の寝室つまり宮中での性の営みであるという説と、「春宮」には皇太子という意味があるので春宮画は皇太子の性教育の教科書だという説がある。最初に春画を描かせたのは漢の時代とも殷の時代ともいわれるが、紀元前の中国宮廷に起源があるようである。

わが国には平安時代に中国から渡来。当時は「偃息図（おそくず）」といって、医術のための説明図だった。早速に和製のものも作られた。戦国時代には春画や女性器の図が戦場での魔除けのまじないとして使われていたことから、偃息図が徐々に広まり、江戸時代には有名な浮世絵師がこぞって偃息図を描いたことから優れた作品が作られ、春画の最盛期を迎えた。

春画の使用目的（効用）としては、①夫婦や恋人の間で、より高い性の愉悦を追及したり未体験の体位に挑戦するテキストとして用いる。「馬鹿夫婦春画を真似て手をくじき」「無理に春画の真似をして筋違」などの句がある。②性学習や自慰行為の補助として用いる。「じんきょして取あげられる笑本」「西川画を手本に丁児かきならひ」。③大名・旗本の息女たちの嫁入り前の性教育教科書や嫁入り道具。④大名・旗本たちが新しく拵えた甲冑の鎧櫃に祝儀用として入れた。「具足櫃納まる絵にも甲形」「彼の本ハ入レぬ武蔵が具足櫃」（武蔵は弁慶のこと）。⑤まじないとして用いる。財布に入れておくと金が殖える（明治・大正時代）、ポケットに入れておくと敵弾に当たらない（明治・大正・昭和時代）、竈に貼ったりして火事をよける、門に貼って鬼の侵入を防ぐなど。⑥贈り物や江戸土産として重宝した。特に下の人からの物質的に恵まれている上の者への贈り物として喜ばれ、江戸後期にはかなり広く行われたらしい。

◇〔偃息図系〕偃息図、おそくずの絵。

◇〔枕絵系〕まくらえ（枕絵）、まくらぞうし（枕草紙）、まくらえほん（春画史）。

◇〔笑う系〕わらいえ（笑い絵・笑画）、わらいぼん（笑本）、わ印、えほん（笑本）。

◇〔色気系〕春意酒牌、おこえ（痴絵）、えほん（艶本）、色本。

◇〔その他系〕勝絵、鏡絵。

しゅんさんかしゅうにむとう［春三、夏秋二、無冬］四季における性交の回数を表していて、春は三日に一度、夏と秋は一月に二度精を洩らし、冬は精を洩らしてはいけないという意味。『養生要集』では、よくいわれる「春三夏六秋一無冬」という言葉ももとは「春三、夏秋二、無冬」から来ているという。さらに「冬の一度の射精は春の百回分にあたる」と『養生要集』は書いている。

しゅんさんかろく［春三夏六］［春三夏六秋一無冬］を短縮した言葉。四季における性交の回数だといわれている（原典は『色道禁秘抄』）が、その解釈は様々である。（1）単純に解すれば春は三回、夏は六回、秋は一回、冬は性交しないという意味にとれるが、この回数はどのような期間になのだろうか。①「春三」が春の三か月の間に三回だとしたらいかにも少なく、②妥当なところは月単位の回数であろう。(2)冬は性交しないという点では同じだが、「春三」を「春は三日に一回」と解して、夏は六日に一回、秋は一日に一回という意味だという考えもある。(3)週単位の回数だと考えるのが適当だと言う者もいるが、『色道禁秘抄』が書かれた時代に週単位が使われていたとは思えない。そこで、(4)年齢層による性交回数だという意見もある。春は若年、夏は中年、秋は初老、冬は老人を意味し、それぞれの年齢層における性交回数だという意見である。この場合は月や週に何回とか何日に一回ということではなく、一生の間にするセックスを十とした場合に、若年では三割、中年では六割、初老では一割、老人になったら性交しないという意味になる。つまり、若いときに若さにまかせて回数多く性交することを戒めると同時に、中年になったらどんどんやりなさいと勧め、年をとったら性交なんかするんじゃないよと再び戒めていると取れるのである。現代に当てはめたらば、二十、三十代は控え目にし、四十、五十代にはどんどんやって、六十代になったらうんと減らし、七十代になったらもう止めなさいという意味になるだろうか。

古歌に「春三つ夏は六ばん秋ひとつ冬は転寝（まるね）で女をば忌む（くじるだけ）」とある（『女容婦美硯』）。

「春三夏六」の言葉は『養生要集』が出典だともいわれ、もともとの言葉は「春三、夏秋二、無冬」だという説もある。

ちなみに「春三夏六秋一無冬」とは元来、魚の塩加減のことを言ったものだといわれている。即ち春は三分の塩、夏は腐敗しやすいので六分の塩、秋は一分、冬は無塩で良いという意味だった。

「春三のおきてを破る若夫婦」、「秋一無冬そろばんかとたわけ」(『誹風柳多留』)。「夏六をば用ひ無冬ハちゃにしてい」(『末摘花』)。「一トさかり毎夜春ン三夏六なり」。

◇春三夏六秋一無冬、夏六。

しゅんしょうみじかし［**春宵短かし**］男性が女性にうつつをぬかしている状態。「春宵甚だ短かく、日高うして起く」ともいい、「値千金」といわれる春の宵もあっという間に過ぎ、日が高くなってから起きるほどに、夜の愛の行為に励んでいること。

しゅんどう［**蠢動**］うごめくように動くこと。性行為中の女陰の微妙な動きを表現するのに使われる言葉。

しゅんぽん［**春本**］男女の交わりの様子を興味本位に書いた本。春本はその時代の性意識あるいは性や愛についての考え方を伝えるものとして、文学史・性生活史的にも貴重な資料である。また、当時の支配的思想や風潮とそれによってもたらされる市民生活の実態をも浮き彫りにしている。

◇猥本、エロ本、秘本。

じょいん［**女陰**］女性器。「にょいん」とも読む。女性器の標準的な外観は縦長の割れ目状のもので、構造的には大陰唇、小陰唇、陰核、尿道口、膣口、会陰などよりなる。発生学的には男性器と同じで、陰核は亀頭に、小陰唇は陰茎海綿体の内側に、大陰唇は陰茎海綿体の外側に相同する。詳しくは各部分の項を参照。

女陰全体および各部分の色は生まれつきの体質であって、性体験により黒ずむという俗説は誤りである。大陰唇は色白の女性の方が厚みがありふっくらしている。小陰唇は色白の女性のものは貧弱でこじんまりしているが、色黒の女性のはつくりが大きい。詳しくは各部分の項を参照。

性的に興奮してくると、大陰唇は平たく膨脹して膣の入口を左右に引っ張る。また小陰唇は男性の陰茎を迎え入れようとして膨れ上がり外に引っ張られ、陰茎が挿入されると同時に膣の伸縮に伴って締まるようになる。詳しくは各部分の項を参照。

ところで、女陰を言い表す日本語の名称は、地域により、時代によって異なるものが使われていて、数えきれないほど数多く存在している。しかし、俗語にも、学術用語にも、文学用語にも、女陰を言い表す全国共通の日本語の名称は存在しない。ちなみに、本来は関東地方の方言だったと思われる「おまんこ」という言葉が、現在では隠語として日本中に通用するらしいが、卑猥な言葉として公共の場での使用は禁止されている。やむなく、

「陰」という言葉が不適切だとして最近ではほとんど使われなくなったけれども、少し前まで一般的に広く使われていた「女陰」という言葉を、この辞典では女性器の基本語として使うことにした。

◇〔方言系〕おそそ（広島）、お猪口（静岡）、おべべ（山陰）、おまんこ（関東、東京）、おめこ（関西、瀬戸内）、かんこ、くぼ、せぺ、だんべ（北海道）、ちゃんこ（仙台地方）、つんび、なべ、ばっぺ（秋田）、べこ（福島）、へっこ（秋田）、べった（秋田）、べっちょ（青森、南関東）、へへ（東北）、べべ（石川、山梨、長野、北関東、中部地方）、ぼぼ（九州）、まんこ（関東、東京）、めめじょ。

◇〔古語系〕通鼻（つび）、弦たり（つらたり・奈良地方）、陰（ほと）、火戸（ほと）、含処（ほと）、美蕃登（みほと）、女々（めめ）、アタ（古代語）。

◇〔赤・紅系〕赤核、赤窄（あかすぼり）、赤鍋（メンス時）、紅屋、満紅、赤門（メンス時）、朱門（メンス時）、丹穴（メンス時）。

◇〔穴系〕穴、生き穴、落し穴、陰穴（かくしあな）、無駄孔、玉孔、玉穴、露穴、女穴（にょけつ）、女竅（じょきょう）。

◇〔穴蔵系〕穴蔵、暗闇、常闇、洞窟。

◇〔池・沼系〕池、愛欲の池、玉池、沼、潤いの沼、ぬらつきの沼、淵、ぬるみ。

◇〔陰核系〕さね、おさね、まめ、豆蔵、なた豆、はじけ豆、船玉様。

◇〔臼系〕臼、立臼、白酒臼。
◇〔器系〕器、名器、粗器、容器、女性器、歓器。
◇〔丘・山系〕丘、丘阜、吉野山、富士、不二、富士山、茶臼山、逢坂山、山伏し。
◇〔御堂系〕奥の院、小御堂、御秘蔵。
◇〔貝系〕貝、赤貝（年増）、阿古屋貝、蚫（あわび）、鮑（あわび）、鮑くぼ、生きている貝、生きてる貝、烏貝（毛深い女）、桜貝、潮吹き、宝貝、生貝、生ま貝、生の貝、生まの貝、水貝、蜆（しじみ、子供のもの）、汐吹き貝（オツユの多い女）、真珠貝、胎（にたり）貝、貝母（ばいも）、バカ貝（大女陰）、蛤（娘）、秘貝、姫貝、法螺貝、紫貝、剝き身。
◇〔隠す系〕隠匿所、隠し所。
◇〔漢語系・門戸系〕門、岩戸、陰戸、陰門、表御門、表門、御戸、玉門、御殿門、朱門、衆妙之門、想門、玉の御門、桃源、情けの門、宝玉、春陰、一切衆生迷惑之門。
◇〔口系〕恋口、戸口、下口、下の口、鰐口、お便口、下歯。
◇〔毛系〕白毫、額さき、毛雪駄、毛巾着、毛殿堂、くさむら、毛靴、靴、草鞋（わらじ）、毛鞘、毛豆、毛桃、生え際。
◇〔鞘・袋系〕入れ物、傘袋、ガマ口、鞘、鞘袋、足袋、柄袋、毛巾着、巾着（よく締まる名器）。

◇〔敷物系〕肉蒲団、クッション。
◇〔上品系〕笑める、甘露台、品（しな）、吉品（きっぴん）。
◇〔植物系〕桃、毛桃、木瓜（もっか）、麦（ばく）、茘枝（れいし）、茘枝肉（れいしにく）、あけび、海髪（おご）、豆、瓜、薙刀鬼灯、谷間の薔薇。
◇〔食物系〕芋田楽、鴨の味、牡丹餅、餅、飴餅、菱餅、刺身、剝玉子、つまみぐい、餅、生麩、蜜柑、葡萄、乾烏賊、茄子、糠漬け茄子、饅頭、毛饅頭、肉饅頭、蒸したて饅頭。
◇〔神仏系〕観音、観音様、如来、如来様、瑠璃光如来、阿弥陀如来、弁天、弁天様、内陣、開帳、御戸帳、奥の院、天の岩戸、木魚の化物、木魚。
◇〔俗語〕おそそ、お鉢、女の宝庫、情け処、思う壺、二索、コンセント、一切衆生迷惑所、塩からい所、小さいミット、しとしとぴっちゃん、羞恥の原点、キーガー（楽器の逆読み、芸能人の隠語）、むにゃむにゃの関。
◇〔谷間系〕谷、谷間、谷地、一の谷、エロスの谷間、渓谷、桃源郷、双丘の谷間、かげりのある谷。
◇〔地名系〕下谷、一の谷、しし谷、蘆原、愛宕山。
◇〔壺・入れ物系〕壺、蛸壺、火消し壺、茶壺、花筒、肉壺、お鉢、穴鉢、鍋、お箱、重箱、盥（たらい）、針箱、お香箱、筺、坩堝（るつぼ）、薬研、茶釜、擂鉢、玉壺、醬油樽、すりばち、茶釜、しびん、猪口、盃、提燈入れ。

◇〔妻系〕嫁が田。
◇〔殿堂系〕殿堂、宮殿、宮。
◇〔道具系〕道具、一の道具、機器。
◇〔動物系〕モモンガー、モモンジー、熊、穴熊、手おい鳥、蟹（かに）、もくぞう蟹、蟇、蝦蟇（ガマ）、たこ、金魚、蛸、むく鳥、磯巾着、馬、夜馬、針鼠、猪、蛇、猫、干し鰯、鯰、鰓（えら）、温め鳥、猪（しし）、獅子（しし）。
◇〔動物系（外国）〕驢馬の孔（asshole）、鶴（crane）、牝鶏、牝牛、猫（chat）、猿（monkey）、仔猫（pussy）。
◇〔遠回し系〕あそこ、一物、一件、御事、代物。
◇〔長さ系〕臍下三寸、三寸、二寸五分。
◇〔匂い系〕匂開（こうかい）。
◇〔肉系〕肉洞、秘肉、柔肉、肉（しし）。
◇〔濡れる系〕沖の石、沖つ白波。
◇〔乗物系〕船、逆さ舟、船玉、船霊、船玉様、船霊様、車、電車、花電車。
◇〔秘密系〕秘所、秘口、秘孔、神秘の国、秘宮。
◇〔美称系〕花、つぼみ、花びら。
◇〔故郷系〕古里、故郷、出身門、生まれ在所。

◇〔風呂系〕風呂、三角風呂、毛風呂、据風呂、ざくろ口。

◇〔排泄所系〕便所、共同便所、公衆便所、公衆トイレ（いずれも淫乱女のもの）。

◇〔股系〕デルタ、丹田、臍の下、股のもの、下の子。

◇〔淫ら系〕淫門、淫の宮、淫器、淫肉、淫花。

◇〔娘系〕娘、めめっこ、童、御牝。

◇〔無毛系〕かわらけ、お茶碗、無毛（ちゃわん）。

◇〔割れ目系〕裂け目、割れ目、破れ目、陰裂、（女の）亀裂、空割、縫、鰐口。

◇〔その他系〕一万石、埋舌（うずみ）、鱗形、お茶、おしゃんす、お化け、貸し元、細工場、薙刀、初昔、前、道、能所（よいところ）、良い所、えいところ。

◇〔外国語系〕コン（フランス語）、プッシー、カント（英語）、コーノ（イタリア語）、エビ（ロシア語）、ムッシェル（ドイツ語）、パポ（papo）、ラビア、愛のヴィーナス、ルビーの筐。

◇〔外来語・俗語〕ヘアバーガー（hairburger）、ビーバー（beaver）、ボックス（box）、カント（cunt）、ピー・ホール（pee hole）、クラック（crack）、ヘアパイ（hairpie）、ヌーキー（nookie）、プッシー（pussy）、スリット（slit）、スナッパー（snapper）、スナッチ（snatch）、キム（quim）、トゥワット（twat）、ケーキ（cake）、フォー・レター。ホール（穴）、バッグ（袋）、ブッシュ（草むら）、ジュエリー（宝石）、シークレッツ（秘密）、シェル（貝殻）、ホット・ボックス（熱い箱）、カーヴァン（洞窟）、レシーヴィング・セット（受信機）、リトル・ボート（小舟）、フィールド（畑）、スリット（裂け目）、トレンチ（堀割り）、ガーデン（庭園）、リング（指輪）。

じょいんたんれんのおうぎ［女陰鍛練の奥義］『秘事作法』に記された女陰の系統的鍛練法。『秘事作法』では、女陰は系統的に修練することによって鍛えることができると説いている。その一は、陰核が強く大きいのは至宝であるから、陰核を大きくすることである。陰核が小さく固い場合の初級の鍛練法は、絶頂に達しようとする時に、素早く陰核頭を指で上下に強くこすり合わせるようにしなさい。中級鍛練法は、陰唇の内側に綿布を詰めて常に陰核を上に向け、また陰核の両側から陰核を挟んでおきなさい。上級鍛練法としては、陰核の両脇を線香花火で常に焼きなさい、と書いてある。

女陰の鍛練法の第二は陰唇の鍛練、次いで膣口の鍛練、最後が膣の最奥部の締め付けの鍛練である。そのためには、綿に米粒か小豆を巻き入れ、花心に当てて自在に動くように練習し、一か月の練習が済んだら、指先にしびれ薬を塗って膣口を撫で、強く閉じる練習を二十日間行う。これを半年間行う必要がある、と説いている。

どんな根拠があるのか判らないが、大奥の女たちはそうして鍛練していたという一例である。

じょいんのかたち［女陰の形］女陰がどのような姿形をしているのか、これは古今東西を問わず男が関心を持つことである。外見は貝、船、桃、饅頭、薬研など、様々なものに譬えられていて、楕円形あるいは紡錘形と答えるのが妥当なところかもしれない。しからばその穴の部分は端的に丸なのか四角なのか。ここでは、江戸時代の人がどう見たか、川柳と小話を幾つかあげてみる。

○「立て膝の開三角に口を明き」。片膝を立てて尻を地に付けて座ると、片側だけが開くので三角形になる。

○「車井戸下女つぼんだり開いたり」。車井戸の滑車を引くために腰を伸ばした時にはつぼんで縦の直線上になり、腰を屈めた時には陰唇がゆがんで開く。

○「菱形に口をあいてるあぐら開」。あぐらをかくと左右両方に引かれるので菱形になる。

○「ほっそりとするのは開の立ち姿」。立ち姿の時には陰唇は閉じて縦の細い線になる。

○「雁行に写る田植えの逆さ開」。田植えをしている早乙女たちの女陰が水に映ったのを見ると、V字形をしている。

○小咄（『さしまくら』、安永二年・一七七三）

男一「ぼぼの形はどのやうなものだ」、男二「まらが入るから、丸い」、男三「いやいや、柿の核形だ」、男四「いやいや、四角だ」、小童「あれは、三角なものだ」、大勢「なぜ、三角だ」、小童「お乳母が居風呂へ、またぐ時、見た」

○小咄（『開談は那し』、嘉永年間・一八五二頃）

若者長太「これ、三や、女のいっけんは丸いものだが、知るめへ」

若者三吉「べらぼうめ、女のは四角よ。こっちゃァ、女湯を毎晩覗きに行って、よく見ておいたぞ」、と争いゐるところへ、下女が来かかりけるゆへ、

三「いいところへ来ておくれだ。いま長太が丸いといふ、おれが四角だといふ、争ひをしているところだ、ちょいと見せておくれ。お礼は焼き芋だ」、と言へば、下女は捲くって見ると、三角ゆへ、

三「やァ、三角だ。是であいこだ。あいこだ」。

じょいんのきょくげい［女陰の曲芸］ 娼婦などが性器を使って行う見せ物的な曲芸。女陰の曲芸は大正時代から「花電車」という名称で良く知られるようになったが、相当昔からあったと考えられている。

日本での女陰の曲芸の元祖は、長崎丸山《まるやま》遊廓のおえんという顔の悪い娼婦だという説がある。長崎奉行の父に従って長崎に行っていた遠山《とうやま》金四郎《きんしろう》（〝遠山の金さん〟で有名な遠山左衛門尉《さえもんのじょう》景元《かげもと》）が、丸山遊廓のおえんの性器の締まりが抜群なのを知り、身を売らずに済むようにと、鶏卵を膣から弾き出させる芸を勧めたのが始まりだという。もっともらしい話ではあるが信じ難い。

次いで今から二百五十年も前の宝暦年間（一七五〇頃）の書物『おさめかまいじょう』

にも「舞いぼぼのしぐさ」として、女性器を使ったこの類いの曲芸が各種紹介されているから、日本での歴史も確実に古いといえる。その中の幾つかを次に転載する。なお原典には「これらは何れも初手にして…」と書かれている。これらはすべて初歩的なものであるからいっさい手指を使わずに行ったという。また、説明文の中で「女陰」と書いた部分はすべて原典には「お○こ」と記されている。

◎「一字書き」女陰に筆をくわえさせて、腰を動かしながら字を書く。腰の動きにも興が沸いた。

◎「お○この吸い取り」三宝に客の小粒銭を山積みし、それを女陰で挟み取る。

◎「お○この素切り」芋の餡を男性器の形にした物を女陰に差し込み、それを膣の圧力で輪切りにする芸。

◎「お○この笛鳴り」細竹の管の先に油紙の袋を付けたものを作り、この袋の中に客の息をいっぱい吹き込ませる。竹管の先を女陰に入れて、袋を押しつぶすと空気が漏れて、音が出る。

◎「木の実移し」盆に金柑・サクランボ・銀杏・小梅の実を盛り上げ、客の注文に応じて、それを女陰で三宝の中に入れる。

◎「さね踊り」人形の形をした団扇の柄を女陰に挟み、それを扇ぎ動かす。

◎「徳利踊り」徳利の口を女陰に挟み、それをぶらぶらさせる。

◎「ぼぼの型染め」女陰に口紅を塗り、それに枕紙を押し当てて女陰の型を取る。
◎「豆摑い」木匙を女陰に挟み入れ、それを思うままに操り、盆の中の豆を摑い取り、三宝の中に移し入れる。
さて、大正時代に入り「花電車」の登場ということになる。パリの裏町のコールガールが銀貨や煙草を股間に入れる「バラの花弁」という見せ物があるという情報が、大正末期の大阪の色街にもたらされたのが最初で、その情報はすぐに東京に伝わったというのが通説になっている。しかし実際には、昭和の初めに先見の明をもった玉《たま》の井《い》遊廓の私娼石川八重子が外国航路の船員から聞いて始めたものらしい。彼女は醜い女だったので性行為の本番では売れなかったので、この道に努力を重ね各種の離れ業を開発した。昭和六年の花電車の見料は一円で、五人集まると見せていた。膣にタバコを啣《くわ》えさせ煙をはきだす芸。一銭銅貨二五枚を重ねて置き、手を使わずに全てを膣の中にしまい込む芸。膣に筆を啣えさせ、腰を使って「寿」の字を書く芸など、八重子の持ちネタは十数種類もあった。銀行員の初任給が七〇円の時代に八重子の月収が五〇〇〇円だったというから、さすがに初代は凄い。

最も秀れていたのが二代目つや子で、膣に入れた茹卵を三メートル離れた棒を的に飛ばして百発百中だったという。

戦後、この花電車の芸は廃れたが、昭和四十九年に女優の桜《さくら》マミが復活させた。彼女は水の発射、金魚の出し入れ、ビールを膣に含ませコップに注ぐなどの新しい芸も見せた。

それはともかく「見せるだけで客は乗せない」という洒落で「花電車」という呼び名が付けられたのは大正以降であるが、昭和後期によく知られていたものには、素っ裸の女が畳に寝て大股を開き、皮をむいたバナナを膣に入れ、三センチずつに輪切りにする芸。茹卵を膣に入れ、空中にポーンと飛ばす芸。同様にピンポン玉を膣から空中に発射し、次の瞬間に二発目を発射して空中で衝突させる芸などがある。

じょいんのぶんるい［女陰の分類］様々な分類があるが、ここには日本古来の十種分類を例示する。
①土器門（かわらけもん）…陰毛が一本も無い陰門で、カワラケ、パイパンなどともいわれ、山陰地方に多いという。
②大陰門…陰裂の非常に長い陰門。
③下付き門…いわゆる下付き。
④双形門…陰核が非常に発達し、太く大きくなって二つに割れ、前方に突出しているもの。
⑤肥満門…脂肪、繊維組織で大陰唇が盛り上がり、陰門が窪んだようになったもの。
⑥核長門…陰核が異常に長く垂れ下がったもので、俗になすびと呼ばれる。
⑦上開門…いわゆる上付き。

⑧毛玉門…臍の辺りから肛門周辺まで陰毛が密生しているもの。
⑨核太門…陰核が丸いボタンのようになったもの。陰裂は小さく軟らかい。
⑩タコツボ門。

しょう［**笙**］クンニリングスの日本古来の呼び名。笙は雅楽に使われる吹奏楽器の一つであるが、これを吹く場合にはクラリネットのように縦に啣えるのでもなく、またフルートのように笛を横にして口をとがらせるようにして吹くのでもない。笙を両手で抱えるようにして縦に持ち、その下の方の部分に顔全体を当てるようにして吹くのである。笙を吹く姿を一度でも見た人なら、その様は正面からのクンニリングスにそっくりであることも、日本で古くからクンニリングスが笙と呼ばれていることを納得されるだろう。まことに言い得て妙である。

じょういん［**上淫**］自分より身分が上で経済的に裕福な者や、上流階級の者だけに好意や情欲を感じる人。下層階級の出身者やにわか成金に多いといわれる。

じょうえん［**情炎・情焔**］火のように燃え上がる、男女間の激しい愛。熱く燃え盛る欲情。燃え上がる性欲の炎。
◇情火。

しょうおしょう［**小和尚**］陰茎または亀頭のこと。

しょうおんしょうすい［**鐘音騒水**］張形を抜き差しする時の、ピチャピチャという淫水の音。

じょうが［**嫦娥**］月の中に住むという美人の名。弓の名人の妻・嫦娥は夫がもらった不死の薬を盗んで飲み、月に逃げたといわれている。女性の美しいことを譬えて言う時に用いられる。

しょうかい［**小開**］小さい女陰。「犯《や》って良いのは小開、見るのに良いのは大開、繰弄して遊ぶに良いのは毛玉門に限る」という言い伝えがある。

じょうかい［**上開・名開**］上品（最高級品）の女陰。「じょうぼぼ」「じょうつび」とも読む。『失題艶道物』には次のように説明されている。「上開は女中背いにして太とからず痩せず歩くに内輪にて腰を据えて少しうつ向きて歩く者至って上開なり是も横抱きにして割込み男あとへ下り男の膝頭女の尻に当て膝にて締付け締付け腰を使ふべし女よがる事妙なり」。

◇妙開、妙陰、名開。

じょうがうつる［**情が移る**］江戸時代は、男女が同時にオルガスムに達することを意味した。「アレサさうすると情がうつりさうになりまさアネ」（『今様三体志《いまようさんたいし》』より）。

しょうこん［**銷魂**］驚きや悲しみのため魂が消えたようになる（学研・漢和大辞典）。魂をとろかす。性交の歓喜。

しょうじごし［**障子越**］障子の向こうで女が尻を突き出し、男は障子を突き破って障子越しに交接すること。またその体位。
じょうとん〔**上豚**〕肛門交に最適な肛門。穴が広く弾力性に富み、糞が始末されていて清潔な肛門。
しょうはかせ〔**小博士**〕男性器。
じょうふ〔**情夫**〕（夫のある女が）こっそり性的関係を結んでいる男。また、内縁関係にある男。
◇いろ、まぶ。
じょうふ〔**情婦**〕（妻のある男が）こっそり性的関係を結んでいる女。また、内縁関係にある女。
◇いろ、いろおんな、なご、小指。
しょうふせい〔**娼婦性**〕この言葉には二つの意味がある。一つは娼婦のように相手構わず性行為の対象にする尻軽女。もう一つは慎み深くない、慎みをすてた女という意味。後者の娼婦性のもつ慎みの無さは「日常の行為を規制している常識を逸脱している」という意味で、一般に性行為をする時にはある程度必要なことであるといえる。「昼は淑女の如く、夜は娼婦の如く」という場合の娼婦はもちろん後者の意味で使われている。社会人として品格と良識を備えた女性が、性行為の場合はそれらをかなぐり捨てて淫らになる、その格差が大きければ大きいほど男性にとっては好ましいということである。

しょうべんぐみ［**小便組**］江戸時代は明和安永の頃（一七八〇年頃）に流行した悪風俗。容貌絶美な少女を大家の妾に出して大金を受け取り、主人と一緒に寝た途端に寝小便をさせる。主人が困って解雇しても貰った金は返さず、手切金までせびり、また少女を他へ転売することによって大金をせしめるというやり口である。後に、寝小便以外にもいろいろの病気を理由に同様の手口を使った者も出現したが、それらも小便組と呼ばれたという。

この手口を知ったある主人が医者と謀り、それは灸をすえれば治ると言って、少女に玉子ほどの大きさのお灸をすえることにしたらば、少女たちは寝小便をしなくなり、この悪商売は成り立たなくなっていったという。

川柳に曰く、「かねてたくみし事なれば垂れるなり」、「おめかけの乙な病は寝小便」、「小便をして逃げるのは妾と蟬」（『末摘花』）。「小便も此屋敷ではこらへる気」、「五六軒小便たれて立つ女」（『誹風柳多留』）。「小便をたれる女も一器量」、「たれた明日知らあん顔で美しさ」。

◇手水組、小便妾。

じょうみょういんのほう［**浄妙飲の法**］もとは、清く妙なる物を飲み下す法という意味の仏教用語。大奥の女たちは自慰行為で二人が同時に絶頂に達する法という意味で使った。

しょうゆだる［**醬油樽**］好色女のこと。いつも湿りがちという意味。

しょかい［**初会**］女郎買いに初めて登楼すること、またその客。江戸時代から明治までこの呼び方は一般にされていた。現在でも一部で使われてはいる。なお、二度目のことは「裏を返す」または単に「裏」といい、三度目を「馴染」と呼ぶ。初会では花魁は口もきいてくれないが、裏になると話をしてくれる。馴染になって初めて床入りができるという。「初会にはあてがひぶちを食ってゐる」「草も木も寝るにはまだ来ぬ初会の夜」「嘉肴ありといへども初会は食はず」「十人が十人初会たべんせん」。運よく初会から床入りした場合でも「初会にはへそのあたりが関の山」、「初会には器を貸すと思ふなり」（『末摘花』）。

しょこう〔**初交**〕初めて性交を経験すること。最近は初交年齢が若くなっているといわれる一方で、三十歳近くまで処女あるいは童貞を通している者が増加しているともいわれる。

◇初店、あらばち（新開、新ら鉢）を割る、初体験、進水式。

しょこなめ　ちょいと悪戯すること。転じて短時間の性行為のこと。

しょじょ〔**処女**〕まだ男性と性交経験の無いこと（女子）、またはその性交経験の無い女性。未婚の女。

◇〔一般系〕生娘（きむすめ）、おぼこ、バージン。

◇〔新し系〕新鉢（あらばち）、新ら馬、新開（あらばち・しんかい）、新ら皮。

◇〔未通系〕ていらず（未通女）、ていらず（手入らず）、更開（さらばち）、初。

◇〔花系〕蕾、初花。

しょじょまく〔**処女膜**〕性交の経験のないほとんどすべての女性の膣口にある筋肉質の薄

い膜。膜には普通は中ほどに孔または破れ目があり、ここから月経の時の血が流れ出る。横径が大人で一～一・四センチメートル、厚さは二～二・五ミリメートル。未成熟な処女膜はもっと小さくて厚いのが普通だが、成熟するにつれ大きく薄くなってくる。一口に膜といっても、形、大きさ、孔の形などが様々である。

孔の形には特徴があり、①膜のほぼ中央に丸いフリル状の孔のある輪状処女膜や、②環状処女膜、③半月状の孔のある半月状処女膜、④唇のように開いた唇状処女膜、⑤水玉模様のように小孔の開いた篩状処女膜、⑥葉が生い茂ったような采状処女膜、⑦孔が左右に分離された分離中隔処女膜、⑧裂け目が枝状になった分葉処女膜など、大きく分けても十数種類ある。一番多いのは輪状処女膜や環状処女膜である。イスラム世界では、三日月状に開いた処女膜が最も珍重されるという。それから一〇万人に一五人の割りに⑨孔が完全に塞がった無孔処女膜をもつ処女膜閉鎖症の女性もいて、初潮が始まった時に腹痛などで初めて気が付くという。

処女膜は性交初体験の時に破れる。これを破瓜という。破瓜の際には痛みと共におおむね出血を伴い、時には膣口括約筋が強直性痙攣を起こしたり、ひどい鬱血を起こしたりすることもある。

処女膜があるかどうかは、その女が処女であるかどうかを判断する大きな手掛かりになるので、一時期は処女膜の有無が非常に重要視され、処女膜再生の手術なども盛んに行われたこともある。しかし稀には、生まれつき処女膜のない人もいるし、「寛容性処女膜」といって非常に弾力性があって、男性器などが挿入されても破れない人もいる。これは意外に多く、一～二割はいると考えられている。現在では、処女そのものがそれほど重要視されなくなってきているので、処女膜もあまり重要視されなくなった。日本では江戸時代までは処女膜の有無は重視されなかったらしく、処女膜の有無や破瓜に関する文献・記録の類いはほとんど無いばかりか、未通女の味は良くないというような記述さえある。一方女性側から考えれば、性交為に不慣れな男性による初体験は快感どころか破瓜による痛み、出血、痙攣など疎ましいだけということさえある。そこで、初夜には経験豊富な男性（多くは仲人）と性行為をして破瓜を済ませるという習慣さえ有った。これを「初夜権」といった。

西欧では初夜権は領主や司祭に有り、権利だけではなく義務でもあった。だから領主や司祭の初夜権を拒否するには、花婿は領主に代償金を払わねばならなかった。この代償金は孔守銭・新床銭・尻金・極印金・女金・臍代などと呼ばれた。花嫁の方は領主の初夜権の行使を必ずしも嫌悪してはいなかったという。

初夜権は苦痛無しに破瓜するのが目的であるから、初夜権で交接しても精液を花嫁の体内に注いではならないという制限が、日本でも西欧でも同様に存在した。初夜権など無い今日、新郎は優しく新婦の破瓜をしてやらなければならない。

処女膜が解剖学上、ほとんどすべての処女の膣口にある正常な器官であると認識されたのは十六世紀からで、それ以前はたまたま処女膜の存在に気がついても、異常な奇形的発達だと解していた。したがって、処女膜という言葉が使われ出したのも中世期末以降である。それまでは女性自身も気が付いていなかった。

ドイツ語のヒーメンは、ギリシャ神話の中では「婚姻の神」の名でもあるギリシャ語の「粘膜」「羊皮紙」という意味の言葉から来ている。

ちなみに、処女膜のある動物はヒトとモグラだけであるという。

◇〔花系〕純潔の花、貞節の花。

◇〔膜系〕まく、まんまく、マン膜、神秘のヴェール。

◇〔守る系〕乙女の砦（塁）、門（かんぬき）。

◇〔宝系〕宝、小宮殿。

◇〔その他系〕涙色、フリルちゃん、手すり。

◇〔外国語系〕ヒーメン（ドイツ語）、ハイメン（英語）、ハイドロ、バージンヴェール。

じょせいじょうい［女性上位］性交時において、文字通り女性が男性の上に乗る体位全体を含めた総称で、一般には乗馬位をいう。しかし正確にいえば、女性が男性よりも物理的に上の位置に来るとは限らず、同じ高さに位置していても、女性の方が動きやすく、性行為全体の主導権が取れるような優位な位置関係にあれば、女性上位に含められる。

女性上位をとると女性は、男性を征服し、自分が性行為の主導権を握ったという意識になり、その意識が女性の性感を高める。それだけではなく、自在に体が動かせるので、のけ反ったり、前屈みになったり、腰を思うように動かしたりして、恥骨を圧迫し、陰核をこすりつけ、腰を振り動かして膣口への刺激を高め、陰茎の挿入角度を変えて刺激部位を変え、などして、自分の思い通りの感覚を得ることもできる。

男性も、肉体的に休息ができ、相手の動きを見る心理的な余裕もできる。男性上位とは異なる新鮮な感覚も得られるし、何よりも射精までの時間が延ばせるので、女性と同時にオルガスムに達することがしやすくなる。

じょてい［**女帝**］称徳《しょうとく》天皇のこと。称徳天皇は巨大な陰茎の持主である弓削道鏡《ゆげのどうきょう》を愛した女帝であり、女帝の女陰もまた巨大であったと言われている。「女帝は九十六ひだでおわします」、「道鏡に根まで入れよとみことのり」（『末摘花』）。

しょんべんたご［**小便担桶・小ん便担桶**］相手かまわず男を受け入れる淫乱女。共同便所と同じ。「噂さのお好小ン便たごでもだんねハイ」。

しらくび［**白首**］衿白粉を濃く塗った者という意味で、酌婦、売春婦、淫売婦のこと。江戸時代末期から明治初年の江戸での呼び名。「しろくび」とも読む。

しりつめり［**尻抓り・臀抓り**］「つめり」は「つねり」のこと。男が女の尻に触り、尻を抓ることは気を引くためだけではなく、恋の意志を伝える慣例でもあった。そうするのは盆踊りや秋祭りなどの雑踏の中と決まっていた。そんな時、女の方からの色良い返事は笑顔を見せることであった。「つめらるゝ尻の返事ににっこりと」、「じゃまばっかり尻つめらりよてゝおどりやせぬ」（可愛い娘は何度も抓られて踊っちゃいられない）。

しりのせんてんうんどう［**尻の旋転運動**］性交時に、女性は男に快感を与えようとしたり、自分の快感を一層高めようとして、様々な性交運動をする。その一つに尻を回すように動かす動作がある。いわば性交時における女の腰づかいである。それらを江戸言葉では「巴の字」「のの字」「尻のの字」「丸のの字」「十の字」と言う。

しるだくさん［**汁沢山**］愛液の分泌が激しいこと。また、愛液をおびただしく分泌する女陰。

しろあわはませ［**白泡食ませ・白泡嚙ませ・白沫嚼ませ**］馬を長く歩かせたり早駆けさせたりすると、白く泡だった唾が口許に付くこと。転じて、女が長く歩いたり激しい運動をしたことで局所が充血腫張し、分泌物も出て湿潤になる、いわゆる「練れる」ことをいう。「はやり神子白あわはませはませ舞」、「下女百度白泡はませはませ駆ケ」（『誹風柳多留』）。

シロクロ［**白黒**］男性と女性により、性行為の様子を見せる演技。

しろざけ［**白酒**］（男の）精液。（女の）膣液。また、愛液と精液の混合したものととれる場合もある。「茶臼とは虚言白酒臼のよふ」「手めへのは白酒臼だナァ嬶」。

シロシロ［**白白**］女性二人により、性的行為を見せる演技。

しろみず［**白水**］米の研ぎ汁。愛液や精液を想像させる思わせぶりな川柳が数多くある。「白水を臍まで流し下女洗い」「白水をお井戸の端へ下女流し」。

じん［**腎**］腎臓のことだが、漢方医学では「腎は精液の府（くら）也」と言われ、精液を作ったり貯蔵したりしているところと考えられていた。したがって「腎」は熟語の中では精力、精液、性能力などの意味で使われている。腎気、腎虚、保腎など。「腎の臓蘭語で言へばスルトヘル」。「学者虚して曰く少なひ哉腎」、「少なひかな腎女を見るも毒」（後の二句は、『論語』の「巧言令色鮮《すくな》いかな仁」をもじった戯れの句）。

じんきょ［**腎虚**］房事過度のために起こる衰弱症（漢方用語）。昔は精液は腎臓の中にあると考えられていたから、激しい性行為を立て続けに行うと腎臓の中が空っぽ（虚）になってしまうと考えられていた。そこで、過度の性行為によって起こる症状を「腎虚」と呼んだ。主たる症状は内臓が弱り、食が細くなって衰弱すること。軽度の場合には「弱視」なども起こる。「新婚弱視」の項を参照。

しんこんじゃくし［**新婚弱視**］新婚者が結婚三〜四週間目頃に、小さな文字や遠くの景色が見え難くなる症状。眼科医の診察を受けても異常なしと診断される。これは、新婚直後の性行為のしすぎによる睡眠不足と過労が原因で、それにビタミンAやBの不足が重なって起こる眼精疲労によるものである。また、俗に太陽が黄色く見えると言われるのは、同じ性交過多でも、網膜炎症によるものだそうである。

しんざえもん［**新左衛門**］新しいこと、初々しいことを表す隠語。初々しい女陰などの意味に用いる。

しんじゅ［**真珠**］①陰核。②男性または男性器。貝（女性器の象徴）の中から出てきた物という意味から、かつて自分の貝の中に在ったことのある男性器または男性のこと。「赤玉は緒さえ光れど、白玉の、君が装し、貴くありけり」。赤玉（瑪瑙か珊瑚か、赤子の象徴）は玉だけではなく緒（紐）さえ光り輝きますが、真珠のような貴方のお姿は一層貴く恋しく思われますという意味。これは『古事記』の中で、トヨタマ姫が別れたホオリノ命に送った文である。

しんじゅうだて［**心中立て**］愛情が変わらないことを誓うためにする義理立ての行為。江戸時代、女は刺青（入墨）をしたり、髪や爪を切ったり、小指を詰めたりし、遊女の世界では慣習化していた。男は心中立てとして女陰を舐めるという行為をしたという。「心中にしゃぶりっこだと相模下女」。

じんすい［**腎水**］精液のこと。昔は、精液は腎臓の中で作られ腎臓の中に蓄えられていると考えられていた。

しんすいしき［**進水式**］初交、初体験のこと。

しんせい［**真精**］愛液。女性がオルガスムに達した時の愛液。

しんせんほう［**深浅法**］本来は中国の房術に現された秘戯御法で「一深九浅」をはじめ幾

つかの法がある。中国の場合は、深く入れて何回呼吸し、浅くして何回呼吸するという意味らしいが、日本で「一深九浅」という場合は陰茎を一回膣深く入れたらその後九回は膣の浅い部分をつっ突くというものである。小説などでは数字に関係なく単に性交秘戯という意味で使われている場合もある。

しんぞ［**新造**］①他人の若い妻、またはその敬称。明治・大正期までは普段使われていた。②嫁。「新造はうつつのように紙をとり」、「新造はしょうたい無しにされるなり」、「夢にだも知らず新造されるなり」、「新造は知ったが一つねてひとつ」（『末摘花』）。③二十歳前後の女。④嫁入り前の女。

しんぞ［**新造**］①全ての点で未熟な、四流、五流の駄目な女郎（江戸時代）。②年の若すぎる女郎の卵。新造は意外に老人に好かれる傾向があった。「天命を知って新造ばっか買い」、「天命を知って新造買に行き」（『誹風柳多留』）。「紙燭して見たを新造くやしがり」「もちゃすびのように新造させる也」「帆柱のそばで新造船を漕ぎ」（『末摘花』、もちゃすびは玩具のこと）。

しんぞう［**新艘**］初めて勤めに出る芸妓や娼妓。新たに造った舟になぞらえて、乗り初められるという意味。「たまらぬたまらぬ御所柿逃げて来た新艘」（御所柿は巨大な亀頭）、「何度でも寝間で評判とる新艘」。

じんばり［**腎張り**］精力旺盛。または精力旺盛な人。昔の人は、精液は腎臓で作られ腎臓に蓄えられていると考えていた。その腎臓が張り切って、精力モリモリの状態。

じんばりふぼぼ［腎張麩開］精力旺盛で柔らかい女陰。一度の性行為で何度もオルガスムに達する多淫な女性の女陰。

しんよしわら［新吉原］十七世紀以降の江戸最大の遊廓地。徳川幕府は民政の一環として、徳川氏入府以来市中に散在する多くの私娼を一区域に集める政策（「遊里」の項を参照）を打ち出した。そして、今の人形町《にんぎようちよう》附近の葭原の汐入の土地を埋め立てた新地に、京、伏見《ふしみ》、奈良木辻《きつじ》などの遊女屋を移転させたものと集めた私娼を一緒にし、遊廓をつくった。古い地名の葭原の字を吉原に改めた上、江戸町一、二丁目、京町、角町、新町の五丁に分け、約二町四方の広さの地に栄えさせた。

やがて吉原では狭くなったこと、吉原が華美になり過ぎたこと、防災上望ましくないなどの理由から、明暦二年（一六五六）に、人里離れた浅草田圃を埋めてつくった四町四方の広さの地に遊廓を強制的に移転させた。これが新吉原である。これ以降、元の吉原を新吉原と区別するために「元吉原」と呼ぶようになった。

元吉原時代は武士のものだったといわれている。新吉原になってからも延宝年代（一六七三〜八一）までは、まだ大名衆の吉原通いがあったが、延宝以後は例外を除いて武士の吉原通いはなくなった。例外としては、尾州の徳川宗春《とくがわむねはる》、芸州の浅野吉長《あさのよしなが》、それから榊原《さかきばら》政岑《まさみね》などが有名で、いろいろと騒動のもとになったらしい。それも短い期間で、元禄時代

（一六八八〜一七〇四）には、吉原は町人のものになっていた。

新吉原には、「灯籠」「俄」「桜」などという華やかな年中行事がたくさんあって、それらを見物するために大人たちから少年・青年たちはもちろん、子供たちまで連れ出された。遊女に親しもうという心持ちがなくてもみな知らず知らずに遊女から性教育を受けてしまったので、女郎買いをしない者は一人もいなかったと言えるほど、江戸町民と吉原の関係は深いものであった。

現在では吉原というと「女郎買い」をする所、売春婦がたくさんいる所で、女を買って寝て性行為をしてくるのが当たり前だと思われがちである。当時も勤番士（きんばんざむらい）といって、殿様のお供で江戸に来て、一生独身で暮らす下級武士（通称・三ピン）の連中はそう考えていたから、自分の買った女郎にはせっかちに性交をせまった。そこで、勤番士たちは野暮（やぼ）だと言われた。

享和三年（一八〇三）に出た『酒徒雅（さけのとが）』という本に「はだをふれる計（ばかり）が傾城でもあるめへ」とあるように、江戸の町では、吉原は遊ぶ所という考えだったようである。もちろん性も買うのであるが、性を買うだけの所ではなかった。だから吉原にだけは「振る」ということがあった。振ったり振られたり、振られながら熱くなって本当に惚れたり惚れられたりという中に遊びを感じていた。梅暮里《うめぼり》谷峨《こくが》の『傾城買二筋道』には、三年間も振られ続け、通い続け、ついに深い仲になる話があり、これは黙阿《もくあ》弥《み》が芝居にして、大変な入りを取ったという。

吉原は遊び場であるとともに社交の場であり、明治二十年頃までは、伊藤博文《いとうひろぶみ》、山県有朋《やまがたありとも》ら、大臣や大将たちが馬車を連ねて通った記録がある。以後徐々に変わっていって売春が主になったのはずっと後のようである。「しにばかりゆくと女房は思うなり」(『末摘花』)。

廓での遊びにもルールがあった。その例が三つの法度である。宝暦四年(一七五四)に出た『魂胆惣勘定』に「遊里に三ツの法度あり、一ニ曰、馴染ありて外へ行事をゆるさず、二ニ曰、一家にて女郎かゆる事をゆるさず、但し新造は格別、三ニ曰、一家の女郎と色をすることをゆるさず、是をおかすものは髪をきり、坊主は眉をそるのいましめあり」とある。一つ家で他の女郎に手をつけることを禁じたが、新造だけはこの限りではなかったようである。

十八世紀中頃の書『吉原出世鑑』によれば、新吉原には太夫、格子、散茶、六寸、局の五級あると記されている。ここでは散茶は第三級の遊女なのだが、その散茶は金三分、金二分、金一分(一両は金四分)の三等に分けてある。当時太夫は銀九十匁(金一両二分)も片仕舞いで夜だけ買えば半額の銀四十五匁(金三分)であり、格子も銀六十匁(金一両)も片仕舞いで夜だけ買えば半額の銀三十匁(金二分)であった。太夫や格子を昼間買うことはなかったから、実情は太夫は金三分、格子は金二分といって良い。それにひきかえ、金三分の散茶は片仕舞いでも割引無しだったし、金二分の散茶は片仕舞いでも割引無しと割引あり（それが金一分の散茶）に分かれていた。つまり、散茶は第三級の遊女とはいえ、実際の代価から見ると、太夫、格子と同等なのである。つまりこの時代には太夫は格式だけのもので、廓全体で二、三人しかいなかったのに反し、散茶は格式はないが、勢力盛んな実力者だったといえるのである。

また、最盛期の記録を見ると、太夫（揚げ代・銀三十七匁）、天神〔または格子〕（揚げ代・銀二十五匁）、鹿恋い（揚げ代・銀十六匁）、散茶（揚げ代・銀十五匁＝金一分）、梅茶（揚げ代・銀十匁）、五寸局（揚げ代・銀五匁）、三寸局（揚げ代・銀三匁）と記されていて、全部合わせて二〇〇〇人を越える遊女と、二〇〇軒を越す青楼が櫛比《しっぴ》する、一大不夜城になったとある。

宝暦（一七五一～六四）の時代には太夫はなくなった。それは大名衆の吉原遊びがなくなったからであり、太夫遊びがいかに豪勢で金のかかるものであったかが想像できる。ところで、紀文大尽《きぶんだいじん》（紀伊国屋文左衛門《きのくにやぶんざえもん》）が大門を打たせて吉原の女郎を惣揚げ（惣仕舞い）したという話は有名な話であるが、それは紀文大尽でもなければできないだろうという想像から生まれた話で、実際にはなかった。吉原には二級以下の女でも他の店の女と一緒に買うことは許されなかったからである。ちなみに京の島原には廓中の女を惣仕舞いして三日続ける「大々神楽」という遊びがあった。

太夫がいなくなった後の寛政五年（一七九三）に、揚代一両一分の女ができた。

◇吉原、北里、北州、北国、洞房、青楼、不夜城、淫肆、傾城町、廓、喜見町。

す

ず［**頭**］亀頭のこと。「うたまるがまくらは、あんまりづが大きいの」（天明五年刊『艶本枕言葉』より）。歌麿の枕絵は、あんまり亀頭が大きく描かれているの、という意味。

すいか［**西瓜**］吉原土手の露店で売られていた。金がないと女郎が買えないので、この西瓜を買って食いながら遊女の顔を眺め、雰囲気だけを味わって帰った。「西瓜で帰り女房を起こすなり」（『誹風柳多留』）、「西瓜二切れで吉原見て帰り」。

すいかのたなおち［**西瓜の棚落**］多数の男と性交した経験のある女の女陰。

ずいき［**芋茎・須伊木**］芋の茎。肥後ずいきの略称。「ほそい事ずいきでちっと見直した」「可愛げはなし無理やりにずいきまく」「ずいき迄操に足した夜の長さ」。

すいぎゅう［**水牛**］張形のこと（素材に由来した呼び名）。「水牛のげほうのねつけはごんせんか」（げほうは、外法頭で福助頭）、「水牛の不義はゆるして奥家老」「待かねて冷やで水牛遣ふて見る」。

すいちぶ［**素一分**］吉原に遊びに行くのに、たった一分しかお金を持っていない人。「素一分の無念道々追ひ越され」「素一分はあだやおろかに遊ばぬ気」。

すいみず［**吸い水**］舐陰し、愛液を舐め、口に含むこと。女陰に溢れた愛液を舐め啜ること。

すうはあもの［**スウハア物**］低俗な猥本。「スウスウ」とか「ハァハァ」という詠嘆あるいは模声ばかりを、やたらに連発させるのでこの名が付いた。

すえつむはな［**末摘花**］『末摘花』は正しくは『誹風末摘花（または俳風末摘花）』という。江戸時代の『萬句集』および『誹風柳多留』の中から末番句と呼ばれるお色気の句を集めた川柳集である。本辞典も参考に供するために『末摘花』より数多く句を取り上げ、引用させていただいた。

川柳の格付けには高番、中番、末番とがあって、高番は内容が優美高尚なもの、中番は普通のもの、末番は猥雑なものを意味している。『誹風末摘花』の標題は『萬句集』および『誹風柳多留』などを原典として「これらの末番句の中から摘み拾ったもの」という発想であろう。本来「末摘花」は染料の紅をとる紅花の異名である。紅花は茎の末にある花を摘むのでこの名がある。「なつかしきいろともなしになににこのすえつむはなをそでにふれけん」（『源氏物語・末摘花』）か「ひとしれずおもえばくるしくれないのすえつむはなのいろにいでなむ」（『古今和歌集』）からとって句集の名にしたものと思われている。撰者は似実軒酔茶《にじつけんよいちゃ》（本名不詳、柄井川柳《からいせんりゅう》か門下の呉陵軒可有《ごりょうけんあるべし》の変名と推測されている）。

全部で四篇・四冊から成り、二三三一句が載っている。第一篇は安永五年（一七七六）、第二篇は天明三年（一七八三）、第三篇は寛政三年（一七九一）、第四篇は享和元年（一八〇一）に刊行された。版元は星運堂。

編集者の名を伏せたり、変名を用いたりして、特に淫書めいたものにしたため、寛政の改革や天保の改革には淫書として発禁になってしまった。この禁は明治・大正と続いてきた。そのため発行当時以来さほど重視されなかったが、昭和二十五年（一九五〇）に東京地裁で古典文学としての価値が認められ、禁が解かれた。江戸時代の性風俗を巧みに、豊富にとらえ、おもしろおかしく皮肉っている点で第一級の川柳集であり、刊行後しばらくしてからは発禁中も高い評価を得てきたようである。とはいえ、この本の句は江戸時代の地理、人情、風俗、言語、習慣、動作などを理解していないと解せない用語が多い。本書では『誹風柳多留』からも数多くの句を引用しているが、二つの書に同じ句がある場合、同じ句の表記が少し異なっていたり、一部の語句が類語に置き換えられているものもある。

すえふろおけでごぼうをすすぐ［据風呂桶で牛蒡を濯ぐ］大きな女性器の中で小さな男性器が動きまわる様を言う。据風呂は窯付きの大桶を据えた風呂で、その中で、大根などに比べてもはるかに細い牛蒡を洗うことに譬えたものである。転じて、単に女性器に対して男性器の小さいことの意味で使われたり、男性だけが射精し果てているのに女性はほとんど快感を感じていないことをいう場合にも使われたりする。同様の言い回しに「風呂桶の中を牛蒡で掻き回す」「大海に牛蒡」「太平洋で牛蒡を洗う」「凱旋門の下でステッキを振る」（あとの二つは新しい言い方）などがある。

◇〔江戸系〕「風呂桶の中を牛蒡で掻き回す」「大海に牛蒡」「椀盥で筆を洗う」。

◇〔近現代系〕「太平洋で牛蒡を洗う」「凱旋門の下でステッキを振る」「ジョッキの泡を爪楊枝で掻き分ける」。

すえもの［**居物**］①据置物の略で、本妻のこと。②客を自分の所に取り込み、外には出ない私娼を言う。

すきがまし［**好きがまし**］好色らしい。「好きがましきやうに思さるらむと」（『源氏物語』）。

すきごこち［**好き心地**］好色な心。浮気心。「若きほどの好き心地にはこの人をとまり（本妻）にとも思ひとどめ侍らず」（『源氏物語』）。

すきごと［**好き事**］①色好みの行為、情事。「昔好き事せし人も今はおはせずとか」（『蜻蛉日記』）。②色好みの話題。求愛の言葉。「かの宮に好き事いひける女が」（『伊勢物語』）。

◇①好き業。②好き言。

すきしゃ［**好者・好色者**］好色の人。派手に性行為をする女。

すきずきし［**好き好きし**］異性への関心が顕著で、好色である。「好き好きしきことと、なにがし（拙者）よりはじめて、うけひき侍らず不承知です」（『源氏物語』）。

すきずきしさ［好き好きしさ］好色めいたこと（『源氏物語』帚木）。
すきたわむ［好き撓む］浮気で人にすぐなびく。「好き撓めらむ女に、心置かせ給へ（注意しなさい）」（『源氏物語』）。
すきのみち［好色の道］枕絵や黄表紙・黒本と呼ばれる春本は、単に性愛技術の教則本ではなく、まして興味本位だけのものでもない。それらには性愛の作法や手順もあり、審美的な基準も示され、哲学のようなものがあった。それを「好色の道」または「色の道」と呼ぶ。「好色の道」の上級者を「通」といい、初心者は「野暮」といわれる。
すきばむ［好きばむ］好色らしく見える。
すきもの［好き者・数寄者］色好みの人。好色な人。「すきしゃ」。
すきわざ［好き業］好色な振舞い。浮気な行い。「心のすさびに任せてかく好き業するは」（『源氏物語』）。
ずくにゅう［木菟入］陰茎のこと。木菟入道の略。陰茎の頭がつるりと丸い形をしていることから来ていると思われるが、もとの「木菟入道」は陰茎の俗称としてはほとんど使われず、「木菟入」ばかりが良く使われることから、陰茎は女陰に突き入れるものという意味も兼ねて、「突く入」のもじりとして使われているのかも知れない。略して「木菟」とも言う。
すけこまし 性交を目的として、あるいは買春を目的として、調子の良いことを言って女性をたぶらかす男。

すけべい［**助平・助兵衛・介兵衛・助倍・湿深・好開・好開高**］好色の人。好兵衛（すきべえ）の転訛。
◇好色家、ちぢれ髪、多淫、本所、H、メカイチ。

すけべえ［**助平**］「すけべい」と同じ。江戸時代は「すけべい」が多かったが、時代とともに「すけべえ」や「すけべ」が増えてきたようである。

すけんぶつ［**素見物**］吉原の遊廓で張見世の遊女たちを眺めて楽しむだけの者。

すこすこ　性行為（擬音的俗語）。「すこすこの最中だよと御用ふれ」。

すず［**鈴**］陰茎、または男性器（二つの球と棒が社殿などに吊るされている鈴に似ているから）。

すずぐち［**鈴口**］亀頭のこと。亀頭の先端の裂け目が鈴の裂け目（鈴口）と似ていることからの連想。鈴を見て亀頭を思い浮かべる古人の連想力に感嘆させられる。

すずりとすみ［**硯と墨**］男と女の関係。「男と女は硯と墨よ、すればするほど濃《こゆ》く成る、味も出る」という古い言い回しから来ている。

すすりなき［**啜り泣き・歔欷**］すすり泣くこと、また、その泣き声。転じて、性行為におけるすすり泣くような浪り声。歔欷の音読みはキョキ。
◇歔泣、欷歔、欷泣、涕泣。

すそげしょう［裾化粧］遊女が陰部の手入れをすること。主として毛切れを防ぐためで、石切り、毛焼き、剃刀などがあった。「毛切れ」の項を参照。「わけもない所剃るまいと出して借す」。

すそっぱり［裾っ張り・淫女・淫婦］好色の甚だしい娘、または売春婦。「咲屋姫三国一の裾っぱり」（『誹風柳多留』、咲屋姫は、『古事記』のコノハナサクヤ姫）、類句に「さくや姫裾を広げて穴を見せ」。「裾ッぱりときわ御ぜんをへしにほめ」（常盤御前は夫義朝が戦に負けると翌日から敵将清盛の女になったと伝えられている）。

すそびんぼう［裾貧乏］日夜の性行為に満足せず、なおその不満足を感じている者、色餓鬼ともいう。「かゝったるれんぼのあみにすそびんぼ」「むすばるゝおもひ合ふたるすそびんぼ」。

すそぶげん［裾分限］老いても女に不自由しない幸せもの。「大ぶんにあとゝりおゝいすそぶげん」。

ずだい［図大・頭大・づだい］雁首の発達した立派な陰茎。「うぬ一人ずだい汚して夢がさめ」（『末摘花』）。

すだれ［簾］女性の陰毛が下向きに薄く生えているもの。

すのこがくれ［簀子隠れ］男女が忍んで交合する法で、菱川（狩野）師宣の『表四十八手』にある体位の一つ。簀子を張った縁側の下に隠れた男が、簀子の破れ穴から陰茎を上に突き出し、縁の上にいる女と交合している挿絵が描かれている。艶本『花だすき』にもこの絵のような話が出てくる。
すばく［**寸白**］婦人の生殖器病の総称。
◇すんばく、すばこ、しらち、白帯下。
すばり［**窄り・窄乾**］女陰または肛門が狭いもので、性交または男色に堪えられないもの。
すぼけまら［**皮冠摩羅**］包茎。略して「すぼ」「すぼけ」とも言う。
すぽすぽ　性行為。江戸時代の擬音化した表現。「小間物屋すぽすぽさせて一本売り」（『末摘花』）。
すまた［**素股**］股間淫の俗称。江戸時代より昭和初期までは偽似性交として娼婦が行う行為と考えられていたが、近年は夫婦や恋人間でも行われるという。最近、正当な性行為を忌避する傾向が高まっていることや、性行為を遊び感覚で行う者が増加しているためと考えられる。「股間淫」。
◇偽似性交、岡ぬらし（岡は本物ではないという意味）。
すまのうら［**須磨の浦**］自慰（マスターベーション）のこと。明治四十年（一九〇七）頃に学習院の女子部生徒の間で使われたのが初めだと言われる。たちまち東京の女学生間に広まった。当時の女学生はマスターベーションを縮めて「マス」と言った。〝スマの裏〟は〝マス〟だという洒落から生まれた。当時、貴婦人の卵の集まりだった学習院の女子が、こんな洒落を言い、また卑猥な言葉を編み出したとは驚きである。

すまのうら［**須磨の浦**］股間淫のこと。江戸時代に使われた言葉で、素股のシャレである。『あなをかし』に、「ともし火の明石の瀬戸をよそに見る須磨浦こそうらめづらなれ」という歌がある。「自堕落や尻打つ波は須磨の浦」。

すみつぼ［**炭壺**］女陰。男の燃え上がる火を消す火消し壺だから。

すみつぼ［**墨壺**］大工などが直線を引くのに用いる道具。形の類似性から女陰に譬えられる。「すみつぼを見せて乳母殿こんなだか」（『末摘花』）墨壺のように黒いのかと聞いているのか、大きいのかと聞いているのかは不明。もしかしたら炭壺かもしれない。江戸川柳のうち初期・中期のものには、このように曖昧で読者の判断に任せるものが多い）。

すりこぎ［**擂粉木・擦りこぎ・摺粉木・擂木**］陰茎。

する［**交る・為る・行事る・交合る**］行為を行うという意味から転じて、性交するという意味。男性の行為に限られた意味で使われる場合には女性の立場からは「させる」が使われる。最近では、した、させる、やる、やらせるなど全て男女区別なく使われ、上に付く性交の文字を省略したと考えられる。「女をばする、男にはさせるなり」は男女両役を務めた陰間を詠んだ句である。「はやり医者している処を起こされる」（『末摘花』）。

すんいんほう［**寸陰方**］室町・戦国時代から使われた媚薬。男根に塗って女と交わると、女はすぐに絶頂に達するという。

せ

せいえき［精液］ 雄（男性）の生殖器から分泌する生殖液で、無数の精子を含むほかに種々の付属腺の分泌液から成る。ヒトの場合、一回に射精される精液の量は一般には約三ミリリットルである。

◇〔外来語系〕スペルマ（Sperma ラテン語）、ザーメン（Samen ドイツ語）、スィーメン、seminalfluid（英語）。
◇〔英語・淫陰系〕淫、陰液、淫汁、淫水、淫水香、淫精。
◇〔漢語・水液系〕黄水、契水、玉液、心の水、腎水、性水、積水、騒水、吐露、菩提水。
◇〔漢語・精系〕腎精、精汁、精水（きみず）、精露、似精、吐精、陽精。
◇〔漢語・津系〕津液、吐津。
◇〔和語・汁系〕おつけ、汁。
◇〔和語・水系〕水、池水、命の水、上ワ水、情の水、溜り水、夜雁水、甘露水。
◇〔和語・露系〕移し露、情の露、露。
◇〔和語・見た目系〕糊、布海苔、カルピス、白酒、ミルク、とろろ、糊壷。
◇〔和語・その他系〕青くさ、汗、大たのこ、気、生麩、恋の液、ところ天。

◇〔和語・古名系〕ほつ（保豆）、保津、しなたり。
◇〔涙系〕白い涙、白き涙。
◇〔熱湯系〕熱湯。

せいえん〔**凄艶**〕凄味を感じるほど艶やかな様子。多く女性の形容に使う。
◇妖艶。

せいが〔**性画**〕便所などに描かれる卑猥な絵。紡錘形の中に縦線を引き、その中央付近に小さな丸を描き、紡錘形の外には数本の直線を放射状に描き加えた幾何学模様ふうな女陰の絵が多いが、中には微細に描かれた女陰や、体位を描いた性交図など様々なものがある。

便所に性画が落書きされるのは日本だけだといわれている。西洋の便所にも猥褻的な落書きは各所にあるが、それは図画的なものではなく、ほとんどが文章であり、「便所の詩」と呼ばれる。

法隆寺《ほうりゅうじ》（七五〇年再建）の天井裏に描かれた性画〔股を開いて蛙のような形をした女性の陰部に男根が突き刺さろうとしている図〕は有名である。唐招提寺《とうしょうだいじ》（七五九年創建）の仏像台座の性画、宇治平等院《うじびょうどういん》の鳳凰堂《ほうおうどう》（一〇五三年建立）の木の組合せ部分の性画等もよく知られている。

これらのことから、日本の性画は少なくとも奈良時代から描かれているが、日本の性画が淫猥な性的快感を表現するようになったのは、西洋の影響を受けてからのことで比較的最近のことらしい。法隆寺、唐招提寺、鳳凰堂などの性画は魔除けであると共に、安全を祈るためのものだったのではないかと推測されている。

せいかん［**性感**］①性交時における生理的快感（広義の性感）、性的感覚。広義の性感には「性感覚」と「性感情」とが有り、両者が並存するのが真の性感だと説く者もいる。②体表の一部、特に性感帯と呼ばれる部位に接触や摩擦などの刺激を受けた時に感じる性的な感覚（狭義の性感）。狭義の性感には「クリトリス性感」「膣性感」「ポルチオ性感」がある。性的快感を感じたり、性交欲が昂められたりするという。医学的には性感を受容する感覚神経は発見されておらず、もし同じ部位に同じ刺激が与えられても、心情が伴わなければ、単にくすぐったいか痛いだけであり、この意味での性感は刺激源との関連による心理的な感覚であると解するのが一般的である。しかし、もしかしたら性感専門受容器があるかもしれないし、仮に性感専門受容器が無くても「くすぐったい」とか「かゆい」などと同様に、基本感覚（触覚、温覚、冷覚、痛覚）が組み合わされることによって「複合感覚」として性感が生み出される可能性はあると説く学者もいる。

せいかんたい［**性感帯**］身体の中で感覚神経が特に多く分布し、感覚が敏感で、軽い刺激を受けただけで強い性的快感をおぼえ、性器の興奮を起こすような部分のこと。女性の身体は全体として敏感にできているが、中でも特に敏感な部分がある。
性感帯は、①唇・大陰唇・小陰唇・膣前庭など、性器に直結していて性器を興奮させるものと、②髪・首・内股など、性的感情を高め、本格的な性的興奮の火付け役として間接的に働く部分に分けられる。

医学的には、①毛で覆われたところ（恥毛・腋の下・髪の生えたところ・頭髪など）、②皮膚が粘膜に移行するところ（口唇・肛門・鼻孔・乳房など）および、③皮下脂肪の少ない皮膚面（手のひら・足の裏・指先など）ということになっている。具体的には、頭の髪の生えている部分、腋の下、恥骨部、乳房、大腿内側（内股）、口唇、蹠（かかと）、掌、指掌、足指、膝頭、肱、臀裂の少し上であり、それに前頸部、襟頸《えりくび》の両側、脚のつけ根から腸骨辺りの部分をつけ加える場合もあり、さらに眼、耳、や両側仮肋骨付近、耳孔の周囲、髪の後方境界、眼窩、鼻、臀溝（臀部と大腿後面とを分かつ横皺）を加える場合もある。

性感帯という言葉は性器および関連部分を除いて使われることも多く、その場合は女性だけに与えられた呼び名である。男性は陰茎以外には性感帯が無いように考えられているからである。しかし、陰茎以外にも、乳頭、唇、耳、睾丸、肛門、大腿内側（内股）など、性感帯と呼ばれるような敏感な部分があり、男性にも性感帯という言葉を使うようになった。

『素女経』では女性の性感帯は敏感な順に性器、乳首、唇、耳、首筋、背中、内腿、脇腹、臀、ふくらはぎ、足の指としている。そして、敏感な部分と鈍感な部分を同時に愛撫すると、全身の性感帯が開発されてくると説いている。

性感帯は人間特有のものであるらしい。性感帯に関しては誤解も多い。刺激を強くすればより強い快感が得られると思われがちだが、陰核への刺激では軽い刺激の方が強い性的快感が得られたという実験研究報告もあるように、適度であることが望ましい。また、感覚神経が特に多く分布し、感覚が敏感な部分であるから、刺激が強すぎたり、愛情を感じていない相手からの刺激は苦痛感や嫌悪感を与える結果になってしまう。また、いわゆる感度についても個人差が大きいことから、性感帯への刺激のし方については専門家でも適切なアドバイスは困難であると言っている。愛情をもって相手の反応を見ながら、自分たちの愛撫法を見つけだしなさいというのが最高のアドバイスらしい。

◇エロジナス・ゾーン erogenous zone、発情帯、急所。

せいぎ〔**性戯**〕性行為における一つ一つの行為。例、接吻。フェラチオやクンニリングスは現在では性戯の一つとして認められるが、江戸時代には異常な行為、変態行為、特殊な行為と考えられていたから、性戯のなかに入れるわけにはいかなかった。このように性戯の意味する範疇は時代によって変わっている。

◇性技。

せいぎ〔**性技**〕性戯とほぼ同義であるが、「性戯」が行為の内容や種類に重きを置いているのに対し、「性技」は行為の方法やテクニックに重点を置いている。

せいぐのれきし［性具の歴史］日本における性具は、奈良時代に遣唐使によって高麗《こうらい》・百済《くだら》から伝えられたのが最初であるといわれている。以降、宮廷の女房たちが愛用し継承してきた。『日本紀略』という歴史書には、称徳女帝が弓削道鏡より献上された張形を使ったら、「不得抜」になった（抜けなくなった）と記されている。

江戸時代に入ると、上は宮廷、大名を初めとし、下は遊女文化が栄えたことから庶民に至るまで、性の喜悦を享受する時代になった。その時代背景を反映し性具の需要が拡大し、さまざまな性具が考案された。主なものに張形、互形、京形、海鼠の輪、琳の玉、鎧形、兜形、助け舟、肥後ずいき等がある。これらは寛永三年（一六二六）から両国薬研堀《やげんぼり》の四ッ目屋忠兵衛の店で売られていたので「四ッ目屋道具」とも呼ばれていた。その後、性具は化粧品などと共に小間物屋によって出張販売や行商も行われたので、全国各地に広がりを見せると同時に、庶民にまで行き渡るようになった。明治、大正、昭和初期にも性具、媚薬類はあったが隆盛ではなかった。これらは「窓口商品」となり、性具店で販売されるものはコンドーム、避妊薬、性感増強薬、わずかな種類の張形と肥後ずいき程度であった。そのため、こけし、野菜類（なす、きゅうりなど）、天狗の面等が性具の代用として使われる時代になった。

昭和三十年（一九五五）以降になると、戦後経済の復興や性に対する考え方が開放的になったのと相まって、性具の種類も数も急激に増加し、発展した。特に電化移行が始まったことが特徴としてあげられる。一九六〇年頃「子宮保温器」が売り出された。間も無くセルロイド製の電動式バイブレーター（商品名「ニューハニーペット」）が売り出されたが、太さが細いことと振動が鈍いために不人気だった。それらが徐々に改良されてきて、一九六〇年代半ばを過ぎると需要も高まり、アダルトショップ（大人の玩具屋）が続々オープンした。

昭和四十七年（一九七二）に画期的新製品「電動こけし一号機」（商品名「熊ん子」）が売り出された。その後、素材がゴムから塩化ビニール、シリコンと変わり、またＩＣの仕様によって動きもより複雑化・精巧化されてきている。

平成の性具はより一層精巧化されリアルになってきている上に、使用感がより自然になっていると言われる反面、形や用法は昔とほとんど変わっていないといわれる。奈良時代に既に開拓しつくされてしまったともいえるようである。また最近では、性具や媚薬類がもっぱら通信販売されるようになったため、「四つ目屋」「小間物屋」「大人の玩具屋」と名前を変え、店頭販売、出張販売、行商と販売方法を変えて、長々と続いてきた性具商店は完全に様変わりしてしまった。このことは、大人の玩具屋に入る時のあの周囲の目を気にしながらも何かしらワクワクした気持を奪ってしまったという男性もいるが、女性でも気軽に購入できるという利便さをもたらした。

「張形」「互形」「助け舟」「肥後芋茎」「四つ目屋」「熊ん子」などの項を参照。

せいこう［性交］男女の肉体的交わり（一般の国語辞典数冊）。具体的には男女が性器を結合させること、またはその行為。性器結合の行為に重点をおく場合は「性交行為」ともいう。性器結合行為によって起こる生理的現象（例えば射精）を含める場合もあるが、性器結合にいたるまでの過程で起こる生理的現象（例えば愛液の分泌）や行為（いわゆる前戯）および性器結合後の行為（いわゆる性交運動）や射精後の行為（いわゆる後戯）は一般に含めない。これらを含める時には「性行為」という言葉が使われる。

◇〔常用語系〕交情、情交、房事、情事、交合、媾合、交接、交媾、交会、肉交、同衾、長枕、性行為、行為、一儀。

◇〔いくさ系〕夜いくさ、夜襲、相撲、角力、閨相撲、取る、夜の戦い、合戦、閨合戦、陥落、レスリング。

◇〔犯す系〕犯す、陥落させる、蹂躙する、破る、スタンプを押す、ノックする。

◇〔外来語系〕セックス、セックスする、ファック、コイタス、コイッス、ベッド、バイシュラーフ、クロスゲーム、タックル、トライ。

◇〔漢語系〕陰陽術、相伴、同床共枕。

◇〔擬音系〕パコパコする。

◇〔古語系〕交会す（あたわす）、温める、致す、鴛鴦《おしどり》の床（を楽しむ）、鴛鴦の衾（ふすま）、お祭り、隠所（くみど）に興す、婬（たわ）く、所継（とつ）ぐ、つまどい、ほとつぐ、枕（ま）く、まぐはひ、政事、祭りごと、御合（みあ）う、御所与（みとあたわ）す、娶（めと）る、幸（め）す、点（とぼ）す、婚（くな）ぎ合う、婚（くな）がい、叩なかい（くなかい）。
◇〔自然系〕倒蓮花、月、松葉、隔山。
◇〔食物系〕お供え餅、共食い、芋田楽、お茶漬、つまみぐい、お刺身、据膳、饅頭、豆、鍋、茄子、鴨の腹、海鼠、蛸、茶碗、土器、擂鉢、毛桃、枇杷葉湯、をご、白酒、とろろ汁、おつけ、他に女陰を表す貝の名。
◇〔初交系〕水揚げ、筆下ろし、洗礼、進水式。
◇〔する系〕する、やる、○○する（○○は女性器の方言名・俗語名）。
◇〔挿入系〕はめる、入れる、挿入、挿入する、結合、はぎ（接ぎ）、インサート、ドッキング。
◇〔俗語系〕やる、寝る、抱く、抱かれる、あれをする、乗る、エッチ、エッチする、寝連れる、枕を交わす、アク（灰汁・灰・柿渋）を抜く。
◇〔抽送系〕抽送する、出し入れする、腰を使う。
◇〔遠回し系〕ナニをする、アレをする、体験、初体験、肉の宴、仕事、あれ、あれの方、あっち、あっちの方、夫婦の方、夜の方、夜の仕事、寝間のこと、閨のこと。
◇〔動物系〕鶴交、猿搏、虎伏、駒がけ、海老、番い鳥、鶏姦（肛門性交）。

◇〔濡れる系〕濡れる、しめやかになる、おしめり、雲雨、濡れ幕、濡れ場、しっぽり。
◇〔乗物系〕乗る、御す、馭《ぎょ》す。
◇〔方言系〕おまんこ、おまんこする、おめこ、おめこする、色、色をする、ぼぼ、ぼぼする、へっぺする（秋田）。
◇〔その他系〕二つ玉（二度連続性交）、車掛り（輪姦）。

せいこういのマンネリか［性行為の…化］夫婦間において性行為が単調になり、変化に乏しく同じ型の繰返しになること。

せいこうかいすう［性交回数］週に何回性交するか、あるいは週に何回性交するのが良いかということはよく話題になる。結婚歴や年齢など様々な要因によって異なるので、一概に週に何回が良いということは言えない。ここでは古典に表れた例を上げることにする。

◎まず、平安時代に丹波康頼《たんばのやすより》が編纂した医学書『医心方』の「房内編・玉房秘訣」には男性の射精回数として次のように述べている。

十五歳＝血気盛んな者一日二回、痩せている者一日一回。
二十歳＝盛んな者一日二回、虚弱な者一日一回。
三十歳＝盛んな者一日一回、虚弱な者二日に一回。
四十歳＝盛んな者三日に一回、虚弱な者四日に一回。
五十歳＝盛んな者五日に一回、虚弱な者十日に一回。

六十歳＝盛んな者十日に一回、虚弱な者二十日に一回。

七十歳＝盛んな者三十日に一回、虚弱な者、施瀉（射精）してはいけない。

◎中国の唐の時代に孫思邈《そんしばく》の著した『千金方』には次のように記されている。二十歳＝四日に一度、三十歳＝八日に一度、四十歳＝十六日に一度、五十歳＝二十一日に一度、六十歳＝精を閉じて洩らさず。ただし体力盛んであれば、一月に一度。

◎他に「春三夏六」などの言葉があることはよく知られている。「春三夏六」の項を参照。

◎日本古来の言い伝えに「九乗の法則」というのがある。これは二十代以上の男性の性交回数を算出する方法である。その方法は年齢の十の位の数に九を乗じる。五十代ならば5×9＝45。この45という数字を四十日に五回と解読する。八十代ならば8×9＝72だから七十日に二回ということになる。

◎モンテーニュは『随想録』の中で、「アラゴンの王女は、正当な結婚に必要とされる節制と慎みの規範を後世に伝えるために、正常にして必要な限界として、その回数を日に六回と定めた」と述べている。

◎ソロン（ギリシアの立法家）は、夫婦の務めを怠らぬためには月にただの三度でよいとしている。

◎マルチン＝ルター（宗教改革者）は、週に二度が女性への務め、年間に百四回が夫にも妻にも害にならないと、四十二歳の時に規制を作った。
◎ルネサンスの諺には、「一回は試食・病人の食事にすぎない、二回は紳士の礼儀、三回は淑女の務め、四回は妻の権利」というのがある。
◎ブラントームは作品の中で、「宅の主人ときたら、普段から粋人・無双の強者と誇っているのに、たった四回しか出来ないいんですのよ」と、宮廷女の恨み言を言わせている。
◎キンゼイ報告では、二十代〜三十歳までは週に二・五回が平均値で、四十代では週に一回である。

せいじょうい［正常位］性交体位のうち、一般には男上前位を正常位と呼んでいる。すなわち女性は太腿を軽く開き、膝を軽く曲げて仰向けに寝る。男性は膝と肘を床につけ、自分の体重を加減しながら女性の上に乗る。自分の下肢は女性の下肢の間に置く体位である。しかし、広い意味では男上位全体を正常位と言い、狭い意味では開股位（付録1、7の①を参照）を正常位と言っている。

性交するのにどのような体位が正常なのかということには議論のある所であり、ある特定の体位を正常位と呼ぶのは不適切だという意見もある。

現在一般に正常位と呼ばれている体位は、人類が野生に近い生活をしていた時代には、外敵からの攻撃に対して極めて防御しにくい体位であるから、人類史上から見れば極めて最近始められたものであろうと推測される。恐らく人類の先祖たちの性交体位は犬型が正常位だったろう。

◇本手、本手取り、本取り、四つ手、男前上位、開股位。

せいせいかつのちえ［**性生活の知恵**］昭和三十五年（一九六〇）に出版された、謝国権《しゃこくけん》の著書。夫婦間の愛情持続のためにはお互いを刺激し合う性生活が大切であると説いた。特に木の人形の写真を使った『性交態位分類法』は話題になり、ベストセラーになった。セックスは楽しむものだという考えをひろげるのに役立ち、後に出る奈良林祥《ならばやしやすし》の『HOW TO SEX』と並んで、日本人の性に関する考え方に大きな影響を与えた。

せいとし［**性と死**］人間には退行心理や回帰心理があり、性行為の中にもみられる。人間はかつて水棲動物だったので、胎内にいるときの環境はそれを模したものであり、子宮は暗く暖かな温柔郷である。性交は海底のような胎内へ退行する象徴行為であり、性交には小暗さ、狭さ、温かさ、湿潤さが必要だといわれる。そして性交後の快眠こそが回帰幻想を適え、死へ帰した喜びであるという。そのため、性の快感を「死」で言い表す習慣は世界中にあるという。例えば、英語では「I am dying」「Kill me」、ドイツ語では「Ich sterbe」、中国語では「死了」、日本語では「死ぬ死ぬ」「殺して！」など、まったく一致している。

せいひ［**性皮**］皮膚の中で、性的に興奮すると勃起したり、肥大したりするような変化を見せる部分。雌ザルでは性的興奮により肛門や外性器付近の皮膚を膨らませるが、人間の雌では乳首の長さが〇・五～一センチメートル増し、直径も〇・二五センチメートルほど増して勃起する。オルガスムに近付くと乳房全体も約四分の一大きくなる。

せがれ［倅・悴］陰茎。

せきじょう［赤縄］夫婦の縁を繋ぐ赤い縄。転じて、夫婦の縁。結婚。唐の人が宋の城で遇った異人に「袋の中に入れた赤い縄で、夫婦となるべきものが足を繋がれると、仇同士でも離れることが出来ない」と言ったという故事に拠る。

せきれい［鶺鴒・交接教鳥］鶺鴒は性行為を象徴する鳥として古来よりよく登場し、また、性行為を人に教えてくれた鳥だともいわれる。鶺鴒が腰を上下させる動作からの連想によるものだろう。鶺鴒は古くは「にはくなぶり」「いしくなき」「にはたたき」と呼ばれた。この「くなぶり」や「くなき」「たたき」はいずれも性交という意味の古語である。『古事記』にも「鶺鴒の交わるを見て人はまぐわいの術を知る」とある。そのことから「交接教鳥」と書いて「セキレイ」と読ませる場合がある。「知りきってゐるのに鶺鴒馬鹿なやつ」、「鳥の尾のうがち世界の種となり」（『誹風柳多留』）。

せきれいだい［鶺鴒台］閨房用具の一種で、スプリングを入れた腰枕。天保の頃に考案・製作され、両国の小間物屋「日野屋」から発売された。昔は後背位が一般的だったのに、男前上位が一般的になり正常位と見なされるようになると、いわゆる下付き女の場合は交合しにくくなる。その欠点を補うために腰枕が考案され、その改良型がこの鶺鴒台だという。

せついん［**吸陰**］クンニリングス。女陰を吸《すす》るという意味。

せっか［**折花**］女性の初交。

ぜつぎ［**舌戯**］フェラチオのこと。特に舌を絶妙に使うフェラチオについて言う。絶技と音を掛けている言葉。

せっこう［**吸肛**］肛門を舐める愛撫行為。アニリングス。

せっししょう［**窃視症**］他人の閨房や他人の性行為を覗き見ることに性的快感を求める性癖が高じた一種の変態性欲症。主に女性の性器や裸体、入浴、用便あるいは自慰行為や性行為の場面を見て性的興奮と性的満足を得る。特に男性の性欲は視覚を通じてキャッチされるから、覗き見は好奇心を刺激し性欲を高める働きがあり、本能的に男性の誰にでもあるもので正常な本能といえるのであるが、他人の行為などを覗かなければ性的に満足しないようになると窃視症ということになる。

◇視姦症、ミクソスコピー、ピーピング・トム、隠れ蓑コンプレックス、覗き魔、出歯亀。

せっしてもらさず［**接して漏らさず**］江戸時代の名医貝原益軒《かいばらえきけん》の残した有名な格言。健康で長生きする秘訣は性交しても射精はしないことという意味。この格言を守った彼自身は、当時としては大変な長生きをして八十五歳で没した。「接して漏らさず」は実行不可能とも思えるが、益軒も参考にしたと思われる『玉房指要』には、出かかった精液を体に戻す方法と、その上、精気を養う方法が書かれている。まず、射精しそうになった瞬間、二本の指で陰嚢と肛門の間を強く押さえる。続いてゆっくり腹式呼吸をしながら歯ぎしりを数十回行うと、精液は陰茎の奥の方に入って行く。次に、射精寸前に頭を上げ、左右上下を見回しながら息をひそめると、精液を戻すと同時に女の精気を取り入れて、健康が増進されるという。

せっちゅうじょじょうぜんい［折衷女上前位］男が仰向けになり、女は脚の片方ずつを、膝位、跨位、伸位のいずれかにして交接する体位。時には男女の脚を互脚位にする場合もある。

◇倒蓮華《さかされんげ》、空翻蝶《くうほんちょう》。

せっちゅうだんじょうはいい［折衷男上背位］膝肘背位で女性が片脚を伸ばす、あるいは、肘位・掌位を左右で変える等の体位。

◇裾野、蟬付勢。

せっちゅうのしょうはく［雪中の松柏］節操が極めて堅いこと。「雪中の松柏愈々青青たり」（謝枋得《しゃぼうとく》の詩より）。

ぜってん［絶巓］オルガスム。「巓」は「頂」と同義。

せつぶん［節分］女性が転んで性器をあらわに出してしまったこと。女性器を俗に豆というから、豆撒きで転んだ鬼に豆が載っている様子にたとえたものらしい。

ぜつりん［**絶倫**］類をこえてすぐれていること（広辞苑）。一般には精力絶倫のことを単に絶倫という。『藤岡屋日記』に載っている天公法現という医師は天保十二年（一八四一）の閏正月三日に妻を迎えたが、その夜から翌四日の夜までに十八回性交し、その後も昼夜を分かたず新婦の体を求め続けたので、新婦は陰部が腫れ上がってしまったという。この医師は「（一晩に）三度位交合致し申さず候ては陰茎痿え申さず」と言ったというから凄い絶倫男だったといえる。なお信じかねるが、彼はこの時に九十二歳だったたという。

せゆ［**施湯**］平安時代の頃まで、風呂と言えばすべて（サウナのような）蒸し風呂だった。その浴室は、皇族・上流貴族・大寺院にしかなかった。奈良時代の藤原飛鳥部という貴族の娘は、自宅の浴室を開放し、身分や階層を問わず入浴させた。いわばチャリティー行為であり、これを「施湯」という。藤原飛鳥部は抜群の美女であったが、「本朝三女陰（つび）」の一人にあげられるほどの好き者であったから、貴族のひ弱な貴公子との情事では満足できず、男捜しに「施湯」を始めたと噂された。「施湯」には様々な階層の男たちが集まってきて気持ち良く汗を流したが、飛鳥部はのぞき窓から男たちの股間を観察し、満足する相手が見つかると、洗い場に誘って濃厚なサービスをしたといわれている。もちろん彼女は、男たちから報酬を求めなかったが、江戸時代には「湯女の元祖」としての評判を残し、浮世絵師・歌川国貞《うたがわくにさだ》は、「風流男（たわれお）を見そめては、湯気の煙や胸に立ちけむ…云々」と、藤原飛鳥部への賛辞を『らん湯新話』に書いている。

ぜんぎ［**前戯**］実際の性交行為に入る前に、性欲を刺激し興奮を高める為に行う愛撫行為のこと。例えば、抱擁、接吻、乳房の愛撫、愛咬、ペッティングなど、陰門の準備が十分できて、陰茎の挿入が最適になるまでの様々な行為の全てが含まれている。

◇前技、フォアプレー。

せんけん［**嬋娟、嬋妍**］顔や姿の美しくあでやかな様子。

せんこう［**線香**］安遊女や男娼は時間で幾らといって性を売った。正確な時計のない時代だったから、線香一本の燃え切る時間を一回分とした。「俗名へ線香立てるけんばん屋」。

ぜんこうじまら［**善光寺摩羅**］傘摩羅の別称。「善光寺摩羅で行きより帰りが良い」という句があるように、傘摩羅は、挿入する時よりも抜き去る時の方が、女性にとっても、また男性にとっても、高い快感が得られるという。

せんずり［**千摺・千弄・千摩・手筒・手銃**］自慰。千擦りの意味らしい。

せんつきいちたたき［**千突き一叩き**］性交の時、陰茎の抽送をする際に陰嚢が女性の会陰部や肛門部に当たることがあり、これを「叩く」と言う。千回もの陰茎の頻繁な抽送より、一回の「叩き」の方がすぐれているという意味で、肛門性感の大切さを示した俗語である。

ぜんてい［**前庭**］女性器。肛門を後庭というのに対する語。

せんりゅう［**川柳**］前句付から独立した十七文字の短い詩。俳句とは形は似ているが、その趣も異なり、俳句のような切れ字や季語などの制約はなく、多くは口語を用い、生活や世俗を風刺し、滑稽に表現するのが特徴。

江戸時代の中頃、《前句付》という言葉遊びが流行した。これは七・七文字の《前句》と呼ばれる課題が出され、これに当てはまる五・七・五の言葉を付けて短歌の形にする文芸遊びである。

ところで、この時代に、点者と呼ばれる主催者が前句の課題を出して句を募集し、一般市民が投稿する「万句合《まんくあわせ》」と呼ばれる投稿文芸が始められた。点者が入選句を選び印刷物で発表する。作者には賞金が与えられる。万句合は十八世紀後半に特に大流行した。一番人気のあった点者が柄井川柳である。柄井川柳が入選句の中からさらに選りすぐって編集したものが『誹風柳多留』や『誹風柳多留拾遺』であり、『誹風末摘花』である。

江戸時代の川柳を通して見ると、前期・宝暦期（一七六〇年代初期）は《粋》を主眼にしている句の時期。中期・明和期（一七六〇年代後半）は《粋》《通》に加えて作句の技巧も円熟した最盛期。後期・安永〜天明期（一七七〇〜八〇年代）は《粋》《通》の発想は薄れ、作句の技巧にのみ重点が移ってしまった時期で、研究者はこの時期の川柳は古川柳に含めず、《狂句》と呼んで区別することもある。

前句付から始まった川柳はその後、課題無しに五・七・五の短詩として独立した。そして明治になると、五・七・五の短い詩全般を川柳と呼ぶようになった。

こうして川柳は今日まで連綿と続いており、現代ではその作者の数は江戸時代を凌ぐほど盛んになっている。しかし、現代の川柳と江戸時代の川柳には、作者の意図に大きな隔たりがある。現代の川柳が世の中の批判や風刺、ユーモアに主眼を置いているのに対し、江戸時代は作者の粋・通ぶりの表現に主眼点がある。そのため研究者はこの二つを区別するために、江戸時代の川柳を「古川柳」と呼んでいる。古川柳の中には時折、身障者や下女や遊女などを侮っているような句が見受けられるが、よく解読すると、それらの行動をしている主人公（武士や若旦那など）を作者は第三者として野暮なやつだと批判していることがわかる。

そ

そいぶし［**添臥し**］寄り添って寝ること。同衾。

そう［**送**］「**迎え**」の対語。陰茎を女陰に挿入すること。

そうきゅう［**双丘**］二つの乳房。お尻の二つの丸みを言う場合もある。

そうきゅう［**双球**］お尻の二つの丸み。二つの乳房の丸みを言う場合もある。

そうこうのつま［**糟糠の妻**］糟や糠のような粗末な食事をして苦労を共にしてきた妻。「貧賤の交わりは忘るべからず、糟糠の妻は堂より下さず（貧しく地位低き頃に交わった友人のことはいつまでも忘れてはならず、苦労を共にした妻は、家から出してはいけない)」という言葉から来ており、この言葉は「貴くしては交わりを易え、富みては妻を易う（地位が上がったら交わる相手を変えて地位に相応しい相手と交わり、富を得たら、貧しい頃の妻に替えて新たに妻を娶る）」（『後漢書』より）という言葉と対をなしている。

そうごさついん［**相互擦淫**］女性同性愛者がお互いの性器を接し合い、主として陰核どうしを擦淫しあう行為。

◇トリバーデ。

そうじんたん［**壮腎丹**］戦国時代に最も良く知られた強精薬。丁字《ちょうじ》、附子《ふし》、肉桂《にっけい》などの数種類を混ぜてつくる。空腹時に服用して女と交わると効果てきめんだという。

そうた［**サウタ・ソウタ・惣太**］娼婦、遊女。カルタからきた言葉で、ポルトガル語のSota（王妃）が語源である。転じて、おそう、惣太郎、惣太夫、総右衛門などとも呼ばれ、大阪のソウカや京都のソウへの語源になったらしい。

そうちゅうのよろこび［**桑中の喜び**］男女の逢引。『詩経』の詩の序文に「衛の公室に淫乱の風が漲り、王族はじめ高位高官たちは、他人の妻妾を誘惑し合って桑畑の中で密通し合った」とあるので、もとは男女の不義密通の楽しみという意味で使われていたようである。

そうもん［**相聞**］元来は中国で互いに相手の様子を尋ねるという意味だが、『万葉集』で「相聞」の部に属する歌は、大部分が男女間の恋情をうたったものである。『古今和歌集』

以後は「恋」の歌としている。

そうよう［走陽］射精すること。古書に「吐淫ほとばしり出で止まらぬこと」とある。

そうろう［早漏］最近では「男性が射精を随意にコントロールできない状態」と定義されている。具体的には、女性がオルガスムに達する前に射精が行われてしまうことである。女性の性感は前戯によって高まり、続く性交運動によってさらに高まってオルガスムに達する。一方、男性は短い前戯でも性感はある程度高まり、射精によってオルガスムに達する。男性が陰茎を女性の膣に挿入してから、射精するまでの時間が短いと、早漏ということになる。

そき［粗器］粗末な女性器、名器に対する言葉。時には粗末な男性器の意味に使われることもある。

◇粗マン。

ぞくつく［俗付く］色気づくこと。「俗ついているおなごは相手さえありゃさしたがるものさ」（『なぞなぞずくし』）。

そこくら［底倉］箱根の底倉温泉のこと。痔の治療に著しい効果があるとして知られている。そこで昔は、肛門交が原因で痔を患った若衆たちがこぞって底倉温泉に湯治に来たと言う。「底倉の山駕籠尻が傷んでる」、「底倉の湯女はいっそうわうわし」、「芳町の釜は箱根で鋳掛けさせ」、「底倉へ菊の治療に痔童来る」、「底倉で見た芳町の美少年」など、数多くの句が作られている。

そじょ［**素女**］紀元前の中国の女医の名。才色兼備の仙女といわれる。黄帝の問いに答えた『黄帝内経』が知られている。中でもこの問答集の中から交合に関する項目だけを抜き出した房中術の書『黄素妙論』は『素女経』として有名である。

そじょけい［**素女経**］紀元前の中国の伝説の皇帝である黄帝は、名を軒轅《けんえん》といい、度量衡を律し、音楽を統一した賢帝として知られている。その著『黄帝内経』は中国最古の医学書である。『黄素妙論』は『黄帝内経』の中から交合に関する項目だけを抜き出した房中術の書である。黄帝軒轅が女医の素女という才色兼備の仙女と交わした性の奥義に関する問答集で、一般に『素女経』の名で知られている。例えば「女の快感の昂まりは何によって知ることができるか」という問いに対して、素女は次のように答えている。「貢帝曰何以知女之快也素女曰有五徴五欲又有十動以観其雙而知其敬夫五徴之候一曰面赤則徐徐合之二曰乳堅鼻汗則徐徐内之三曰隘乾咽唾則徐徐揺之四曰陰滑則徐徐深之五曰尻傳液則徐徐引之」。

『素女経』は、天文年間に松永弾正《まつながだんじょう》によって日本にもたらされ、天文二十一年（一五五二）、今大路道三《いまおおじどうさん》によって翻訳刊行されたというから、四百七十年近くも前のことである。これを文化年間（一八一〇頃）に奥村慎猷が再版したものが今日まで残されている。奥村慎猷については詳らかではない。

深浅法など日本の性愛術に大きな影響を与えたが、当時の人は、これを日本化し、日本式性愛術を造り上げていった。

そそ［**素々・曾々・想々・楚々**］女陰。裾が転化したものと思われる。もとは関西地方と東関東地方の方言であった。現在も「お」の字を冠して「オソソ」という言葉は京阪地域で使われているし、全国的にも通じる言葉である。

そそげ［**素々毛・曾々毛**］女性の陰毛。

そそりかんのんいろやくし［**淫行観音色薬師**］江戸白銀《しろがね》町の観音と茅場《かやば》町の薬師のこと（江戸の俗言）。この観音様とお薬師様の縁日の夜は男女の逢引が多かったといわれる。「月の八日はお薬師様よ、参りの下向の道で、ちらと見初めし大振袖よ、どうせ今宵はしのぼにゃならぬ」という端唄が流行った。この歌は後に歌詞が少し変えられ、バンカラ風な節がつけられて、幾つかの大学の寮歌として残されている。

そとおりひめ［**衣通姫**］美しい肌が衣を通して照り輝くようないい女。允恭《いんぎょう》天皇のお妃の名。容姿秀麗で六歌仙の一人に数えられる歌人。和歌の神として和歌の浦の玉津島《たまつしま》神社に祭られている。「衣通は生えたをいっそ苦労がり」（『末摘花』）。

そとまわし［**外廻し**］宿場の飯盛女などが、宿場の中の数軒の旅籠の旅人を客にとること。「まず宵に来りて一ばんとぼさせ、かれ是あって小便（てうず）にゆき、すぐにおもてへ出て、ほかのはたごやへゆき、かねてやくそくの旅人に又一もくさづけ、またほかへゆきてつとめる也。さればしまひにあたりし客なぞは宵より二三人の男がおもふまゝにこすり廻してきをやりし陰水、開（ぼぼ）の中にぬらぬらして、へのこのぬきさしたわいなからん」（『旅枕五十三次』より）。

そまちょうび［**酥麻暢美**］「酥」はミルクからとったクリーム、「麻」は痺れる感じ、「暢」は伸びやか、「美」は美しい・美味しい・快いという意味。総合して、蕩けるような快感。

ぞめき［**騒**］①浮かれて騒ぎ、遊び歩くこと。②遊び人などが遊廓に入ること。③遊廓を浮かれ歩くひやかし客。

そらわれ［**空割れ・空割・空溝・空破**］女陰の裂け目。左右両大陰唇間の亀裂。空割れの語源は詳らかではないが、「そら」には（例えばそら恐ろしいのように）接頭語として、特に何かを指定せず抽象的で漠然とした「なんとなく」という意味合いがある。そこで空割れは「あの例の割れ目」というところから来たと思われる。「空」は半球状をした天空の意味で、半球状をしたものの割れ目だという説もある。

◇割れ目、破れ目、裂け目、亀裂、縦溝。

そらわれさんずん［**空割三寸**］女陰の裂け目の長さは三寸（九センチメートル）くらいだという意味で、女陰の長さは三寸が標準だという意味に使われたり、長さ三寸の女陰はちょうど良い長さで、女陰の名器であるという意味に使われたりしている。ちなみに、平均の長さは七〜八センチメートルであるので、江戸時代の人は少し長めの女陰を好んでいたという解釈もある。「空割と舌と胸とは同じ寸」「三寸ンの淵へ五尺の身を沈め」「丈ィ伸びの開そらわれが鯨尺」などの川柳がある。

そらわれよんすんごぶ［**空割四寸五分**］大きすぎる女陰の誇張的表現。平均の長さが七～八センチメートルである裂け目の長さが四寸五分（十三センチメートル余り）ということは実際にはあるまい。

それつけやれつけ［**それ突けやれ突け**］室町時代末期の性的見世物。性が完全に商品化するのは江戸時代からだが、既に室町時代末期に性の商品化が発生していたと言える。性の商品化は性の堕落と共に性を猥褻化する傾向があるが、この室町時代の見世物には未だ陰湿さは無かったという。「それつけやれつけ」という見世物は、男と女が観衆の前で性行為をやって見せたもので、他に犬と女の性器を接触させたりする見世物もあったという。

幕末から明治にかけては「それ吹けやれ吹け」の変形として、厚化粧をした若い女が裾を開いて女陰を顕わし、客に陰茎形をした長い棒を持たせて、それを突かせる見世物もあった。これも「それ突けやれ突け」と呼ばれたが、「それ吹けやれ吹け」と共に明治五年（一八七二）に法令で禁止された。「それ吹けやれ吹け」の項を参照。

それふけやれふけ［**それ吹けやれ吹け**］江戸時代の性的見世物。厚化粧をした若い女が裾を開いて女陰を顕わし、それを竹筒で吹く。そうすると、女は腰を左右に振る。観衆の中で、それを見て笑わなかった者には賞を出すというもの。江戸両国橋東に有り、美女を描いた看板を木戸の上に掲げ、八文の木戸銭をとった。天保末期（一八四〇頃）から明治の初め（一八七〇頃）まで、この見世物は各地で行われたという。明治五年（一八七二）に法令で禁止された。「可愛がりやれ吹けそれふけ吹きかねる」、「おかしけれ吹いたらほうびくれるげな」、「かわら毛の下女あれが吹せりゃそりゃ流行る」、「つがもない吹かすげなのと火吹竹」（つがもないは、とんでもないという意味）。

た

たいい［**体位**］性交するときの男女の姿勢、および男女の位置と姿勢の相互関係。性交体位。ただし江戸時代のいわゆる「体位・四十八手」などにはこの範囲に止どまらず、愛撫の仕方なども含まれていることが多い。「体位」ではなく「態位」と書くのが正しいという意見がある。

たいいのぶんるい［**体位の分類**］体位については、古来より様々に分類されているが、同じ体位に異なる名称が付けられていたり、ほんの僅かな違いなのに別の体位として扱われていたり、場合によっては異なる体位なのに人によっては同一名称が付いていたりもしている。ここでは、高橋鐵氏の分類を参考に一般に判りやすい名称による分類を試みることにした。

Ⅰ．前向位と背向位。
1．前向位＝両性の前面（顔と顔、胸と胸、腹と腹）を向けた性交体位。
2．背向位＝女性が男性に背を向ける性交体位。
Ⅱ．男上位と女上位。
1．男上位＝男が上、上位、優越の性交体位。
2．女上位＝女が上、上位、優越の性交体位。
Ⅲ．立位と座位と臥位。
1．立位＝男女両者か一方が立って行う性交の体位。
2．座位＝両者が座って行う性交の体位。
3．臥位＝男女両者か一方が横に臥せて行う性交の体位。
ⅡとⅢの併せて五つの体位には、それぞれ前向位と背向位があるから、基本的には一〇種類の分類ができ、これに特殊な体位である、斜横位と逆角位を加えると一二種類になる。詳細は付録1、ⅡⅢを参照のこと。

ちなみに最近の女性の好む体位は次のようであるという。

一位、正常位（心理的にも肉体的にも安定し、深い挿入感がある）。

二位、騎乗位（圧迫感が少ない割りに深い挿入が可能、女性が自由に膣壁を刺激できる）。

三位、後背位（男の手が自由になり、乳房や陰核への刺激が期待できる）。
四位、屈曲位（男性器の先端が子宮頸部に当たるほど深く挿入される）。
五位、背面座位（後ろから抱き抱えられる安心感と、男の手による愛撫への期待）。
六位、対面座位（陰核を男の恥骨に押し付けられる）。
七位、立位（困難な体位をしているという満足感）。
八位、伸長位（陰核が亀頭に押し上げられる刺激が良い）。
女性の好む体位に関連して、次のような傾向がある。
①初めは正常位から入るのを好む。
②一つの体位ではなく、幾つかの体位を取ることを好む。
③経験が豊富になるほど、女性が主導権を取れる体位を好む。
④好む体位と快感度の高い体位とは必ずしも一致しない。
一方、最近の女性の嫌いな体位の順位は、
一位、屈曲位（曲げるのが苦しい、陰核への刺激が少ない）。
二位、後背位（獣になったよう、犯されている気がする、痛いだけ）。
三位、騎乗位（自分で腰を動かしても快感は得られない）。
四位、側位。
五位、正常位。

これらは、あくまで調査結果であり、本人の身長、体格、年齢、経験量などによっても異なり、その時の体調や心理状態などによっても異なるし、相手によっても好みが変化するというから、二人の間で最善の体位と最善のヴァリエーションを見出だすことが大切である。

◇〔現代語系〕性交体位、交位、態位。

◇〔古い語系〕四十八手、十二態、六十五伝。

◇〔外来語系〕ラーゲ（ドイツ語）、ポジション（英語）、ポスチュア、Posture érotique（仏語）、Positio erotica（ラテン語）。

だいえつ〔**大悦**〕「大」の字は分解すると「一」と「人」になり、一人と読める。したがって「大悦」は一人で悦ぶという意味になる。そこで二つの意味が生まれた。①自慰行為（僧侶の隠語）。一人で悦ぶことすなわち自慰である。②男色の肛門交（僧侶の隠語）。一人が悦ぶことのもう一つが肛門交である。攻める方にとっては摩擦による快感と射精の快美感が伴って愉悦感を実感できるが、受ける側は何らかの苦痛を伴い、愉悦感は実感できない。一人だけが悦楽に耽ることになる。「天悦」の項を参照。

たいかいにごぼう〔**大海に牛蒡**〕陰茎に比べ女陰が大きすぎるたとえ。極端な広陰の表現に用いる比喩語。「据風呂桶で牛蒡を濯ぐ」と同義。

だいこく〔**大黒・梵妻・権妻**〕僧侶の妻の俗称。妻のいない京の僧侶が夷《えびす》町で男色を買ったことから生まれた言葉らしい。「お寺では福神在家山の神」（『誹風柳多留』）。「大黒と呼ぶのは釈迦も知らぬ智恵」（『末摘花』）。

だいこくさま［**大黒様**］男性器を象徴的に表現していると言われる。頭巾は亀頭を、二つの俵は双つの睾丸を、手に持つ打ち出の小槌を振ると宝がザクザク出るというのは子宝（精子）を放出することを象徴しているのだという。サンタクロースもまったく同じ意味を持っているといわれる。サンタクロースが赤い服を着ているのに大黒様が黒い服を着ているのは、白色人種の陰茎が赤いのに対し、日本人の陰茎は黒ずんでいるからだというが、その点は定かではない。

だいこん［**大根**］陰茎（白くて太いものに使われることが多いが、必ずしもそうとは限らない）。「大根が太れば鼻が潰たがる」。

だいこんのみずをしぼる［**大根の水を搾る**］性交、または射精。江戸時代のこの言葉には、男は性行為によって精液だけではなくいろんな液を分泌して女性に与えるという意味あいがあると同時に、女の側からすれば、それらを搾り出して吸い取るという、女の摂取欲が含まれていると心理学者はいう。「男の授乳」および「男を吸う」の項を参照。

だいさん［**代参**］大奥女中のうちお目見え以上の女中は外出も極めて制限されていて、唯一の楽しみは徳川家菩提所への墓参であった。名目は御台所が墓参することになっていたが、普通は奥女中が代参することになっていた。その奥女中はさらに下の腰元女中を代参させ、自分たちは芝居小屋で芝居見物し、役者たちと遊興三昧の上、性行為に耽るという状態だった。役者たちは大奥の女中の相手をさせられるのは大変だったが、御贔屓の権益を得るために女中たちの性の相手をしたという。このことは川柳の恰好の題材だから、多くの川柳が作られている。「代参は尻を豪気にのたくらせ」、「出合茶屋許せの声は男なり」など。

だいつうじん［大通人］本当の通。色事のすべてに通じている通人。「大通底抜肌色ふたつ抱ゐる」（肌色二つは、少年と娘の両刀使い）。

たいとん［太敦］足の親指の爪の生え際にあるツボ。ここをギュッと強く押すか指先でつまんで二〜三回強くひねって刺激する。陰茎をただちに勃起させる働きがあるという。

だいにのきょせい［第二の去勢］破瓜、すなわち最初の性交。最初の性交を女性は第二の去勢と感じるということからつけられた。幼時期に、陰茎が無いことに気付いた女の子は、去勢されているという心の傷を持つ。やがて膣の存在に気付いてくるが、性交してそこに男性器が挿入され充塡されることによって、去勢されているという意識が現実感を持ち、心に第二の傷を持つのだと、心理学者は説く。そしてそのことは女性の加虐性になるという。

たいへいようでごぼうをあらう［太平洋で牛蒡を洗う］「据風呂桶で牛蒡を濯ぐ」を現代風に言い換えただけの言い回し（比較的新しい隠語）。陰茎が小さいのに対して、女陰が大きいことを表している。「据風呂桶で牛蒡を濯ぐ」の項を参照。
たいや［**逮夜**］仏の忌日（命日）の前夜を逮夜という。信心深い人は僧侶を呼んで読経して貰うが、それほどでなくとも謹慎して夜を明かす習慣があった。旧家では逮夜も数多く、もちろん夫婦の性生活もお休みである。「おもだった逮夜ばかりを女房よけ」（『末摘花』）。
たいん［**多淫**］性欲の強いこと。
◇ちぢれ髪、ちぢれっ毛、そばかす、助平女、本所。
たおやめ［**手弱女・嫋女**］遊女のこと。語義はなよなよした女。
たがいがた［**互形**］互形張形の略。女性が二人で相互に自慰行為をするのに用いる張形で、一人用の張形を逆向きにして基部を繋ぎ、両端に亀頭部が付いているもの。四つ目屋の広告には、「互形／はりかたの両頭なり／女二人してたのしむの具」とある。中央の繋目の所に刀の鍔《つば》のような物が嵌めてあり、二人の女が同時に挿入し、互いに動き合う。正常位で女同士の膣に挿入するには、両亀頭が一直線上にあるのでは行為が不可能なので、中央の繋目の部分は一三〇度の角度で連結してある。
◇両首、比翼形、両頭の牛。
たからぶね［**宝船**］江戸時代、宝船の絵と歌などが書かれている縁起物。年の暮になると売り歩かれ、大晦日の晩からこれを枕の下に入れて寝ると良い初夢が見られるという風習があった。宝船を枕の下に入れたその床で性行為をすると、これが皺になったり、枕の下から外れたりすることがある。そこで、性行為を船に乗ることにたとえて多くの川柳が作られている。例えば「宝船シワになるほど女房漕ぎ」、「大晦日二年越しする宝船」、「女房と乗合にする宝船」、「これ切りにして初夢を見ようはな」（『誹風柳多留』）。「女房の味は可もなし不可もなし」（『末摘花』）。

たきぐちにゅうどうとよこぶえ［滝口入道と横笛］『平家物語』にある恋愛悲話。滝口入《たきぐちにゅう》道《どう》（本名斎藤時頼《さいとうときより》）は滝口侍として禁中に奉仕するうち、建礼門院《けんれいもんいん》の雑司（下女）横笛に恋慕し、父の怒りにふれたので職も女も捨てて出家したという事件。結婚相手に有力者の娘を選び、それによって出世の道を進むというのが当時の武士の道徳であったのに、時頼は結婚する相手は恋する女以外にはないという恋愛至上主義をもっていた。孝の道徳と愛の道徳、二つの道徳の矛盾に苦しんだのである。

たけまら［竹摩羅］木摩羅の別称。堅く真っ直ぐで、味もそっけもなく、ギスギス痛いだけの下級の陰茎。

たこ［蛸・章魚］吸い付きの良い名器とされている女陰。江戸時代末期の『全盛七帰玖賢』には「佳撰開十八品の圖」として、名器十八品を図入りで説明してあるが、その最初に「蛸開。これハぼぼのさいじゃうなり。ぼぼのうちにく多く、いちめんにへのこにすいつくごとくにてそのあぢたとへるにものなし」とある。「蛸」または「蛸開」と呼ばれる名器は江戸っ子の憧れだったようで、数多くの有名なバレ句が残されている。「芋づら

（あばた面）も章魚の果報に生まれつき」（『末摘花』）。「おしい事壺は蛸だが肌が鮫」、「はてふぐに違ひはないが味はたこ」（『誹風柳多留』、河豚はぶおんな）。「お妾は足の八本無いばかり」、「外面如菩薩内陣は蛸薬師（目黒の不動山薬師寺）」、「蛸の味海老（海老は腰の曲がった老人のこと）になっても忘れかね」、「天蓋（僧侶の隠語で蛸のこと）であろうと和尚後家を褒め」、「蛸は蛸だが乳母のは銚子なり」、「蛸壺にまぎれ込んだる大海鼠」、「手足八本からみ付く蛸の味」等々。

たこ「**蛸**」江戸時代、蛸は強精薬になるといわれていた。「蛸と麩を出してもてなす出合茶屋」（『末摘花』）。

たこつぼ「**蛸壺**」膣の奥の部分が良く締まるという名器の女陰。「蛸つぼをぶち割りに来る国家老」（『誹風柳多留』）。この蛸壺は側室か。田舎暮らしで真面目で頑固な国家老は黙認できず、江戸へやってきた。同類の句に「国家老江戸へかぶりをふりに出る」「お手生の枝ぶりためる国家老」（手生けは側妾）がある。「蛸壺でしりの毛までも吸い取られ」（『末摘花』）。

たこつぼつび「**蛸壺開・章魚陰門**」「蛸」と同じ。『失題艶道物』には次のように説明されている。「章魚陰門といふあり核疣の如く別れてこれも子壺前へ張出てへのこの鈴口に吸付く如くぼゞの中より締りへのこをしごく様にて男の腎虚するはこの蛸ぼゞに限れり」。

たすけぶね「**助け舟**」充分に勃起しない陰茎をはさんで、女陰に挿入する補助道具として用いた。Cの字形のリングを四個繫げたべっ甲製で、舟の骨格と似ているのでこの名が付けられたと考えられる。別名安楽舟。
◇胴形、鎧形。

たたきすえる［**叩き据える**］寝転がして性交することの少し乱暴な表現。「出合茶屋上るやいなやたたき据」（『末摘花』）。

たたく［**叩く**］①性交する（古い言い方）。『酒席酔話』に「今の世交合の事を種々に云へる、いとおかしき事多し。又所によりてはぶつとも云ひ、たゝくともいふ」とある。②性交運動によって陰嚢が女陰の一部や会陰部に当たること。女性にとってはこの上ない快感を感じるという。

たちおうじょう［**立往生**］陰茎が勃起した状態で死亡すること。または性交過多（腎虚）で死ぬこと。「てい主立往生するうつくしさ」（『末摘花』）。

たちかなえ［**立ち適え**］立ったまま、男が女の脚を持ち上げて交接する体位。身長差が適当な場合は、深く入り込むことができる。男が両脚を支え、女が足を絡めると「止まり蟬」という体位になる。

たちかわりゅう［**立川流**］立川流は、平安末期に仁寛《にんかん》という僧が始めた真言密教の流れをくむ宗派で、性によって現世で極楽を体得できるという考え方。鎌倉時代に流行し、室町時代前期までは盛んだった。後醍醐《ごだいご》帝時代の文観《もんかん》が立川流の大成者といわれ、後醍醐帝の信任を得た実力者である。文観は、性行為の絶頂、性の陶酔感を菩薩の境地とした。
立川流の修法には智者、行者、国王、将軍、大臣、長者、父、母、のいずれかの髑髏《どくろ》が必要である。髑髏が手に入ると、その前で美女と性行為を行う。性の歓びで愛液があふれる。次いで男の精液と女の愛液を混合して和合水をつくる。この和合水を髑髏に百二十回塗り重ねる。性行為は毎夜十二時から午前二時まで行い、反魂香を焚きながら真言を千回唱えて祈る。その後、髑髏に金箔銀箔を貼り、和合水で溶いた絵の具で曼荼羅《まんだら》を描き、再び性交に励む。これを七年間続けるのだといわれている。
性行為をこの世のすべての象徴とした立川流は、室町時代中期になって邪教とされ衰退していった。

たちはなびし［**立ち花菱**］膝を立てて座った女性の正面から、男性が女性の膝を横に開きながらするクンニリングス。立てた膝が菱形になるところからつけられた名。男の奉仕する姿が女から見えるのが良いという。

たつおんな［**立つ女**］妾。妾の字を分解すると立つ女となる。「立つ女おつべしつける国家老」（『誹風柳多留』）。

たてかける［**立掛ける**］男は陰茎を自分の腹部に当てるようにして、陰茎を膣に挿入せず亀頭の先端が陰核に当たるようにして女陰全体に平行に当てる。そして擦淫する方法。女性の性欲を高める一つの技法であると共に、勃起不十分な場合の一方法として用いられることがある。

◇材木渡し。

たてのはらいさし［**縦の腹細小し**］縦の腹が小さいという意味で、女性の外部生殖器が鱈子の腹のように縦に小さく並んでいるということ。最高級の女陰の外観を形容した言葉。

たばこ［**打巴鼓**］上品な装いをした淫売婦。中国の売春婦の名を引用したものらしい。

だばつ［**唾抹**］女性器や男性器に唾液を塗り付けて滑らかに挿入できるようにすること。唾は唾液、抹は塗るという意味。愛液の分泌が少ない場合に行う。

たび［**足袋**］女陰。陰茎（俗称・中の足）を入れるものだから。

たぼ［**髱・美婦**］女性、若い女性、好ましい女性。髱は日本髪の後ろに張り出した部分。それが転じて若い女性の俗称となり、さらに転じて、好ましい女性という意味で使われるようになり、「美婦」の文字があてられるようになった。

たまぐき［**玉茎**］陰茎のこと。「波風にかハりてたてるたまぐきも竹の小筒にをさまれる御代」（『膝磨毛』）。

たまござけ［**卵酒・玉子酒**］昔から即効性のある精力増強食品と言われている。「玉子酒女房が思ふ程利かぬ」「玉子酒直ぐにむくひし鶏の声」。

たまのぞき［**玉除**］射精の直前に結合した性器を外すこと。

ためみず［**溜水**］久し振りの性交に女陰が愛液ですごく濡れること。長期間の禁欲で溜りに溜まっていた愛液という意味。

ためいんすい［**溜淫水**］久しく性交しなかったために（あるいは初めての性行為であるために）、溜まりに溜まっている大量の精液。単に大量の精液という意味にも使われる。また、女性の溜まりに溜まっている大量の愛液という意味に使われることもある。

たるひろい［**樽拾い**］酒屋が得意先の各家や長屋をまわって御用を聞き、樽酒を出前し、そして預けた空樽を探して集めて歩くこと。またその酒屋の御用聞きの小僧さん。男色の流行った時代、この小僧たちはわずかな金品で男色の相手をさせられることが多かったが、樽拾いの小僧たちにとっては非常に迷惑なことだった。「酒買って尻をされるは樽拾ひ」（何かにつけて都合が悪いという意味の諺「酒を買って尻を切られる」を援用している）、「けつをするさかいと御用寄り付かず」、「大部屋の隅へ御用をおったおし」、「樽を捨て尻を捲くって御用逃げ」など、江戸川柳によく取り上げられている。

だるま［**達磨**］淫乱女や遊女（江戸時代末期）。「転ぶ」「寝る」はしばしば「性交する」と同じ意味に使われる。「起上がり小法師」や「達磨」は容易に転ぶことから、江戸時代末期には淫乱女や遊女の代名詞として使われた。

たわく［**婬く**］性交する（古語）。

たんかい［**攤開**］女性が両腿を大きく広げる様の形容。「攤」は開くという意味。「開」には開くという意味と女陰の意味がある。したがって擶開は股を開くを強調した言葉で、「おっぴろげる」というような意味になる。「する」を付けて動詞としても使われる。

たんけつ［丹穴］膣または膣孔。女陰の意味に使われる場合もある。

だんごぢゃや［団子茶屋］浅草の真崎《まつさき》神社の境内にあった団子屋兼出合茶屋。「団子茶屋障子引立て泣かすなり」、「泣く奴を団子焼きさしのぞくなり」（『末摘花』）。「だんご茶屋おへたをはさみはさみやき」。

だんさたいい［段差体位］段差を付けた性交体位のこと。身長や体重などに大きな差のある男女が性行為をするには、通常の布団やベッドの上のように平面上だけでは無理がある。そこでベッドの端やソファー・椅子等を使って段差を付けたり、体を反らせることによって段差を付けたりすることで快適な結合や挿入を導く。

たんしゅん［探春］①指先を使って、陰阜から陰唇、膣口へと順に撫でまわす愛撫。春（女性器）を探すというのがもとの意味。性行為の最初に行われる前戯としての愛撫も探春という。②自慰行為。

◇弄陰、弄淫、指弄、中指、二本指、チチラチオ。

だんしょう［男娼］男同士の同性相姦の相手役を職業とする男。一般的には不自然と思われる男娼が江戸時代には数多く存在した。社会生活の不自然さ、特殊な禁欲業者の増加、参勤交替制度による仮独身者の増加、町人文化の富裕と爛熟の結果の変態趣味への愛好等々が原因となっている。また、昭和時代には戦時中の殺風景な戦陣での生活習慣の影響や、戦争により生じた倒錯心理等が原因になって、戦後の一風俗として男娼が数多く発生し、それがその後まで継続している。

だんじょこうごうのわい〔**男女交合の和違**〕『黄素妙論』の中で最初に、黄帝は素女に「男女交合の和違如何」と問うている。「男女交合の和違」とは交合の際の男女の差異という意味であるが、素女は「交合の秘伝を述べるから、妄りに他言するな」と言ってから、女に交合の情欲が満ちない内は男は無理に交合してはならないと前置きし、女に情欲が生じた兆候には五つあるとして、その五つの兆候を説明している。この五つの兆候は後年「五徴」と呼ばれている。「五徴」の項を参照。

たんすのかん〔**簞笥の環・簞笥の鐶**〕簞笥の引手の金具。簞笥が揺れると鐶も揺れてカタカタと音がする。特に寝部屋など畳の部屋では少しの人の動きでも鳴りやすい。鳴り続ければ当然、性行為をしていると疑われる。「なんぼ若いといふたてゝ昼も簞笥の鐶ならし」、「可愛さの足し昼も鳴たんすの環」、「墨するにさへ憎てらし鳴る簞笥」、「歩いて見て寝間敷直す簞笥際」。

タントリズム　ヤブユムと呼ばれる男女の合一を無上の宗教的な解脱とする、チベット仏教の教義。多くの宗教は性的欲望は救済の妨げになると考え、性的欲望をはじめ様々な欲望を禁じたり、統制しているのに対し、チベット仏教は、反対に性的合一を悟達の行の中に大胆に取り入れている点で特異といえる。

だんのうらやごうせんき［壇の浦夜合戦記］建礼門院徳子《とくこ》と源義経《みなもとのよしつね》との情事を綴った、明治時代の最もポピュラーな艶本。漢文・仮名混じり文・擬古文などあり、その文章の格調の高さから、漢文は頼山陽《らいさんよう》の作、和文は塙保己一《はなわほきいち》の作と伝えられている。略して「壇の浦」とも言う。

だんびら［段平］幅の広い刀。転じて太い陰茎。

たんぽぽ［蒲公英］自分の妻以外の女の女陰。他の開（ぼぼ）の語呂合わせ。例、「春の蝶とかけて気の多い男ととく、心はよめな（嫁菜）を嫌うて、たんぼぼ（たんぽぽ）に通う」（明治初期刊『なぞかけ集』）。

たんゆう［探幽］女陰内部を指で愛撫したり弄んだりすること。

たんよう［短陽］短い陰茎のこと。

ち

ち［痴・癡］愚かなこと。夢中になること。色欲に駆られて平静を失うこと。痴情、痴漢、痴態、情痴など。

ち［恥］他の語の前について、性や性器に関することを意味する。恥液、恥丘、恥毛、恥骨など。
ちいさなし［**小さな死**］オルガスムのこと。
ちいん［**知音**］恋人。枕を交わすこと、性交為をすること。
ぢおう［**地黄**］中国原産の多年草で、江戸時代までその根茎を漢方では補血強壮薬として用いた。「補腎薬」および「地黄丸」の項を参照。
ぢおうがん［**地黄丸**］江戸時代の代表的補腎薬。「熱地黄八両、山茱萸四両、乾山薬四両、白茯苓、牡丹、沢潟各々三両、以上粉にして丸じ用う」とある。
ちぎ［**痴戯**］色欲に駆られて平静を失った行為。淫らな性行為。
ちぎる［**契る**］男女が、夫婦となる約束として愛情をもって性の交わりを行うこと。「手握る」が語源であるとも言われ、体の接触から心の接触へと発展していく接触こそが、求愛の原点だと説く学説の根拠にもなっている。
ちくしょう［**蓄妾**］妾を持つこと。
ちくしょう［**畜生**］後交位。
ちくしょうさま［**畜生様**］獣のように後交位が好きな客。「むり云ふもよい程かあるちく生さま」。
ちくじょう［**遂情**］欲情をなし遂げる。性交、性行為。
ちご［**痴語**］性交中に発する言語・音声。性交する時には非常に緊張した状態にあるとともに最高の精力を発揮する場であるから、男女とも無意識のうちに言語や音声を発したり、また意識的に発したりする。これは感情の自然な発露でもあり、また性技巧の一つでもある。痴語を発することによって情熱を高め、さらに一層強い性的興奮をもたらし、性交を一層味わい深いものにするはたらきがある。

ちごなんなん［**痴語喃々**］痴語を良く喋る様子。
◇猥言、猥語。

ちし［**癡姿・痴姿**］ばかな姿。色欲に駆られる姿。

ちじょう［**痴情・癡情**］男女の愛に惑わされる情。色情にほだされる迷い。男女間の情欲。色欲に駆られて平静を失った情愛。性交したいという欲情。

◇淫欲、色情、淫情、色欲、春欲、好色心、いろけ。

ちずりももがき［**千擦り百掻き**］手淫。千擦りは後に「せんずり」と読むようになった。「千擦り百剝き」とも言う。

ちそうする［**馳走する**］性行為をすること。肉体や性器・精液・愛液を食べ物にたとえる発想（例「たべる」）に由来する言葉の一つ。

ちたい［**痴態・癡態**］馬鹿げた振舞いや恰好、夢中になっている様子。男女間の肉体的欲情にとらわれて理性を無くした態度や行動。情痴的行為や態度・行動。

ちちくる［**乳繰る**］男女が密会して狎《な》れ戯れる（広辞苑）。いちゃいちゃする。

ちちくりあう〔**乳繰り合う**〕人目をさけて男女が戯れ合う。男女が情を通じてふざけ合う（学研国語大辞典）。いちゃいちゃし合う。

ちぢみがみ〔**ちゞみ髪・縮み髪**〕多淫のこと、または多淫の女。上開の持ち主という意味にも使われる。

ちちょう〔**痴蝶**〕春の蝶のように、春情に浮かれ出している男または女。

チチラチオ〔**探春・抉擦・擦淫**〕女陰を手指などで愛撫したり、されたりすること。女性が（女陰を撫で擦って）自慰行為をすること。

◇そとさすり、まめいじり、逆碁打ち、芋洗い、元結使用。

ちぢれがみ〔**縮れ髪**〕多淫のこと、または多淫の女。上開の持ち主。不器量な女という意味にも使われる。「ちぢれ髪ものにがかりが文をつけ」（『末摘花』）。

◇ちぢれっ毛、そばかす、助平女。

ちぢれっけ〔**縮れっ毛**〕①多淫のこと。「ちぢれ髪」と同じ。②恥毛。恥毛は縮れていることが多い。恥毛が縮れている理由として、数千年前から衣服によって圧迫され続けてきたからというのが最も有力な説になっているが、真の理由は解明されていない。

ちつけい〔**膣痙**〕膣の入口の部分の筋肉の強直性痙攣のこと。主として性交不安による精神的反射なので、初体験の時に無意識に起こることが多い。陰茎を根元まで挿入した後に起これば陰茎の抜去は不可能になる。これを「陰茎捕捉」と言う。

ちつせいかん［**膣性感**］その名の通り膣で感じる性感である。性感には三つの段階があり、陰核で感じるクリトリス性感に次いで第二段階に来るのが膣性感である。クリトリス性感が生まれつきなのに対し、膣性感は性行為の経験をつめばつむほど開発されるという。

ちどりのきょく［**千鳥の曲**］男性器接吻の愛技、つまりフェラチオのこと。仰臥した男性の横に座り、左手で胸の辺りを愛撫しながら、右手と口で陰茎を愛撫する形が、あたかもお琴を弾く姿に似ているところからこの名が付いたと思われる。

男性は女性の愛情を心理的に強く感じ、これだけでも十分に射精できるし、その場合に女性が精液を嚥み込んだとしても有害ではない。妊娠の時や、月経の時に良いと勧める者もいる。

ちのじ［**ちの字**］陰茎。ちんほこの頭文字。「ちの字とめの字まくり逢う筒井筒」（『誹風柳多留』、業平《なりひら》を詠んだ句）。

ちのみち［**血の道**］成人女子の、生殖器や内分泌腺の異常や血行不順などが原因で起こる、女性特有の疾患（漢方用語）。婦人病。

チポ 陰茎（アイヌ語）。日本語の「ちんちん」「ちんぽこ」等の語源になったのではないかとも考えられている。

ちゃうす［**茶臼**］性行為における女性上位の総称。「茶臼」の語源は、大坂夏の陣で豊臣軍の名将・真田《さなだ》幸村《ゆきむら》が討ち死にした茶臼山のことだという説がある。茶臼山の戦いで天下がひっくり返った。男性上位を正常位と考えれば、女性上位は天下がひっくり返るような体位と考えられたからだという。また、茶臼とは元来抹茶を作るための石臼のことで、上を回転させて固定した下部との摩擦で粉にする。女が上になり、男に替って主動的に腰を動かし摩擦させるから女性上位を茶臼というのだという説もある。「こう致しゃ茶うすと妾上になり」、「女房に茶臼引かせりゃ引っ外ずし」（『末摘花』）。「から尻へ女房茶臼の乗心」（『誹風柳多留』、空尻は荷物を乗せていない馬）。「尻に敷いても大事無い茶臼なり」。

茶臼（女上位）は昔は女に嫌われたらしく、その句も多い。「口を酸くして女房をはらへのせ」、「女房を口説くを聞けば茶うす也」、「下にして呉れなと女房せつながり」、「もっと大ごしと亭主下で言い」、「出合茶屋じゅつなか（途中で）下になりなさい」（『末摘花』）。

菱川（狩野）師宣の『表四十八手』には「この手は女の嫌ふことなれど、男の好きなれば有るわざとみへたれ。また、本手返しともいふ」とある。

本茶臼、腹櫓、帆掛け船、鏡茶臼、本駒懸け等の種類がある。

◇逆床、笠伏せ、破れ傘、臼、かつら、おけつの床。

ちゃがたつ　「**茶が立つ**」「茶を立てる」とは、遊女が客に接することであり、客にあぶれないことを意味した。それが転じて縁起が良いという意味にもなった。「茶を挽く」の項を参照。

ちゃせん［茶筅］性交時に腰を回転させること（茶道具の茶筅の使い方からの連想）。また、亀頭の大きい陰茎（茶筅の形からの連想）。

チャタレーふじんのこいびと［…夫人の恋人］D・H・ロレンスの小説の題名。性は元来売買されるべきものではないのに商品化されている、性について正しい思想を打ち立てよう、と考えてロレンスはこの小説を書いた。「性は男女関係の中核にあるものであり、男女を結び付けるもの」と言っている。日本でも昭和二十五年（一九五〇）に伊藤整《いとうせい》訳で出版されたが、猥褻文書として摘発された。

チャブ 明治・大正の頃、東京や横浜《よこはま》にいた売春婦。中華飯店をチャバーと言ったのがチャブ屋と呼ばれるようになり、その店が密売淫を媒介したからという。

ちゃや［茶屋］茶屋には大別して三つの形態がある。

（1）旅行者のための茶屋。室町末期より次の宿場との中間にあって、休憩所としての機能を果たした。掛茶屋。棒鼻（宿場の両はずれ）に進出したものは立場茶屋といい、食事以外のものを出すことが許され、給仕女が二名に限ってサービスした。

（2）寺社に参詣する客相手の茶屋。主として食事を提供し、やがて料理茶屋になる。その後、一部は出合茶屋に発展していく。

（3）市中に発生した水茶屋。経済生活の向上が原因で生まれ、繁栄策として客寄せの美女を置いてサービスした。その種類は、休み茶屋・料理茶屋・揚屋茶屋・呼出茶屋・待合茶屋・色茶屋・案内茶屋・泊り茶屋など七種に分けられるが、呼び名としては、四〇余りがある。このうち、泊り茶屋以外は女色に関係してくる。

ちゃをひく［**茶を挽く**］遊女が客に接しないこと、後には、客にあぶれることを言った。江戸時代初期、寛永十七（一六四〇）年に遊女が指定地外に出ることを禁じられるまでは、遊女が娼家から武士の私宅に呼ばれて、酒席や茶席に列するのは普通であって、幕府の評定所へも太夫三名が給仕に上がるのが公課となっていた。評定所へ上がる太夫は前日には客取りを止め、翌日のために抹茶を茶臼で挽くことが慣例になっていた。これが、「茶を挽く」の語源である。

ちゅうじょう［**中条・中條**］堕胎のこと。または「中条流」の略。秀吉時代に中条帯刀《ちゅうじょうたてわき》という男の婦人科医がいて、その末裔は江戸時代に堕胎専門医になっていた。当時の堕胎には二た通りあって、胎児にならないうちに搔爬する方法と胎児になってから流す方法である。流すのは胎児がヒトの形になる五か月目以降でないとできなかった。「なかじょう」と読むのが正しいという説もある。

「面白いあと中条で待っている」、「中條へ行くよりほかの事ぞなき」、「中条ははらみ女のまたをさき」（以上『末摘花』）。「中條の少しこなたで駕籠を出る」、「中条へございの女房連れて行き」（『誹風柳多留』、御宰は御殿女中の雑用を務める男で、大奥にも出入りできた）。

ちゅうじょうりゅう［**中条流・中條流**］江戸時代の堕胎法。またそれを行う堕胎医。中条流の堕胎医のところでは子持縞に錠の形を染め出した暖簾を掛けていた。盂蘭盆会《うらぼんえ》の十三日から十五日までの三日間は子堕ろしをやらないのが江戸中のしきたりだった。

ちゅうぜつせいこう［**中絶性交**］陰茎を女陰に挿入し、数分の性交運動によりある程度の快感を得た時点で、男性は射精しないまま直ちに陰茎を抜き去るという性交の仕方。

ちゅうそう［**抽送**］性交運動、抜き差し。「抽」は抜き出す・引き出すという意味、「送」は入れる、送り込むという意味。したがって、女性器に陰茎を出し入れする性交運動という意味になる。

◇抜き差し、ピストン運動。

ちょいがえり［**早帰**］遊女屋で短時間遊女を買うこと。

ちょう［**挺**］一回の性行為。墨・蠟燭・銃などは一挺、二挺…と数える。すなわち「挺」はこれらを数える時の単位であるが、現在では一本、二本…と「本」が使われることが多い。つまり一挺は一本という意味で、現在では一回の性行為を意味する「一本やる」というところを昔は「一挺やる」と言った。『艶本・東海道五十三次』にも、「遠州開は広いよでせまし、横に寝てくるまがかりで二挺とぼした」という狂歌がある。

ちょううんぼう［**朝雲暮雨**］男女の情交。楚《そ》の懐王《かいおう》が夢の中で契った女性が「自分は巫山の南にいて、朝は雲、夕暮れには雨になる」と言ったという故事に由来する言葉。「巫山の夢」の項を参照。
ちょうさんぼし［**朝三暮四**］川柳ではたんに朝晩となく性行為をすること。「婚礼の当座朝三暮四の術」（『神の田草』）。
ちょうし［**銚子**］江戸時代、銚子産の魚介類は大味で上等ではないという評判があったので、女性器などがまぁまぁだが上等とはいえないという意味に使われた。
ちょうしひらめ［**銚子鮃**］江戸時代、銚子産のヒラメは臭くて大味でまずいと言われていて、臭くて良くない物の代名詞であった。「ざいご下女銚子ひらめの味がする」（『末摘花』）。
ちょうしょうぼう［**長床坊**］性行為の時間の長い男。
ちょうちん［**提燈・提灯・挑灯**］陰茎。
①ぶらぶらと下がっていることから、陰茎一般を言う場合。
②小田原《おだわら》提灯のように年老いて皺だらけで勃起せずにぶら下がった状態の、勃起不全の陰茎を意味する場合。「陰間の屁和尚提灯吹っ消され」、「ひきのぼし親父の提灯笑ふ婆」、「挑灯で餅つくやうな旦那殿」、「嫁とった晩提灯でもちをつき」（『末摘花』）。
③提燈のように普段は小さいが、使用時には大きくなる陰茎のことをいう場合、がある。
①か②か③かは、前後の文意から判断しなければならない。
ちょうちんまら［**提燈摩羅・提灯まら**］普段は小さいのに、いざという時には人一倍大き

くなる陰茎のこと。

ちょうとはな［**蝶と花**］性器を結合したまま眠ること、つまり保留性交。「蝶と花」は漠然と男と女、あるいは男性器と女性器にたとえられることもあるが、マリー・ストープスの「蝶は腹満ち足りても直ぐさま花から飛び去りはしない。花弁の一ひらに凭り、蜜へ嘴を入れたまま、安らかに眠って行く。（中略）蝶は蜜の命を受け、花も亦蝶の魂を溶け込ませる。優しく寄り添いながら明け行く曙光と共に羽搏いて飛立つときもあり、静かに梢をさ迷うこともある…」という文や、「恋に狂ふ我がたましいも蝶とならば花のすがたに吸いつきて寝む」という江戸時代の狂歌からも判るように、「蝶と花」は洋の東西を問わず、性器を結合したまま眠る性交法、つまり保留性交を暗示している。

ちょうめいがん［**長命丸**］江戸時代の代表的な春薬。性交時に陰茎に塗り付ければ精力絶倫、老人でも壮者をしのぐ活力をしめすと言われたほどの強精剤である。「処方は、丁子、阿片、蟾酥（せんそ）、紫梢花を各々一朱、龍脳、麝香を各々五分を細かい粉にして練り、性行為の四半刻（約三十分）前に陰茎に塗り、洗い落としてから交合すると、その妙、神の如し」とある。長命とは命が長いのではなく、陰茎の勃起時間が長くなるという意味である。「長命の薬、寿命の毒となり」と川柳は言っている。類似の催淫剤に玉鎮丸、帆柱丸、如意丸、人馬丸、陰陽丸、土腎丸などがある。「長命丸」の名につられて飲用した老人が、発熱して死亡したという笑えない事実も有ったらしい。「長命丸呑むものとこそ思ひしに」、「とりちがへ気付に呑す長命丸」。
◇長齢丸、帆柱丸、起陽強精薬。
ちょうよう［**長陽**］長い陰茎のこと。
ちょきぶね［**猪牙舟**］船体が細長くて船足が速い小舟の一種。江戸で深川《ふかがわ》通いや吉原通いなどの遊客によく利用された。「まりがくづれて猪牙舟とかはります」、「猪牙舟にたいこと見えてかしこまり」（『誹風柳多留』）。
ちょろむけ　包茎。
チョンコ　性交の意。明治十七、八年に流行したチョンコ節から来ている。（参考）親がチョンコして　わしこしらえて、わしがチョンコすりゃ意見する　チョンコチョンコ。
ちょんのまあそび［**寸の間遊び・一寸の間遊び**］遊里での短時間の遊興。短時間の売春。短時間の性行為遊び。江戸の町では工業・商業に携わる人がほとんどだった。そこに勤める若い者も住み込みが多かったから、長い時間家を空けるわけには行かなかったので、銭湯に行く振りをして遊里に行って、寸の間の遊びを楽しむことが多かったようである。「ちょんの間は手拭濡らして帰るなり」（『末摘花』）。
◇ショート。
ちりけ［**身柱・天柱**］うなじの下の、両肩の中央の部分。灸点の一つ。同時に非常に敏感な、女性の性感帯でもある。

ちりけもと［**身柱元**］首筋。身柱の付近。感動したり怖い話を聞いたりした時にゾクっとして身の毛のよだつように感じる部分で、男女ともに代表的性感帯の一つ。「日本国が身柱元に寄る」と言えば、快感が極まること。

ちんぎょらくがん［**沈魚落雁**］美人の容貌がすぐれて艶やかなこと。出典は荘子《そうし》の「……人之所美也、魚見之深入、鳥見之高飛（人が美とする所なれども、魚はこれを見て深く入り、鳥はこれを見て高く飛ぶ）」である。「魚深入、鳥高飛」を言い換えた「沈魚、落雁」という言葉は、中国や日本の小説に良く使われ、その対句として「閉月、羞花」という言葉もあるが、いつ、だれによってつくられたかは詳らかではない。ともかくこの言葉は本来、人間が見て美しいと思う美女も、魚や鳥にとっては恐ろしい敵なので、これを見て恐れて逃げ隠れてしまうという意味なのに、いつの間にか、魚や鳥が恐れをなして逃げるほどの美人という意味に誤って解するようになってしまったのである。

◇閉月羞花、羞花閉月。

ちんせき［**枕席・枕籍**］男女が一緒に寝ること。

ちんせきにかしずく［**枕席に傅く**］性行為の相手をする。

ちんちん 陰茎。本来幼児のものを呼ぶ用語であったが、最近では大人の場合にも使われることが多くなった。「ちんぼ」「ちんぽこ」「ちんぽ」「ちんぽこ」など語源が同じであると思われる語がある。従来、アイヌ語の「チポ」がそれらの語源と考えられているが、別の考えもある。

一昔前までは、多くの地方で睾丸・陰嚢・陰茎をひっくるめた男性器の総称として「キンタマ」と呼んでいた。またその幼児語として「チンタマ」あるいは「チンチン」と呼んでいる。それが語源ではないかと編者は考えている。「チンボ」は「チンタマの棒（陰茎）」であり、「チンボコ」は「チンボ」に接尾語の「コ」が付いたものと解することができる。また室町時代とその前後には、「ボコ」には幼児・小児という意味があったから、「チンチン」にこの「ボコ」が付いてチンボコが幼児の男性器を意味するようになったとも考えられる。

ちんちんかもかも　男女が仲良く戯れる様子をからかっていった言葉。男女が仲良く愛撫や性行為をしている状態の軽妙な表現。

ちんぽする　性交する（香川県の言葉）。「べべする」「おまんこやる」など、女性器の名称に「する」「やる」を付けて性交の意味にすることは現在でも各地で聞かれることであるが、男性器の名称に「する」「やる」を付ける例はあまり無い。香川の「ちんぽする」は珍しいケースと言える。しかし、古くは男性器の名称である「くな」に「ぐ」を付けて、性交するという意味の「くなぐ」という言葉があったように、男性器の名称に「する」や「やる」などを付けて性交するという意味にする言葉は各地で聞かれることであるという。近代以降、もっぱら女性器に「する」や「やる」を付けるようになった理由はよくわからない。

つ

ついたちがん［朔日丸］江戸時代の避妊薬。長屋の共同便所などにも宣伝広告が貼られていて、それには「毎月一日に之をのめば月水滞ることなし」と書いてあった。避妊薬というよりは流し薬（堕胎薬）だったというのが当を得ているようである。

つうわさん［通和散］江戸時代の男色専門の薬。和紙に特殊な成分（布海苔と卵白またはネリギの根から出る粘りと、澱粉をまぜる）を含ませて乾かしたもの。使用時にはこの紙を口に含んでよく噛み、口の中に溜まったどろどろの唾液を陰茎につける。つまり狭い肛門に挿入するための潤滑油の役割をしたのである。別名「ねりぎ」という。『守貞漫稿』（嘉永六・一八五三）に「京師宮川町某の家にて、通和散、一名「ねりぎ」と云白き末薬を製し、三都に之を売る。男色必ず之を用ふ。先口中にいれ、津を以てこれを解溶し、男根に塗れば、即ち滑かになる也。三都、男色之を用ふ。又、新妓始て水揚の時、之を用ふ。蓋し長年には之を用いず。十二三歳の者に之を用いることある也。然ども妓は少年と雖ども、必ず用いるに非ず。男色は必ず之を用ふ」とある。京都の宮川町《みやがわ》は遊女町であるが、陰間茶屋も散在していた。

「四つ目屋」の宣伝文句には「狭開用」とも書かれているので、女との初交にも用いられたと考えられる。明治初年の頃の「通和散」の宣伝効能書きには次のようにある。「陰陽通和散　壹包半包（以上見出し）一此通和散之義ハ　余《よ》の慰　薬《なぐさめぐすり》とハ事かハり阿ながち女を嬉悦《よろこば》せしめるのみ乃薬にあらず　小女《むすめ》或は年増《としま》たり共　玉門穴狭ばき生れの御方ハ　男におふ時ハ　思はず陰もんやぶれるなどして　阿とあとまで腫れいたみ　なんぎする事阿るもの也　此薬を沢山《たくさん》に付けもちゆる時ハ　いかなる小女《こむすめ》の新陰戸《あらばち》たりとも　けが抔《など》のうれひなし　よつて始すらすらとおもひのままなるゆへ　女もついに嬉悦の思ひをなす事かぎりなし　よつて是の七つの奇薬ニ入おくなり　御もちひのうへ　御ためし御遊御求可被下候《あそばされおもとめくだされたくそうろう》（以上本文）〈四つ目印〉本家東京両国橋通吉川町四つ目屋狩野」

「通和散」の名称は、和やかに通す粉薬の意味にも取れるが、唾液の代わりに用いられるところから、単に「唾」を「つわ」として、「つわ散」と名付けられたのが始まりだという。

「天神の裏門で売る通和散」（湯島天神社地は陰間茶屋でにぎわった所。裏門は天神社の裏門と男色の裏門を利かせた趣向である）、「ぬり廻すお釜をみがく通和散」。

「ねりぎ」とは黄蜀葵《とろろあおい》のことで、その根の粉末が小袋に入れて売られていた。

通和散の代用品に布海苔《ふのり》、安入散、海蘿丸、いちぶのり、丁字油などがある。最近ではグリセリンやワセリンを用いるようである。

◇ねりぎ、黄蜀葵《ねりぎ》、つわ散、高野糊。

つかぶくろ［**柄袋**］女陰のこと。

つかれまら［**疲れ魔羅**］過度の性交をした後の朝、または、仕事で心身ともに疲れきっているのに、陰茎だけが異様に元気で、勢いよく勃起すること。陰茎だけは元気な半面、当然の事ながら身体には疲れが残っている。普通、体が尋常で、焦り、不安、怒り、疑いなどのストレスで交感神経性の緊張が高まると陰茎は萎えるものである。ところが、心身の疲労が極限に達すると、ストレスさえも受け付けなくなり、副交感神経が活動を始めて、勃起を誘発するのである。

つきあげ［**突き揚げ**］遊女が正常位で性行為する時の作法。男の腰の動きに合わせて激しく腰を動かし、一気に射精させる方法。

つきがこい［**月囲い**］月極めで囲う妾。明和（一七六四〜）年代頃から市中で安直な妾が流行りだし、素人娘や商家の若女房までが親や亭主の納得ずくで妾奉公を始めた。いかに流行とはいえ、囲う男も囲われる女も人目を忍んで世間をはばかる気持があったという。「日がくれて母を追ひ出す月がこひ」。

つきだし［**突出し**］新参の遊女。同じ新参の遊女でも「新造」は子供の頃から禿《かむろ》として吉原に居たのに対し、「突出し」は十五、六歳になってから売られてきた女。新造に比べて素人臭さがある。「突出しは気遣るをもって尊がり」、「突出しは生野の道をとっぱずし」

（『誹風柳多留』）。「突出しの羊ほど喰ふ恥かしさ」。素人上がりの上、新人なのでつい本気になってしまう。男娼が初めて客を取ることも「突出し」と言う。

つきみ［**月見**］吉原では八月十五日に馴染客を招待する。これに出掛けると、九月十三日にも出掛けないと、片月見といって野暮だと言われた。「母安堵息子も娵《よめ》も月を見ず」（『誹風柳多留』）、息子は吉原通いを止め、嫁は月経が止まり妊娠したらしい）。

つきやく［**月厄**］月経。

つきやくあけ［**月厄明け**］その月の月経が終了すること。またその月経終了後の期間。月経が明けると、陰茎との接触感もソフトになって密着度が非常に増すというから、男にとっては交合の最適な時期と言えるわけで、昔の遊廓の馴染み客は女郎の月厄明けの時期を知った上で、その時期に通ったという。

つきやのひあそび［**舂屋の日遊び**］多くの男が並んで、勃起した陰茎を出している様子のこと。搗米屋の休日には、杵が斜め上を向いてたくさん並べて置いてあった。それに似ているのでこの名が付けられたのであろう。

つきよどみ［**月淀み・月澱み**］妊娠による月経停止。「ありゃ鬼じゃ月よどみうる年かいの」。時には淀み流し（堕胎）の薬の意味にも使われる。

つくしつび…［**筑紫上開…**］江戸時代の「女性器の品定めの諺」の初めの句。以下次のように続く。「筑紫上開、相模尻早、播磨なべ、備中土器、出羽は臭、越後女の徳利開、長崎核長、明石タコ、浪花巾着、京羽二重」。まだまだこの先も続いていたようである。

つくねいも［仏掌芋・佛掌藷］陰茎。長芋の一種で、これを摺りおろしてとろ汁をつくる。

つくままつり［筑摩祭］五月三日に行われる滋賀県米原《まいばら》の「筑摩鍋」の奇習で名高い筑摩神社の祭事。御輿に従う女性は、その年に関係を結んだ男の数だけの鍋をかぶるというもの。今は十二、三歳の少女が紙製の鍋をかぶって行われる。昭和初期の記録では、「この村の少女八才になれば、必ずこの鍋女に出る習慣で、勿論、貴賤を論ぜず、一度はこの役を勤めねばならぬさうだ…云々」とある。今では、何でそんな恥ずかしいことを…、と思うが、古い時代にはむしろ逆に、鍋数の多い女こそ男性に多く求められた。自分の値打ちを鍋数で誇り高く表現しようとしたものらしい。「はたらきのないのか貞か鍋一つ」。鍋祭り、鍋被り祭りとも言い、川柳では略して単に「祭」ともいう。「我恋を人にしられる御祭礼」「つまみ喰いしたが祭りの鍋で知れ」、「顔に火を焚て祭りの鍋の数」、「つくまなべへのこをかへておもく成り」、「摺粉木を差すべき筈を鍋かぶり」、「親心ひとつは鍋もかぶせたし」、「祭礼にまこと表はす鍋壱つ」（『誹風柳多留』）。「幾人にさせたも知れる祭りなり」。

◇筑摩神社の鍋祭り、鍋祭り、鍋被り祭、鍋被り。

つじぎみ［辻君・辻子君］室町時代に都に登場した遊女。立君と同じ時代に同じように発生した。立君が夜営業したのに対し、辻子君は真っ昼間、地獄ヶ辻子の通りに建つ小屋の中で売春していた。その後もこの辻子君は京の夜に路傍に立って客を誘い色を売る女になり、それらの女は総称して辻君と呼ばれた。文字は変わったが「つじぎみ」という呼び名は残った。
◇地獄、夜鷹、立ち君。
つちだんご［**土団子**］江戸時代に笠森《かさもり》稲荷等の門前茶屋で売られていた性病平癒を祈る供え物。
つついづつ［**筒井筒**］丸い掘り井戸にはめ込まれた井戸側。転じて、幼い頃からの気心の合った男女。幼馴染み。幼い恋の相手。「つめってはつめり返して筒ゐづゝ」。
つっぷし［**突伏**］江戸時代、芸者が売春する客をとるためにとった手。客より先に酔った振りをして客の膝に突っ伏して客に介抱させ、客をその気にさせて春まで売ったという。深川芸者がよくこの手を使ったと言われる。
つづみをうってはなをもよおす［**鼓を撃って花を催す**］女性の手指の技によって陰茎を勃起させる技法の美称。
つつみをきる［**堤を切る**］女がオルガスムに達すること。「久しぶり堤のきれたみなの川」。
つつもたせ［**美人局・筒持たせ**］妻が夫と話し合いの上で他の男と情交し、夫がそのことを種に情交した男から金銭を脅しとること。また、その脅しとる役の夫のこと。「かげんして旅から戻る筒もたせ」、「こわやこわや亭主空寝の筒もたせ」。

つの［**角**］「はりかた」とも読む。陰茎に似せて作られたもので、女性が自慰を行う際に使われる。江戸時代には水牛の角で作られたものが流行したのでこの名が出た。

◇張形、角細工、角先生（はりがたとも読む）、張り子。

つののふくれ［**角の膨れ・角乃布久礼**］陰茎。『万葉集』に「角乃布久礼」とあるが、それは牛の角や鹿の角の下の方が膨れているような卑しい貌つきの男、つまり醜男という意味だという説もあるし、陰茎だという説もある。「こは浄観院さまの御姉君也。あなをし。御運あらば天子・将軍の角のふくれにもあき給ふべきに、老尼の未通女にて終せ給ひし御事よ」（川路聖謨『寧府紀事』）とあるので、陰茎であることは確実なようである。明治十八年（一八八五）の『気象考』に「癪持の妻もちていたくさし込みたらば、薬よ医者よのさわぎせず、角のふくれをえめるにあわせ、抱き起こしいだき居て、背骨の左右を一二三四五六七八九十（ひふみよいむなやこと）と撫でおろし見よ、下ること妙なりとぞ」（「えめる」は女陰のこと）とあるので、陰茎の意味でこの頃まで使われていたようである。

つのをだす［**角を出す**］女が嫉妬する。「女房のつのはへのこでたゝきをり」（『雪の花』）。

つび［**通鼻・開・都美・豆非・女陰**］女陰（方言）。大きい大開（おおつび）、においの強いくさつび（臭開）などという言い方がある。屌の字が使われることもある。語源は窄（つぼみ）だとも言われるが、ツビには円《つぶ》らなという意味があるから、丸くふっくらとした美しい女陰を形容したものであるとも考えられる。

つびしらみ［**通微虱**］陰毛の毛しらみという意味で、下級淫売のこと。

つぼ［**壺**］女陰。または膣。

つぼねじょろう［**局女郎**］吉原や島原で最下位の遊女。局とは官女の居室のように一人一戸制にしてあったからで、長屋を数戸に仕切り、一戸は間口四尺五寸ないし六尺、奥行二間が普通。吉原では局女郎の呼び名は元禄時代に廃止されたが、岡場所などにその名が残されていった。

つぼみ［**蕾・莟**］処女。処女の性器。

つぼみのはな［**蕾の花・莟の花**］処女。処女の性器。

つぼみのはなをちらす［**蕾の花を散らす・莟の花を散らす**］処女を捨てる。女性の初交。

つまどい［**妻問い**］男が女の宿に通っていくこと、つまり夜這い。転じて、性交することを妻問いということもある。

つめがた［**爪形**］女性が自慰をする時に、指にはめて使用する張形。

つめがみ［**詰め紙**］江戸時代の娼婦が性交する際に膣の奥に詰めた、唾液で濡らした懐紙のこと。これは避妊の目的もあったが、子宮膣部の性感を防御することによってオルガスムに達するのを防ぎ、心までは売らぬという意義も有ったという。

つめきず［**爪傷**］激しい性愛の高まりによって、相手に爪で引っ掻き傷を付けること。またはその傷。爪傷は、初めて性交した感動の余りにつけたり、また恋人と久し振りに逢えた時や、喧嘩した恋人同士が仲直りした時などに起こる自然な感情の表れであると言われている。

爪傷には傷にならない程度のソフトな刺激からしっかり爪痕の残るものまであり、『カーマ・スートラ』によれば、爪傷には八種類あるという。

①顎の下、乳房、下唇を軽く圧迫し性感を開発する「無限の圧迫」
②頭と乳房に爪傷をきざむ「三日月型」
③腰の窪みや下腹部につける「満月型」
④乳房から肩へかけて長い傷をつける「線画」
⑤腰から太腿へかけて虎の爪のような傷を残す「虎」
⑥五本の指で乳房を強く把み上げてつける「孔雀の脚」
⑦乳頭部を攻める時につける「兎の跳躍」
⑧性器の周りに付ける愛情の深い爪傷である「蓮の華」

つめる［**抓る**］つねること。抓ることは愛の表現であり、性交したいという意思表示である。昭和初期頃までは抓ることを「つめる」と言った。女が「嫌だァ」といいながら抓ったり軽くたたいたりする行為は、愛情や親愛感の表現であり、男からの愛の表現に対するオーケーのサインであったりする。「つめってはつめり返して問ゐづゝ」（幼い恋の意思表示）、「かほ背け抓り返すが御返事」、「味（うま）いぞ味いぞ抓りかへしたつめった手」、

「下女の尻つめれば糠の手でおどし」（『末摘花』）。

つらたり［**弦たり**］女陰（奈良時代の俗語）。弦たりにはもともと、引っ張る、吸い付くという意味があるので、今様に言えばタコというところか。

つりがねまら［**釣鐘摩羅**］胴中にイボイボのある陰茎。女陰の内壁が擦られて女性の快感がきわめて大きいと言われる男性の名器の一つ。

つるむ［**交尾む・交合む**］牝牡が交尾すること。男女の交合の古語。「鶏のつるむを見ておっころばし」（『末摘花』）。

つれこみやど［**連れ込み宿**］ラブホテルの古い言い方。

つれづれぐさ［**徒然草**］吉田《よしだ》兼好《けんこう》の随筆集。内容は広範囲にわたり、深い洞察や柔軟な思考で味わい深い。『徒然草』の中の「よろづにいみじくとも、色好まざらん男は玉の盃の底なき心地そすべき」は有名な言葉であるが、好色を紳士の不可欠条件としていることは、平安朝貴族の生活信念をそのまま引き継いでいる。一方、色情は人間の心を惑わす愚かなものとして、愛の永続性を否定している。色情の執着からは離れ、秋風に自分の恋を反映させるなど、『新古今和歌集』の美学そのままである。

て

て［手］「手」には、方法、技術という意味合いがある。したがって、男女の愛の表現や性行為における方法・技術にも「手」という言葉が使われる。例えば「四十八手」は四十八種類の性交の方法や性行為における技術のことである。

であい［出会・出會・出合・出逢い］男女の密会。外出して情を通じる行為。室町時代から、単に出会うという意味では無く、男女の密会の意味で使われ、慶長以来定着した古い用語。「出合する上をひばりは舞って居る」、「見合ふのを出合と言ッてしかられる」（『誹風柳多留』）。

であいぢゃや［出合茶屋］江戸時代におけるラブホテル。

出合茶屋は江戸中のどこにでもあったが、上野の不忍池畔や中の島にあった出合茶屋は有名である。上野の不忍池は当時江戸の市街地の北端に近く、これより北は森と林の多い郊外で、寺と大名屋敷しか無かったから、出合茶屋向きの閑静な土地だったと言える。

出合茶屋は料理屋の看板を掛けた数寄屋造りの茶屋で、どちらかといえば女性のための施設だったようである。名目が料理屋だったから料理が出されたが、注文するわけではなく、その店によって決まったものが出されたようである。

出合茶屋の最大の得意客は奥女中である。江戸には将軍家の奥女中が数千人、大名家の奥女中が合わせて一万二、三千人、合計で二万人近くの奥女中がいて、特異な女性社会を形成していたのだから当然と言える。次に出合茶屋の得意客は後家である。現在のように簡単に再婚が容認されなかった時代に、武家以上に財力のあった商家の後家の利用は多かったと推測できる。

「ひそひそと繁盛をする出合茶屋」（『誹風柳多留』）。「出合茶屋へのこの有っ丈毛はする」、「出合茶屋惚れた方から払いする」、「出合茶屋忍ガ岡はもっともな」、「出合茶屋蓮を見にきて立て込める」、「出合茶屋あんまり泣いて下り兼ねる」、「出合茶屋ひっそりしすぎてのぞくなり」、「耳に口当てはしり入る出合茶屋」（『末摘花』）。「せい目もおす気で上がる出合茶屋」（正目は碁盤の九つの目）、「出合茶屋主従で来ルふとどきさ」。

出合茶屋は普通の茶屋の機能も果たしていたが、お茶だけの客は儲けにならなかった。「大ぜい来てハよろこばぬ池の茶屋」、「ねないのハ銭にならぬと池の茶や」、「ころばぬハ銭にならぬと池の茶や」。

ディープ・スロート　deep throat、女性が男性の性器を喉まで飲み込んでするフェラチオ・テクニック。同名のアメリカ映画のタイトルから来ている。ディープ・スロートは、まず陰茎の先を喉の奥の方に入れ、それを喉の奥の方に飲み込む。そうした上で唾液を飲み込む要領で喉を動かすという方法である。亀頭部のみのフェラチオから受ける部分的・

生理的快感と異なり、陰茎を喉深く飲み込まれただけでも、男性にとっては一層強い生理的快感にプラスして精神的な快感も得られる。さらに唾液を飲み込むように喉を動かされるとその快感はさらに高まるので、数多いフェラチオ・テクニックの中でも最も男性に喜ばれる方法だと言われる。最初のうちは思わず「オエッ」となるので、ディープ・スロートを嫌がる女性は多いが、馴れれば何の異物感も無くなるそうである。また、事前にソーセージを使って練習すると容易にマスターできるといわれる。もし相手の男性が特に巨大な陰茎の持ち主の場合は、根元を握る手にベビーオイルを塗っておくと、男性は根元までくわえ込まれた感じになるそうである。

ていきむじょう「鼎気無情」「鼎」とはカナエすなわち女性器のことで、その「気」（様子）が「無情」ということはすなわち発情していないということである。「鼎気無情の際は交合を禁忌すべし」と古来より言われている。男としての思いやりである。

ていそうたい「貞操帯」女子の貞操を守るために、鉄で作られた鍵付きの器具。十五、六世紀にヨーロッパで十字軍の騎士たちがその妻に用いさせたという（広辞苑）。江戸時代の日本にも和製の貞操帯があったという記録がある。この貞操帯は、瓢箪のお椀に小便の通る穴を開け、紐をつけただけの簡単な物だという。また貞操帯ではないが、妻の貞操を守らせるために下腹や女陰の周囲に筆で文字を書いておく方法も採られたという。もし留守中に間男が入れば、汗と摩擦で絵や文字が消えるからである。また、大正時代の末、一九二四年頃に「貞操保全器」なる物が発明された。これは単なるセルロイド製の張形を挿入しておくだけだったというから、何の役にも立たなかったと思われる。昭和七年（一九三二）には「おもくろ貞操帯」が発売された。これは分厚くできた〝女性用コンドーム〟とも言える物で、間男と性交しても痴漢に襲われても体は汚れないという発想の物。定価八円で高過ぎたために売れなかった。昭和十年（一九三五）以後に、「モダーン貞操帯」と称するネズミ取り器の金具付ズロースやら、鋭い針で作られた擬似陰毛などもあったが、危険すぎて特許は却下されたという。最近では日本でも欧米型のものが作られている。

◇ペルガモ式の錠前、貞操保護器、ヴェネチアの帯、フィレンツェの帯、ヴィーナス帯、ヴェニス格子、イタリアの城。

ていらず［**手入らず・未通女**］処女。処女の女陰。「新鉢」と同じ。「あの娘手入らずと言うぶしつけさ」（『末摘花』）。

でおんな［**出女・招婦**］街道宿駅の私娼。出女は道中宿駅の軒頭に立って旅人を呼び込んだり、街頭に出て旅客を捕らえて宿泊を強要する女性で、一般に近郷や土地の生まれの女である。つまりはパートの小母さんの飯盛女や宿引女であるが、その中には売春をするものもいたので、後に私娼を出女と言うようになった。専門の娼婦が宿々を鞍替して行くのに対し、出女は土着の女である。

てかけ［**手掛け**］妾のこと。妾が目掛けから来ているのに対し、手かけは手掛けから来ている。「ねだりさへせねば御てかけい丶女」。

てがさわればあしがさわる［**手が触れば足が触る**］女が男の手で触らせると、必ず足が触ってくる（抱き付いてくる）。女の陰毛を男に触らせれば、必ず性交まで進んでしまう。女の挑発・誘惑法を端的に表現し、男の誘惑され易さを示した諺。

できごころ［**出来心**］その場で急に思い立った気持。突然に高揚した劣情。これが他人相手ならばグッと抑えなければいけないが、相手がわが女房殿であれば…。「蚊を焼いた跡は其場の出来心」（『誹風柳多留』、「蚊を焼く」は一つの成語。紙燭と呼ばれるこよりに油を浸した蠟燭の一種を灯もし、その炎の先で、蚊帳の中に入ってきた蚊を焼き殺すこと）。類句に「蚊を焼く紙燭吹き消してまあ待ちな」（『末摘花』）がある。

でっちりはとむね［**出っ尻鳩胸**］胸は大きく前に突き出し、お尻が後ろに大きく突き出している女性。言い換えれば乳房が発達してバストが大きく骨盤が大きく腰が安定しているわけだから、日本では健康的でグラマスな女性という良い意味で使われるが、西洋では「出っ尻と鳩胸の女性は口説くに当たらぬ」という諺があるように、出っ尻の女性や鳩胸の女性は情熱的で性的な女性だということになり、こちらから口説く必要もないほどセックス好きの淫乱な女であるというあまり良くない意味で使われる。

てっぽう［**鉄砲**］最下等な淫売宿。必ず毒に当たるからという意味らしい。金の無いものがただ放出するためだけに行き、行ったらやる、一番やったら帰るというのが実情だったらしい。切店と同じ。「切店を鉄砲とはこれいかに。しゝ（猪、小用）の出る穴をねらふがゆへに」（『問答あなさがし』）。「吉原の鉄砲四季にかかわらず」（大名の鉄砲稽古は四月吉日、初夏の頃と決まっていた）、「鉄砲で折助頭撃ち抜かれ」（折助は三一侍と呼ばれる勤番の下級武士、撃ち抜かれは梅毒で鼻が落ちることの表現）、「鉄砲の瘢年を経て鼻へ抜け」（『誹風柳多留』）。

でで ひめ［**出而姫・出々姫・女郎**］関西での遊女の総称。

てて んごう［**手転合**］手淫。

て と ぼし［**手交合**］自慰。

で ばかめ［**出歯亀**］女性の裸体姿や他人の性行為を覗き見る性癖がある男。時には女性に対し色情的な乱暴行為をすることや、その行為をする男を言う。明治四十一年、東京大久《おおく》保《ぼ》で出歯亀という渾名のある池田《いけだ》亀太郎《かめたろう》という労働者が女性を強姦し、世間を騒がせた事件からきた言葉。その後、この男が変態性欲者だったことから、女風呂を覗くなどの性的変態的な行為をする男を、一般的に出歯亀と言うようになった。出歯亀のデバは出っ歯でも出刃包丁でもなく、出しゃ張りのことで、出歯は当て字である。

◇窃視症、ピーピング・トム、ミクソスコピー、覗き魔。

て ばなし［**手放**］両手で抱き着いたりせず、両手を空けたままにする座位。

て ぼ ぼ［**手慕々**］女の自慰行為。

てらからさと［**寺から里**］逆ナンパ。

デルタ　女陰とその周辺。デルタは河口の三角洲の意味であるが、三角洲も女性の秘部も三角形をしていること、濡れてじめじめしていること、葦などのくさむらやそれにたとえられる陰毛があることなど、河口の三角洲と女性の秘部には類似性が高く、隠語としても傑作の一つである。昭和初期までよくつかわれた。

テレック［**天礼菟久**］陰茎のこと（語源不詳）。

てをあらう［**手を洗う**］性行為の激しかったことを表す形容。愛液や精液で手が汚れるということだろうか。「八功徳水で出合は手を洗い」（『誹風柳多留』）。八功徳水は極楽の池の水で上野不忍池の出合茶屋の暗喩）。「出合茶屋いけまじまじと手を洗い」（『末摘花』）。

てんいこう［**転移行**］ヒトは本能的欲望を満たすために快楽を求めて感情的に行動しようとするが、阻害する現実があると、恐れが高じて怒りになったり、怒りの後に恐れが生じたりし、怒りと恐れが同時に起こることもあったりする。これを「転移行」という。「可愛さ余って憎さ百倍」というのは、本来の情動が逆のものに変わることである。

てんえつ［**天悦**］男女間の性交（僧侶の隠語）。「天」という字は分解すると「二」と「人」になり、二人と読める。したがって「天悦」を二人で悦ぶという意味にとらえて、性交を意味する隠語が生まれた。これは、一方だけが愉悦感を得られる男色や、一人で愉悦感を得る自慰行為を意味する「大悦」に対する言葉である。

てんがい［**天蓋**］蛸（僧侶の隠語）。江戸川柳に多出。「酢天蓋などこしらへて囲待ち」。
てんぐ［**天狗**］男根のこと、または、男根の象徴。
てんごう［**転合**］手淫。手転合の略。
てんごうする［**転合する**］悪戯したり、ふざけて弄ぶこと。性器を軽く弄ぶように愛撫する。手指で自慰行為をする。
でんどうこけし［**電動こけし**］昭和初期に、形も顔や胴の図柄なども本物のこけしそっくりに作られている性具が流行した。女性用は木やセルロイド等で作られ、男性用はスポンジやずいき等で作られていて、どちらも自慰用である。昭和四十年代に入り、電気で動くように改良された女性用のこけしが電動こけしである。そのくねるような動きが評判良く大流行したが、中でも昭和四十七年に発売された「熊ん子」は電動こけしの発展に特に貢献したと言われている。
テントをはる［**…を張る**］男性器を勃起させること。男性器が勃起すると下着を突っ張らせて、テントを張った状態になることからの表現。また、勃起した男性器によって突っ張っているパンツやズボンを単に「テント」という。
てんべにのふみ［**天紅の文**］遊女が馴染みの客に出す便りのこと。巻紙に思いのたけをしたためたのを巻き納め、口紅を付けた唇にその手紙を咥えて天紅をつけた上、文に二度息を吹き込んでから封をした。同じ客を誘う手紙でも、口紅の付いていないものより、口紅の付いたものは特別な懐《おも》いが込められているしるしで、花魁から天紅の文が来ると、男たちは町内の床屋や風呂屋などで披露し回ったという。

てんや［店屋］遊女などの商売女。自宅で調理したものに対し、店で作られた飲食物を店屋物と言うが、〝店屋〟はその店屋物の略である。それになぞらえ、自宅のもの（女房）に対して商売女を〝店屋物〟と言い、略して〝店屋〟と言った。「そばきりでさへもてんやは汁すくな」（『春色入船帖』より）。

と

ト　古代では、男根も女陰も「ト」と言った。その「ト」を継ぎ合わせること、すなわち性交のことを「ト継ぐ」と言った。現代は「トツグ」と言えば嫁入り・結婚のことだが、古代では性交するという意味だったのである。「ト」の丁寧語として「御処」がある。

といしまたぎ［砥石跨ぎ］女性が砥石を跨ぐと砥石が割れるという俗信。砥石が割れることは女が存在することを暗示している。「かみそり砥われたは和尚ひしがくし」「善光寺たびたびこまる剃刀砥」「またかへと御菜砥石を買に行ク」。

といち　恋人、情人。

といちはいち［ト一ハ一］女の同性愛、またはその行為をさす言葉。語源は不明であるが、

「上下」という字を草書で書くとト一ハ一という字のように見えるからという説がある。

といん［**吐淫・精水**］女性の愛液、または男性の精液。

といん［**吐淫・精水**］愛液と精液の混ざったもの。性交後、女陰から流れ出る淫水。

どうあげ［**胴上げ**］十二月十三日は年末の大掃除（煤掃・煤払）の日、大掃除が完了する少し前に、主人を初め人々を胴上げして祝う習慣。普段恨まれている連中をわざと落としたり、下女などは裾をまくられたりする。「つく」ともいう。「十三日めでたく意趣を返すなり」、「十二日から色男ねらはれる」、「ひんまくれなど、番頭声をかけ」、「かはらけだあはゝあはゝと十三日」。胴上げが終わると、最後の仕上げと片付けで大掃除が終了する。

どうがえし［**胴返し**］茎の部分が反っている男性の名器。

どうがた［**胴形**］張形の胴の部分だけのもので、太さを補うために陰茎にはめて使う。鎧形と同じ。

どうきょう［**道鏡**］弓削道鏡。奈良時代の僧。女帝称徳天皇の寵愛を受ける。道鏡は大摩羅の代表としてその名が残っている。俗に称徳天皇の女陰は極めて広陰であったため、道鏡の大摩羅が寵愛の原因であったと言われている。「道鏡の塚から出たかさまつたけ」（『末摘花』）。

どうきょうかか［**道鏡嬶**］巨陰の女。巨根の道鏡の嬶ならば当然女陰も巨大であろうという洒落。「弓削の嬶これもと睾丸しんきがる」、「弓削の嬶ほばらにゃならぬりんの玉」。

どうきん［**同衾**］一つの夜具の中に共に寝ること。特に男女が共に寝ること、つまり男女の肉体関係のこと。
◇ひとつね、ともね。

どうぐ［**道具**］男性器または女性器。性行為の道具という意味で、小説などの中で使われる。露骨さを避けて遠回しにいう場合に用いるが、現代では愛情のない性行為の場合の男性器をいう場合が多い。
江戸時代は「十三ぱっかり、毛十六」と言われるように、陰毛が生え揃うのが十六歳で、この時に道具が完成するという考えがあった。「十六の娵（よめ）は道具もはえて見へ」（『誹風柳多留』）。「合わぬ道具は門ン外でらちを明け」（『末摘花』）。「十六で娘道具揃いなり」。

どうくつ［**洞窟**］女陰のこと。女陰を単なる穴として見るのではなく、そこに入り込むことは、未知への冒険であり、何か新しいものの発見につながる魅力と興奮を感じさせる表現である。

どうくつたんさく［**洞窟探索**］女陰に潜り込み、あちこち捜し歩くこと。すなわち性器結合、または手指による愛撫。わくわくした気持ちを感じさせる表現。

とうけいじ［**東慶寺**］鎌倉松ケ《かまくらまつが》岡《おか》にあった駆込み寺。「あとを見い見い東慶寺尋ねてる」（『末摘花』）。「縁切寺」の項を参照。

るること。

どうけつのちぎり［**同穴の契り**］二人の男性が相争うこと無く一人の女性を性の対象にすること。

とうけんびたい［**唐犬額**］遊女などの商売女は毛切れなどを防ぐ目的で生え際の毛を抜いたりして陰毛の手入れをした。このように陰毛の手入れの行き届いた陰阜を唐犬額と言う。これに対し陰毛の手入れをしていない一般女性の陰阜は丸額と言った。「女郎はとうけん女房はまるびたい」（『末摘花』）。

とうしょう［**刀子匠**］昔の中国にいた政府公認の去勢手術専門家。昔の中国には、勉学に励むために自ら望んで去勢をする者がいたり、刑罰として去勢が行われたりもしたので、政府公認の世襲の去勢手術専門家がいた。

とうせいめくひと［**当世めく人**］道楽者、通人、色男。

どうそじん［**道祖神**］道路を守り、悪霊を防ぎ、また旅人を守る神。村落のはずれや森（悪霊が住む）に通じる道の端に置かれた。道祖神の碑には、道祖神という文字が彫られただけの物もあるが、多くは男女が並んで立つ像が彫られている。二人は手を繋いでいるのが普通であるが、時には抱き合ったり性器を結合している場合もある。まれに男性性器（時には男性器と女性器）を象られたものもある。

◇塞（さえ）の神、障（さえ）の神、道祖神（さえのかみ）、幸神（さいのかみ）、岐（くなど）の神、手向（たむけ）の神、道陸神（どうろくしん）、疫神。

どうてい［**童貞**］未だ女性と性交したことがないこと、または性交経験のない男性。古くは男性に限らず、女性も含めて異性と性交したことがないことを童貞と言った。

とうひゃく［**当百**］「当百銭」の略。当百銭は小判形をした天保通宝の百文銅銭で一文銭に比べてかなり大きい。普通の陰茎の太さが一文銭くらいなので、当百はかなり太い陰茎を表す言葉として使われる。「太さが当百で巾着ぼぼきしみ」は、当百銭を巾着に入れるには大きく口を開かせなければならないように、さすが名器の巾着といわれる女陰も、当百銭のような太い陰茎を挿入されては、きしんで、なかなか嵌め入れられない状況を詠んでいる。

とうれんげ［**倒蓮花**］女上位のこと。『色道禁秘抄』では、交接の時に女の願い通りの体位ですれば喜悦が激しいのは何故かとの問に対し、「是全く子宮の位する処異なるに因る。何れも亀頭の子宮へさはるをおいて快楽なし。其内、倒蓮花は必ず衆女快楽倍すれ共恥ぢて好まざる也。是即ち子宮へ亀頭さはる故なり」と言っている。

とかげになる［**トカゲになる**］野外性交をする。〝昼寝する〟ことを〝トカゲになる〟という山男用語の転用。

とぎ［**伽**］夜、寝所に侍り相手をすること。また、その人。

ときわりまら［**時割り摩羅**］一回何分と短い時間を区切り、時間制で性を売ること。

どくいん［**独淫**］オナニー、自慰。独悦、独遊、独楽ともいう。

とこ［**床**］寝床のこと。転じて性行為をする場所。さらに転じて性行為の意味。床急ぎ、床捌き、床上手、床達者、床慣れなど、他の言葉に結びついて使われることが多い。

とこいり［**床入り**］寝床に入ること。性行為を始めること。特に、婚礼の夜、新夫婦が初めて臥床を共にすることを言う。江戸時代の婚礼では祝宴が延々と続くことが多かったから、適当な頃合を見計らって仲人が床をとり、仲人または待女郎が新郎新婦を寝所へ導き、床盃をさせて鴛鴦の衾に納め、めでたくお床入りしたのを見極めた。「仲人があごで教へて先へたて」、「十たび目の盃はもう水いらず」、「仲人ハ屛風をたて、壱ツぶち」（雀形の屛風をたてるのが床入りの合図）、「待女郎おんなじやうに上気をし」（『誹風柳多留』）。「木の様にして仲人はとこをとり」（『末摘花』）。

とこがおさまる［**床が納まる**］吉原などの遊廓で、客と花魁が同室する時には、花魁について来た太鼓、末社等という人たちが同室している。それらの従者たちがあてがわれた女郎と一緒にそれぞれの部屋に引き取ること。

とこがさわがしい［**床が騒がしい**］性行為中に大きな浪り声を上げること。床が騒がしいことは一般に男性には好まれる。

とこがっせん［**床合戦**］床の中の戦、つまり性行為。

とこがよい［**床が良い**］性交技巧の上手な人。性的な扱いが上手なこと。

とこごのみ［**床好み**］好色めいた床上手で、浮気な女の形容。

とこさばき［**床捌き**］性交の技巧。
とこさわがし［**床騒がし・牀騒がし**］性行為のために発する気になる音や声。よく浪り声を出すこと、また、そのような女。
とこじょうず［**床上手**］好色で浮気な女の形容。セックスの上手な人（主として女性）。女郎などの性的な扱いが上手なことを表す江戸言葉。
とこずき［**床好き**］性行為が好きな人。
とこたっしゃ［**床達者**］セックスの上手な人（主として男性）。
とこのせめどうぐ［**床の責道具**］秘具や秘薬。
とこのやまびこ［**床の山彦**］一緒に床に入った男女の間で、男が寒いねと言えば女が寒いわと言い、女が気持いいと言えば男が気持いいというように、同じ言葉を言い合うこと。「おお寒といへば寒いと客人もいだき附いたる床の山彦」。
とこばしら［**床柱**］クンニリングス。「鼻へ毛が入ってどうも舐め難し」と川柳にあるように、開股位の女の女陰を舐めようとすると、角度によっては女の性毛が男の鼻に入ってしまうことがある。「鼻へ毛がある」「花へ毛がある」「花活けがある」と変化し、「花活け」があるのは床の間の柱だということになり、クンニリングスが床柱と呼ばれるようになった。
とこぼれ［**床惚れ**］肉体愛。性行為に心を奪われること。

とこやみ［**常闇**］女陰。女陰の中は真っ暗であろうという想像と、永遠に理解しきれない女陰の持つ不可思議さをこめた表現。

とさか［**鶏冠**］（空割からはみ出している）小陰唇。赤黒い色と全体の形、および襞の類似からの代名詞。

としましろざけ［**豊島白酒**］江戸時代中期以降、豊島屋の白酒は美味な上に安価だったので、「白酒は豊島屋に限る」と言われるほど評判が良かったという。そのことから、白酒（女がオルガスム時に出す愛液）は年増のものに限るという意味をかけて、川柳などによく用いられた。「としま白酒死にますの声を出し」、「白酒もとしまの方が味がよし」。

とたて［**戸立て**］雨戸や入口の戸を閉めること。川柳では性行為の準備、性行為中の暗喩。

とだてぼぼ［**戸立て陰・扉閉開**］大陰唇が太って、左前に合わさっているため、戸を立てたようになっている女陰。手で触っても穴が無いようでさえあり、陰茎を挿入しにくい半面、いったん挿入すると陰茎の根元が締められて大変良い。いわゆる巾着という名器のこと。

「聖代になんぞや女房戸立て也」、「戸だてさへ有るにさがみはあけばなし」（『末摘花』）。

どちょう［**怒張**］①血管などが膨れて盛り上がること、肩をいからして張ること。②陰茎が膨脹し勃起すること。③勃起した陰茎のこと。

とつ［**凸**］男性または男性器のこと。時には凸の字の向きを変えて（例えば𠀋）性交体位の説明にも使う。

とっこ［**独鈷**］初期の胎児。二か月目の胎児。「陰陽のふいごでとっこ出来る也」、「人はすなはち尊体の独鈷也」（『誹風柳多留』）。

とつとながくふいでたる［**凸と長く噴い出たる**］陰核が良く発達した、という意味。

とっぱずす［**取っ外す**］遊女が客との性行為中に本気で気持ち良くなってしまうこと。「けいせいはとっぱずしても恩にかけ」「けいせいのよがるは小づらにくいもの」（『末摘花』）。

どて［**土手**］陰裂の周囲の膨隆している部分のこと。陰阜並びに大陰唇を言う俗語。

とぼし［**交合**］性交。

とぼす［**交合す・犯す・点す**］性交する（江戸言葉）。

とやで［**鳥屋出**］梅毒の初期症状の治った遊女たち。梅毒の初期症状が治って、抜けた頭髪がもとに戻っている彼女たちは、二度と梅毒に罹らないし休まず良く働くと勘違いされていた。

とやにつく［**鳥屋に着く**］もとの意味は狩猟用の鷹が、羽が抜け変わる時期に鳥小屋にこもってじっとしていること。転じて、梅毒に罹り髪の抜け落ちた遊女がしばらく寝込むこと。

とり［**鳥**］『古事記』や『日本書紀』では、鳥は女性の変身であった。その後も鳥は女を意味する卑語として使われている。中国でも鳥は女を意味する卑語として使われていて、「春暁」と題する有名な詩、「春眠不覚暁、処処聞啼鳥、夜来風雨声、花落知多少」は中国ではポルノの詩として広く知られているという。訳すと「春は眠たいけれど、とうとう眠れないで夜が明けた。あっちでもこっちでも鳥（女）がさえずる（よがる）声が聞こえるからだ。夜中から風雨のような音がしていたから、きっと多くの花が散らされたのだろう」となる。

とり［**取り**］性交。「取る（性交する）」の名詞化。「取り」には性交という意味に加えて、「本手取り」「後取り」「茶臼取り」などのように、性交の方法・体位・技という意味あいも含まれる。

とりげ［**鳥毛**］女の陰毛。「鳥毛を渡す」の略。

とりげをわたす［**鳥毛を渡す**］女が自分の陰毛を男に触らせる。「ちょいと手へ鳥毛わたせば毛鑓来る」。女からの挑発。

とりつがい［**鶏番い**］非常に短時間の性交。

とりのめす［**犯りのめす・取りのめす**］性交しまくる。とことんまで性交する。

とりまわし［**取り回し・取り廻し**］性行為における立ち居振る舞いや性行為後の処理。「前だれで手をふく下女の取り廻し」（『誹風柳多留』）。

とる［**取る・執る・摂る・犯る**］性交する。川柳に「女のは取る、若衆のは借りるなり」、端唄に「口説が床の痴話の種、二人して取る人の種」、狂句に「(婿を)取るという晩に取られる恥ずかしさ」というのがある。「とる」には相撲を取る、取り組むなどと同じように二人が組んで何かをするという意味の「取る」という概念の外に、女の摂取欲に起因する概念、および男の側からのつまみ食い、据膳などと同様飲食になぞらえた意味あいも含まれているという。

どれあいふうふ［**野合夫婦・どれ合夫婦・止礼阿比夫婦・姘夫婦**］仲人がなく、恋愛結婚した夫婦。「どれ」とはどれることで、だらしない、節度がないという意味。したがって「どれ合い」は節度なく一緒になったという意味。「男女和合曰姘、俗云止礼阿比夫婦」(『和漢三才図会』)。

◇出来合夫婦。

とろ　精液のこと。白い油脂のことをトロと言うのが転化したという説もあるが、トロリとしているからトロとなったか、吐露からきたものだと思われる。

とろかす［**蕩かす・盪かす**］とろとろにする。心を惑わし、本心を失わせたり、信念や決意を失わせたりする。

とろろいも［**薯蕷芋・藷蕷芋・薯蕷藷**］つくねいも。すり下ろして食べる。古来、ねばねばしたものは精がつくといわれている。また、陰茎の代名詞でもある。

とろろじる［**薯蕷汁・藷蕷汁**］とろろ芋をすって、すまし汁で延ばした料理。古来、ねばねばした食べ物は精がつくと言われ、とろろ汁もその中の代表的なものの一つである。とろろ汁は鞠子宿《まりこ》（現在の丸子《まりこ》）のものが有名である。『旅枕五十三次』にも、「これも腎薬なれば、かならず喰べし。これを交合のとき、局部に塗りて用ゆればかゆみを生じ、ほめきうづきて、こゝちよきまゝ、売女にてもとりはずし、気をやる事多し」と述べている。

とろろじる［**薯蕷汁・藷蕷汁**］山芋の摺り汁。白濁した粘液であるから、①女性がオルガスムに達した時に出す愛液（頸管液）。②オルガスム後の精液と頸管液の混合した液。③精液の代名詞。「とろろの出来も摺粉木の摺り加減」「据膳の御馳走いつもとろろなり」「つく芋の際まで濡れるとろろ汁」、「掻き回し過ぎてとろろを摺り零し」など、多数の川柳がある。「とろろ汁の出来具合は摺粉木の使いよう（諺）」。

な

なえる［**萎える**］勃起した陰茎が小さく、やわらかくなる。

ながさね［**長挺孔**］長大な陰核。また、その陰核の肥大かつ長い女陰。名器の一つ。

ながしくすり［**流し薬・堕胎薬**］江戸時代の堕胎薬。避妊薬の発達していないこの時代、堕胎薬は避妊薬代わりに用いられた。一般には水がね（水銀）が用いられたが、おはぐろ（鉄漿）を飲むこともあった。使用法を誤って命を落とすものも多かったという。

なかだか［中高］中央部が高く美しい顔の形容。特に、鼻すじが通って高いこと。「烏木(こくたん)の光ある髪は、美しく中高なる額を囲めり」(森鷗外『即興詩人』)。「怜(さ)かしい中高の細面…」(有島武郎『或る女』)。

なかだかうりざね［中高瓜実］色が白く、中高でやや細長くふっくらとした美しい顔。

ながといんろう［長門印籠］女陰の名器。射精後の萎縮した陰茎でも密着してすぐには抜けないような女陰。長門印籠は牛革黒漆で、蓋が抜けにくい。「コイツ蛸長門印籠抜き加減」。

なかのじ［中の字］「中」の字は、「口」に「棒」を入れた字の形であることから、男女の性器の結合を連想させ、性交の意味になった。

ながばば［長馬場］長時間性交のこと。

なかぶき［中拭き］愛液が多すぎる場合、途中で抜いて拭き取ること。「中ぶきの紙泣く下女の口へかい」(『柳の葉末』)。

なきおんな［鳴き女］性交中激しく浪《よが》り声をあげる遊女。吉原では、喜悦の声をあげる女は遊女の真心の現れとして喜ばれた。客は「一に、喜悦の声をあげる鳴き女。二に、裸寝をする女」と、売れっ妓に付けた順位のトップにあげていたほどである。

なきおんな［泣き女］妾。「なき女二人迄ある御たのしみ」(『末摘花』)。

なぎたおし［薙ぎ倒し］誰彼の別無く手当たり次第に女と関係する男のこと。「簞」とも言う。

なきて［**啼手・泣き手**］大きな浪《よが》り声を出す女。性行為中派手な動きをする女。セックス好きの女。

なきよがり［**泣美快**］大声を上げるほどの浪《よが》りよう。

なきりゅう［**鳴龍**］よがり声を出すこと。またはよがり声を出す遊女のこと。

なきをいれる［**泣きを入れる**］性行為中に女性が相手の男性を悦ばせようとして、大きな快感を得ていないにもかかわらず、大喜びしたふりをして、力んだり、浪《よが》り声を発したり、取り乱したりすること。元来、遊女たちのテクニックであった。

なく［**泣く・鳴く・啼く**］女が性交中に快感が昂まり呻吟涕泣すること。浪《よが》り泣くとも言う。転じて性行為をすることや売春をすることの意味でも使われた。「出合茶屋あんまり泣いて下り兼ねる」（『末摘花』）。「夜ふけては内儀ころし泣き」。

なさけどころ［**情所**］女陰。古代には男性器も含めていたようである。

なさけのためみず［**情の溜水**］溜淫水。

なさけのみず［**情の水・肉水・肉汁**］愛液。時には精液の意味で使われる。

なさけのもん［**情の門**］女陰。

なじみ［**馴染**］同じ女郎を三回以上買いに登楼した客。「初会」の項を参照。「ふとって居んすといじらせる三回目」（『末摘花』）。

なじみまら［**馴染み摩羅**］その女の女陰の様子や状況をよく知っている男性。交合回数も多く、女の月経の時期や女陰の熟している時期などまでよく分かっているから、ややもすると湿深（しつぶか）である。だからまともに対応すると女の疲労は激しくなる。したがって遊里などでは馴染み摩羅の男に対しては、それなりの対策を考えていたという。

なす［**茄子**］なすび。「まかなくも何を種とて開は茄子」（『柳の葉末』）。小《お》野《の》小《こ》町《まち》の歌の引用。

なすび［**茄子**］膣脱垂の女陰。分娩のため膣壁が弛緩し、めくれ出ているもので、女性器の名器の一つといわれる。

◇章魚（たこ）、なす、なすびぼぼ。

なすびぼぼ［**茄子開**］「茄子」と同じ。『失題艶道物』には次のように説明されている。「なすびぼゞといふ物はぼゞの内の袋張出でたるにて一義の時邪魔になりへのこの出入するに障りとなる也しかれどもぼゞの内潤ひ出れば張出でし袋も柔らかになりのちにはへのこの雁首こすりて心地よき物也」。

なっとう［**納豆**］久しく入浴していない女の女陰。昔は毎日風呂に入るのは贅沢だった。「豆はまめだが下女のまめは納豆」（『誹風柳多留』）、類句に「下女うぬが移り香だのに臭エまら」。

ななつぐち［**七つ口**］江戸城大奥御殿長局への出入口。これより奥は男の出入りは禁止。

「七ツ口男をおいしそうに見る」(『末摘花』)。

ななとこぜめ［**七所責め**］いっぺんに多くの性感帯に刺激を与える性交法。「七所」は具体的ではなく、非常に多くの性感帯という意味である。ちなみに七所とは、口(接吻)、膣(性交)、乳、肛門、腋の下、会陰、陰核(愛撫)の七か所だという者もある。

なのかごけ［**七日後家**］月経期間中の妻。「世は花よ身には月水(さわり)の七日後家」。

なびき［**靡・菜引**］遊女の古い呼び名。何人にも靡くから。

なまおえ［**半表半裏**］陰茎が中途半端な勃起状態であること。また、その状態の陰茎。時には高齢者の陰茎、あるいは高齢者の暗喩。「生おえなのをおっぽめる五十ぞう」(『末摘花』)。

なまがい［**生貝・生ま貝**］女陰。

なまこ［**海鼠**］陰茎。形状の類似性からきた言葉で、陸の松茸に対応する。「妾は蛸殿は海鼠のやうになり」(『柳樽』)。

なまこのわ［**海鼠の輪・生海鼠の輪**］海鼠の先端部分を輪切りにして乾燥させたもの。水に漬けて軟らかくしてから用いる。後にはべっ甲で作られた。丸みを帯びた六〜七角形のリングで、陰茎にはめて刺激具として使った。「なまこのわ、これもへのこのかりへはめ、つかへば女、ここちよふなる」(『教訓女才学』)。「生海鼠の輪若狭呼ぶとき掛ける袈裟」(若狭は、二月堂のお水取りの行事に水を呼ぶ若狭井。女をよがらせて水を呼び出す物という意味)。

◇りんの輪、海鼠形、山羊の目。

なまもの［**生物**］陰茎。江戸川柳などで「生」というのは、作りものの張形に対して生のものという意味で、本物の陰茎のこと。「宿入りを生物知りにして帰し」。

なみだぐむ［**涙ぐむ・泪ぐむ**］男が淫情を催して陰茎からクーパー氏腺液を滴らせること。「口説くうち倅落涙《ばか》つかまつり」、「人形を遣ふと小僧涙ぐみ」(人形は女陰を弄する指のこと)、「毛を引いた斗りで小僧涙ぐみ」、「泪ぐむ倅故郷を思ひ出し」。

なめくじり［**嘗挑**］「舐める」と「くじる」の複合語。女陰を舐めたりくじったりすることを好む男を虫の名になぞらえたもの。「湿深い奴でこそあれなめくじり」、「なめくじりとはしつぶかい虫の事」、「なめくじを二本ひん抜く切落」(『誹風柳多留』)。『寓言三歳智恵』(文政期・一八二〇頃)には「ナメクジリ。ひっつこきむしなり。いづれじめじめとうるおひあるところへいづる。指人魚と云うをの類なるべし」と説明書きがあって、腕の肘に舌が連結された絵が描かれている。

なりひら［**業平**］在原業平《ありわらのなりひら》(八二五〜八八〇)。業平は平城天皇の孫、臣籍降下して在原の姓を賜り、右近衛権中将の位に即いた。五男であったことから「在五中将」または略して「在五」と呼ばれる。我が国の色好みの代表的人物で、幼時から性交に勤め、上は皇后候補の娘から下は下女まで、若い小娘から九十九歳の老婆に至るまで、あらゆる階層の女たちと性交し、生涯に三三三三人の女と交わったと言われる。しかも、一度も口説いたことは無く、常に女の方から仕掛けられた据膳であるというから、江戸の男たちの憧憬の的であった。

「業平にされたは恥にならぬ也」、「多ひ惚れ人を抜き身にてはろふやう」（『誹風柳多留』）。「蛸も戸建てもしてみたと在五言い」、「業平にさせぬは昔恥のよう」（『末摘花』）。「業平は高位高官下女小娘《あま》」、「業平へ恋催促が五六人」、「男で業平ほどした者はなし」、「業平はどうでもしなを度々言われ」、「一度ぎりならしてやろと在五言い」。

なわ［**那話**］陰茎のこと。

なんぎょくおんこう［**軟玉温香**］女体（美称）。柔らかく、温かい、玉のような女の肉体。

なんご［**喃語**］男女が囁き合う言葉。

なんしょく［**男色**］男子同士の姦淫。男の同性愛。ペデラストとウールニングの二つに別けられる。現代はホモセクシャルが公認される時代になっているが、江戸時代以前にも僧侶・武士を初めとして、一般の人にも男の同性愛は珍しいことでは無かったようである。英泉の『枕文庫』にも「世に蔭間の愛に逢ハずして、みだりに男色をそしるものあり、いまだ佳境に入らざれば、いかでかその愛情を知ることあたわざらん、一度契を結ぶ時は婦人よりも愛欲厚し。もとより逆縁の竅（あな）なれば、自ら得心せざればへのこを受けることかたかるべし。其得心するのは即愛情の女色にかハらぬ故なり。されば女陰とちがひ、男根を入れること深からしめずして、ぬきさし手荒く為すべからず。まず犯さんとする前より欲情をかよわして若衆にてもかれが陰所をいぢり、とくと其の身に淫欲を起させて、さてその上にて唾を多くつけて行うべし。始めより痛むことなければ、ともに精を漏らすものなり。男同志の情言あれども、あらわに紙上に筆し難し」とある。

江戸時代の男色には「衆道」と呼ばれるものがある。衆道も相手が男なので異性愛でないから同性愛に入れられている。しかし衆道の相手になる色子は成熟前の少年であり、成熟した男性同士の同性愛とは重大な違いがあるので、もう一つの愛の形であるという考えが浮上している。
◇鶏姦、釜、栽尾、衆道、若道（にゃくどう）、ホモセクシャル。

なんどう［**男道**］男色。中世における男色の道。江戸時代の男色の中には、単なる肛門性交ではなく、二人の間には夫婦または側室に似た独特の関係が成り立っている場合が有って、このような場合には男色といわず男道と呼んだ。

に

にいまくら［**新枕**］新婚初夜のこと。期待をしながらも硬くなって居る新妻と、焦りながらも慎重になろうとしている新郎の動きは、川柳の題材として微笑ましくなる。「皆母の知恵と見へたる新枕」、「小声にてたすけ給へと新枕」、「加減して指が先陣新まくら」、「はずかしい紙に音あり新枕」、「ちゞかまる気はありながらにいまくら」「口なしの花かくれ家の新枕」「馬責める塩梅もあり新枕」（馬責めるは、荒馬を馴らすこと）、「痩馬に針立る様な新枕」（痩馬の針治療は慎重を要する）。「手まわしをせぬとしはぐる新枕」（『末摘花』）。

にいまくら［**新枕**］吉原や島原《しまばら》などの遊女が初会の客と寝る時には、客に無理やり飲ませて酔ってから床入りし、何もさせないまま眠らせてしまう。これを新枕と言う。

にきはだ［**和膚・柔膚**］（女性の）やわらかな肌。やわはだ。

にぎりぎんたま［**握り金玉**］男が夜独りで寝ること。相手になる女性のいない淋しさを込めた表現。

にぎりぼぼ［**握り開**］「握り金玉」の発想で作られた川柳用造語。「中指でさねを釣ってる握りぼゞ」（『柳の葉末』）。

にく［**肉**］肉体、特に性の対象としてとらえた肉体。また、他の言葉の頭に付けて性、性交、または性器に関連する単語を作る。例えば、肉欲、肉感、肉交、肉芽、肉塊、肉窟、肉根など。

にくが［**肉芽**］陰核。陰唇。

にくかい［**肉塊**］肉体。時には陰茎の意味で使う。

にくかん［**肉感**］肉体上の感覚、性的な感覚。

にくぐ［肉具］陰茎。

にくくつ［肉窟］膣のこと。

にくけい［肉茎］陰茎、男根のこと。

にくげき［肉戟］陰茎のこと。「戟」は枝鉾または刺すという意味。

にくこう［肉交］肉体の交わり。性交。

にくこん［肉根］陰茎、男根のこと。

にくざや［肉鞘］膣。

にくしゅう［肉皺］女性の外性器の部分。

にくしゅん［肉皴］女性の外性器の部分。

にくしょう［肉摺］女性の外性器の部分。

にくしわ［肉皺］女性の外性器の部分。

にくじん［肉陣］大柄で豊満な妓女を選んで宴席の周りを囲み寒気を防ぐ方法で、唐の楊国忠が考え出したといわれる健康法。

にくすい［肉水］「なさけのみず」と読む。愛液。

にくだれ［肉垂れ］小陰唇。

にくちゅう［肉柱］陰茎。

にくつぼ［肉壷］女陰、膣。

にくとう［**肉刀**］陰茎。
にくどう［**肉洞**］女陰。
にくのうたげ［**肉の宴**］性行為。
にくのえじき［**肉の餌食**］性行為の対象。この言葉には凌辱的な意味合いが含まれるので、男性の餌食にされる女性を意味することが多いが、逆のケースも少なくない。
にくのとがり［**肉の尖り**］陰核。
にくのめ［**肉の芽**］陰核。
にくひだ［**肉襞・肉皺・肉褶・肉摺**］女性の外性器の部分。大陰唇や小陰唇を総合して漠然とさしていう。
にくへい［**肉柄**］陰茎。江戸艶本では「肉柄」と書いて「いちもつ」と読ませることが多い。
にくへき［**肉襞**］女性の外性器の部分。
にくぼう［**肉棒**］陰茎。
にくまんじゅう［**肉饅頭**］女陰。「肉まんじゅうを喰ったのが落度なり」（『末摘花』）。
にくれつ［**肉裂**］陰唇。
にくぶとん［**肉蒲団**］『金瓶梅《きんぺいばい》』『如意君伝《にょいくんでん》』と並ぶ、中国の代表的な好色本の一つ。江戸時代の宝永二年（一七〇五）に『覚後禅《かくごぜん》』という書名で全訳本が出版されている。

明治期にも『長生殿《ちょうせいでん》』の名の訳本が出されている。『肉蒲団』の名で知られるようになったのは、昭和四年（一九二九）の訳で出版されてからである。

にくぶとん［**肉蒲団**］性行為の対象としての女性、または、その肉体。最近では性交相手の女性を肉体の敷き布団になぞらえた言葉であると理解されているが、それは誤り。「蒲団」は蒲の葉で編んだ座禅などに使う円座のことで、寝具の「布団」の意味は無い。肉（女体・女色）という蒲団（円座）によって悟りを開くというのが「肉蒲団」の本来の意味だという。だから、小説『肉蒲団』もその意味に解して、最初は『覚後禅』という題名がつけられた。

にごう［**二号**］妾、愛人。

にさい［**似妻**］稚児のこと。妻のようなものだからという当て字。

にしきぎ［**錦木**］陸奥《むつ》の風習で、男が恋する女の家の門に立てた一尺ほどの木。男は毎日一束のを立てるが、女が受け入れる場合は取り入れ、不承知の場合は取り入れない、三年間立て続けて千束になると、真意が認められたという。「我カ物がたつたで錦木を立てる」（『末摘花』）。「錦木は千束になりぬ今こそは人に知られぬ閨の中見よ」。

にじのかけはし［**虹の掛橋**］仰臥した男性の上に、女性が逆向きに仰臥して行うクンニリングス。

にじゅうごけは…［**二十後家は…**］「二十後家は立つが三十後家は立たない」という慣用

文の略。一般に若い方が性欲が強いと考えられがちだが、二十代の後家は性交欲を我慢して一人立ちができるが、三十代の後家にはそれはできない、という意味。「後家」の項を参照。

にじりぐち［**躙口**］狭陰、または締まりの良い女性器。

にせおとこ［**偽男・似せ男**］張型。

にたりがい［**似たり貝**］赤貝のこと。女陰に似ているのでこの名が付いたというから面白い。

にぼこ［**丹鉾**］陰茎（赤い鉾という意味）。

にほんぐみ［**二本組み**］二本指を使って行う女性の自慰行為。男性の自慰行為を五本組みというのに相対する言葉。最近では女性の自慰行為に限らず、男性からの指による愛撫も含めて言う場合もある。

にほんごくがいっしょになる［**日本国が一緒になる**］快美の極みであるという形容。これらの言い方は江戸時代中期の流行で、艶本や川柳に多用されているだけではなく、実際に女性たちが閨房の中で使っていたようである。江戸後期になると、この流行は実際にも艶本や川柳の中でも消えて行った。

沢山の島が集まっている日本が一つの陸地になったら、地図が目茶苦茶になってしまうように、もう何が何だか判らないような気持ちであるという意味だと昔から説明されているし、最近では、日本の国が一つに凝縮して、快感の湧出する一点に凝り集まるような感じという説明もあるが、真偽のほどは定かではない。日本の国は小さな島ばっかり集まっているが、そんな小さな島でも全部が一か所に集まればすごくなるよという意味だとも解釈できる。最近では「日本国」を「にっぽんこく」と読むが、本来は「にほんごく」と読んでいた。

◇日本国が身柱元へ寄る、日本国が一ト所へ寄る、日本国が寄る、日本中が一ト所へ寄る、日本国が壱所へ寄る、日本中が一ト所唐天竺まで一緒になる、日本国が臍の下へ集まる、三千世界が身柱元へ寄る、なふなふとふるい出す、身がちゞむ、かの所もエレキ、味な気になる、おかしな気になる、乙な気になる、からだをしぼるよう、堪え難い。

にほんゆび［二本指］女陰の指弄。性交前の前戯として、また性交できない時の愛撫として男は女陰に触れたいという願望から、指先を使って、陰阜から陰唇、膣口へと順に撫でまわす愛撫をする。その時には「中指」か中指と人差指の「二本指」を使うのが一般的であるところから、「中指」および「二本指」が女陰の指弄の代名詞となった。「二本指姫が岩戸の手力雄」「中指のちと長いのは何のため」。時には「指二本」という言葉も使われる。「指二本間者に遣ふ軍前」。

◇探春、弄陰、弄淫、指弄、中指、指二本、チチラチオ。

にもじ［仁文字］性交。仁の字は人偏と二と書くので二人が合っている字だという。会津の国学者沢田名垂《さわだなたり》が「二人相あふなり」で性交を意味すると言ったのが初めらしい。彼が「中の字」「呂の字」からの連想で考え出して作った言葉らしい。

にゃくしょく［**若色**］男色。

にゃくどう［**若道**］男色。若衆道の略。

にゅうば［**入馬**］性交をしたこと。

にょいたん［**如意丹**］室町《むろまち》時代頃から使われた媚薬。木香《もっこう》、山薬《さんやく》など数種類を混合し、これを女の愛液でやわらかくし、陰茎に塗る。そうすると、女陰の締まりが良くなるという。

にょいん［**女陰**］「女陰」の一つの読み方。古くはこの読み方が正しかったらしい。

にょうぼうとたたみはあたらしいほうがよい［**女房と畳は新しい方が良い**］女房は若く新しい方が良いと一般に解するが、初々しい新妻をもった歓びの表現であり、また、新畳の香りが良いように、妻はいつまでも香りを失うなという戒めであると解されていたらしい。

にょえつがん［**女悦丸**］女性用の春薬。江戸時代、男性の長命丸に匹敵する代表的春薬で、丁子、山椒を粉末にして酢で練って、性行為の前に女陰に入れて用いる。「玉門潤いふくらかに張り出し、何程の心深き女人たりとも、慎みを忘れて、声を上げ、身をもだえ、喜悦の状をあらわすこと必定なり」という。

男性の陰茎に塗って用いる女悦丸も有ったようで、「金毛狗脊、蛇床子、紫梢子、免絲子、丁字、附子、石灰、鹿茸、麝香、胡椒、以上十味蜜にて大豆粒大の丸薬となし、交合する時、唾にてとき、玉茎に塗りて行ふべし、女悦ぶこと限りなし」とある。
「女房が受け合って売る女悦丸」、「女悦丸蘭語一名スルトイク」（『誹風柳多留』）。「いとゞ猶後家をもがゝす女悦丸」、「闇がりから効能述べる女悦丸」。女陰に入れて用いるものは「神仙女悦丸」とも呼んだ。

にょけいくん「女閨訓」明治時代、新橋の名妓・欣々《きんきん》が書いた、女性向けの性指導書。『女閨訓』の中で欣々は、男の精液は牛乳、卵以上に栄養豊富で脳の薬にもなると説き、汚いと思わず飲み込むよう、尺八の効用を説いている。

にょごがしま「女護が島」女だけが住んでいる島。中国・明時代の『三才図会』によれば、この島は東南の海上にあり、南風が吹くと島の女たちは皆裸になって風の方に女陰を向ける。そうすると風に感じて孕み、子供を産むと書かれている。女護が島を素材とした作品は、江戸時代の艶本の一ジャンルをなし、わが国でもその名はよく知られるようになった。「そよ風は転合とおもふ女護の島」（転合は自慰行為）。「女護嶋惣開帳はみな風」、「ああもっと奥を吹いてと女護の嶋」（『誹風柳多留』）。

にょにんいんじょうじゅうどうのこう「女人淫情十動之候」性交の際に女の欲情が現れる十の兆候。交合の時に女の欲情の現れを知るにはどのような兆候があるのかという黄帝の問いに対して、素女《ソジョ》が挙げた十例が『黄素妙論』に書かれている。そのいずれもが、女の性感の極致を知るための心得であり、女が最高の快感に達することができた時に、男も初めて交合の素晴らしさを感受できるのだという精神に貫かれている。女を美快の極致に至らしめるのが男の役目でもあり、男の歓びでもあるとして、具体的な方法や性技よりも心の大切さを説いている。

一、男子沈酔するに、女ひそかに玉茎を握り、そろそろとおやし、自ら玉門を寄する事あるは、女の心中に淫念きざす謂なり。

二、女人の男子に会ふ、詞にて戯れ、目にて心を通はすことあらば、欲情動くと知るべし。

三、女の指にて玉茎を挟み締むることあるは、淫情を催すと知るべし。

四、男女互ひに久しく心を通はし、たまさか逢ふて既に交合する時、女人静かにと云時、男子の精汁の早く洩れん事を予て恐るると心得て、静かに浅深の法を行ひ久戦すべし。

五、人なく静かなる処に唯二人居て、女の息荒くあり、面の赤くなるは、淫事の念きざすと知るべし。

六、男女既に交合するに、女の手にて男の背をきびしく締め、下より動揺して上下左右に摺り廻らば、美快の気かかりと心得て、男は女より強出入せよとのしるしなり。

七、交合の時、女人仰臥して手を差し伸べ動かずと云へども、鼻息だに少し荒くして、足の指を反らさば、心底に美快なる事甚だしと知るべし。

八、交合の時、女自ら両手にて両足を持ち上げ、玉門を差し上げ、玉茎の出るを惜しみ慕ひ、男の突くにしかと答ふるは、淫念甚だ動じて、玉門の奥底に玉茎の至らん事を望むと知るべし。

九、交合の時、女酔へるが如く、玉茎を抜かせず、男の腰を女の手足にてひしと締め、自ら縦横にこじ、声を出して吾をも忘るるは、陰中にかゆき処ありて、玉茎あたると知るべし。

十、交合の時、男静かに浅深の法を行ふに、次第に女自ら動揺し、既に急に持ち上げ、男の腰を抱へ、下より頻りに抜き差しをなさば、美快の極と心得、玉門の奥の左右に玉茎を当たらしめ、玉門より津液の多く湛へ出づるを待って静かに玉茎を抜くべし。

以上の十項目である。「十動」および「十動作」の項を参照。

にょぼん［**女犯**］僧が女と性行為をすること。平安時代、鎌倉時代には「女犯」は戒律により厳しく禁止されていたので、僧たちの間では男色が行われていた。それが「空海は男色の元祖」という伝説を生んだ。江戸時代にも僧侶の戒律が非常に厳しくなり、特定の宗旨を除いて、僧侶の肉食・妻帯は厳禁された。従来、戒律は有っても罰せられることの無かった女犯も、幕府により遠島の刑、死罪・獄門の刑に処せられるようになった。

にょらい［**如来**］女陰のこと。

にりんごもう［**二厘五毛**］男子の精液および女性の一滴の血液（または愛液）の量。江戸時代の艶本や川柳などに使われる俗語。人間の体を「五輪の体」という呼び方があり、その体は男子の精液と女性の一滴の血液が合してできると考えられていたので、五輪を五厘に洒落て精液や女性の血液を二厘五毛と呼んだ。この二厘五毛がいつの間にか精液や愛液の重さと誤解されるようになり、川柳では「二厘五毛の出しっこハうまいなり」「土手の駕籠二厘五毛は軽いはず」となる。駕籠は吉原帰りのかごのことで行きのかごより精液の分だけ軽くなっているはずだという意味である。しかし、二厘五毛は今の〇・一グラムに当たり、健康な成人男子の平均射精量の約三ミリリットルとは違い過ぎる。そこで、二厘五毛は精液と愛液の合計だという説も生まれた。精液が一厘五毛、愛液が一厘、合計で二厘五毛のおしめりが有って、二人の結合が旨く行くのだというのである。「男根の赤き婬壱厘五毛、女根の白き婬壱厘、両婬相交て二厘五毛、壱厘は下から上り、壱りん五毛は上より下る」（『元無艸《もとなしぐさ》』）。『末摘花』には、「口説くうち一厘五毛が無駄になり」というのがある。

にりんしゃ［二輪車］男性一人に対し女性が二人で相手をする遊び的性行為。ソープランドから生じた言葉。複数の男女の交合の遊びを総称して言う場合もある。

にわとり［鶏］極端に早漏の人。一般に動物はみな人間に比べれば早漏であるが、なかでも牛とにわとりの性行為が早いのは有名である。「にわ鳥のやうにきり見世いそがしひ」（『末摘花』）。ちなみに、牛…一瞬、にわとり…数秒、ウサギ…数秒、ライオン…一〇〜二〇秒、トラ…二〇秒、ブタ・ウマ…約一分である。

にんぎょう「人形」《昔の意味》「指人形」の略で、指で女陰を撫でさすること。「指人形」の項を参照。「人形の所作はお祭り前の事」（『誹風柳多留』、お祭りは性交のこと）、「人形の跡太棹の乗り地なり」（太棹は陰茎のこと）、「歌舞伎見ながら人形の面白さ」（『誹風柳多留』）。類句に「くじり場所が百三十二文なり」、「ちょっとした不埒の出来る切落し」（切落しは芝居小屋の平土間の安い大衆席で、料金は一人百三十二文）などがある。

にんげんい「人間位」前向位のこと。背向位を動物位というのに対してこの名がある。

にんじょうぼん「人情本」江戸時代の恋愛小説。文政以降に出版された、主として町人の若い男女を主人公とする、当時の現代恋愛小説。洒落本がうがちや洒落を失い、もっぱら男女の人情を描き長編化することによって発生した。

にんしんちゅうのせいこう「妊娠中の性交」妊娠中の性交には胎児に支障のないよう、妊婦の腹に圧迫を与えないなどの配慮が必要であるが、その内容は他書に譲り、ここでは人気戯作者・柳亭種彦《りゅうていたねひこ》の『艶紫《えんし》娯拾餘帖《ごじゅうよじょう》』（天保六年・一八三五）から引用する。

「七月（妊娠七か月）より慎みて、毎日は無用なり（いけません）。三日に一度、十日に三度くらゐはよし。さればとて、女の方には徒然となり、玉門のうちむづむづと、所詮堪忍せぬものなれば（我慢できないから）、産月（うまれづき）までするもままなり（自由です）。皆人々の好む事、毒だとてせずには居られず、おなかの赤子（ややこ）が太りては、上へ乗るのは遠慮なり（控えなさい）。後取り（後交位）を第一とす。孕む時は尻が出て、前へ腹の張るゆへ、寝かすとも起こすとも、女の心に任すべし。先ず懐妊の養生には、指人形が肝心なり。左右の勝手にしたがいて、意味（こころ）静かにいぢるなり。くじるの体は、指先ばかりいるにも、深くいれんとしても、指使ふに留意あり。唯玉門の口元を広くして置ためなりかくしておけば、子を産に裂けるといふ憂もなく、生れ出る児も究屈（窮屈）ならず、広々とする玉の門、前後左右のきらひなく、潤ひ多く出るにまかせ、指三四本は入るまま、早打ち肩も起こるほど、男の力つくしたけ、存分にくぢらすべし。からしておいて、十分に互ひに意を動かして（その気になって）、さて後ろから一物をぬめらして抜き差しすれば、深く浅くも自由にて、ぢきに気がゆく事ぞかし。かくして交合（すれ）ば、懐妊の身にもあたらず（支障がなく）、女の喜悦、日ごとにまさり、男も労れず、生れ児の尻に跡つく気づかひなし」。

※（　）内は著者注。

ぬ

ぬかずにばん［**抜かず二番**］　射精後に男性器を女性器から抜かずにおき、情欲の高まりを待って二度目の射精にまで至ること。男性は射精後一時的にインポテンツになる。若い時にはそれが三十分前後ということもあるので、抜かず二番は可能である。キンゼイ報告によれば、十代の男で抜かず二番の経験者は一五パーセントあるが、三十五歳に達すると七パーセントに減り、四十代の男では抜かず二番は不可能であると記されている。
◇抜か二。

ぬかろく［**抜か六・ヌカ六**］抜かずに六本という意味で、一度射精を終えた男性器を女性器に挿入したままにしておいて回復を図り、二度、三度と繰り返し性交して、六回射精にまで至ること。現実には不可能なことであるから、単に若さや精力絶倫を強調した言葉である。江戸文学や昭和初期の小説では、主として一回幾らの女郎相手の場合に使われている。最近では古来の使い方から離れ、現実に抜かずに二度、三度というような場合には、事実に即応した言葉として「ヌカ二」「ヌカ三」という言葉が使われる。
ヌカ六の「六」は女郎が六本までは一回と数え、七本以上は二回分の金をとったからという説や、「六」は「穴」という字を書き間違えたのが始まりで、もとは穴（女陰）から抜かずに続けるから「抜か穴」と言ったのが始まりだという説もある。

ぬき［**ヌキ・抜き**］男性の溜まった精液を女性によって射出させる行為。一般に普通の性器結合による射精は含めず、手指の愛撫や偽交など性交行為以外の方法で射精させることを言う。

ぬきさし［**抜き差し**］性交運動の俗語的表現。性交時の主な運動が、膣内に挿入した男性器を深く浅く抜き差しする行為であることからきた言葉であることは明らかである。しかし、性交運動は単に男性器の抜き差しではなく、上下運動、前後運動、左右運動、旋回運動と、いろいろな角度と方向に変化がある。また体位によってもその運動は規制されることもあるので、体位の移行・変化に応じて様々に変化させるものである。女性のオルガスムに至るまでの各過程における状況によっても変化させるべきものである。抜き差しという言葉は、性行為における男性の主導権や男性器の攻撃機能のニュアンスを表現しているという意味で、性行為に対する感じ方を生き生きと表現している言葉である。

ぬきみ［**抜身**］陰茎。陰茎を露出すること。またその露出した陰茎。「間男と亭主抜き身と抜き身なり」（『末摘花』）。「引出しへ抜き身を仕舞う長局」。ふるちん。

ぬく［**抜く**］性器の結合をすること。性交すること。男性の側から使う言葉であるから、男性器で女性器を突き抜くという意味から出ていると考えられる。「立位で抜く」「抜きまくる」などと使われる。

ぬくめどり［**温め鳥**］鷹は足を温めるために小鳥を摑んで夜を過ごし、朝が来ると食べずに放すという。この小鳥を温め鳥と言う。転じて、夜の炬燵代わりに抱かれるだけで性行為はしない妾。「あじきなし隠居の妾ぬくめ鳥」、「そも誰がぬくめ鳥じゃぞかもめ髱《づと》」（鷗髱は髱《たぼ》の大きい髪形）。

ぬすみいろ［**盗み色・盗女**］不特定の女性と性交すること。

ぬちゃぬちゃ　女陰が愛液で濡れている様を表現した擬声語。

ぬちょぬちょ　女陰を濡らしている愛液。または、女陰が愛液で濡れている様を表現した擬声語。

ぬめぬめ　なめらかなものの表面が濡れて、ぬるぬるしているようす。女性の艶やかな肌が愛液で濡れているようすのたとえに使われる。ぬらぬら。

ぬめり［滑り］愛液。粘液などでぬらぬらすること。また、その粘液。

ぬらしをかける［濡らしを掛ける］遊女の床の作法。いくたびも性行為をする場合、息遣いやよがり声を同じようにすること。

ぬらつく　愛液で女陰が濡れること。またはその愛液のこと。「ぼゞのぬらつきあらへばあらふほど」（『雪の花』）。

◇うるみ。ぬらつき。

ぬるぬる　愛液、または、愛液で濡れた女性器を表す擬声語。

ぬるぬるぐちゃぐちゃ　愛液。または愛液が溢れて濡れている女性器を表す擬声語。

ぬるみ［温み］愛液で濡れた女陰。熱をもった温みと、愛液でぬるぬるしている状態を兼ねて表現した造語。

ぬれあま［濡尼］男と性行為を持っている尼。

ぬれけ［濡気］いろけ。

ぬれけいろ［濡気色］濡れごとの様子。性交の様子。性交の様子にもさっぱりしたものや濃厚なもの、派手なものや暗いもの、稚拙なものや円熟味のあるもの、静かに進行するものや騒がしいものなどいろいろな色模様があるということである。

ぬれごころ［**濡意・濡れ心**］男女間の情欲。

ぬれごけ［**濡後家**］好色の後家（未亡人）。夫を無くし性生活から遠のいていても性に対する欲望は様々なものなのであろう。一般には若い未亡人の方が性欲が強いように想像するが、昔から「二十後家は立つが三十後家は立たない」といわれるようなこともあるようである。

ぬれごと［**濡事**］①歌舞伎で男女の情事を演じること。またその演技。②一般に男女の情事。

◇いろごと、つやごと。

ぬれそう［**濡れ添う**］恋人のある上にさらに恋人を作る。

ぬれそむ［**濡れ初む**］初めて濡れる。

ぬれぬさきこそつゆをもいとえ［**濡れぬ先こそ露をも厭え**］濡れないうちは草の露に触れることさえ嫌がるが、いったん濡れてしまうといくら濡れても平気になってしまう。男女の中でも、一線を越してしまうと後はずるずると深みにはまってしまう。

ぬれひず［**濡れ漬ず**］濡れてびっしょりになる。

ぬれる［**濡れる**］男女が情交する、色事をすること。情交に際しては、事前に愛液で濡れる、キスや愛撫のため唾液で濡れる。性交して精液で濡れる。また汗で濡れるなど、様々な濡れることがある。これらをすべて含めた「濡れる」という一言は、昔の人のセンスに満ちた非常に含蓄のある表現である。

ね

ね［根］陰茎、男根。

ねかしまら［寝かし摩羅］使わない陰茎。性交をしたことのない陰茎。

ねがわる［寝替わる］奇妙な体位をとること。

ねぎみ［寝君］遊女。寝君の客は寝夫（ねぶ）と言う。

ねこ［猫・寝子］私娼。公娼を狐と言ったのに対し私娼を猫と呼んだ。

ねこじゃらし［猫じゃらし］浴室で、腰掛けさせた女性の陰毛に十分泡をつけ、掌でマッサージすること。シャリシャリと音が立つくらいがいいという。

ねこなで［猫撫で］陰茎を勃起させる弄根の技法の一つ。鈴口から亀頭の真下の包皮小体を指で撫で摩る。軟弱な陰茎を勃起に導く最善の方法である。『畫圖玉藻譚《がずぎょくそうたん》』（文政十二年・一八二九）に「一物うずくよふに覚ゆるにぞ、女が手を持そへて握らすれば、いと和らかなる細き指にて、陽物《へのこ》の腮《あご》の所を撫でらるるに、愈々…」という記述がある。

ねこのみずのむおと［**猫の水呑む音**］性行為の音。性交中女陰の愛液が陰茎の抽送によって出す、ぴちゃぴちゃという音。「よく聞けば猫の水呑む音でなし、エエ気がわるい」（歌舞伎の台詞から）。似た言い習わしに「猫が粥を食う音」「馬の深田の音」「馬が泥田」などがある。

ねごろ［**十八娘**］一番性欲が高まる年頃。「ねごろ」は「寝頃」の字を当てるのが正しいのだろう。寝るは性交することだから、寝頃とは一番性交したくなる頃という意味になる。女性は十八歳くらいが一番性欲が高まる年頃だというところから「ねごろ」に「十八娘」の文字が当てられた。

ねずみ［**鼠**］古代より、陰毛の生え揃った女陰はその手触りの感触から、しばしば鼠になぞらえて表現されている。民話や童話の鼠は女陰の象徴だという研究者もいる。入浴の風習のなかった古代には、女性器を表す言葉として「臭鼠」「腐鼠」などがある。鼠は鼠算で知られるように多産であることも重なり、女性器＝鼠＝子孫繁栄という発想から、福の神、夫婦和合の神、性の神としても崇められてきた。遊女たちはこれにあやかり鼠泣きを始めたという。

ねずみ［**鼠**］何人かの旦那を持ちながら、時々隙を狙って一夜限りの客をとる明治時代の高級売春婦。間鼠（あいねずみ）ともいう。

ねずみづれ［**鼠連れ**］夜這いのこと。忍び忍びて通うという意味。

ねずみなき［**鼠泣き**］遊女などが客を呼び入れる時などにする、鼠の鳴き声をまねた声。「ねずなき」とも読む。「鼠」の項を参照。

ねつび［**寝つび・寝通鼻・寝開・寝都美・寝豆非・寝女陰**］睡眠中の性交（江戸語）。睡眠中、気付かずに性交することができるのかどうかは、現代でも裁判などで問題になることがある。若い女性が昼間働き過ぎた場合や、三年以上結婚している相手との場合とか、夫と間違えている場合などには、半睡状態で無意識に性交することがあるという。

◇睡眠性交、睡眠中性交、眠りまんこ、居眠りまんこ。

ねとる［**寝取る**］他人の配偶者や愛人と情を通じて、自分のものにすること。古くは「ねどる」と読んだらしい。

ねはん［**涅槃**］お釈迦様が入滅（死亡）されること、一切の迷いを超越した悟りの境地。転じて、性行為の甘美な快感に没入している感じ。

ねはんず［**涅槃図**］涅槃の図。転じて、性行為の甘美な快感に没入している情景。

ねはんきょう［**涅槃経・涅槃境**］交悦、またはオルガスム。

ねや［**閨**］女の子の部屋。夜寝る部屋。古代はデートといえば男が女の家（部屋）を訪ねるのが普通であったから、女の子の部屋はすなわち性交為をする部屋という意味もあった。後世ではむしろ性行為をする部屋という意味に使われる方が多くなった。それが転じて性交という意味も生じた。

ねやがっせん［**閨合戦**］性行為、または、性行動。

ねやこいしさ［**閨恋しさ**］性交への欲求。

ねやさびしさ［**閨寂しさ・閨淋しさ**］性欲の疼き。

ねやずもう［**閨相撲**］性交行為。

ねやのしごと［**閨の仕事**］性行為。

ねやのおんつつしみのこと［**閨の御慎みの事**］大名家が大奥や大名家に輿入れする時、性生活の心得を書き記るした性典を持たせた。これらの中に『閨の御慎みの事』の写本が残されている。これは、紀伊家の姫が文政八年（一八二五）に大奥に輿入れした時に家老が持たせたものだという説と、元禄年間（一六八八〜一七〇四）に島津家の姫が紀伊家に輿入れする際、乳母が姫に贈ったものという説があるが、その真偽はともかく、江戸時代の最上流社会の性教育の実態を知ることができる点で興味深い。以下にその一部を上げる。

○「色気が薄いのは情がなく、情が無ければ夫婦仲は睦まじくない。しまいには御家の滅亡に成るので、色気は十分に有るのが良い」

○「色気は乱れ易く、その行為は礼を失う。余りの乱れた姿は、殿御に見下げられ、愛想づかしをされる。したがって閨中では特に淑徳を尊び、順を以て情を助け、礼を以て乱を防ぎ、恥を以て愛を補う事が肝要である。殿御より先に欲情しても、自分から進んで、情を商う芸妓に等しい猥らな挙動は絶対してはならない」

○「性行為が終わったならば、必ず寝床は別にすること。寝床を一つにしていると、しまいには必ず愛想づかしをされる」

○「閨に入るときは、幾年の後までも、必ず初めての時のような恥じらいの態度を忘れてはいけない。恥じらいが無ければ、妾のように品格を失い、性行為が終わった後は殿御に嫌気がさし、度重なる内に愛想づかしをされる」

○「殿御は誰に対しても、寵愛が増すに従い、枕辺に笑い絵（枕絵）などを置いて眺めたり、陰中に手を入れて弄ぶ。この様な時、心がけの無い女は興に乗じて大口を開け、或いは心を乱し、鼻息荒く鳴らして振舞う。これは恥じらいのない態度である」

○「全ての殿御は性行為を始めるときは、様々に戯れ、十分に致したいと思うのが常だが、終わってしまえば、見るのも嫌になると言います。色を優しくしてこそ味があるものだし、恥じらいが有るほど情も深くなる。だから、殿御の閨に入る時は、必ず恥じらいを以て静かに入り、殿御が興に乗って様々に弄んでも、ただ殿御の胸に顔を押し当てて、恥ずかしそうに我慢しなさい。また、どんなに快感を感じても、耐えられない程になっても、馬鹿なことを言ったり、自分から接吻しようとしたり、よがり声を出してはいけない」

○「性的興奮の絶頂には、殿御より先か、または同時に入ること。殿御が先に佳境に入ったならば、精液がどんなにあふれても堪え、殿御が終わった時に止めること」

○「閨中では優美に行えば、奥方の品位は日に高くなり、高くなるほど麗しく、殿御の情愛が増し、毎夜閨の中に名残が止どまり、殿御は御許様の事だけを思い続けるようになって、生涯御寵愛の衰えることはない」
○「性行為が終わった後、陰所の始末をする紙の音を、殿御に聞かれないように注意すること」
○「性行為が終わった後、殿御の気持ちが性行為に飽きている時に、陰所を見せないように注意し、静かに始末をすれば品も良く、殊に麗しいものである」
○「殿御の御寵愛が勝れて、昼間、性行為をするという場合は、むげに拒むと情に背くことに成る。夜の性行為以上に一層慎み深くし、どんなに求められても打ち掛けは脱いではいけない。殿御が絶頂を過ぎたら、静かに起きて厠に行って陰所の始末をしなさい。厠から帰る時に腰元にもいわずに自分で御手拭を湿して持ち帰り、跪いてから、殿御に顔を見せないように背けて、そっと差し上げなさい」

ねやむすび［**閨結び**］女性が寝巻を着るときの帯の結び方の一つ。男性が簡単に解くことができて、性行為がし易いために、帯がすぐに解けるようにした結び方。

ねらく［**寝楽**］寝る楽しみ。性行為をする悦楽のことで、貧富に差のない楽しみにたとえていう言葉。

ねりくよう［**練供養**］来迎（死者を菩薩らが極楽に導くこと）の菩薩に扮して練り歩く、寺院の儀式法会。十月二日の上野寛永寺の両大師の練供養では多数の善男善女が三十六坊柳多留』)。「練れる」の項を参照。

う事が起こる。「練供養には女房をまいらせる」、「練供養見て来た女房湯へやらず」(『誹風

を順々に全部巡るので、かなりの距離になる。そのため、女が参加すれば「練れる」とい

ねれる［練れる］長い道を歩いたり、機織りなどの激しい足業を行うことで女陰が名器になること。女性が長い道を歩いたり、機織りなどを行うと股間が充血して温く潤うと共に性器の筋肉が締まってくる。筋肉が締まれば性交時に陰茎を締めつける女陰の力が強くなり、温潤さとあいまって男性に与える快感が大きくなるということであり、つまり名器になるということである。「亭主への土産粟餅ほどに練れ」。「練れ切った嫁そこ豆が六つ出来」、「渡し場で練れきったのを捕まえる」(『末摘花』)。「とろうりねれたを女房土産なり」(『誹風柳多留』)。「練供養」の項を参照。

ねんけい［念契］念者(男性同性愛者)としての契り。男色上の約束。念契は戦国時代の武士同士の間に生まれたが、江戸時代に入って盛んになり、武士だけでなく町人の間にも広まった。江戸の中期以降には商売としての男色も盛んになったが、念契は商売ではなく、強い契りによる同心同体の関係で、死生を共にする一体感による結合であった。したがって念契の関係には「遊び」的なものはない。肉体を提供する弟分は苦痛を耐え忍んで兄分に快楽を提供する立場にあり、兄分は悦楽を感受して弟分の苦痛を察し取り、その責任感を強く持つことによって二人の関係は精神的に昇華されるという。つまり、遊びを度外視

した道であるところから、「衆道」とか「男道」と呼ばれた。
ねんじゃ［**念者**］男色の相手。色子。普通の同性愛や不特定の者を相手とする職業としての色子ではなく、特定の者だけの色子を務める時に、その関係にある者を「念者」という。「念契」の項を参照。
◇念友、念人、念文字。

の

のあそび［**野遊び**］奈良《なら》時代に宮中に仕える男女は春先に笊や籠を持って出掛け、春の野の野草を摘んでは調理して食べた。これを「野遊び」と言う。野遊びは後の花見の起源になったが、現在の花見と違う点は、野遊びは性を楽しむ場でもあったということである。
◇野に遊ぶ、野に隠れる。
のせる［**乗せる**］性交する。男性の「乗る」の女性側の言葉。「のせて居てまわつて来なのよくどしさ」(『末摘花』)。
のぞきしゅみ［**覗き趣味**］一般に異性の裸体や他人の性行為を盗み見る趣味。この趣味が極端に強い場合は変態扱いされることもあるが、多少の興味は多くの人に見られることで、趣味というより人間の本能ではないかとさえ思われる。日本でも、江戸時代から現代まで多くの文学作品に覗きが取り上げられているし、外国でも覗きを取り上げた文学や映画・演劇の作品は多く、名作も数多くある。

のてんどり［野天取り］戸外での性行為。昭和前期までの農・山・漁村には待合やラブホテルなどの施設は無かったから、当然戸外での性行為も多く行われた。

のぬふほう［のぬふ法］男は女陰に嵌入した陰茎を、ただ激しく往復運動をしがちだが、静かに右や左とかき回すような動きをするのが大切である。そこで、陰茎を抜き差ししながら「の」「ぬ」「ふ」という字を描くように腰を動かすのが良いと、判りやすい方法が考え出された。この性交運動を俗に「のぬふ法」と言う。

ののじ［のの字］女性の性交運動の一つ。尻を「の」の字を書くように縦に動かしたり、丸く動かしたりする行為。「尻で書くのの字は筆の遺ひやう」（筆は陰茎の象徴語）、「のの字を段々太くする庚申」（庚申は性交禁止の日）、「尻で書くのの字は揉んだ紙へしみ」「のの字を書くと涼み舟動くなり」。

ののじ［のの字］畳やテーブルの上に、「の」の字を書くように、わけもなく指先を動かすしぐさ。若い女性のはにかむような初々しさが感じられる。現代では見られなくなった、純情な行為。「口説かれて古風にのの字書く女」。昭和期の川柳。

のべがみ［野辺紙・延紙］鼻紙の上等の物で、閨房用の紙。「和州古河野辺より漉出す。此故に野辺紙と云う。当世拭紙の料に用ふ」と『清少納言枕草紙遺花街抄』にある。また、二鐘亭半山《にしょうていはんざん》の『見《み》た京物語《きょうものがたり》』には「女郎鼻紙にみすを用ひず、皆のべなり」とあるように、江戸ではもっぱら御簾紙が使われていたのに、上方の遊女は野辺紙を使っていた。縦七寸、横九寸ほどの小型の杉原紙。「用意する延紙買ひに行おどりの夜」「とりついて寝がへりのときつとにのべ」（「つと」は日本髪の後方に張り出した部分の髱の上方用語。江戸では「たぼ」と言う）。

のみのふうふ［**蚤の夫婦**］妻の方が体の大きい夫婦。「嚊が口延び上らねば吸えぬなり」（『末摘花』）。

のらにょうぼ［**野良女房**］男癖の悪い浮気女房。「つづきけりりうみ苧ひきずるのら女房」。

のりあい［**乗り合い**］一人の女に多数の男が共同して関係すること。多数の男と肉体関係をもつ女。

のりうりがころんだ［**糊売りが転んだ**］愛液分泌が多量の状態。または、激しい性行為の譬え。江戸時代、洗濯に使う糊を売り歩く行商人が転べば辺り一面がべとべとに濡れて大変なことになることに譬えた。「のりうりのころんだたちと車力言ィ」。

のる［**乗る**］性交するという意味。男上位の発想から、多くは男性の使う言葉である。

は

はいかける［這い掛ける］夜這いに行くこと。

はいざい［背座位］男性は脚を投げ出すか正座か胡座かで座る。椅子またはベッドの端に座っても良い。女性は股を強く開き、男性に背を向けて男性の太腿の上に乗って交接する体位。①椅座背位、②膝座背位、③男反背位、④女俯背位、⑤女跨背位、⑥折衷背位がある。

◇後座位。

ばいしゅん［売春］女子が報酬を得て男子に肉体を提供する行為。

◇売淫、売笑、売色、淫売。

ばいしゅん［買春］男子が報酬を支払って女子に肉体を提供させること。最近、未成年少女買春や外国での買春が問題になり、その報道が増えると共に、同音の売春と区別するために「かいしゅん」と読むようになった。

パイズリ 大きい乳房と乳房の間に陰茎を挟んで性的快感を得ること。おっパイでせんズリをするの意味であろう。職業女性の場合は乳房にクリームやオイルを塗って、偽交の一つとして行う。

◇偽似性交。

ばいた［**売女**］売春婦、淫売婦。不貞な女。「娘なれど味わいは売女なり」（『末摘花』）。また、女性を罵る場合にも使われる。

ばいどく［**梅毒**］代表的な性病の一つ。江戸時代には「瘡（かさ）」と呼ばれていた。梅毒は一九〇五年、ドイツのシャウディンおよびホフマンの発見したトレポネマ・パリズムという螺旋形の特殊な病原体による伝染病で、主として性交によって伝搬される。

コロンブスが一四九二年にアメリカ大陸を発見。その第一回探検隊員が征服した西印度諸島の女性を犯し、そこの風土病であった梅毒を伝染させられて帰国し、翌年にはヨーロッパ全土に拡がった。さらに、インド・マレー・南支那と伝わり、日本に上陸したのは『月海録』によれば、戦国時代の永正九年（一五一二）で、当時は唐瘡または琉球瘡といわれた。翌一五一三年には関東にも流行した。コロンブスがアメリカ大陸を発見してからわずか二十年ほどで極東の島国日本まで襲来したわけだから、その伝染力の猛烈さにも驚くが、それが空気や水による伝染ではなく、一対一の男女の性交によるものであることを考えると、驚嘆させられる。

以上が梅毒伝播の定説であるが、平安時代の初期に書かれた『大同類聚方《だいどうるいじゅほう》』という医学書の中に「摩羅瘡（まらかさ）」の治療法が記されており、その名の示すとおり摩羅（陰茎）に瘡（おでき）ができる上に、その他の症状も梅毒に違いなく、梅毒はすでに平安時代には存在していたという説もある。この説では、古代の中東で梅毒が流行した事実も突き止められ、シルクロードを伝わって日本に入ったと考えるのが妥当性があると述べている。

梅毒は第一期から第四期までに分けられ、伝染より約三年で第三期に入る。体のあちこちの組織を破壊して潰瘍を作り、前額部・鼻・唇などを冒すため、梅毒にかかると鼻が落ちる。「鷹の名にお花とお千代はきついこと」(『末摘花』)。骨も冒されるので、手足の指も取れてしまうこともある。第四期になると、脳梅毒・脊髄癆などの重症になり、ついには死に至る。

現在ではペニシリンなどの抗生物質によって治せるが、大正・昭和時代にはサルバルサン(通称六〇六号と呼ばれる薬)が使われていた。これはエールリッヒ、秦佐《はたさ》八郎《はちろう》によって発明され水銀を基にして作られた。なんと六百六回に及ぶ実験の成果として作られたのでこの名が付いたといわれていて、通称を「トビロク」といった。

江戸時代前期にはまったく手の打ちようがなく、もっぱら神だのみであり、笠森稲荷は最も霊験あらたかな神として繁盛したという。江戸時代後期になると、水銀を使った「駆梅剤」が売り出されたが、高価な上に副作用も強かったという。この駆梅剤を売っていた医師を「黴医」と呼び、駆梅剤の一つ「延寿丸」を売った医師は、自らもわざと梅毒に罹りこれを服用して全快させるという捨て身のパフォーマンスで宣伝したという。

ぱいぱん［**パイパン・白板**］無毛症。いわゆるかわらけ。陰毛の無い、または有っても非常に薄い女陰。麻雀の牌の一種であるパイパンには図柄が無く真っ白で、指で触れた時にツルッとしている。このパイパンの見た目や触感からの連想。

はいふうすえつむはな［**誹風末摘花**］『萬句集』および『誹風柳多留』の中から末番句と呼ばれるお色気の句を集めた川柳集。四篇四冊。撰者は似《に》実軒《じっけん》酔茶《よいちゃ》（本名不詳）。初篇は安永五年（一七七六）、第二篇は天明三年（一七八三）、第三篇は寛政三年（一七九一）、第四篇は享和元年（一八〇一）に刊行。単に『末摘花』とも言う。『誹風柳多留』からも引用しているので、両者に同じ句があるが、表記が少し異なっていたり、類語に置き換えられているものもある。

はいふうやなぎだる［**誹風柳多留**］一六七編の川柳集。初代柄井川柳《からいせんりゅう》が明和二年（一七六五）に第一篇を出し、以下五世（九世ともいう）が天保九年（一八三八）に最終篇を刊行するまでの代々の川柳集。内容は四季、哀別、神祇、釈教、恋、無常、遊里、戯場、史談、敬事、などに分けて年代順に配列されていて、江戸風俗資料として最も貴重な資料と言える。

はか［**破瓜**］「瓜」の字を二つに破ると二つの「八」の字の形になることから、十六歳の女性を指す。昔の女性の十六歳といえば、初交を経験する年頃なので、「破瓜」すなわち十六歳の女性を破るという語意から、性交で処女膜が破れることや、処女を失うことの意味に転じた。また初潮の意味にも使われる。なお「破瓜」は八八なので、男の六十四歳をもいう。

バカがい［バカ貝・馬鹿貝］陰核。または女陰（大女のもの）。今はアオヤギと呼ぶ貝は、死ぬと舌を出したように赤い足を垂らすので馬鹿貝と呼ばれた。小さなアオヤギは形が似ているところから陰核にたとえられる。また、名前からの連想で、締まりのない大女の女陰の意味にも使われる。「馬鹿の剝身の気でしゃぶる実の先」。

はぎのはな［萩の花］女体、または女陰。「脛（はぎ）の花」にかけている。「聟殿の好きじゃと萩の冬も花」。

はきょう［破鏡］夫婦別れ、離婚、離縁。

はきょうじゅうえん［破鏡重円］別れ別れになっていた夫婦がめでたく再会できること。転じていったん別れた夫婦が再び元の鞘に収まること。

はくしゅうのみさお［柏舟の操］夫亡き後も妻が貞節を守って再婚しないこと。『詩経』の「柏舟云々」という詩に由来する言葉。

はくじん［白人・伯人、女白人・素人・泊人］京都や大阪での私娼の呼び名。「しろうと」の音読みで、専門の売春婦ではないという意味。

ばくばく　括約筋が緩んでしまった陰間の裏門。括約筋が緩んでしまって、ばくばくになったものという直截的な意味。江戸時代の陰間は十二、三歳から十七、八歳が盛りで、二十歳を過ぎると括約筋が緩んでしまって営業が成り立たなかったという。「お釜のばくばくを後家買いに来る」(『末摘花』)。

ばくもの［**麦物**］ばくばくの女陰。麦物は本来は麦飯という意味で、ばくもの屋といえば一膳飯屋のこと。転じていわゆる「安かろう、悪かろう」という物の意味になった。さらに転じて、年齢のせいか、使い過ぎのせいか判らぬが、括約筋が緩んでしまってばくばくになってしまった女陰のことを言うようになった。

「ばくばく」が男性の裏門で、「ばくもの」が女性の表門を意味するというのは偶然かもしれないが面白い。なおかつ「ばくばく」の陰間は今まで使っていた後ろの道具を止めてからは、前の道具を使って相手を女性に換えて職業としたのに対し、「ばくもの」の夜鷹は今までの表門を裏門に換えて仕事を続けたというのも面白い。

はくるい［**白涙**］精液。

ばけいれい［**馬敬礼**］陰茎が巨大なこと。またその巨大な陰茎。さすがの馬もかなわないと言って敬礼するという意味で馬敬礼と名付けた。

はけつ［**破穴**］初めて肛門に陰茎を嵌入されること(男色用語)。また一般に肛門に陰茎を挿入することや、陰茎を強引に突き入れられるという意味あいで使われる場合もある。「お長屋で破穴して来るふすま売り」。悔しさやわびしさが表れている。

はこいり［**箱入**］川柳で「箱入男」「箱入息子」の略で、張形のこと。「生きたのを箱入れにして事が出来」(『末摘花』、絵島生島事件の句)。

はこいりおとこ［**箱入男**］張形のこと。

はこいりむすこ［**箱入息子**］張形のこと。大事にされて育った箱入娘に対して別の意味で大事にされているであろう張形に箱入息子と名づけた滑稽さは秀逸である。「箱入息子秘蔵する長局」。

はこいりむすめ［**箱入娘**］大事に育てた娘。江戸時代には普通の娘は勝手に外出しないのが普通であった。したがって本屋や小間物屋などは訪問販売が一般的であった。

はこのり［**箱乗り**］明治時代の馬車の上での性行為。カー・セックスの明治版。当時、駕籠に代わって流行りだした馬車に乗ることを箱乗りと言い、またその馬車の中で女に乗ることも箱乗りと言った。

パコパコ　擬声語による性行為の漫画的な表現。

はざくら［**葉桜**］結婚適齢期を過ぎること、またその女性。江戸時代では概ね二十歳過ぎ。「葉ざくらにしてかたづける御不勝手」。

◇昼過ぎ。

はじかくし［**恥隠し**］腰巻。羞恥部を隠すという意味。腰巻という語は比較的新しい言葉で、古くは、下裳(したも)、二布(ふたの)などと言い、江戸時代までは、恥隠しの他に、湯具、湯巻、湯文字、脚布などと呼ばれた。

はじけまめ［**弾け豆**］女陰。

はじごくのげ［**破地獄の偈**］地獄の苦を破滅させる経文。僧と尼僧が性行為をする時にはこの経文を唱えながらしたといわれる。

はじもみじ［**恥紅葉**］恥ずかしさに赤らめた顔。性行為中の女性の顔。

はしら［**柱**］陰茎。または陰茎の亀頭部を除いた棒状の胴の部分。

はしりみず［**走り水**］愛液のこと。

はしん［**破身**］処女を失う。

はすっぱ［**蓮っ葉**］女性が性的にだらしないこと、またその女。西鶴《さいかく》は「竹の皮なき田舎にては諸品を蓮の葉にて包み薹にてくくる。下品なるをいうなり」と書いている。「歩くたびつけ根の見えるにくらしさ」、「蓮葉守手まりをつくとて開帳し」（『末摘花』）。

はすっぱおんな［**蓮葉女**］大阪や京都の大問屋の商家に抱えられていて、全国津々浦々から商用でやってくる地方人の枕席に侍って旅の無聊を慰める女。一種の私娼である。西鶴は「上問屋下問屋、数を知らず、客馳走のため蓮葉女という者を拵え置きぬ。これは飯炊き女のみめよげなるが、下に薄綿の小袖、上に紺染めの無紋に黒き大幅帯、赤前だれ、吹鬢の京こうがい伽羅の油にかためて、細緒の雪駄、のべの鼻紙をみせかけ、その身持ちずいぶん面の皮厚くて、人中を畏れず、尻すえてちょこちょこ歩き、ぴらしゃらするゆえにこの名をつけぬ。物の宜しからぬ蓮の葉ものという心なり」と書いている。「はすばめ」

とも言う。

はずむ［**弾む**］調子づく。性行為を立て続けにする。

はずむ［**弾む**］陰茎が勃起する、性的に興奮するという意味。

はせ［**破前**］陰茎の古名「おはせ」を略した言い方。破前の漢字を当てるのが定着したのは後の時代になってからだという。

はだ［**肌**］①皮膚。肌は身体的に裸の状態であるから、「肌を合せる」・「肌を許す」・「肌の渇き」・「肌を汚す」など、他の語と結びつくと、操、性欲、性交などの意味として用いられる。②心。精神的に裸の状態の意味にも使われ、「肌を合せる」・「肌を許す」など、心を打ち明け、信頼して交際するという意味になる。

はたけ［**畑**］女性のからだ、または女性器。男は女性の体にたねを播くだけという発想。

はだな［**秦野**］若い女性のぴちぴちした太腿や脚、ふくらはぎにたとえられる江戸言葉。「はだな」は現在の秦野市のことで、同時に秦野産のみずみずしい大根のことである。最近でも女性の脚を「練馬」というのに似ているが、「練馬」が太くて不格好という良くないイメージで使われるのに対し、「秦野」は良い意味で使われている。「干大根茶屋のはだなに取巻かれ」。高齢男性の陰茎を干し大根と言ったのに対する比喩的な言い回しがとても面白い。

はたび［**旗日**］月経。日めくり暦の祝祭日には日の丸の図が大きく描かれているので祝祭日を旗日と言ったことと、月経を日の丸ということをかけた。

はだをあわせる［**肌を合せる**］男女が肉体関係になる。性交する。古くはただ親密になるという意味で使われていた。

はだをけがす［**肌を汚す**］女が操を破る。また男が女の操を破ること。

はだをゆるす［**肌を許す**］からだを許す、性交させる。少し前までは女が男に性交を容認する場合に限ってこの言葉が使われていた。江戸時代以前は、相手が異性か同性かに関わらず、単に信頼して交際するという意味にも使われている。

はちえき［**八益**］『素女経《そじょきょう》』に説かれている、得をもたらすという八種類の体位。男性を強精にするだけでなく、不感症などの女性特有の婦人病も治すという。八益の体位の共通点は、腕や腰、膝などの関節を滑らかにし、さらに腹筋、背筋の強化になるような体操を取り入れている点である。

①『蓄血（ちくけつ）』男性は正しく仰向けに寝て、女性は男性の上にひざまずく形で尻をのせ、深く結合する。女性が六十三回律動し、その数をかぞえ終えたら止める。男性は力強くなり、女性の生理不順は、一日七回、十日行えば治る。

②『調脉』女性を（右脇下にして）横臥させ、右の膝を曲げ、左の脚を伸ばさせる。男性は低い位置から挿入し、五十四回抽送し、数を数え終わったら止める。男性は血行が良くなり、脈が整う。また一日六回、二十日間行うと女性は膣痙攣が治る。

③『益液』うつ伏せに寝た女性に尻を上げさせ、男性は背後から覆いかぶさるように挑む。七十二回行い、数を数え終わったら止める。男性は骨が頑健になる。女性の効能は不明。
④『安気』女性の枕を高くして寝かせ、脚を広げて伸ばさせる。男性は四つん這いで挿入し、二十七回抽送して止める。一日三回、二十日間行うと女性の冷え性が治る。
⑤『強骨』女性は左膝を曲げ、右脚を伸ばして横臥する。男性はうつ伏せになって背後から交わる。四十五回抽送して止める。男性は関節が整い、一日五回、十日間行うと女性は閉血（月経停止）が治る。
⑥『利臓』女性は横臥し、腰と膝をそれぞれ直角に曲げ、クランク型になる。男性は背後から交わり、三十六回抽送して止める。男性の気はこれで和らぎ、一日四回、二十日間続ければ女性の冷え症が治る。
⑦『道体』女性は両膝を曲げ両足が尻に付くほどにして仰臥する。男性は両手で女性の脇腹を挟む姿勢で挿入する。八十一回抽送する。男性は持続力が増し、一日九回、九日間続ければ女性器の悪臭が治る。
⑧『固精』横臥した女性が股を広げ、その間に男性が割って入り挿入する。十九回律動し、止める。男性は強精になり、毎日二回、十五日間続けると女性は月経過多が治る。
はちごうめがたふかんしょう［八合目型不感症］性交する時、女性の快感曲線は徐々に上がって行くのではなく、オルガスムに達するまでに一回から数回のオルガスムに似た山が

有り、それによって飛躍的に高まって行く。この山は普通は女陰に陰茎を挿入した時に先ず起こり、快感の高まりが六合目と八合目の辺りで頻発する。女性は往々にしてこの山をオルガスムと思い違いし、「三度も四度もオルガスムに達した」などと思い込む者も多い。もし、この六合目や八合目の山の時に男性が射精をしてしまえば、女性はオルガスムに達したと思い込みもするし、一応心理的満足感は得られることになる。しかし、生理的にはオルガスムに達した時に生ずる筋肉の収縮や弛緩が頂点に達しないため、筋肉緊張や充血が十分に解消されないままになり、不感症の諸障害を招くことになる。これを「八合目型不感症」または「六合目型不感症」と言う。高橋鐵《たかはしてつ》氏の命名である。真のオルガスムを知らずに、六合目や八合目で止どまったまま一生涯をおえる女性は、全女性の六〇パーセントくらいいるのではないかと、高橋鐵氏は言っている。

はちとう［**八到**］女性の性欲が高まり心身ともに性交の準備が整うと、その徴候が現れる。呂仙はその徴候を「八到」と称して、『百戦必勝』の中に次の八段階を上げている。

1. 女人黙して津液（つば）を咽むは脉気倒れるなり。
2. 身を将（ひ）き人に附すは胃気到れるなり。
3. 力を以て人を動かすは角力気（きんき）到れるなり。
4. 人の双乳を弄ぶは肉気到れるなり。
5. 眉尖頻蹙するは肝気到れるなり。

6．玉茎を握り弄するは血気到れるなり。
7．人の舌津をくらふは肝気到れるなり。
8．滑液流出するは脾気到れるなり。

これに注釈を加えて、「婦人の心はこれが中心というものはないから、よく様子を見てその感情を察知しなさい。必ず心の動きの現れがある。その動きを知るには、息を喘いで声がふるえていないか、耳が赤く面も赤くなり舌先が冷たくなっていないか、眼がすわり瞳が定まっていないか、目を閉じて鼻を開き喋れなくなっていないか、手が熱くなって言葉がしどろもどろになっていないか、気持が恍惚として体が軟らかく手足がしっかりしなくなっていないか、舌が乾いて自分から進んで男に迫り近付いて来ないか、女陰が脈動して愛液が溢れていないかを見れば判る。これらは皆性感情の動きを示すものである」と言っている。

はちのじきん［8の字筋］肛門周囲と膣口周囲にある筋肉。肛門にはそれを囲むように肛門括約筋があり、また、肛門を吊り上げる役目をしている挙肛筋という筋肉がある。これらの肛門筋は前方の膣口周囲にある筋肉とつながっている。そのつながり方は、肛門の筋肉が会陰部（肛門と膣との間）で交叉して左右が逆になって膣口周囲の筋肉とつながっているのである。したがって肛門筋と膣口周囲筋はちょうど数字の8の字のようにつながっているので「8の字筋」と呼ばれる。

この「8の字筋」のために、肛門の筋肉を収縮させると連動して膣口周囲の筋肉も収縮する。このことから、「巾着」と呼ばれる膣口周囲筋の発達した女陰の名器をつくるには、肛門筋を発達させることによって膣口周囲筋も発達させられるのではないかと考えられる。言い換えれば、肛門を締めたり緩めたりする訓練により、膣口もまた自由に締めたり緩めたりすることができるようになると考えられる。

はちべえ［**八兵衛・蜂兵衛**］おてんば娘。触ると刺されるから。

はちむすめ［**蜂娘**］おてんば娘。触ると刺されるから。八兵衛。

はちべえ［**八兵衛**］千葉県（特に船橋かいわい）の娼婦。お客が来ると、「しべえ、しべえ」と言うから。

はちもんじやぼん［**八文字屋本**］江戸中期、京都の八文字屋が出版した浮世草子。中でも作者江《え》島《じま》其《き》磧《せき》の「気質物」は戦国時代後百年続いた平和な社会の風俗・心理・男女関係などをよく伝えている。娘・内儀がおとなしくなった、世間の男が女房に甘くなった、素人女が遊女のように化粧する、子供は家に置き独身者のような顔をして行く女房などの記述、さらに、親よりも婿の方に飛んで行く娘、超過保護娘、男装して夫と遊び歩く妻とそれを自慢する夫など、平和ボケした平成の風俗との共通点が見られて興味深い。他にも滑稽やら驚かされる話が続々とある。

はちをわる［**鉢を割る**］性交する。または女陰に男性器を挿入する。鉢は女性器のこと。

はつうま［初馬］初経。

パッカリ　女性の性器が一人前になること。月経をパックリという方言があるが、関連があるのかもしれない。

ばっかん［迫姦］権力をかさに無理に犯すこと。「旦那でもさせおろうとは余りなり」（『末摘花』）。

バックシャン　後ろ姿の美しい人。英語のバック（後ろ）とドイツ語のシャン（美しい）を合成した和製外国語。前から見た場合は何といっても顔の美しさが第一になるが、後ろ姿の場合は全体のプロポーションの優美さが決め手になるとともに、肌が直接見える部分がほとんど無いので、見る人の想像力をかきたてるチャームポイントが必要となる。

そのチャームポイントは人それぞれによって好みのポイントに違いがあるが、髪形、襟足、ウエスト・ライン、臀部の線や形や厚み、脚の長さや形や線、足首の細さなどがある。前面からの美人よりも、見る人の想像力をかきたてるこれらの性的魅力のあるバックシャンの方が、性的には相性が良いのだといわれる。

また、二十歳代や三十歳代の前半位までの若い時には、顔、胸、腹部など、前から見える部分の魅力に重点があるが、熟年以降になると、襟足、腰、臀部、脚線など後ろ姿に女性の魅力を感じる男性が増えるといわれている。

最近、このバックシャンという言葉は死語になってしまった。より多く肌を露出することで魅力をアッピールし、直接的な行動を優先する時代には、男の想像力を刺激することの魅力は希薄になったということなのかもしれない。

はっしんきゅうせん［**八深九浅**］男性器を女性器の中に深く入れたり浅く入れたりすること。いつも同じように深く出し入れを繰り返すのではなく、深い出し入れの後には浅く出し入れするということを繰り返した方が、より高い快感を得られるという。その比率によって、九深五浅、七深八浅などの言葉もある。

はっすんどうがえし［**八寸胴反・八寸胴返し**］長さも、太さも八寸（約二十四センチ）で胴の反った陰茎という意味。大きく太く、しかも反り返っている立派な陰茎。男性器の超名器。普通言われるのは六寸胴返しで、それでも大変立派なものなのだから、八寸胴返しは超々大男根ということになる。

はつせごけ［**初瀬後家**］明治三十八年頃の佐世保港辺りの高等売春婦。明治三十七年五月に戦艦初瀬が旅順港沖で敵の水雷に触れて沈没し、乗組員は全員溺死した。その後、この乗組員の妻（初瀬の後家）たちは名誉の戦死者の未亡人と呼ばれたため再婚もできなかった。生活難にあえぐ者も出て、夜陰密かに春を売る者も多く出たという。初瀬の後家と称して同情を買って春を売る偽者もたくさんいた。同様のことは太平洋戦争の時にも起こり、戦死者は軍神と呼ばれてその妻は再婚しにくい雰囲気があったが、政府は初瀬後家の前例を考慮したのかどうかは判らないが、戦争未亡人の再婚を暗に奨励した。戦争の悲惨さはこんな所でも見られたのである。
はっとうてん［**八洞天**］娘が処女であるか否かを調べる方法（これを処女探針法と言う）の一つ。先虎子（小児用の便器）に灰を入れ、女をその上に跨がらせて、女の鼻の穴にこよりを入れる。女がくしゃみをした後、女を立たせて跡の灰を見る。灰がぱっと散っていればこの女は処女ではない。灰が散っていなければこの女は処女であると判断するという。
はつに［**初荷**］童貞。
はつねつする［**発熱する**］お熱を上げる、性欲が昂まる、陰茎を勃起させる、女陰が淫欲のために充血し熱気を帯びる、など。
はつのり［**初乗り**］正月二日の夜の性行為のこと。「福神のするを見給う二日の夜」（『末摘花』）。姫初め。
はつはないわい［**初花祝い**］娘に初経が訪れた時の祝い。江戸時代にはお赤飯と尾頭付きの焼き魚で祝う習慣があった。
はつまくら［**初枕**］婚礼の夜の床入り。新婚初夜の性交。初床。
はつむかし［**初昔**］処女の名残が残って初々しい女陰。
はつもみじ［**初紅葉**］初潮。「うつむいて返事仕かねる初もみじ」。
はつもの［**初物・上頭**］本来初めて食べる物。転じて女性にとって初交の陰茎。男性にとって初体験の女陰。さらに転じて処女の女陰や童貞の陰茎をもいう。「初ものは十六本ほど生えるなり」（『末摘花』、十六は陰毛の数の少ないのと年齢をかけている）。

はな［**鼻**］鼻の大きい男は性器も大きいという俗説がある。このことは、江戸時代の本にも書かれているし外国にもよくある話なので、古今東西を通じての説らしいが、信憑性は無い。「鼻の高いが大山の留守へ来る」「馬の鼻もちっと大きそうなもの」。

はながみ［**鼻紙**］安物の閨房用紙。

はなくた［**鼻腐**］梅毒などで鼻が損なわれていること。また、その人。「はなくたな下女おひやぐろが出ぬといふ」（『末摘花』）。

はなげがながい［**鼻毛が長い**］女の色香に迷ってうつつをぬかす。

はなげをかぞえる［**鼻毛を数える**］女が、自分の色香に迷っている男の弱みにつけ込み、自分の思い通りに操る。

はなげをのばす［**鼻毛を伸ばす**］女の色香に迷って、だらしなく甘い態度になる。

はなげをよまれる［**鼻毛を読まれる**］女の色香に迷った男が、女から甘く見られて弄ばれる。

はなずもう［**花相撲・花角力**］女性同士の性行為。本場所以外の相撲を花角力と呼ぶ。本来の男女の性行為を本場所とすれば、女性同士の性行為は花角力になぞらえられるし、女性がよく花にたとえられることと合わせた、粋で巧みな命名といえよう。

はななのか［**花七日**］月経（月経は大体七日間続くというところから来ている）。

はなのしたがながい［鼻の下が長い］女にうつつをぬかす様子。女に甘いこと。

はなびら［花びら］陰唇、特に内陰唇。女性器を花にたとえた言葉。また広く女性器の意味で使う場合も多い。

はなみぼぼ［花見玉門］相手にだけ気をやらせて、自分はそれを見て楽しむ性行為。

はなをちらす［花を散らす］女性の初交。女性器を花にたとえるのは洋の東西を問わない。英語のdefloration（花の散ること）、中国語の折花も女性の初交を意味する。

はなをならす［鼻を鳴らす］馴々しくする。または、情欲を高ぶらせる。「中条で鼻をならしてしかられる」（『末摘花』）。

はにわり［半男女］男とも女とも区別のつかない人。『和漢三才図会』の著者・寺島良安《てらじまりょうあん》の命名。

はのじ［巴の字］女性の性交運動の中での腰の動かし方。巴紋のように繰り返し旋回させる動き。

ばばっこ［屎っ子］女陰の愛称（古語）。屎は糞の意味であるが、なぜ女陰が糞の子なのであろうか。

はぶたえ［羽二重］なめらかで艶のある女陰。江戸時代、京女の女陰は羽二重のようになめらかで艶があるといわれ、「京羽二重」と呼ばれた。

はぶたえもち［羽二重餅］白餡を求肥でくるんだ和菓子。転じて、やや太り気味の女性の太腿や内腿の肌が白くやわらかい様子。

はまぐり［**蛤**］女陰（娘のもの）。女陰を貝にたとえたり、貝を女陰にたとえたりする例は数多くあるが、それらの代表格の一つが蛤で、最もポピュラーで広く使われる。昔は祝言（結婚式）の祝い膳には蛤のお吸い物が出る習わしがあり、一部の地域やある結婚会場では今でも披露宴の食事には必ず出される。江戸川柳で「蛤」とあったら女陰の代名詞か、蛤のお吸い物の略なのかを解読する必要がある。「蛤は初手赤貝は夜中なり」。この句の蛤はお吸い物であり、赤貝が女陰の代名詞である。

はまぐりぼぼ［**蛤慕慕**］よい女陰の一つ。『失題艶道物』には次のように説明されている。「蛤ぼゞといふ物ありこれはぼゞの内にびらびらする物ありてへのこに絡み付く様にて其味はひ至ってよしこれは子を多く産みたるぼゞならでは無し此ぼゞを行なふには初めより深く突き女気をやる時ぐっと口元まで抜きてへのこの鈴口にてかのびらびらする物を擦るべし女いつまでも気を遣続けにして夢中となるもの也」。

は・め・まら［**歯・目・魔羅**］老いてくると、歯⇓目⇓魔羅の順に衰えてくるという俗説。歯や目が弱ってきたらもう直ぐ男女の交わりもできなくなるよという教えだというのが一般の解釈だが、歯や目が弱ってきてもまだ男女の交わりができるほど性欲は残るから、よくよく淫欲には注意せよという教えだとする解釈もある。「眼・歯・摩羅」という言い方もあり、最近ではこの方が多く使われるというが、小学生で眼鏡を掛けている子が多くなった現状と関係があるのかもしれない。

はもじのいわい［**は文字の祝い**］少女の初潮に腰巻など赤い物を新調した江戸時代の祝。「は文字」は恥ずかしいという意味。

ばら［**薔薇**］女性器の美称。

ばらいろのもん［**薔薇色の門**］女性器の美称。

はらがなる［**腹が鳴る**］性行為が上手で激しい形容。激しい動きで出た汗が合わせた腹の間でグチャグチュと音を出すこと。「降り頻る汗で腹鳴る上手同士」「両方が上手汗で腹鳴る」。

はり［**張り**］吉原遊女や深川芸者たちはたやすく金で身を売ることをせず、彼女たちの心意気、気っ風、粋さなどを持っていた。これらを総合したものを「張り」という。「美しいばかりで西施張りはなし」（『誹風柳多留』）。

はりかた［**張形**］陰茎の形に作られた性具で、世界中どこでも見られる。

《原材料》外国の物には、象牙、革、金、銀、銅、鉄、錫、鉛、竹、樹脂、臘、硝子、ゴム、セルロイド製などが有り、日本の物には、べっ甲製、水牛の角製、木製、張子製などがある。べっ甲製は特上品であり、一般には水牛製が多かったようである。

《名称》わが国では初めは張子で細工し漆を塗って仕上げたものだったので、張形の名称がつけられた。陰茎はギリシャ語でファロス、ポルトガル語でファリカといい、張形が外国から渡来する時にファリカタが訛って張形になったという珍説もある。

《外国製との比較》日本の物と外国の物を比較してみると、欧米諸国の物には陰嚢、陰毛が付いているのに対し、日本の物にはそれらが付いていないという点で大きく異なっている。

《用途》張形の用途目的は、①信仰用、②破瓜用、③医術用、④自慰用、⑤避妊用、⑥催情用などがある。

江戸時代以降わが国では女性の自慰用具、または性感を高めるための補助具として用いられてきた。四つ目屋の広告には「張形・陽物（へのこ）の形を水牛でつくりしもの也。ひとり寝の女のたのしみとする道具なり」と書いてある。

《用法》自慰用には中に湯を入れたり、湯をしませた綿を中に詰めたりして使う。

《関連川柳等》「部屋子にも伝授恥かし湯の加減」「華奢な手で握っては見る湯の加減」「湯加減をみる内局指を入れ」「急なときゃ冷やで用いる長局」（以上は江戸川柳）。「はりかたへわたしゃ初さは惜しいこと」、「もっともな事張形にかん酒入れ」（『末摘花』）。「東路や誰が娘とかちぎるらむ逢坂山を越ゆる張形」（『新撰犬筑波集』）。「張形に椿を生けて大禅尼」（『くるまみち』）。

《その他》張形には根元に紐の付いた物があり、これは腰に結び付けたり、あるいはかかとに結び付けたりして使用するための紐である。

◇〔一般系〕人工ペニス、疑似陰茎。
◇〔張子系〕張子、張茎。
◇〔水牛系〕水牛、牛角（ぎゅうかく）、角先生、牛の角、角、黒牡丹。
◇〔男形系〕男形、箱入男、箱入息子、御姿。
◇〔その他系〕御用の物、御養の物、京形、骨先生。
◇〔外来語系〕ジルドー、尼僧の宝石、レディス・フレンド（女性の友）、コンソレチュアー（慰安道具）、臘ペニス、パラ・ピラ（双つ玉）、ビジュ・アンディスクレ（無分別な宝石）、ジュエ・アンディスクレ（無分別な玩具）、ヴィトヴァン・トロステル（後家の慰め）。

はりかたのだいようひん［**張形の代用品**］英泉の『枕文庫』に「張形といふもの、はしたがねにて買はるるものにあらず。下女婢の手に入りがたし」とあり、続けて、年頃になって慎み深く我慢しているのも身体に良くない。だからこの方法を使いなさいと、張形の代用品を勧めている。「人参の手頃なるを摺子木の如く削り、切紙に包み、水にしめし、ぬく灰にさし込みおき、能く蒸せたる時取出して紙をむき、人肌にさまして張形の如く用ゆべし、さながら本物にひとし」と。人参の他にも、胡瓜、茄子、バナナ、沢庵など野菜類も代用された。

はりかたのつかいかた［**張形の使い方**］張形には決まった使い方があるわけではないが、

一般的な使われ方には呼び名が付けられていたので、代表的なものを紹介する。

「片手使い」紐無しを片手に持ち、両股を開いて正面から挿入し抜き差しする。他の女性にしてもらう場合も片手使いという。

「足使い・足遣い」紐付きのものを足首に結わえ付け、膝の屈伸によって抜き差しする。

「足手使い」紐付きのものを足首に結わえ付け、足を手で前後に動かして膝を屈伸させることによって抜き差しする。

「踵掛け（きびすがけ）」紐付きのものを踵《かかと》に結わえ付け、踵を前後に動かし抜き差しする。この際、足に紐を付けて首から吊り、首を中心に振り子運動させると、脚を支えるのが楽になり、一定のリズミカルな動きをさせることができる。

「脇使い」紐無しを片手に持ち、両股を開いて、その片方の足の外側から手を回して張形を挿入し、抜き差しする。

「弓仕掛け」梁に弓を結び付け、その弦から紐で張形をぶら下げる。仰臥して、「足使い」「踵掛け」の方法で使用する。弦の弾力性を利用して抜き差しをする。

「茶臼型」布団を丸めて、そこに張形を上向きに結び付け、女は馬乗りに跨がり、腰を上下させて行う。

「本手型」女二人で行う。紐付き張形を腰に結わえ付けた女が、男役をつとめて男女で交わる時のように行い、次に役を交替して行う方法と、互形を使って行う方法とがある。

「互形」の項を参照。

はりまなべ［播磨鍋］尻軽女のたとえ。播磨鍋は薄手で火のまわりが早いため、「尻が早い」という洒落。

はりまやのなべ［播磨屋の鍋］「播磨鍋」と同じ。「はりまやのおなべで尻が早い也」（『末摘花』）。

はりん［破倫］人道に背くこと。人道に背く男女間の行為。「不倫」という言葉が流行するまでは、「破倫」の方が一般的に使われていた。

はる［春］①青春期、思春期（例・十九の春）。②性の（例・春歌）、性を（例・売春）。③性欲、色情（例・春情）。④性交、性行為。

はるくさ［春草］陰毛。特に少女の陰毛に多く使う。

ばれ［バレ・破礼］好色文学（俗称）。

ばれく［破礼句］好色な句や川柳。男女の情交を詠んだ句や川柳。現在記録されている古い川柳は約二〇万句あるといわれているが、その中の約九〇〇〇句が破礼句であるという。代表的な破礼句集に『末摘花』がある。

◇末番句。

ばん［番］一回の性交。三番といえば三回の性交。「交」や「本」と同じ。「江戸詰めに立つ夜女房は五番され」（『誹風柳多留』）。「初手二番ほどは二階がぬけるよう」（『末摘花』）。

「出稼ぎに行く夜親父は五番やる」「五番して夫は単身赴任する」の二句は現代版。

はんがこい［**半囲い**］何人か共同で妾を囲うこと。またその妾。明和時代には江戸の町に数万人の妾が氾濫し、商家の番頭や手代までが、月に三分から一両程度、ひどいのになると米八升から一斗くらいで半囲いの妾を持つことができたという。「月囲い」の項を参照。

はんどうけいせいのしんり［**反動形成の心理**］本心と逆の表現をすること（精神分析学用語）。例えば、本心では欲しいのに欲しくないような態度をとることなどで、この心理は女性に多く見られる。性に関する場面でも昔から「女のNo! はYesなり」とか「嫌、嫌、嫌も好きのうち」とか「嫌じゃ嫌じゃと畑の芋はかぶり振り振り子が出来た」など、その心理を旨く言い当てた言葉は日本にも外国にも数多く見られる。だからといって、本当に嫌なので「嫌っ！」と言っている場合もあるから、男性はこの微妙な女性心理を理解しなければならない。

パンパン　太平洋戦争後の日本における外国人兵士相手の街娼。その語源は、パンパンと手を鳴らして相手を誘ったからという説と、その頃使われていたパムパムという名の小銃と同じように、簡単に発射できるという意味で付けられたという説がある。「パンパン・ガール」とも言う。

ひ

ひ［火］火や、火に関することは心理学的に性的象徴としての意味を持っている。火＝月経、火所《ほと》＝女陰、焔＝男性器、竈＝女性器、などのように火や火に関する言葉と性や性器との関係も深い。また、火を見ながら自慰行為をしたり、性的不満から放火をしたりする犯罪など、行動面でも火と性の深い関連が見られる。

ひ［秘］例えば「秘戯」「秘語」「秘所」など、他の語の前に付けて、「性の…」「性行為の…」「性器の…」という意味を表す。

ビードロ［硝子］vidro（ポルトガル語）、ガラス。美人の形容。「硝子を落しては割るいい男」（『誹風柳多留』）。

ビードロをさかさまにつるす［…を逆様に吊す］美人・美貌の形容。透き通るガラスの徳利を逆様に吊す形からの連想。「硝子を逆様にして嫁は強い」（『誹風柳多留』）。

ビーナスのおか［…の丘］陰阜。

びかん［媚感］性的な快感。性の快感。

ひぎ［秘戯］男女の交歓、性行為。秘技と音が同じであるため誤って性技の意味に使われたり、性行為と性技の意味を兼ねて使われたりする場合がある。

ひぎ［**秘技**］性技。
ひきゅう［**秘宮**］女陰、または、膣。
ひきょく［**秘曲**］秘戯。曲は技の変化、およびその面白さのこと。
ひご［**秘語**］性あるいは性行為に関する語彙。
ひこう［**秘口**］女陰。
ひこう［**秘孔**］女陰。
ひじゅつ［**秘術**］奥の手。性愛の技術。
ひしょ［**秘所・秘処**］女陰。
ひしょ［**秘書**］艶本。秘密の書物という意味。
ひそう［**秘巣**］女性器。
ひきてちゃや［**引手茶屋**］江戸時代、吉原などの遊女屋へ客を紹介することを商売としていた店。特に客が高級遊女を揚げる場合には、必ず茶屋を通さなくてはならず、茶屋に寄って花魁を指名し、揚屋で花魁を揚げた後、また茶屋に戻ってから帰る仕組みになっていた。
ひきめかぎばな［**引目鉤鼻**］平安時代の大和絵の顔の描き方の代表的様式で、細く横に引いた線で目をあらわし、細い鉤形の直線で鼻を描く。これは平安時代の女性的美を夢幻的・印象的に表現していると言われている。しかし、高松塚古墳の壁画、歌麿らの江戸時代の浮世絵、さらに近代日本画の絵もみな引目鉤鼻で描かれており、日本では千年以上にわたってこの引目鉤鼻が女性美の象徴とされてきている。

びくに［**比丘尼**］尼僧姿の売春婦。「そこ迄ハまさか比丘尼も毛ハそらず」、「ごく暑にも頭巾をとらず客を取リ」、「買ひ馴れて髪の有ルのをうるさがり」、「びく人ハ笠の白ひが太夫なり」。

比丘尼は元来は熊野権現の印のある「牛王」という起請文を書く紙を配って歩く尼僧だった。牛王という紙は、武士が主君に忠勤を約した証文、遊女が客と取交わした起請文、恋愛する男女が互いに黒焼にして飲み交した誓紙などに使われていたので、比丘尼は宣教師のような役目を持った真面目なものだった（これを勧進比丘尼という）。

仏教が経済的に恵まれ営利目的が加わるとともに勧進比丘尼も堕落し始め、牛王を配るだけではなく、歌をうたい楽器を鳴らし人集めをするようになり、白粉薄紅をつけて売女的性格を帯びてきた（これを歌比丘尼と言う）。歌う歌詞も年とともに次第に卑俗になり、挑発的になってきた。

四代家綱《いえつな》の時代になると風紀取締りが厳しくなり、湯女や岡場所の私娼を中心に弾圧を加えたので、歌比丘尼に関心が高まり始めた。それが収入の少ない彼女らに誘惑の手となり、彼女らも安易な生活の手段として誘惑に乗り、私娼化していった（これを売比丘尼という）。

やがて、弾圧された湯女や岡場所の私娼たちも比丘尼に化身して行き、職業売春婦として数を増していった。主として山の手の屋敷町の下級武士や寺院を得意として回る、いわば出張遊女であり、押し売り遊女であった。「したゝるやびくにはかはふものではない」。◇歌比丘尼、熊野比丘尼、勧進比丘尼、絵解比丘尼、売比丘尼、色比丘尼、丸太。

ひけしつぼ［**火消し壺**］女陰。男の欲情の火を消す壺という意味。「寝る支度、女房注意す、火消壺」、「お客が帰るとすぐに出す火消壺」、「火のように起ると壺へ入れて消し」などの狂句がある。

ひごずいき［**肥後芋茎**］一般に男性が着用する性具。補助性具の中でも最も普遍的な物である。蓮芋（はすいも）の茎を乾燥したもので、長さは一メートルを越える。今も熊本の特産である。使う時は温めて軟らかくしてから、亀頭頸部へずいきの中央を当て、刀の柄に紐を巻くように交互に巻き付けてゆき、陰茎の根元で縛る。こうして陰茎を太くしたうえに凹凸をつけることによって、女性の快美感を増大させるためのものである。染み出すえぐい汁も性感増進に効果がある。細川家に献上された物には、棒状のもので女性が張形の代わりに使用するものもあるという。四つ目屋の広告には「陽物を太くするために巻く、女甚だよろこぶものなり、巻方に口伝あり」と記されている。「ずいき」の項を参照。「ながゝらんお心ざしの肥後ずいき」、「ほそい事ずいきでちっと見直した」、「可愛げはなし無理やりにずいきまく」、「ずいき迄操に足した夜の長さ」（『誹風柳多留』）。「かの蛸に越前肥後を吸ひとられ」、「さなきだに肥後を貰って持て余し」、「ずいきをもおつりきにまく柄巻師」（『末摘花』）。「肥後ときく所の名さへおかしがり」。「芋茰の重籐淫水の石清水」（『柳の葉末』）。

江戸末期になると、それまでも蓮芋の産地であった駿河からの物の方が大量に産出するようになり、さらに質も良く、本場物を凌ぐほどの名品だとの信用を得ていた。

ひじさほう「**秘事作法**」大奥秘事の体験に基づく指南秘伝。備州岡山藩の池田侯の大奥に仕え、殿のお手付きになったけれども子宝に恵まれずに御殿を出て剃髪し尼になった秀麗《しゅうれい》尼《に》が、自分の体験を綴るとともに、大奥に起居する女たちに秘伝を指南するために書いたもの。時代は江戸初期の明暦（一六五五）から万治（一六五八）頃と推定されている。

同じような書き物は、将軍家をはじめ各大名家に有ったと思われるが、大奥の秘事を認めたものであって、絶対門外不出のものであったから、ほとんど公表されていない。また万一外部の者に読まれることがあっても意味が通じないように、隠語ともいうべき意味の通じない語彙で綴られているという。発見が少ないのはそれも理由の一つと思われる。

岡山藩池田侯の秀麗尼によって書かれた『秘事作法』は好事家によって詳しく解読されているが、その内容は女の自慰と女同士の性交渉の技巧を、体系付けて詳細に纏めたものだという。

びじんはそまん「**美人は粗マン**」容貌の優れた女性の性器に優れたものはないという意味

の慣用句。実際に美人の性器が粗マンであるという実証はない。美人に対する女性同士の嫉みから生まれたか、美人なのでさぞや名器であろうと期待したのにそれほどでもなかった時の男性の期待外れ感から生まれた言葉であろう。

ひたい［**額**］陰阜。

びたい［**媚態**］媚びるさま、なまめくさま。体をくねらせたり、素肌の一部を見せたり、媚びた笑みを見せたりするなど、性的な刺激を与える態度や動作。

ひたいぎわ［**牡額・額際・ひたひきは**］陰阜、陰毛の部位。「むっちりとしてじゃりじゃりと、ちぢれ毛おひし玉門のひたひきはをいぢりまはせば…」（『源氏思男貞女』）とあるように、愛撫の第一段階として最も有効な部分であるといわれる。「およしなと額ぎわにてとかまえる」（『末摘花』）。

◇陰阜、額口、ほがみ。

ひたいぐち［**額口**］陰阜。または女陰の陰阜側の部分。陰阜にお灸をすえると妊娠しないといわれていた。「ひたい口やいても同じおとみ（弟見・次の子が生まれること）なり」（『末摘花』）。

ひたいさき［**額先**］陰阜。または陰阜の先の女陰または女陰のすぐ側。「ひたい先キ撫でて按摩は大かぶり」（『末摘花』、かぶるは失敗する）。

ひたちおび［**常陸帯**］神前において「帯」を使って配偶者の可否を占い、神の名において配偶者を決める常陸国鹿島神宮で明神祭の日（正月十四日）に行われていた神事。「東路の道の果てなる常陸帯のかごとばかりも逢はむとぞ思ふ」（『新古今和歌集』）や「廻り逢はむ末をば知らで常陸帯のかごとだになき恋もする哉」、「なぞもかく別れ初めけん常陸なる鹿島の帯の恨めしの世や」（『新続古今和歌集』）の他に、『新勅撰和歌集』、『新後拾遺集』などにも「常陸帯」の語がみられるので、中世には歌枕としてすでに定着していたと見られる。当時数百里離れた都にまで知れ渡っていたのだから、著名な神事であったことが推測できるが、その具体的な内容については諸説あり、詳細はわからない。「鹿島帯」ともいう。「神慮誰に結ばん常陸帯」、「出雲では結び解のは常陸帯」（『誹風柳多留』）。「いわぬ恋神慮を頼む常陸帯」、「うらみて甲斐なし結び得ぬ常陸帯」、「心の裏を見て結ぶ常陸帯」（『新編柳多留』）。「衣手のひたちの神のちかひにて人のつまをもむすぶなりけり」（公朝）。

ひだるい［饑い］腹が空いてひもじい状態と、性欲の満たされない渇望状態の両方の意味がある。「あの後家はひだるからうと愚か也」（『誹風柳多留』）。「花嫁はひだるい腹へ乗せるなり」（『末摘花』）。

ひつじのへど［羊の反吐］性行為の後始末をした紙。羊が反吐を吐いたら濡れた紙が出るだろうという想像からの比喩。「引け過ぎの廊下羊の反吐のよふ」（吉原遊廓の閉店後の様子）、「反吐に廊下を辷る衣々」（『誹風柳多留』、吉原遊廓の早朝の様子）。

ひつじのめ［**羊の目**］羊の目の周囲を環状にくり抜いたもので、江戸時代よりある性具。陰茎にはめて性交時に使用すると、その突起物によってより強い刺激を膣に与え、より高い快感に女性を導くといわれている。昭和三十年に発売禁止になり、かわりに和合リングが売り出された。その後、和合リングの一部に毛を植え付けた代用品や、山羊の目から作られたものなどが出回った。

ひとさかり［**一盛り**］遊びたい盛り、恋に身をやつす盛り。「手拭にきんたま出来る一さかり」（『誹風柳多留』）。

ひとつめ［**一つ目**］陰茎。女陰には二つの穴があるのに対して、陰茎には尿道口が一つしかないことからの呼び名。

ひとつめにゅうどう［**一つ目入道**］陰茎。「一つ目」と同じ。「一つ目の入道、やみと穴さがし」（古川柳より）。

ひとつめのかみ［**一つ目の神**］陰茎。「一つ目」と同じ。

ひとやり［**一遣り・一槍**］一回の性交。

ひとりせせり［**一人弄り・独り手弄り**］自慰。独り弄陰。

ひなさき［**比奈佐支・火戸先・古舌・雛尖・雛先・紅舌**］陰核の古語。火の穴の先（火穴先）の転訛という説と、火の門鉾（ひのとさき）の転訛という説がある。

ひなと［**火門**］女陰の古語。火（血）の出るところ、あるいは火のように熱くなる所という意味らしい。

ひなまつり［**雛祭**］肛門交。時には股間淫。桃の節句と腿のセックスの語呂合わせ。

ビニールぼん［**…本**］客に容易に立ち読みされないようにビニールの袋に入れられたポルノ雑誌や猥褻本。一九八〇年代には盛んだった。

ひねまら［**陳摩羅**］年寄りの陰茎、または、性交経験豊富な陰茎。

ひのまる［**日の丸**］月経の隠語。女性にとって月経が始まるということは一人前の女になったということであり、目出度いことであるので、赤飯を炊いたりして祝う風習がある。祝い日には日の丸の旗を立てるという発想と、白地に赤い日の丸が月経を連想させることから、この隠語が生まれた。月経を「旗日」というのも同じ発想から来ている。

ひのよう［**火の様**］性器が性的興奮で充血し熱くなっている状態の形容。「火の様にしてもう六つだこんりゃ君」。

ひばしら［**火柱**］勃起し熱をもって熱くなっている陰茎のこと。

びふ［**媚附**］色っぽく甘えて、つき従うこと。

びぼうじん［**未亡人**］夫を亡くした妻。夫の死亡とともに死ぬべきなのにまだ生存している、というのが本来の意味で、夫を亡くした妻が自分のことをへりくだっていう言葉。だから他人が未亡人というのは間違いであったが、いつの間にか「みぼうじん」と読み方を変えて一般に使われるようになった。

ひみつのはなぞの［**秘密の花園**］女性器、またはその部分の美的表現。

ひめ［**日女・日売・昆売・比売・姫・媛**］女、または女性器を表す言葉（『古事記』）。

ひめなきわ［**姫泣き輪**］陰茎の補助用性具。べっ甲製の亀頭部とリング二〜三個が繋がっていて、陰茎に被せて使う。りんの輪。

ひめはじめ［**姫初め・姫始め・飛免始・妃目始・比目始・火水始・日見始・飛馬始・密事始**］新年初の男女の営み。江戸時代は初夢と同様に正月二日の夜に行われる性行為を姫初めと言った。（正月一日だという説もあり、暦ではその年により一日に書かれていたり、二日だったりもした）。もとは、比目始と書いて正月のかゆを食べる日、比目始と書いて正月の紅・お歯黒・針仕事のし始めの日、火水始と書いて台所で炊事をし始める日、妃目始と書いて正月のめしを食べる日、妃目始と書いて正月の女の所作をし始める日、日見始と書いて太陽を初めて拝む日、飛馬始と書いて馬にのり始める日、など諸説があり、当時から混乱していた。斎藤彦麿《さいとうひこまろ》はこれらを全部否定して秘め始とした。川柳子は「やかましやするにして置ケひめはじめ」と詠んでいる。ともかく、新年初の男女の性交という意味になってからは「姫始」あるいは「飛免始」という漢字が多くの場合使われているが「秘初め」つまり秘め事の初めと当てる方が良いのかもしれない。「其味も相変はらずに姫はじめ」、「アレサもふよい君が代の姫初」、「忘れても死といふなと姫はじめ」、「除夜の湯上リを待て居る姫納め」（『誹風柳多留』）。「か丶あどのひめはじめだとばかをい丶」（『末摘花』)。
◇乗り初め、初乗り、初まんこ、初やり、やり初め。
ひも［紐］包皮小体の俗称。
ひも［紐］奈良時代には、男と女の関係を象徴するものとして「紐」という言葉が使われた。『万葉集』にもよく出てくる言葉である。(例、わが妹がしのびにせよとつけし紐糸になるとも吾は解かしとよ＝防人の歌)。「紐を結ぶ」は愛し合う者が別れる時に互いに紐を結び合ったことからきている言葉であり、夫や妻あるいは恋人であることの宣言である。この紐を結んだ二人が再び逢って性の営みをするときには、お互いの紐を解いたことから、「紐を解く」は性行為をするという意味になる。また、もしこの二人のどちらかが、他の異性と逢った時に紐を解くことになったら、その場合の「紐を解く」は浮気をするという意味になる。
ひやかす［冷やかす・素見す］他人をからかったり、買う気もないのに店で値段を聞いたりすること。江戸時代の紙漉き職人が、紙の原料を冷水につけておくあいだ、時間つぶしによく吉原の遊廓に出掛けた。店に上がるほどの時間はないし金もないから、上がるわけではなくただ見て歩きながら、値段を聞いたり遊女をからかったりした。このことが「冷やかす」の語源になった。新婚夫婦が夜の生活などについて冷やかされることが多いのも、語源と関係あるのかもしれない。

ひやく［**秘鑰**］秘密または奥義を明らかにする、とっておきの方法・手段（「鑰」は「かぎ」の意）。北村透谷《きたむらとうこく》（一八六八〜九四、詩人・評論家、近代浪漫主義の開拓者、明治二十七年自殺）の「恋愛は人生の秘鑰なり」という言葉は、江戸期とは完全に異なる近代的恋愛観の先駆けとなった。この言葉の出典である『厭世詩家と女性』の冒頭の部分は「恋愛は人生の秘鑰なり、恋愛ありて後人世あり、恋愛を抽《ぬ》き去りたらむには人生何の色味かあらむ」から始まる。

びやく［**媚薬**］自分自身の性欲を催させる薬、あるいは相手に恋慕の情を起こさせる薬。中国では古来から強精秘薬や媚薬の類いに関する探求がすこぶる盛んである。媚薬は本来は前述の目的で使用されるものであるが、最近では男性の強精剤はもちろん、射精の時期を長びかせる抑制的なものまで含めている場合が多い。全身的にはたらくものと局部的に作用するものとがある。最近では女性用も広く開発・使用されている。

◇淫薬、惚れ薬。

びゃくだんゆ［**白檀油**］昔から昭和二十年代まで使われていた性病薬。あまり効き目はなかったらしい。白檀の優雅な香りがするものらしいが、胃を痛め、堪え難いゲップに悩まされるという副作用があったという。

ひゃくび［**百媚**］非常に優れた色っぽさ。白楽天は「長恨歌」で楊貴妃を「眸を廻らして一（ひとたび）笑めば百媚生ず」と言い表している。「百の媚（もものこび）」とも言う。

ひゃくまんべん［百万遍］婦女輪姦。順繰りという意味。百万遍と呼ばれる念仏講では、輪になって座った人たちが念仏を唱えながら、巨大な数珠の玉を一つずつ順に送る。この順送りという意味から順繰りにする婦女輪姦という意味になった。念仏講。

ひゃくむくり［百剝くり］男性器を立て続けに手で扱くこと。

ビュウ　美人またはいい女のこと。英語のビューティフルの略。明治から大正の時代に流行した言葉だが、大正時代にドイツ語の「シャン」が流行し始めるとともに使われなくなった。

ひょう［嫖］取るに足らない、淫ら。

ひょうか［嫖価］花柳界で遊ぶのに要する金銭。

ひょうかく［嫖客］花柳界で遊ぶ客。

ひょうりつい［凭立位］壁、塀、樹木、ベンチ、柱など何か体の支えになるものに凭《もた》れて、立ったまま行う体位。

◇凭れまとも、よせかけ、もたれこみ、佇立・扶持性交、移動型。

ひよく［比翼］二羽の鳥が互いに翼を並べること。「比翼の鳥」の略。

ひよくづか［比翼塚］互いに愛し合って死んだ男女を一緒に葬った墓。

ひよくどこ［比翼床］枕を二つ並べた寝床。二つ枕。

ひよくのとり［比翼の鳥］雌雄ともに目・翼が一つしかなく、二羽が並んで初めて両目、両翼が備わる。したがって二羽が常に一体となって飛ぶという中国における想像上の鳥。仲の良い夫婦または男女にたとえて言う。

ひよどりごえ［**鵯越え・ひよ鳥越**］①相舐めの一つの型。男は女の顔の上に跨がり、フェラチオをさせながら女の腰を抱え上げて、女性器を愛撫し、吸淫する行為。②後向位のこと。ひよどり越えとは、源義経が山を越えて後ろから攻めて平家を打ち破った戦法。その事から後ろから攻めるいわゆる膝臥位の体位を言う。「寄付ぬひよ鳥越を後ろから」。③肛門交、男色。「うらをゆく丁児おびゐるひよどり越へ」。

ひよどりごえのさかおとし［**鵯越えの逆落とし**］逆立ちした女性の腰を男性が支えながら女陰に口戯を加えるクンニリングス。

びらつき　陰唇、主として小陰唇をいう。

ひらぶがい［**褶貝**］女陰の象徴。天孫降臨の際の道案内をしたサルタヒコは鼻が高く天狗だったといわれるが、そのサルタヒコは最後に伊勢の海へ漁に出掛け、そこで七、八寸（二十一〜二十四センチ）もある鼻をヒラブ貝にはさまれ、浪間に引き込まれてしまったという神話がある。

びらん［**糜爛**］ただれ崩れること。比喩的に国が乱れることや、淫欲に心が乱れることをいう。

びりでいり［**びり出入**］情事に関わる紛争。下女と下男の密通、下女と他家の家来の情事、下女と一般町人との密通、下女などの妊娠などをいう。

ひるどり［昼取り・昼交］日中に性交すること。ひるまん。

びれつく　でれでれするという意味の江戸言葉。「真間へゆく人は女にびれつかず」（『末摘花』）。

ひれひれ　男の挑む姿勢に女が身を硬くする状態。「出しかけてひれひれさせる怖い奴」（『末摘花』）。

びろう［尾籠］話の内容が排泄や性のことなどに亘って、人前で口にすることが憚られる様子。「おこ」の当て字を音読したもの。

びろつく　でれでれするという意味の江戸言葉。「真間へゆく人は女にびれつかず」（『末摘花』）。

びわく［媚惑］男の愛欲をかきたてるなまめかしい態度。見目麗しく色っぽくて心惑わす様子。

びわようとう［枇杷葉湯］貞操のない女の代名詞。枇杷葉湯は枇杷の葉と肉桂や甘茶などを一緒に煎じた暑気払いの薬で、江戸時代の薬店では宣伝のために往来で無料で振舞ったりした。それが転じて、誰にでも振舞う貞操のない女という意味が生まれた。

ひんさがる［品下がる］品の悪い。性的に淫らな。

ぴんしょ［ピンショ・一升・賓妾］大阪で泊船の船人を相手に、金ではなく、米一升ないし米二升で春を売った娼婦。南堀六丁目がその基地だった。「伽やろう」の呼び声が決り文句だった。「休みますさし草臥れたピンショ舟」（さすは、差すとさせるをかけた言葉）、「船に乗り舟売りに行く六丁目」（船と舟の使い分け鮮やか）。

ぴんだち［**ピン立ち**］陰茎が猛々しく勃起すること、またその様。「ピンと立つ」を略した言葉と思われる。

ふ

ふ［**麩**］麩摩羅のこと。「麩也蛸也しっぽりと雨」、「妻《め》は夫《つま》を麩じゃとも知らず産ならべ」、「蛸と麩のむかし咄しも忙《ほ》れた同士」。

ふいん［**不音・無音**］疎遠なこと。「不淫」と音が通ずることから、性行為から遠ざかっていること。「ぶいん」ともいう。

ふうふげんかはいぬもくわぬ［**夫婦喧嘩は犬も喰わぬ**］夫婦喧嘩は些細なことが原因で起こり、すぐに仲直りするものだから、他人は仲裁などせずに放っておくのが良いという諺。最近では必ずしもそうではないケースが増えている。

◇夫婦喧嘩と西風は夜に入って治まる、夫婦喧嘩と八月の風は日暮れに止む、夫婦喧嘩と谷川の水はすぐにすむ（済む・澄む）、夫婦喧嘩と夏の餅は犬も喰わぬ。

フェラチオ fellatio、女性が男性の性器を口（舌や唇など）で愛撫する行為。またはその口唇愛撫によって射精させること。

日本では「口淫」「尺八」「吸茎」「千鳥の曲」など、フェラチオと同じ意味の古い言葉が昔から存在していることからもわかるように、行為そのものは昔から存在していた。ただしこれは、主として妊娠中や月経の時、つまり女性が性器を使いたくない時に男性の欲望を満たすために、性交の代替行為として、すなわち偽交の一つとして行われたものである。したがって、フェラチオを前戯として考えることが多い最近の考えからすれば、古来の日本にはフェラチオは無かったということもできる。もし古い時代の平常の時にこの行為をすると、それは性技の一つとしては受け取られず、変態者として扱われたようである。

近年フェラチオが一般的になってきた原因として、アダルト・ビデオの影響が大きいといわれるが、フェラチオには、男性にとっては正常の性交にはない生理的快感や心理的快感（例えば女性が自身の快感を捨てて自分に奉仕してくれているという満足感）を味わうことができるからという理由も大きいと考えられる。男性のもっとも喜ぶフェラチオ・テクニックとしてディープスロートがある。

一九八一年のモア調査では八三パーセントの女性がフェラチオの経験があるという結果から、最近では妊娠時や月経中に限らず、日常の性行為の中でも行われるようになってきていることがわかる。その反面、三二パーセントの女性がフェラチオに抵抗感があるという結果も出ている。
　なお、フェラチオの際に女性が精液を飲み込んでしまっても害はない。
◇〔口系〕口淫、口淫舌戯、口戯、口取り。
◇〔唇系〕唇淫。
◇〔吸う系〕吸茎。
◇〔舐め系〕きんなめ、ちんなめ、ぺろぺろ。
◇〔尺八系〕尺八、千鳥の曲、雁が音。
◇〔外語系〕マウス・マッサージ、フェラ。
ふえん〔**浮艶**〕女性の艶やかな美しさ。
フおん〔**フ音**〕オルガスムが強烈な場合、膣を形成する内管が激しく痙攣するために、膣口から空気が吸い込まれたり吐き出されたりする。その際にまだ陰茎が挿入されていると膣口が塞がれているために、その隙間を通って空気が押し出されるので屁のような音を出す。これを「フ」と言う。へ（屁）より上の音だというので「フ」（五十音ではへの上がフ）とシャレで名付けられたというのが俗説であるが、本当は「風声」の頭文字を取ったものと思われる。「フ」は正常位でも起こることがあるが、膣内に空気の入りやすい体位、例えば膝臥位の時などに最も生じやすい。また、膣管が痙攣を起こすのは、膣管を形成する筋肉が強いからであり、名器であることの証拠でもある。だから「フ音」は女性器の特殊な名器の代名詞としても使われている。性行為中に「フ音」を発することは恥ずかしいことではなく、自慢すべきことだとさえ言える。「待ちねえ音がするとてふいてさせる」（『末摘花』）。

◇開鳴（ぼぼなり）、風声、フ。

ふか［**浮華**］うわべだけが華やかなこと。享楽的なこと。

ふかしち［**拭か七**］「拭かず七番」の略。拭かずに七回性交すること。拭かずにするということは抜かずにするという意味だろうから「抜か七」と同じことになる。

ふかま［**深間**］（男女の）深い間柄。深い関係になることを「深間になる」といい、その深い関係が望ましくない時には「深間にはまる」という。

ふぐ［**河豚・鰒**］容貌の醜悪な女。太り過ぎで醜い女。「こころみにちよつぽり鰒の手を握り」、「まはり合はせて蛸を買いふぐを買い」、「唐土で名高い鰒は手塩なり」（『誹風柳多留』）。「下女くぜつなぜふぐならばしたといひ」（『末摘花』）。

ぶぐ［**武具**］男性器。性行為をいくさにたとえた言い方の一つ。

ふくがい［**腹臥位**］腹這いの女性の上に、男性も腹這いになって交わる体位。

◇後ろ巻き、つぶし駒がけ、敷き小股、玄蟬附、象態。

ふくささばき［**袱紗捌き**］性交技巧。茶道にことよせた隠語の一つ。

ふくじょうし［**腹上死**］性行為中または性行為直後に突然死すること。腹上死の原因は第一位が心臓死、第二位が脳出血、第三位が大動脈瘤破裂その他となっている。性行為の際には最高血圧が三〇前後上がり、ひどい時には七〇〜八〇も高くなることがあり、これが主な要因と考えられる。突然死に占める腹上死の割合は『日本法医学雑誌』の発表では、五五五九件中三四例で、〇・六パーセントである。腹上死は意外に多い。さらにこの発表では、腹上死の発生状況を次のように述べている。

①男に多く、女は少ない（女にも男の五分の一程度の腹上死者がある）。
②男は心臓死、女は脳出血による死亡が多い。
③季節は春（三月・四月・五月）が多い。
④場所は旅館やホテルが多い。
⑤夫婦間には少なく、愛人関係が多い。
⑥男女とも年齢は中年以上に多い。
⑦行為に先立ち、酒を飲んでいる例が多い。
⑧基礎疾患に、冠状動脈硬化や脳動脈瘤がある。

「魂魄ここに止まっておえている」（『末摘花』）。
◇性交死（法律用語）。

ふくすいぼんにかえらず［**覆水盆に返らず**］一般には、いったんなし終わったことは取り返しがつかないという意味に使われているが、もとの意味は「一度こぼれた水はもとの器に返すことができないし、一度別れた夫婦は再び一緒にはなれないものだ」という意味で、『拾遺記』にある太公望・呂尚の言葉である。

ふくすうこう［**複数交**］男と女が一対一でない性行為。男一人に対して女が複数の場合もあるし、女一人に対して男が複数の場合もあり、男複数対女複数という場合もある。男女どちらかが二人の3Pプレイが複数交の代表格。主となるカップルがあって、そこに第三者を加える（例えば夫婦と夫か妻の愛人）ことによって、普段の夫婦の性生活では得られない刺激、興奮、情熱を醸し出すことを目的とする。それに対し、不特定な相手とただ性行為の快楽だけを享受しようとするのは乱交という。

◇複数プレイ、プルラリズム、歌垣。（乱交）。

ふくもん［**福門**］交われば福を呼ぶといわれる縁起の良い女陰。二回以上交わると霊験が無くなるともいわれる。

◇福マン、あげまん。

ふくらむ［**膨らむ・膨む・脹らむ・脹む**］大きくなる、男性器が勃起してくる。妊娠する。

ふくらませる［**膨らませる・脹らませる**］妊娠させる。つまり性行為をすること。「ふらつきよなむこ小姑をふくらませ」（『末摘花』）。男性器を勃起させるという意味にも使われる。

ふぐり［**陰嚢・布具里・篇乃古・茎垂類**］陰嚢。秤の錘も「ふぐり」という。そのため、陰嚢は秤の錘に似ているから「ふぐり」というのだという人もいるがそれは誤りで、秤の錘が陰嚢に似ているので「ふぐり」と呼ばれるようになったというのが正しい。

ふぐりの語源は「火の凝り（ひのこり）」だと言われる。これは「へのこ」の語源と同じである。篇乃古と書いて「へのこ」とも読み、「ふぐり」とも読むのはそのためだろう。「ふぐり」は本来、男性器の総称であったのが、十世紀頃には陰嚢の意味になり、後には睾丸のみを意味するようになったが、今日ではまた一般に陰嚢の意味で使われている。

ちなみに、三月から六月にかけて青紫色の可憐な花を咲かせる「オオイヌノフグリ」という野草は、その種子が犬の陰嚢にそっくりなところからこの名がつけられた。

ふざん［**巫山**］中国の四川省巫山県の東南にある山。楚の懐王（または襄王）が昼寝の夢の中で、巫山の神女と情交を結んだという伝説がある。

ふざんのゆめ［**巫山の夢**］男女間の情愛の濃やかなるたとえ。または男女の密会や情交のたとえ。「巫山の夢も線香の煙なり」（『梅柳』）。「巫山の夢結ぶ時には無言なり」（『浪葉柳多留』）。「大だはけ巫山の夢を起きて待ち」（『誹風柳多留』）。「朝雲暮雨」の項を参照。

◇巫山の雲、巫山の雨、巫山の雲間。

ふし［**節**］陰茎の亀頭部と陰茎筒部の間のくびれた部分。竹の節に似ているところからきた俗称。

ふじ（さん）［**富士（山）・不二**］女陰。「富士のすそ迄は按摩もにじり寄」、「日柄は上々不二の麓の草も刈り」。

ふしあなをとおす［節穴を通す］節を破り穴を開けるほど、精力絶倫で勃起力が強大な陰茎の持ち主。また、その堅く勃起した陰茎。『当世爰《とうせいここ》かしこ』（安永五年・一七七六）に「十八九は節穴を通す。初老は筵を破る」とあるので、「節穴を通す」は、若者にだけ使ったと思われる。

ふしかえし［蒸し返し・二会目交］立て続けに二回性交すること、または、その二度目の性交。「蒸（む）し返し」と同じ。

ふしだら しまりの無いこと。特に男女関係に関して品行の悪いこと。「しだら」は手拍子のことで、「しだらが無い」ということは生活が不規則ということ。

ふしど［伏戸・臥房・臥し所・臥し処］寝所、寝間、閨房。寝床。

ふじのひとあな［富士の人穴］女陰。女陰が幽幻の里であるという意味あいを込めた言葉。

ぶしょうどり［無精取り・不精取り］女性上位、すなわち茶臼。女性が積極的・情熱的に動けるから、男性はあまり動かないのでこう呼ばれた。

ふじんりょうじ［婦人療治］堕胎（江戸時代の中条流の看板）。

ふたせ［二仕・二瀬］女中として雇っている妾。「どくな事ふたせのうばにござ直し」。
◇炊き触り、小間触り（共に昭和初期まで東京で使われた言葉）。

ふたつだま［二つ玉］二度連続の性交。

ふたつともえ［**二つ巴**］男女が横臥した格好で行うシックス・ナイン。

ふたつまくら［**二つ枕**］一枚の布団に枕が二つ並べて置いてある寝床。比翼床。

ふたなり［**二形・双成り・男女性**］一人の人が、男女の両性の生殖器を備えていること。またその人。古代ギリシャの話では「昔は人間は三種有った。男と女と男女性である。男女性には手足が四つずつ、顔と性器が二つずつ有った。それを神が二つに切り離したので、それからはその半身が互いに他の半身を慕うようになり、半身は互いに抱き合い身体をくっつけ合って再び一心同体に成りたいと憧れるように成った」という。この神話からベターハーフ（より良き半身）という発想と言葉が生まれた。

◇おめさん、半陰陽。

ふたをかぶせる［**蓋を被せる**］女上位で性交すること。「古い釜買って後家蓋おっかぶせ」は、陰間上がりの若い男を買った後家が、熟練者らしく、また変わった性感を求めて茶臼の交合をしたという、しかも「釜」と「蓋」という縁語を使った秀句といえる。

プチ・モール petite mort（フランス語）、小さな死という意味。性交中オルガスムに達した時、一時的に身体の機能が止まり失神状態になること。直訳は「小さな死」であるが「恍惚的放心状態」と意訳する。

◇プチ・モルト、モール・ドゥース（mort douce）。

ぶっかけ［**ぶっ掛け**］掛蕎麦。女が暴行されること。どちらも汁をかけられるから。「かつがれた夜はぶつかけを二つくい」(『末摘花』)。

ふつかのよ［二日の夜］正月の二日は「姫初め」。「福神はするを見玉ふ二日の夜」(『誹風柳多留』)。「福神のするを見給ふ二日の夜」(『末摘花』)。「福の神頭に宿る二日の夜」。

ふでおろし［筆下ろし］男が初めて女と性交すること。女の「水揚げ」に相当する。江戸時代の武家社会の一部では元服儀式の一部として筆下ろしが行われていた。筆下ろしの相手を選ぶのは元服する少年の母親の役割であり、地域社会の中で相手として最も相応しい未亡人を選ぶのが通例となっていた。その条件は、①道徳的な堅物ではないが身持ちはよい、②自主的である程度の性技の持ち主であるが、色道に溺れない、③堅物な節度ある男性として将来への自負を抱かせる要素を含む女性。この三条件に適った未亡人を選ぶのは困難なことであったから、走り回った末に拝み倒して依頼したという。ちなみに大石内蔵助の筆下ろしの相手は素麺製造業元締めの家の若後家であったが、この女性の性戯が優れていたため、内蔵助は女好きになったと言われている。「おもしろや筆おろさして跡をなめ」。

ふとざお［太棹］勃起した陰茎。棹の太い義太夫用の三味線にかけてつけられた俗名。

ふとっちょう［太っちゃう・肥ってう］多汁・多淫の女。肥ってうは今の言い方で言えばデブというような意味。太った女性は多汁・多淫だと俗に信じられていたので、愛液の多い女・多淫な女という意味で使われる。「ふとつちやう、小原に三つ程は出し」(小原は杯）。「ふんだんであらうと叩く肥ってう」。ぼちゃ。
ふとまら［**太摩羅**］文字通り太い陰茎。江戸時代には「八太」と言われ、最下級に近い陰茎だと言われている。白痴には太摩羅が多いという俗説があり、そのためかもしれない。◇太棹、馬陰、巨根、大摩羅。
ふなぐちしぼり［**船口絞り**］よく締まる女陰。船（女陰）の口が絞られているという文字合わせで、絞りたての生酒というもとの意味とは関係ないらしい。
ふなだまさま［**船玉様**］女陰。
ふにくのまじわり［**膚肉の交り**］肉体の交わり。
ふにゃまら［**ふにゃ摩羅**］ふにゃふにゃしている摩羅という意味。まだ十分に勃起していない陰茎にも使われるし、何等かの支障があっての勃起不全の場合、高齢の場合、性行為直後の場合などの理由で勃起した時に十分に硬くならない陰茎にも使われる。ふにゃ摩羅の方が、一回の射精で満足せず、再度の交わりを望むケースが多いという。ふにゃチン。
ふね［**船**］①女陰。ともに形が紡錘系で似ていること、乗物であること、竿をさすことなど共通点があることから、会話にはよく使われる俗語であるが、川柳には少し見られるだけである。現代文学にはほとんど現れない。②船比丘尼または船饅頭の略。こちらは川柳によく見られる。「船にのり舟売りに行く六丁目」。
ふねにのる［**船に乗る**］性交する。

ふのり［**麸糊・布海苔**］精液の代名詞。海藻からとった洗い張り用の麸糊の乳白色をしたところは精液によく似ている。

ふのまら［**麸の摩羅**］最高級品の男根。

ふまら［**麸爪・麸摩羅**］弾力性と膨張性のある最上等品の陰茎を表す形容。またその最上等の陰茎。麸は弾力性と膨張性のある棒状のものの代表であった。木摩羅に対する言葉。「一麸。二雁。三反。四傘。五赤銅。六白。七木。八太。九長。十すぼ」という言葉がある。

一方、麸摩羅を病人まら、隠居まら、関取まら、酒酔いまら等と称し、堅さのない最下等品としている場合もある（『色道禁秘抄』など）。

プラトニック・ラブ platonic love、肉欲を超越した（性交を伴わない）男女の精神的な愛。プラトンが著作『饗宴』の中で「魂よりも多く肉体を愛する卑俗な愛人は良くない」と言ったことに由来している。実はプラトンは当時流行していた同性愛に就いて述べたのであって、男女の愛に就いて述べたのでは無かったが、誰かの勘違いから今の意味に使われるようになった。

ぶらぶらやまい「**ブラブラ病い**」恋患い。昭和四十年代までは使われていた。

ふりかかり［**振掛り**］性交体位のこと（江戸言葉）。藤本箕山《ふじもときざん》は振掛りとして、「花の鶯」「雲井の月」など二三体位を上げているが、具体的にどんな体位だったのかは不明である。

ふりちん［**振りチン**］男性が全裸または下半身裸で男性器を露出した状態。「振り」は褌・腰巻の類を着けないことの古い言葉であるが、最近は、チンチンがフリーなのでフリーチンだと思われていることもある。ふるちん。

ふりまら［**振り摩羅**］ふりちん。江戸時代には「ふりちん」とは言わなかったようである。「ふりまらで逃げていくのは豆泥棒」。

ふりまん［**振りマン**］女性が、全裸または下半身裸で、女性器を露出した状態。男性器の露出状態をふりちんといったのからの新造語。「女のをふりと言うのはきつい無理」（『末摘花』）。

ふりをつける［**振りを付ける**］男女二人が同時にオルガスムに達することは望ましいことだが、一般には男性より女性の方が達するまでに長い時間がかかる。そこで最近では前戯の重要性が説かれるのであるが、明治時代の書『女閨訓』には、「(前・中略) 第四によく調子を合はせることとなり。たとへ今我快くなくも、夫呻かば我も亦呻きてその楽しみを助け、其の感を同じうするよう心がくべし…」とある。つまり、男が絶頂感に達したら、女性はいかにもオルガスムに達したかのように、身体をのけぞらしたり、息をはずませたり、よがり声を出したりして自分も達した振りをして見せなさいといっている。このことを振りを付けるという。このことは男性にとっては有難いことで、そのために一層張り切ることができ、その結果として女性も絶頂に達することができるようになるという考えらしい。

一方、性を売り物にするプロの女性にとっては、自ら喜悦した様子を見せて客を喜ばせるこの「振りを付ける」という行為は、最も重要な戦術ということになる。オルガスムに達することは体力、気力ともに消耗するので、なるべくそれを避けるのがプロであるからである。このことは、昔も今も変わっていないという。時には遊女自身が気を良くして行ってしまう場合も例外としてあるが、それは玄人女として未熟な不手際として仲間内では恥とされた。「あいそうにするとは憎いよがり泣き」（江戸川柳）。

ふるちん［**振るチン**］男性が全裸または下半身を露出した状態。ちんちんをぶらぶらと振るからそう呼ばれたのであろうか。江戸時代は「ふりちん」と呼ばれたのが、いつの間にか「ふるちん」に変わり、戦後再び「ふりちん」という呼び方が広まった。戦後の「ふりちん」は、フリーなちんちんから来たのかもしれない。

◇ふりちん、ふりまら、抜身。

ふるまいずき［**振舞好き**］女性が好んで多くの男性の性交の相手をすること。乱れた行いが過ぎること。

フレンチ・キス 濃厚なキスの代名詞。元来はブルターニュのヴァンデ地方のマレシャンと呼ばれる住民たち独特の風俗で、互いに舌で相手の口腔をまさぐったり、唇や舌先を吸い合ったりする「マレシナージュ」と呼ばれる習俗である。これをフランス以外の国でフレンチ・キスと呼んだ。最近では、女性の指先から始まって腕、肩へと唇で這い上がり、項（うなじ）から肩、顎、頬、耳たぶ、額、眼、髪と、これぞ愛の証しとばかりに雨あれの如くにするキスの仕方をフレンチ・キスと呼ぶ。ムードを盛り上げ女性の性欲を高めて陥落させるのが狙いといわれるが、お互いのオルガスムの時期を一致させるためにも行われる。

ふろおけのなかをごぼうでかきまわす［**風呂桶の中を牛蒡で掻き回す**］女陰が大きすぎる上に陰茎が短小であることのたとえ。「据風呂桶で牛蒡を濯ぐ」と同義。牛蒡が洗う対象から湯掻き棒の代わりへと発想が転換されている。

ぶろう［**撫弄**］手で撫でまわす弄戯。

ふろやもの［**風呂屋者**］足利時代中期以降、各地の風呂屋で抱えた私娼。

◇湯女、呂衆、垢掻女、猿、髪洗女、髪結女。

ふんたい［**粉黛**］白粉と眉墨、化粧。化粧して艶やかな女、美女。遊女。

ふんとう［**粉頭**］女体。白い首という意味から転じてできた女体の美称。

ふんどしいわい［**褌祝い**］昭和初期まで東北や西日本の一部に残されていた性に関する風習。まず男児が十歳前後になると、「もらい湯」の折などに、オバハンが「マラ皮」を剥いてくれる。「○○屋のオバハンが、十三ムスコのチン噛んで、痛かった、痛かった」（関西地方の童歌）。十三歳になると、男児は白布を持って、オバハンだけが居残った家をたずねる。オバハンは、男児が持参した白布でフンドシと腰巻を縫う。二人は、フンドシと腰巻姿で向かい合い、祝いの杯を交わしてから床に入り、男児はオバハンから男女の道をじっくり教えてもらう。このオバハンは、ほとんどが母親の姉妹であったという。古代母系社会の名残だといわれている。

ぶんながし［**流連**］吉原などの遊廓で、次から次へと相手を替えて行くこと。

ぶんやぶし［**文弥節**］よがり声。江戸時代享保（一七一六〜三六）の頃、岡本文弥《おかもとぶんや》が唄い始めた文弥節は泣き節とも呼ばれた。その音節が性行為中の女性の叫快に似ているところから、転じて交合中の泣き声を文弥節または略して文弥と言う。「鳴け聞こう、京の女郎の文弥節、聞きに北野のほととぎすほど」は式亭三馬《しきていさんば》の文。「ア、よいわなァとよがり文弥のいいよふ、こしとまへとのしめゆるめとだきしめよふといきのつかいよふ、此五つの仕よふにて、きらひな男も好きになり好な男は田もやろあせもやろと自由に成る」と月岡《つきおか》雪鼎《せってい》は書いている。

へ

へいあい［**嬖愛**］お気に入りの（主に身分の低い）人を可愛がること。

へいげつしゅうか［**閉月羞花**］美人の形容。月も羞かしがって雲で自分の姿を隠し、花でさえ自分の美しさが劣ることを羞じるほどの美しさであるという意味。

◇羞花閉月、沈魚落雁。

へいこい［**閉股位**］膝肘背位や女掌位で陰茎を嵌入後に女性は両膝を着けて股を閉じた体位。

へいごし［**塀越し**］垣根とか障子を隔てて性交を行うことで、勝川春潮《かつかわしゅんちょう》の描いた浮世絵には、隣り同士の娘と息子が裏庭の垣根越しに情事を楽しんでいる図がある。垣根は細い丸竹を十センチほどの間隔で斜めに交差させて結んだもので、朝顔か瓜の類いが絡み付いている。添え書きには、「もふこのごろでハちつともいたくないよ、はやくぐつとねまで入れておくれよ」「どふぞまいにちいまじふんにここへきてまつてゐておくれよ、ここへはたれもくる事でハねへからしづかにしよふ」「もふいたいはつハねヱおめヱほかのものにさせるときかねへよ」とある。西鶴の『好色一代男』には、塀越しのための茶屋での設備としての「隔板（へだていた）」というものが書かれている。

ペイコノインポ　江戸時代、中国より伝来した「愛液採集器具」。張形の根元に愛液を溜める容器が付いた構造をしていて、張形の部分を女陰に挿入して抜き差しすると、女性の愛液が張形の溝を伝って容器に溜るという仕掛けになっている。溜った愛液は腎虚に悩む男性に強精剤として飲ませた。平賀源内の浄瑠璃『長枕褥合戦《ながまくらしとねかつせん》』には腎虚の主人を救うために一〇〇組の若侍と女中で、二升（三・六リットル）の愛液を集めたという話があり、柳川重信《やながわしげのぶ》の春画には、中国人が「インスイちゃウわん、のみやんちう」と言いながら女と交わり、愛液を杯に集めている作品がある。

へいしょう［嬖妾］嬖愛する女。妾と同じ。
◇嬖人、嬖倖、嬖寵。
へいばこうそうのわびしさ［兵馬倥偬の侘しさ］兵士が戦に忙しく明け暮れる殺伐とした侘しさのこと。戦国時代や近代戦争の最中に娼婦や慰安婦が発達した理由の説明によく使われる言葉。［……を慰める］。

ベーゼ baiser（フランス語）、接吻、キス。現代フランス語ではベーゼには性交するという意味もあるので、普通のキスにはアンブラッセを使うのが普通だと言う。

ペガサスたいい［…体位］騎乗位。ペガサスは天馬のこと。

へき［開・闢・辟］女陰。江戸時代から明治時代まで使われた言葉。

へき［閇］陰茎。

へきだん［開談・闢談］猥談。

へそしたさんずん［臍下三寸］臍の三寸（約九センチ）下ということは性器を意味する。多くの場合は女性の性器に使う。「雷さんは嫌な奴だよお臍を狙う、俺なら三寸下狙う」という都々逸がある。

へそしたにすん［臍下二寸］臍の下二寸（約六センチ）ということは、普通より上に着いている女性器、つまり上付きという意味になる。昔は上付きは名器とされていたから、臍下二寸は名器の意味で使われる。

べそをかく　女陰から愛液が滴り出す。

へそへひっつく［**臍へ引っ付く**］女陰が臍に引っ付いているという意味で、「上付き」の極上の女陰のこと。

へだていた［**隔板**］茶屋の奥の小座敷に漆塗りの床板が敷いてあり、それには陰茎が通る程度の穴が開いている。男がその床下に寝て、陰茎をその穴から上に出す。客の女はその上に寝転んで性行為を楽しむという仕掛けになっており、もっぱら人目をはばかる後家や奥女中が利用した。この仕掛けを「隔板」と言う。西鶴の『好色一代男』の巻四の中に「ちぎりの隔板といふ事あり。是は小座敷の片隅にぬぐい板（拭板・漆塗りの床板）敷合、女楽寝をすれば、ろてん（亀頭）の通ふほど落し穴あり、男は板の下にあふぬきに寝やうに、一尺（三十センチ）あまりのすきを置きて搉をきぬ」とある。隔の板とも言う。「塀越し」の項を参照。

へちきそそり［**瓜そそり**］上開の上反り、上付きの女陰という意味。

べっこうざいく［**べっ甲細工**］女性の自慰用の模造陰茎。江戸時代の高級品はべっ甲を細工して作られていたので、この呼び名がある。

ペッサリー　避妊用子宮帽。ピアノ線のリングに半球状のゴムを張ったもので、射精された精液が子宮内に侵入するのを防いで避妊する。別名を「女のコンドーム」と称し、女性が膣内に装着して使う。コンドームのような使用感がなく、男性の性感を損ねるという欠点がないことや、洗って何度も使用できるという長所があるが、家庭での使用や装着の仕方に難点があるので、医師の診断でサイズを処方して作ること、正しい挿入法を学ぶこと、併用するゼリーの有効度を高めるため性交前一時間以内に挿入すること、性交後六時間以上たってから取り出すことなど正しい使い方が必要であるなどのわずらわしさもある。また、膣が狭すぎる人、未婚者、未産婦では一般に使えない。日本での普及率は減少傾向にあり、一パーセントにも達していない。

ペッティング　petting、異性とキスや愛撫をすること。性器愛撫に限って言う場合もある。

ペドフィリア　pedophilia、対象が十三歳以下の小児に限られる性愛。

べにうすざん［紅臼山］陰阜のこと。ラテン語のヴェネリスから来ている。

べにしお［紅潮］月経。

ペニス　陰茎。陰茎を表す言葉として現在最もポピュラーに使われているが、本辞典では基本的に「陰茎」という言葉を使用した。penis（ドイツ語）はラテン語のペンデレから来ているといわれるが、ペンデレとは「垂れ下がった」という意味。

べにのあせ［紅の汗］「濡事」と同じ。愛液で局所が濡れるだけでなく、性的興奮によって汗腺や皮脂腺の機能昂進によりからだ全体が湿潤になることをいっていると思われる。

べにまる［**紅丸**］小型の張形。江戸時代、大奥などでは独りでいる時だけでなく、何人かが集まっているような場でもこの小型の張形を使って自慰行為をしていたようである。なるべく人に知られないようにするために張形を前後にだけ動かして体の揺れを少なくするのが常識とされていた。一方逆に、同座の他の女が紅丸を使って自慰を行っていても、知らぬ振りをするのが良いとされていた。

べにや［**紅屋**］月経。

へのこ［**茎・茎節・屁の子・篇乃古・部乃己・辺乃子・陰・陽物・求・男根**］陰茎。女陰のホトに対応する古語。「へのこ」という言葉は奈良時代から用いられてきたが、つい最近まで一般的に広く使われていた。現在でも地方によっては使われている。勃起した陰茎がカッカと熱く火照っていることから、「火の凝り」が語源になったと言われている。また陰茎は古くは「へ」と呼ばれ（漢字不明、閇の字という説もある）、その先端部つまり亀頭を「へのこ」と呼んでいたのが、いつの間にか陰茎を呼ぶようになったという説もある。また、辟（へき・女陰）を養育するので「辟の子」となり、それが転じたという説もあるが、これは信ずるに足らない。いつから「屁の子」という文字が当てられたかは不明だが、女陰の愛称が「屎（ばば）っ子」であるのと対比して考えると面白い。

「浦島がへのこ即刻ちぢれ込み」、「万年もなえぬへの子を局持ち」、「へのこには手こずっている一人者」、「万年も用いるへのこ局買い」（『誹風柳多留』）。「聞きわけのないものお

へたへのこなり「へのこから朝起きをするひとりもの」、「障子つき抜きへのこばアをさせ」「ゐよふのうわもりへのこへあじを付け」（『末摘花』）。「へのこでも引けを取らぬが江戸の色」（『柳の葉末』）。

へのこいっぽんのぬし［屁の子一本の主］妻。女房。

へのこいっぽんのぬしとなる［屁の子一本の主となる］結婚する。「へのこ一本のぬしとなる恥しさ」（『末摘花』）。

へのこする［屁の子する］性交する。女陰の俗語に「する」を付けた性交するという意味の言葉は数多いが、これは男性器の俗語に「する」を付けた数少ない言葉の一例である。ただしこの場合は女性主導の性交である茶臼をさしている場合が多い。「女房にへのこをされる不しょう者」、「仰向けに寝ていて女房にへのこされ」（『末摘花』）。

へび［蛇］夢や小説・詩の中で、蛇は陰茎の象徴として登場する。

ぺろぺろ 舐陰（クンニリングス）の擬声語。

べろべろのにく［ベロベロの肉］女陰。または陰唇。現代小説などで淫猥さをどぎつく表現する時に使われる卑属語。

べんけい［弁慶］性交しない男の代名詞。弁慶は一生女と交わらなかった（一度だけだったとも）と言われる。ちなみに性交しない女の代名詞は小野小町。「させもせず仕もせず二人名を残し」（『誹風柳多留』）。「弁慶と小町は馬鹿だナァ嬶」（『絵本柳多留』）。

へんたいせいよく［**変態性欲**］質的な性欲異常。つまり普通とは違った形で表れる性欲。次のようなケースがある。

①性欲が人間以外の対象に向けられるもの。

②性欲の対象が自己に限られるもの。自瀆、手淫。

③崇物性淫乱症（異性の身体の一部またはその所有品に接触して快とするもの）。

④性欲の対象が同性であるもの。

⑤相手の異性に苦痛を与えまたは相手の異性から虐待を受けて色情的満足を得るもの。

⑥正常な性欲が抑制されて他の行動にすり替えられたもの（露出狂など）。変態は、性感が通常に発達して性器統裁に至る過程（「口唇性感」の項を参照）で、いろいろな事情から成育が妨げられ、性器以外の部分に性力がこだわり、主力を置くようになったためであると言われる。

◇性的倒錯。

べんてんさま［**弁天様**］昭和三十一年（一九五六）十一月に出航した日本初の南極観測船に積み込まれた等身大の女性代用人形の愛称。紅の長襦袢をまとい、なかなか艶っぽい姿をしていた。局部はゴムとプラスチックで精巧に作られ、陰毛もきれいに植え込まれていた。腰や臀には四リットルの湯が入る缶が内臓され、寒冷地でも使用できる仕様になっていた。このように使い心地抜群の傑作なのに隊員は誰一人使わなかった。その理由は、最も生身の人間らしいマネキンを改造したものだったが、隊員が使用しやすいようにと両脚が切断されていたからだ。なまじ生身の人間に似ていたために、両脚の無い姿は猟奇的に感じられたためだという（『南極越冬日記』より）。こうして「南極一号」は失敗作に終わったが、その後の研究開発に拍車を掛けることになった。数年後にはゴム、プラスチック、ビニールでボディを造り、頭髪や陰毛には本物を使い、スポンジで肉を作り、電流を通して人肌の温もりを保った。局部には本物に近い弾力性の生ゴムを使い、取り外して洗浄もできる。その後さらに年々改良され、体全体も一部も電力により精巧な動きができるまでに至った。改良が加えられる度に「南極〇号」と名付けられていった。

べんてんのいわや［弁天の窟・弁天の岩屋］女陰、または女陰の内部。「弁天の岩屋へ近きこたつの手」。

へんのあるなし［扁の有る無し］侍と僧侶（寺）。多くの廓の客には、女性に不自由している僧侶や、参勤交替で江戸に来ている侍が多かった。廓が寺社や武家屋敷の近くに存在したことも理由の一つと考えられる。例えば品川の女郎屋の客には、三田の薩摩《さつま》屋敷をはじめとする芝高輪辺りの諸藩の侍と増上寺の僧侶たちが多く、廓の金箱であった。つまり人扁の有る「侍」と人扁の無い「寺」が上客だったというわけである。「品川の客人扁の有ると無し」、「品川は薩摩ばかりの下駄の音」、「品川で口がすべると愚僧なり」。

ほ

ボイン　発達した乳房。触ったときの感覚からきた擬態語と考えられる。巨乳。
ほう［**縫**］陰裂。縫い目すなわち割れ目。処女の女陰の裂け目。
ほうえつ［**法悦**］神聖な喜び。転じて恍惚とした状態。オルガスム。
ほうえん［**豊艶**］肉付きが良くて美しいこと、肥えて艶やかなこと。グラマー。
ほうかいボボ［**法界ボボ**］尼さんの女陰（江戸時代の言葉）。
ほうかか［**苞花窩**］女陰の美称。
ほうかん［**幇間**］男芸者、太鼓持。元来は太鼓持の唐名の敬称であり、賤称では無かった。
ほうき［**箒**］誰彼の区別なく手当たり次第に女と関係する男のこと。女のみずてんに対応する言葉。薙ぎ倒し。
ほうぎょく［**宝玉**］（高貴な人の）女陰。
ぼうぐすり［**棒薬**］男色で肛門提供者の用いる鈍麻剤兼起痒剤。男色の場合、肛門や直腸は広くないので稚児役は快感が得られない。そこで胆礬（硫酸銅）をこよりに捻り込んで肛門に入れる。これは粘膜を侵蝕して感覚を鈍感にするためである。次いで山椒の粉などを棒につけて入れる。そうすると非常に痒くなって何かを入れて撫でて貫いたくなる。このような鈍麻剤および起痒剤を棒薬と称した。

また『女大楽宝開《おんなだいらくたからべき》』に「新部子は、仕立てる日より、毎晩、棒薬を差してやるがよし。此棒薬と云は、木の端を二寸五分程に切り、綿にて巻き、太味を大抵の陰茎の程にして、たんぱん（胆礬のこと）を胡麻油にて溶き、其棒に塗り、寝しなに腰湯さして差し込み、寝させば、患うこと無し」とあるように若衆を仕立てる時の訓練に用いる用具でもある。

ぼうぐぞめ［反故染め］有名な艶笑小咄の一つ。「百人一首」ともいう。ある芸者が百人一首の歌を染めた特別誂えで着物を作った。とてもよいできだったが、着てみると前の部分（陰部）に「花ぞ昔の香に匂ひける」の句が来ていたので、自分の陰部が臭いみたいに思われはしないかと縫い直させた。新しくでき上がった着物を着てみると今度は、前の部分に「人こそ知られね乾く間ぞなき」と染めた所がきていた。彼女は思わず顔を赤らめたという。

ほうげ［豊下］先端に比べて根元の方が太い陰茎。

ほうけい［包茎］亀頭部分が包皮に包まれている陰茎。幼い時にはだれでも包茎であるが、一般に成長とともに包皮が剝けてくる。

ぼうじ［房事］性行為、性行動。

ほうしゅ［宝珠］女陰。円の上部が尖った形（尖頭）の上部に火炎が燃え上がっているデザインの珠の絵から転じた。「伊勢暦開の真向きを口絵にし」（『柳の葉末』）。「ほうじゅ」

ともいう。

ぼうしゅう［**房州**］「相模」と同様に、房州女もセックス好きという俗信があった。「房州もやわか相撲におとるべき」（『末摘花』）。

ぼうじゅつ［**房術**］性行為のテクニック。性交技術。

ほうじょうい［**抱上位**］前座位の形から女性を仰臥させた体位。つまり女性の腰から臀部は自分の膝の上に抱き上げて交接したまま上体だけを寝かせる体位。かかえ込み。

ほうしょうすう［**鳳将雛**］昔の日本には三人性交には作法があった。男（甲）は正常位で女と合体する。男（乙）は甲の背後から肛門性交をするという形である。それは鳳凰の親鳥が雛を育てる姿を真似たといわれ、鳳将雛と呼ばれた。

ほうそようよう［**彭祖養陽**］男の精気を養い蓄え、不老長寿を図ること。

ぼうちゅうしょ［**房中書**］男女の閨房の中での秘術、つまり性交の秘術についてのべた書物の名。中国では仙女や道士によって研究され、歴代帝王たちは補養・延年の法として学んだ。日本にも伝来している。

ぼうちゅうほえきのじゅつ［**房中補益の術**］高齢の男性が女性と交わりながら精液の放出を抑えれば健康を害しないだけではなく、かえって健康増進に役立つという考えから、この行為を「房中補益の術」と呼んだ。この考えの元は中国にあり、『千金万《せんきんぼう》』という医書には房中補益の術の要点として「能く百たび接して施瀉《ししゃ》せざる者は長きす」とあり、四十歳を越すと体力は衰え病気になりやすくなるのに、むしろ情欲は高くなるので、つい度を越して健康を損ねがちである。女性といくら交わっても射精さえ我慢すれば健康を損ねないばかりかますます健康になると書かれている。これだけならばこの術は理想的な健康法のように思えるが、実は相手の女性の条件が難しい。①美人でなくてもよいが、若くて出産経験がない女、②肉体は豊満な女、③髪はしなやかな女、④眼中の白黒がはっきりしている女、⑤きめの細かい肌の女、⑥肢体のしなやかな女、⑦和らぎ調った声を出す女、でなければならないとある。さらに難しいのは、①相手が一人では効果が少ない、②一二人の女性を相手にして精液を漏らさなければ若さが保てる、③もし九三人の女性を相手にして精液を漏らさなければ万歳の長寿が得られる、とある。ここまで読むと笑ってしまうが、馬王堆《まおうたい》の古墳からも同様のことが記された資料が出土したというから、紀元前の昔から真剣に考えられてきた健康法であったともいえる。貝原益軒《かいばらえきけん》の「接して漏らさず」という名言もこれによるものと思われるが、一方では、この方法はむしろ命を縮めかねないといった批判も生まれている。

ぼうないへん［房内編］平安中期（九八四）に丹波康頼《たんばのやすなり》によって書かれた『医心方《いしんほう》』という本の第二十八巻で、優れた性医学書として評価が高い。その主な内容については、「医心方」の項を参照。

『房内編』は、性交の体位に就いても詳述している。基本体位として九種類、基本体位以外に三〇種類を上げているが、康頼は正常位が最も良いと言っている。刺激を求めるあまりに無理な体位をとったり、相手の嫌がる体位を強制してはいけないと注意している。康頼の上げた三九種類の体位が基になって、江戸時代に四十八手が生まれたという。しかし、体位は多ければ良いというものでもなく、医学的にも三〇種類が基本体位とされている。

『房内編』に記された、基本となる九種類の体位とは次のようなものである。

第一「龍翻《りゅうはん》」転回する龍という意味。女は仰向けになり、男はその上に伏す。女は下半身を浮かせて女陰を上げ、陰茎を受け入れる。男は緩急に動揺し、八回浅く入れ、二回深くつく。これを繰り返せば、女はたちまち大きな悦びを得る。

第二「虎歩《こほ》」虎の歩みという意味。女はうつ伏して尻を高く揚げる。男はその後ろにひざまずき、陰茎を女陰におさめて女の腹を抱く。できるだけ密着させて素早く抽送すれば、女は悦び、愛液があふれる。終了後休息すれば、百病を防ぎ、男はますます元気になる。

第三「猿搏《えんばく》」猿の攻撃という意味。女は仰向けに寝る。男は女の両脚を抱えて膝を前に折り曲げ、女の尻を高く揚げて陰茎を挿入する。女はたちまち動揺し、愛液は雨のようになる。男は状況に応じて行動すれば、男も良くなる。女が満足したらば止めるのが良い。男の百病が癒える。

第四「蟬附《せんぷ》」とまっている蟬という意味。女はうつ伏せになる。男はその上に伏して陰茎を深く挿入する。女の尻を持ち上げて陰核を愛撫すると、女は悶えて愛液をあふれさせる。女が満足したらやめる。

第五「亀騰《きとう》」昇る亀という意味。女は仰向けになって両脚を曲げる。男はその膝を押して胸まで曲げ、陰茎を深く突き刺す。陰核を深く浅く愛撫すれば、女はたちまち悦び、自ら腰を揺らして愛液をあふれさせる。さらに深く突くと、女は快感を極める。

第六「鳳翔《ほうしょう》」はばたく鳳凰という意味。女は仰向けになって両脚を揚げる。男はその脚の間にひざまずき深く陰茎を挿入する。女は堅くて熱いものを感じて自然に腰を動かす。女陰が開いて愛液を吐き出す。

第七「兎吮毫《とせんごう》」毛を舐める兎という意味。男は仰向けに寝て両脚を伸ばす。女は背を向けて男の上に跨がる。陰茎を女陰におさめて刺激を与える。女は快感を覚えて愛液が泉の如く流れ出してくる。

第八「魚接鱗《ぎょせつりん》」鱗を重ねるという意味。男は仰向けになる。女はその上に跨がって両脚を伸ばす。女は少しずつ女陰を陰茎に近付け静かに陰茎をおさめる。女は陰茎を浅く入れたまま、赤子に乳を含ませるが如く静かに揺らす。できるだけ長い時間をかけると快感が高まってくる。

第九「鶴交頸《かくこうけい》」首を絡める鶴たちという意味。男は胡座をかく。女はその上に跨がり、男の首を抱きながら自分で陰茎を女陰におさめる。男は女の腰を抱き、女が腰を揺らすのを助ける。女は快感を高め、愛液をあふれさせる。

ぼうはち［**忘八・亡八**］孝・悌・忠・信・礼・義・廉・恥（または仁・義・礼・智・忠・信・孝・悌）の八徳を忘れた者という意味で、女郎屋の主人のことを指している。後には広く、遊女を買うこと、遊里に遊ぶ者、廓、遊女屋という意味にも使われている。
ほうひしょうたい［**包皮小体**］陰茎の下側の陰茎亀頭部と陰茎本体部の境目にある紐状の小体。男の体の中で最も強く性感を感じるところである。
ぼうや［**坊や**］陰茎。
◇糸口、繁体、ひも、吊り革、吊り皮。
ほうよう［**抱擁**］親しみ、愛情をもって抱きかかえること。また、抱きかかえて愛撫すること。『カーマ・スートラ』では、性交前に気持ちを高め合うための抱擁として四種類あると述べている。
①指を絡ませたり肩を抱いたりする接触抱擁。（別の表現）女性が男性の首と背中に手を回し、太腿を男根に押し付ける『木登りのからみ』。
②女性を腕の中に抱く密着抱擁。（別の表現）女性が男性の顔や身体に腕や足をからめ、うっとりとキスをしたりする『つる草のからみ』。
③長い時間抱き合う摩擦抱擁。（別の表現）ベッドで横臥した男女が腋の下に腕、股間に足を差し込み、お互いに抱き合う『ゴマと米粒のように混じり合うからみ』。
④身体をしっかりと押し付け合う圧迫抱擁。（別の表現）女性が男性の膝に跨がり、性

交同様に強く抱き合う『牛乳と水のように混じり溶け合うからみ』。

ほうりゅう［**膨隆**］勃起。

ぼうりゅう［**滂流**］もとは水や涙が盛んに流れる様。転じて、女性器から秘液が盛んに流れることを表す。滂流横溢とか滂湃という言い方もある。

ほうろく［**焙烙**］①無毛の大女陰。焙烙は茶碗より大きな土器だから。②性交。焙烙で豆を煎ることから、豆煎り。

ほおあか［**頬赤・頬ゥ赤・赤面**］女陰のくさい女。頬の赤い女は女陰が臭いという俗信がある。『色道禁秘抄《しきどうきんぴしょう》』に「古より亦、赤面の女は陰戸の臭気強しといふは格論也。何れ悪血多き女は、面赤く、陰中帯下多き故、必臭気甚し…」とある。「頬ゥ赤を匂ひ袋でふせぐなり」(『末摘花』)。

ほかけちゃうす［**帆掛け茶臼**］脚を伸ばして座った男性の上に、女性は後ろに手をついて乗り、片脚を男性の肩の上に伸ばすように載せて交接する体位。茶臼の変形の一種。互いに結合部分を見ることができるのが長所。

ほがみ［**陰上・小腹・火神**］女陰。大宮人など貴族たちの雅やかな言葉。

ほがみ［**陰上・外見・下腹**］陰阜、あるいは下腹のこと。「ほがみ」とは「ほと」の上にあるという意味。

ほくり［**北里**］吉原。中国の大遊廓北康里《ペ・コーリ》になぞらえて、また南にある品川宿の遊廓に対して、吉原を北里と呼んだ。

ポコチン　陰茎。陰茎の幼児語である「ちんぽこ」を逆さにした隠語。幼児語には大人の用語がもつ複雑な意味あいが含まれないが、このポコチンという言葉も幼児語のように複雑な意味あいをもたせず、単純に物体としてのニュアンスで使われることが多い。そのことはまた多くの場合、単に女性器に挿入する道具としての意味あいで使われるから、愛情のない性行為の描写に使われることが多い。

ほしかぶら［**干蕪**］老婆。または老婆の女陰。「干大根」と対の言葉。「は（わ）らはるゝほしかぶらでも尻つめりや」（尻を抓られると婆様でもほほ笑み返すよ）。

ほしだいこん［**干大根**］勃起不全の陰茎。老齢者の陰茎。「新造は干大根によりをかけ」。この新造は遊女ではなく若い奥さん。緊張のあまりかちゃんと立たない新郎に対する若い新妻の涙ぐましい努力が見える名句。「干大根隠居の妾おかしがる」。

ほしぶどう［**干葡萄**］しぼんで皺になっている乳首。

ぼじんたん［**牡腎丹**］江戸時代の起陽強精薬。効能書に「腎を補い、気力を益し、麻良を強くす。丁字一匁、附子一匁、……を蜜にて大豆粒程に丸し、空腹のとき、三粒ずつ呑むべし、しかし妻なき男は服すべからず、陽物おこって困るなり」とある。補腎丹は後世の当て字。

ほじんやく［**補腎薬**］江戸時代の補精強壮薬。当時は精液は腎臓で作られると考えられていた。過度の性交で精液が空っぽになることを「腎虚」と言ったのもその故である。その腎虚を予防したり治癒させるのは、腎臓の作用を補う物であるから補腎薬と呼ばれた。いわば補精強壮薬であり、強精剤である。代表的なものに「地黄丸《じおうがん》」がある。

ほぞくせいこう［**補続性交**］性行為において、オルガスムに達した後も陰茎を抜き去らずに女陰と結合したままで、語らいをしたり、また、まどろんだりすること。

◇要石の曲。

ぼたもち［**牡丹餅**］不器量な女。田舎者。淫乱女。「ぼたもちとぬかしたと下女いきどおり」（『誹風柳多留』）。「ぼたもちをなぜしたと下女大くぜつ」、「お牡丹餅様とお妾方ぬかし」、「牡丹餅のくせに黄粉をたんとつけ」（『末摘花』）。

ほたるのかざ［**蛍の香**］精液の匂い。「一休の褌蛍のかざも混じたり」。

ぼっき［**勃起**］心理的または物理的・生理的な刺激によって欲情すると、陰茎の海綿体に平常時の数倍ないし十数倍の血液が充満することによって陰茎が膨張し、大きさ、太さ、長さを増し、且つ堅く硬直し、上に反り上がることをいう。

《勃起の仕組み》性的刺激により、ある種の化学伝達物質が増えることで、陰茎内の血流が増して起こる。

《勃起刺激》勃起は性器への接触などの刺激により反射的に起こる場合もあるが、触覚のみならず視覚、聴覚などによるいろいろな性的刺激が性的快感となり、大脳皮質のコントロールを受けて起こることも多い。

《反射性勃起》胎児や新生児にも勃起は見られる。これは性器が何かに触れ、その刺激が仙髄の勃起中枢に行き、そこからの命令で勃起が生じる。この時、勃起中枢は大脳皮質から促進・抑制の両方のコントロールを受けるが、胎児や新生児の場合は脳が未発達のため、そのコントロールがきかず反射的に勃起が起こるので、反射性勃起と言う。

《勃起時の陰茎の長さ》弛緩時においても、また、勃起した場合においても陰茎の大きさには人種間の差や個人差があるといわれる。

《勃起角》勃起すると普段は垂れ下がっている陰茎は斜め上方にそそり立つ。その角度は二十歳代で四五度、三十歳代で二五度、三十五歳代で二〇度、四十歳代で〇度（水平）、五十歳代でマイナス二〇度くらいが標準の勃起角度だといわれている。しかしこれは個人差がある。

《勃起不能》何らかの理由により、勃起が起こらなくなること。

◇〔おやす系〕おやす、おえる、お生る、おやかす、おえかえる、おがる。

◇〔立つ系〕硬起、立つ、おっ立つ。

◇〔怒る系〕怒る、起張する。

◇〔その他系〕きざす、昂ぶる、前が重い。ピクピク、ピンピンになる、ビンビンになる。

◇〔外来語系〕エレクション、エレクト。

ぼっきじぞくしょう［**勃起持続症**］陰茎が一度勃起したら、勃起したまま元に戻らないという病気。原因は打撲、脊髄の損傷などがある。
ほっす［**払子**］僧侶の持つ仏具の一つで、煩悩を払うといわれる。獣の毛や麻を束ねたものに柄が付いている。その形と毛があるところからの連想で性器にたとえられる。
ほっすをなげだす［**払子を投げ出す**］遊女などが女陰を丸出しにすること。煩悩を払うものを投げ出して、煩悩丸出しに掛けたものらしい。
ぼつぜん［**勃然**］俄かに、勢いよく起こり立つさま。
ほっそうげ［**法相花**］けつの穴。「けつのあな」とも読ませる。
ぼつにゅう［**没入**］入り込むこと。男性器が女性器に完全に挿入されること。江戸艶本では「没入」と書いて「はいる」と読ませている。
ぼつりょうろのう［**没稜露脳**］性行為に没頭する様。「稜」は威厳や権威、「脳」は頭脳の働き、すなわち、権威や威厳をかなぐり棄て、思いをあらわにして行為すること。
ほと［**陰・女陰・火戸・含処・火所・火処・火門・蕃登・富登・富杼・秀所・元所・凹所・空所・陰所・丘陵**］女陰（古語）。『古事記』や『日本書紀』にもみられる古語で、「ほと」以前に女陰を言い表す言葉としては「なりあはざるところ」という表現があるだけなので、女陰の名称としては日本最古とされる。男性器の「摩羅」と並んで、現在も最もよく使われる古語の一つである。語意は尊いという意味で、女陰の尊称である。女陰を別に「ぼぼ」というのは、「ほと」の転訛だともいわれる。

ヒあるいは火には、月経や性交するという意味があるので、「ほと」の語源は、火戸・火所・火処・火門あたりにあると思われる。しかし、松村任三《まつむらじんぞう》は、ほとは中国語の「窪んだ（hot）」から転じたと言い、金沢庄三郎《かなざわしょうさぶろう》は、朝鮮語の「女陰（pochi）」から転じた言葉だと言っている。

　土地が窪んでいて女陰に似ている所から「ほと」に因む地名は多く、東京都日野市の程久保、神奈川県の保土ケ谷、青森県の保土沢、福島県の程平、埼玉県の宝登山、長野県の程野、大分県の保戸島など、上げたらきりがない。

ほとつぐ〔**交接**〕性交。

ほのお〔**炎・焰**〕男、または男性器の象徴。対になる女性器を表す言葉は「かまど」。

ほのじ〔**ほの字**〕惚れること。「いろはのほの字は惚れたのほの字」（広辞苑）。

ぼのじ〔**ぼの字・ボの字・牝の字**〕「ぼぼ」（女陰）のこと。浅草の観音様に信仰厚い娘がある日輪姦されたが、そのうちに娘の姿は消え失せていた。観音様が身代わりになって輪姦されていたという。そこには観音菩薩の名号が落ちていたが、開いてみると「ボ（菩）の字」が突き破れていたという（江戸時代の小噺から）。

ほばしら〔**帆柱**〕勃起した状態の陰茎。江戸時代には、勃起した陰茎の代名詞としてこの「帆柱」という言葉がよく使われたらしく、数多くの川柳や艶本に出てくる。「帆柱へ笑止と母はとまを掛け」（苫は菅や茅を編んだ筵のようなもの）、「帆柱を立てて船頭昼寝する」、「帆柱をむなしく倒す一人物」「白魚の力帆柱引き起こし」（白魚は女性の指）、「帆柱を寝かしあるく船比丘尼」「船が下直で帆柱に疵が付き」（下直は安物、船が下直は船比丘尼ではなく船饅頭という意味）、「帆柱の傍の新造船を漕ぎ」（新造は女郎の代理の若い妓）などがある。いずれも「苫」「船頭」「白魚」「船」「新造」など帆柱に縁のある言葉を重ねて川柳らしい味を出している。

ぼぼ［**開・陰門・玉門・陰戸・朱門・牝々・牡々・慕々**］女陰を表す江戸時代の代表的俗語。もとは大和言葉の〈火《ほほ》〉の転化である。朝鮮のボージー（火という意味）が語源だという説もある。いずれにせよ、わが国の古代宗教に性器崇拝があり、女陰を〈火の神〉として崇拝した名残かもしれない。𡱖の字をぼぼと読ませるのも江戸時代の本にはよく見られる。

ぼぼ［**交合・玉門・陰戸・牡々・慕々**］性交。女性器の名称をそのまま性交の意味に当てることは現在いくつもの例があるが、それと同様のことが古語にも見られるということである。ただしこの場合には「玉門・陰戸・牡々・慕々」などの文字を当てず、「交合」の文字を当てることが多い。また「ぼぼ」には自慰や肛門性交に対して、女性との通常の性交という意味もあり、その場合には「玉門・牡々・慕々・交合」などいろいろな文字が当てられるが、「陰戸」の文字を当てることが多い。「ぼぼする」の項を参照。

ぼぼあんぎゃ［**開行脚**］探春。指先を使って、陰阜から陰唇、膣口へと順に撫でまわすこと。「指先で名所を探す開行脚」。

ぼぼする［**玉門する・牝々する・慕々する・交合する**］性交する。女陰の名称に「する」をつけて「性交する」という意味の言葉にする例の一つで、現在の「おまんこする」に相当する。「ぼぼ（交合）」の項を参照。

ぼぼんのう［**開煩悩・慕々煩悩**］人並外れて子どもを猫可愛がりをする子煩悩になぞらえ、異常なほどに本能のおもむくまま、文字通り舐めるように女陰を愛する男。「股ぐらでべろべろをするぼぼんのう」。

ほめく［**熱く**］ほてる。性器の充血を意味する俗語。「ほ」は火という意味、「めく」は「春めく」などと同じ接尾語。

ほや［**海鞘**］陰茎のこと。海鞘は堅い袋のような皮をかぶり、海中の岩石に付着している。体長十五センチくらいで食用にもする。平安時代、鎌倉時代には陰茎の隠語として使われることも多く、紀貫之の『土佐日記』にも「海鞘のつまの貽鮨《いずし》、鮨鮑《すしあわび》をぞ、心にあらぬ脛《はぎ》にもあげて見せける」（女たちがうっかり衣の裾を高くまくりあげると、男根の妻の貽貝や鮑に似た女陰が見えてしまったという意味）という文がある。

ほら［**洞**］女陰。

ほらあな［**洞穴**］女陰。

ほりぬきいど［**掘抜き井戸**］長く性交していない女陰。掘抜き井戸は地面に穴を掘って作った井戸。年中使っていれば水もきれいだが、少し使わないでいるとゴミや泥がたまってしまうので、井戸浚いといって大掃除をしなければならない。このことからの譬え。「似た山に掘抜井戸の咄しする」、「こゝろよい掘抜きさらへてもらふ後家」。

ほりゅうせいこう［**保留性交**］男性は陰茎を女性の膣内に挿入して緩やかに性交運動を続ける。女性は何回かオルガスムに達するが、男性はある程度の山を上りながらもオルガスムには達しないで、射精しないいまま三十分ないし一時間性器を結合したままでいる性交のしかた。また、男女が性器を結合したまま話したり、眠ってしまったりすることも保留性交と言う。「蝶と花」の項を参照。

ポルチオせいかん［**…性感**］性交運動のために亀頭が当たって子宮膣部が圧迫されることで子宮が揺さぶられる状態になる。それが腹膜に伝わって感じる強い性的快感。

ほれる［**惚れる**］心を奪われるまでに異性を好きになること。「惚れる」の語源は「放れる」であり、放心状態になることだという。したがって元来、「惚れる」には恋愛の意味のほかに「ぼける」の意味もあった。昔は好きになっても様々な障害があって必ずしも添い遂げられるとは限らなかったから、「惚れたとは女の破れかぶれなり」の句が示すように、頭がボーッとするほどのぼせ上がったのであろう。「色恋」の項を参照。

ぼんくじ［**盆籤**］村の娘たちが一つ家に泊まり、集団生活し、若衆と遊ぶ古くからの慣習。

た風習である。

娘たちは籤で相方を決めたので、盆籤と呼ばれる。新潟県には比較的最近まで残されていた風習である。

ほんごい［**本恋**］遊女が客と性行為をした時に、女陰が濡れること。

ほんこまがけ［**本駒掛け**］男性は正座した形から、後ろに手をついて上体を後ろに傾ける。女性は男性に背を向ける形で男性の膝をまたぎ、上体を前に傾けて前に手をついて交接する体位。この体位では女性の快感が大きく、時には女性器ではなく肛門を使うこともある。付録1、4③男反背位参照。

ほんじょ［**本所**］多淫、精力絶倫の女。

ぼんじょう［**凡情**］本能的欲情。性欲。

ほんぜん［**本膳**］前戯や愛撫行為に対して、性交行為をいう。「本膳に致しんしゃうと床を取る」。

ほんぜん［**本膳**］（妾に対して）本妻。「本膳にうまみをつける国家老」（『誹風柳多留』）。

ほんて［**本手**］正常位（男前上位、開股位）のこと。本手と書いて「ほんとう」と読む場合は意味が異なる。

ほんとう［**本手**］本番。口づけや愛撫などに対して性器の結合をいう。

ほんどり［**本取り**］正常位（男前上位、開股位）のこと。ずっと昔は後背位が一般的だったが、武士社会になってからは男が女を組み敷く男前上位、開股位が一般的になってきて本取りと呼ばれるようになり、今日まで正常位と呼ばれてきた。

ほんま［**本馬・本間**］正常位（男前上位、開股位）のこと。「やっぱせで本間に越した寝よはない」。

ま

まいす［**売僧**］自堕落で宗教心のない僧侶という意味。転じて遊女の愛のない性行為。または愛のない性行為をする遊女のこと。

まうら［**摩宇羅**］陰茎。摩羅と語源は同じらしい。

まえ［**前・玉門**］女陰（江戸川柳・小話、人情本）。陰茎の意味でも使われることがある。

まえがおもい［**前が重い**］陰茎が勃起していること。

まえだしじぞう［**前出し地蔵**］鎌倉にある裸体の地蔵様。延命寺の本尊は地蔵菩薩で、裸の立像にして女陰がある。開帳の時にその女陰を出すので前出し地蔵といふと、『斎諧俗《さいかいぞく》談《だん》』に記されている。「下女が宿前出し地蔵近所なり」「鎌倉に話されもせぬ地蔵あり」、「なま長い縁起を云ってひんまくり」（『末摘花』）。明治・大正時代には「繭出し地蔵」と呼ばれて、繊維関連の人々の信仰を集めた。

まえだれ［**前垂れ**］小陰唇が前垂れのように拡がっている名器。本人の快感も強く、性交時に陰茎に絡みついて男性の快感も大きいといわれる。前垂れは一般的には前掛け・膝掛け・エプロンというような意味。

まおとこ［間男・魔男］夫のある女が他の男と密通すること。またその密通した相手の男。江戸時代には姦通が割合に多かった。恋人がいたとしても現在のように必ずしも恋愛結婚できるわけではなく親の決めた結婚を強いられることが多かったこと、交通機関が発達していなくて不備だったために夫が旅に出ると長い間留守をしなければならず、妻の性的不満が高まることが多かったことなどが理由として考えられる。

「間男は重ねて置いて四つにする」という諺のように、間男が露顕した場合は二人とも殺しても構わないことになっていた。明暦（一六五五）以降に間男禁止が何度か法制化されたがいずれも厳しいものであった。特に主人の妻との密通、養父と通じた養女、父娘・母子・兄弟姉妹間の姦通は重罪であった。何度も法制化されたということは、それだけ姦通が多かったということであるが、しかし実際に刑が執行されたということは希で、多くは金を支払って示談に持ち込まれた。これを「首代」とか「首銭」と言った。「間男七両二分」の項を参照。

遡って平安時代には、女が複数の男性と性的関係を持ったからといって、特に罰せられるということはなかった。

武家社会になると女の貞操が重視され、戦国時代には「不義はお家の法度」が不文律になった。

「天の網間男蚊帳で押へられ」、「押入れで聞けば此草履は誰だ」(『誹風柳多留』)。「かかりける所へてい主もどりけり」、「間男をさせまいとやったらにする」(『末摘花』)。「間男は湯屋盗人のやうに逃げ」。現在でもよく知られる「町内で知らぬはてい主ばかりなり」は『末摘花』の句である。

◇〈行為〉姦通、不義、不義密通、不倫。〈男〉密夫、情夫。

まおとこしちりょうにぶ［**間男七両二分**］江戸時代に間男した場合の示談金の額。大岡忠相が間男示談金の額を金一枚と決めた。金一枚とは大判(一〇両判)のことだが、当時の大判の純金の量は七両二分の価値しか無かったので、示談料も七両二分になったと言われている。

まおとこどり［**間男取り**］「後並び」とも呼ばれるいわゆる後側位の性交体位。雑魚寝の時などにこの体位で性交しているとばれにくいので、この名がつけられたという。のちには誤って「後ろ取り」すなわち背向位をすべて「間男取り」と呼んでいる例も見られる。

まき［**真精**］女性が性交時に出す体液の中で、オルガスムに達する時に女陰の奥の方から吹き出して亀頭に当たる液があるといわれていた。江戸時代の書き物ではこれを真精と呼んでいる。現在の頸管粘液と思われる。

まくら［**枕**］男女の性行為。「…を交わす」「…芸者」という使い方をする。「枕を出す」・

「枕を用意する」は、性行為を容認する・性行為の準備をするという意味になる。「三味線の代わりに枕取り出し」（『誹風柳多留』『末摘花』）。

まくらえ〔**枕絵**〕男女閨中の秘戯を描いた絵。大和絵最後の名手といわれる土佐《とさ》光信《みつのぶ》が大永年間（一五二〇年頃）に一二番を一巻とした肉筆の枕絵を残している。寛文（一六七〇年頃）以降は浮世絵板画の興隆により、大和絵の肉筆枕絵の需要は衰え始め、代わって板画による一二番の枕絵が起こってきた。板画による枕絵は一番ずつの独立した物が一二枚で一セットになっている。浮世絵師の始祖といわれる元禄の菱川《ひしかわ》（狩野）師宣《もろのぶ》以来、奥村《おくむら》政信《まさのぶ》、西川祐信《にしかわすけのぶ》、鈴木《すずき》春信《はるのぶ》、礒田湖龍斎《いそだこりゆうさい》、鳥居《とりい》清長《きよなが》、北尾《きたお》重政《しげまさ》、勝川春章《かつかわしゆんしよう》、そして喜多川《きたがわ》歌麿ら、歴代の代表的浮世絵師はみな一二枚セットの枕絵を世に出した。さらに歌川豊国《うたがわとよくに》、葛飾北斎《かつしかほくさい》、葛飾応為《おうい》、渓斎《けいさい》英泉、歌川国貞《くにさだ》（三代豊国）、歌川広重《ひろしげ》、歌川国芳《くによし》と続いていった。「まくら絵を高らかに読み叱られる」（『末摘花』）。「枕繪は毎日変はる置き所」。

◇春画、艶画、猥画、枕草紙。

まくらかっせん〔**枕合戦**〕男女で強さを競い合う性行為。例えば時間無制限で性行為をして、男が先に射精すれば男の負、女が先によがり声をあげれば女の負になる。どちらも勝つためにあの手この手の秘術を尽くす。古くは平安時代の「陽物競べ」、江戸時代の「色里太平記」などがある。なぜそんなことが行われたのかというと、性交中に相手を悦ばせるほど、相手の裸身から放射される「精気」を吸い取れるという、中国渡来の「仙術」の考え方が有ったからだと考えられている。

まくらがみ［**枕紙・和紙**］（性行為の後の始末をするために）枕許におく紙。

◇御事紙、簾紙、御簾紙、三栖紙、みす、延紙、吉野紙、揉んだ紙、さくら紙、ティッシュ・ペーパー。

まくらぞうし［**枕草紙・枕草帋**］江戸時代のポルノ本。多くは一流の戯作者が文を書き、一流の浮世絵師が挿絵を描いた。江戸時代全体で約二〇〇〇点出版されているという。一点は多くは一二枚の組物になっていて、中にはそれが三冊物や五冊物になっている物もあるから、全体では膨大なものになる。枕草紙は基本的には文が主体であるから、春画の挿絵がなかったり、普通の挿絵だけだったりするものもある。中には文よりも挿絵の素晴らしさで有名になったものもある。「まくらそうし」と濁らないのが正しい読み方だともいわれる。「肘を曲げ枕草紙を読んでいる」（『誹風柳多留』）。「肘を曲げ」は『論語』の「子曰ク疏食ヲ飯《くら》ヒ水ヲ飲ミ肱ヲ曲ケ之ヲ枕トス。楽シミ亦其ノ中ニアリ」という有名な言葉から引用している。俗な表現に堅い『論語』の言葉を使ったところに面白さがある。「肱を曲げ枕とし乳をはうばらせ」や「肱を曲げ枕とし口説いてる」も同様。

◇艶本、読和本。

まくらをかわす［**枕を交わす**］性行為をすること。「下女が色枕交わしたことはなし」（『末摘花』）。下女の色男はいつも青カンだから性交はしても枕は使わないという風刺。

まくらをなおす［**枕を直す**］性行為をすること。

まくりあい［**捲り合い**］男女相互に性行為の準備をすること。相思相愛の仲と思える。「まき部屋でどてらとおひえ（綿入れ）まくり合」。

まくる［**捲る**］裾を捲るという意味で、性行為の準備をすること。「おしい事まくる所を下女よばれ」（『末摘花』）。

まぐろのすきみ［**鮪の剝身**］鮪の切り身を塩に漬けた物で、年老いて潤いを失った女性器の譬え。

まぐわい［**麻具波比・まぐはひ・目合い・交合・交媾**］①性交。麻具波比は性交という意味を表す日本最古の言葉である。古文書にある「みとのまくばひ」という言葉や、「男女のまくばいは天下の達道にして、閨門の化を現す」という文などから、麻具波比は女性側から見た性交のことと判断することができる。②後に、男女が目と目を見合わせて、愛情を通わせることという意味も加わってきた。

またざみしい［**股寂しい**］股が寂しいこと。下帯がしっかり締まっていないという意味にも使われるが、しばらく性行為から遠ざかっている寂しさの意味で使われる。摩羅寂しい。

まちあいちゃや［**待合茶屋**］客と女（古くは恋人・娼婦、現今では芸妓）が会合して遊興する店。江戸時代の待合は高級唱家であるが娼婦は常住せず、客の好みに合せて相応しい者が呼ばれる。呼ばれる娼婦たちはみな礼儀作法を心得、上品で躾も身に付けていた。茶屋には客の嗜好に応じた設備も整えられていたという。

まちげいしゃ［**町芸者**］江戸時代、芸者は廓芸者（仲芸者）と町芸者に分けられた。仲芸者が芸だけを売ったのに対し、町芸者は一種の芸能売春婦で芸と共に性も売った。

まちじょろう［**待女郎**］江戸時代の結婚で常に花嫁に付き添い、花嫁の世話を焼き、介添えに指示をする役の女。老齢でも若年でも具合が悪く、花嫁より美人でも困るので、人選が難しかった。待女郎は床入りにまで参加したという。「嫁に花もたすあばたの待女郎」（『誹風柳多留』）。「まち女郎めったに引ケはとらぬ顔」。「床入り」の項を参照。

まつがおか［**松ガ岡**］東慶寺のこと。臨済宗の尼寺・東慶寺は鎌倉市松ガ岡にあるので単に松ガ岡とも呼ばれた。離婚希望の女性が駆け込んで救いを求めたことから縁切寺、駆込寺として知られている。「大きいと言い兼ねている松ガ岡」、「けつをするからとはとんだ松ガ岡」（『末摘花』）。離婚希望の理由が夫が暴力をふるうとか酒乱だとかいうのならともかく、一物が大きすぎるとか肛門交を迫るからとは…。「縁切寺」の項を参照。

まつたけ［**松茸**］陰茎（形の類似性からつけられた俗称の代表）。「松茸の夢婚礼と乳母判じ」（『誹風柳多留』）。

まっちゃぢゃわん［**抹茶茶碗**］激しく抜き差ししても大丈夫そうな、頑丈な感じの女性器。

まつばくずし［**松葉くずし**］①男女とも脚をVの字型に開き（これを松葉と言う）、これを組み合わせ、片方の膝を少し曲げた体位。裾野とも言う。②脚を互い違いにした正常位をいうこともある。

まつり［**祭り**］性交のこと（象徴語）。

まどのつき［**窓の月**］諸説あり。①松葉くずしから女性の背中と男性の胸腹部を合わせるようにするいわゆる腹臥位。運動はしにくいが深く挿入できるので結合をゆっくり味わうのに良い体位であるところからこの名が付いたという。②また、男は女の後ろから接し、男は女の背から離れて、女の臀部に下腹部を接する背臥位。女の豊満な臀部を山にたとえて中国では「隔山取宝」といい、わが国では「窓の月」と俗称したという。③その他。付録1、10②間隔背臥位を参照。

まびょう［**痲病**］痺れる病気。性行為を途中で止めると痲病になるという俗信があった。「間男の痲病こころおぼえあり」（『末摘花』）。また、生理中の女陰は痲病の薬になるとの俗信もあった。「気味悪ふ痲病の薬貸す女房」。

まぶ［**間夫**］情夫。情婦を「れこ」と言ったのと対になる言葉。

まむしゆび［**蝮指**］女性がオルガスムに達した時、足先を曲げて足指を反らせる。その指、またはその時の指の形や状態を蝮指と言う。後期の浮世絵には蝮指が精緻に描かれていて、西欧人を驚かせたという。

まめ［**豆**］陰核のこと。または女陰全体をいう場合もある。

まめいじり［**豆弄り**］チチラチオ（女陰擦淫）。

まめおとこ［豆男］江戸時代の艶本に「豆男もの」と呼ばれるものがある。これは、主人公が身体を豆粒大に変じて自由自在に他人の閨房を覗き見して歩くという筋立てのものである。同じような趣向に、透明人間になる「隠れ笠」というものがある。どちらも覗き見るだけで実行はしない。それに対し、女に変身して自由に女の部屋に出入りし、数々の女を犯していくという変身物もある。

まめおとこ［豆男］女の豆（女陰・陰核）を好きな男。例、春信筆『多和婦連種（たわむれぐさ）』の豆男。

まめどろぼう［豆泥棒・陰門盗賊］夜這いのこと。または、夫のある女と密かに情を通ずること。「豆どろぼうがこちて居る戸たて開」（『柳の葉末』）。

まめやかもの［忠実やか物］陰茎。忠実やかは強健という意味。

まら［摩羅・魔羅・麻羅・萬良・麻良・末裸・真浦・茎・玉茎・男根・男茎・陰茎・陽茎・淫茎・肉具・陰・陽・金茎］陰茎のこと。平安時代初頭から漢文化が輸入されるに伴って、それまでの「へのこ」「ふぐり」などの和名に代わって用いられた古語。現在でもよく使われる言葉の一つである。江戸時代の本にはxという字を「まら」と読ませる例がよく見られる。

陰茎を「マラ」と呼ぶのは「麿」の転音と考えるのが主流であるが、それらにも幾つかの説がある。元来、美事な物のことを「真善好（まいら）」と言ったのが、自分のことを

「麿＝麻呂」というように変わり、また人名に「丸」を付ける（牛若丸など）ようになった。それがさらに転じて陰茎を「マラ」と呼ぶようになったという説がある。つまり「マラ」は男根の美称であるとする説である。もとは僧侶の隠語として使われていた経緯からして、梵語の摩羅（修道の障害になるものという意味）から来ているという説もある。平《ひら》田《た》篤胤《あつたね》は「真心（まうら）」を詰めたものだという。

まらうけとり［**摩羅受取り**］女性側の男性器受入れ態勢。「受取り」には単に挿入させるという意味だけではなく、受入れの心構えや体の構え・体勢作りという意味も含まれていて、性交という行為としての受入れ態勢という意味や性器の結合という部分的な受入れ態勢の意味の他に、心理的、精神的な意味での受入れ態勢や、体位などの意味あいも含まれる。

まらかわ［**摩羅皮**］性交補助具の一つ。干した魚の皮でできている。ざらざらした方に唾液をつけて陰茎と雁首に巻き付ける。そのまま膣に挿入すると女陰は大きく開き、大腰を使って擦るようになる。ざらついた魚の皮から受ける珍しく奇妙な感覚は何とも言えない絶妙なものだという。

まらくらべ［**摩羅比べ**］陰茎の立派さを比べ合う催し。江戸時代には文化人・教養人の間でも行われ、著名な国学者二人が料理屋で芸者に三味線を弾かせながら、摩羅比べをした様子を、太田蜀山人《おおたしょくさんじん》は『半日閑話《はんにちかんわ》』に記録している。

まらこうしゃ［**摩羅巧者**］交合をし慣れて経験豊富な客、またはその男の性器。摩羅巧者はなかなか射精しないで女陰の感触を楽しんだりするので、娼婦たちの疲労は激しく、その扱いには苦慮することが多いという。

まらぞうり［**摩羅草履**］摩羅と藁を掛けた地口。藁草履のように毛で覆われている男性器。

まらぼね［**摩羅骨**］陰茎の勃起力。陰茎の骨という意味だが、陰茎に骨は無く血液の充満によって硬化するのであるから、摩羅骨とは陰茎の勃起力という意味として使われる。「まらぼねのつゞくたけする出合ぢやゝ」（『雪の花』）。「摩羅骨かぎり」というのは、陰茎が勃起力を失うまでという意味である。

まらぼぼ［**陽茎陰戸**］男性器と女性器。両性器。時に両性器の結合すなわち性交という意味で使われる。

まるた［**丸太・丸女**］舟の上で売春をする比丘尼すがたの女。頭を丸めた売女（ばいた）だから丸女と書いてまるたと読ませたのが、後に丸太に変わった。

まるびたい［**丸額**］素人女の、手入をしてない自然のままの陰毛。商売女の陰毛は毛切れなどを防ぐためによく手入をしてあるが、素人女の陰毛は自然に生えたままである。

まわしなし［**廻し無し**］一人の娼婦が一夜のうちに順次に多くの客を取ることをしないという意味で、言い換えれば客は一晩中その女を買い切って一緒にいられるということである。江戸（関東）の遊廓では「廻し」があるのが一般的だったのに対し、大阪（関西）の遊廓では絶対に「廻し」をせず、夕方六時から十二時までを一切り、十二時から明け方六時までを一切り、明け方六時から十二時までを一切りというように、「切り」があって、切りの間は敵娼《あいかた》を買い切りにできた。これを「抱き切り」と呼んだ。江戸時代の道中記（旅行案内）には、「廻し無しにて五百文也」というような記述がよく出てくる。関西では街道の宿場女郎でも「廻し無し」、すなわち「抱き切り」が多かったようである。

まわす［**回す・輪姦す**］乱交。複数の男性（女性）が、一人の女性（男性）を相手に順に性交すること。「すべて廻しといふ事は、五六人の男に女がむりにとらへられ、かわりがわりにとぼさされるを、まわりをとられるといふ」（『旅枕五十三次』より）。

まんぐりがえし［**まんぐり返し**］仰臥した女性の膝が頭部まで届くように曲げた形。つまり女陰（まん）が露わになるようなデングリ返しのこと。

まんぐりがため［**まんぐり固め**］まんぐり返しになった女性の脚を開かせ、膝や手を使って女性の腰や脚を安定させること。主としてクンニリングスをするための形で、このようにして行うクンニリングスをもまんぐり固めという。

まんじゅう［**饅頭**］女陰（江戸時代の用語、もとは青森地方の方言）。形が女陰、特に割れ目と類似していることからの発想による言葉。したがって饅頭を二つ重ねにしたものから来ている。同じ発想で食べ物に由来する女陰の代名詞（貝類を除く）には、茘枝《れいし》、アケビ、柏餅、クルミなどがある。「毛がはへて旨いといふは饅頭也」。毛はカビと陰毛をかけている。

まんしゅうのこうずい［**満州の洪水**］女陰が非常に濡れること。満州の洪水が日本の洪水に比べてはるかに規模が大きいことと、さらに満州をマンに掛け、情欲をもよおして洪水のように濡れることを意味している。戦前の用語。

まんじゅうのひもの［**饅頭の干物**］年老いて潤いを失った女性器。

まんじゅうふかしのぼぼ［**饅頭蒸玉門**］処女の初々しい女陰。毛は未だ少なく、少し下脹れの顔の、いわゆる歌麿美人に多いといわれる女陰の名器。

まんずり［**マンズリ**］女性の自慰行為。かつては自慰行為といえば専ら男性のものとされていたため、特に女性の自慰行為を表現する言葉は無かった。戦後、女性の自慰が一般的になるに及び、女性のセンズリという意味で新たに作られた言葉。

マンテンガザのごし［**…の五指**］年齢ごとの男性器の標準勃起力を知る目安。掌をいっぱいに開いて薬指を水平にしたとき、親指の向きが二十歳代の勃起角度、人差指が三十代、中指が四十代、薬指が五十代、小指が六十代の勃起角度を示すという。また、左手の親指を真上にし小指が水平になるように掌を開くと、親指の向きが十歳代の勃起角度を示し、人差指が二十代、中指が三十代、薬指が四十代、小指が五十代の勃起角度を示し、六十代は水平以下ということになるという説もあるが、本来のマンテンガザの五指は前者であろう。

み

みあい［**見合**］結婚に見合がとり入れられたのは意外に遅く、文化文政（一八一〇年頃）にそれとなく行われていたようだが、公然と見合するようになったのは天保（一八三〇）以降である。ただし、上方ではもう少し前から行われていたらしい。見合は、家でする場合もあるが、水茶屋、花見、御講（親鸞《しんらん》上人の命日に因む報恩の仏事）、芝居などが利用された。「下女をさし置て娘に茶を出させ」、「それとなくさて花やかな見合也」、「四五年もお講に目立ッ縁遠さ」、「はづかしさ顔見世に行芝居也」、「見合ふのを出合と言ッてしかられる」（『誹風柳多留』）。

みかづきぶり［**三日月振り**］遊廓で、花魁がちょっと顔を見せただけでそれっきり顔を見せないこと。三日月は昼の間上空にあるから、はっきり見えるのは日が沈んでからほんの僅かな時間だけで、九時には完全に西の空に沈んでしまう。宵にだけちょっと顔を見せるという意味のかけ言葉。

身が入る［**身が入る**］心底から心身共に悦びを感じられる性交をすること（古語）。

◇実に成る。

みくだりはん［**三下り半・三行り半**］江戸時代の離縁状。離縁状には離縁する抽象的な理由（都合によりとか不届きになど）と離縁の申渡しが三行半に書かれていた。これは男の側からだけ出すことができた。
◇縁切り状。

みこすりはん「**三擦り半**」早漏の俗称。三回半も抜き差しして擦ったらもう射精してしまうというたとえ。もっとひどい早漏は二擦り半という。

みずあげ「**水揚、水上**」①処女が初めて性交すること。②舞妓＝半玉が一人前の芸者になるために旦那を持つための儀式。「水揚げの儀式」の項を参照。③芸者や娼妓が初めて客をとって女にして貰うこと。④新婚初夜の性交。「水揚ゲはやぶるあやぶを除くなり」（『末摘花』、やぶる・あやぶは暦の上で凶の日）。

芸者は娼妓を昔はおしなべて「浮かれ女」と言ったことから水揚げといったという説、処女を未通女（をとめ）といったので「未通揚げ」が水揚げとなったとする説などがある。「水揚の客はのちまで可愛くて」、「水揚を東者な御客に振りむけて」（東者はぼさと読み、猛者という意味）。

みずあげのぎしき「**水揚げの儀式**」舞妓すなわち半玉が一人前の芸者になるために旦那を持つための儀式。旦那は置屋の女将さんが、経済力・年齢・人品・人柄などを考慮して選ぶ。旦那が決まると女将は部屋を準備し、床の支度をする。枕許に卵を三個置き次の間に控える。旦那は卵を割り、黄味だけを飲み込み、残りの白身は横たわった舞妓の股間に塗る。塗り終わったらそのまま寝る。性交はしないでこれを六日間続ける。ただし卵の白身は日毎に少しずつ股間の奥の方へと塗って行く。七日目の夜に初めて性交する。旦那は、この水揚げの役割が済むとお役御免になり、それっきりとなる。

みずあそび［**水遊び**］どちらも濡れるということから、性行為。特に、尼や後家などの淫らな行為に使うことが多い。

みずいわい［**水祝い**］正月に、昨年結婚した男の家に友達が酒肴を携えて集まり、水を浴びせて祝う習俗。江戸時代に既に禁止されていたが、それ以降も続けられていた地方があるようである。「こなたにも女房もたせん水祝ひ」（其角）、「用捨なく水祝ひけり五十聟」（一茶）、「逃げ廻る跛の聟や水祝」（子規）、「家中一の美男といはれ水祝」（四明）。

◇水あぶせ、水浴びせ、水掛け、水掛祝ひ、水懸け。

みすがみ［**簾紙・御簾紙・三栖紙**］奈良県吉野に産する上等の花紙で、閨房用としてよく使われた薄い紙。「溜息を一つしてみす紙を取り」「みす紙でむごく握ってついとこき」「みす紙を二番ぶり持って来る」（『末摘花』）。「天狗の鼻をかむ様に簾で拭き」。

◇みす、御事紙、延紙、吉野紙、さくら紙、ティッシュ・ペーパー。

みすぎがみ［**三杉紙**］上質の漉き紙で、避妊用紙。吉原などの遊女はこの紙を口に含んで唾液で濡らし、それを丸めて膣内に詰め込んでおいて避妊に役立てたという。

みずさきあんない［**水先案内**］船の水路を案内するという意味から転じて、自分との性行為に慣れない男性に対し、女性が男性器を自分の性器の方に手で導き入れる行為を言う。

みずしょう［**水性**］女の浮気な性質。江戸艶本などでは「うわき」と振り仮名が付けられている。

みずぢゃや［**水茶屋**］現在の喫茶店に相当し、茶を出して休息の便を供する茶店。水茶屋は化粧し美服をまとった十六、七から二十歳くらいの美女を揃えて競った。寛保・延享の頃より茶汲女（茶汲兼売春婦）を置いた茶屋が出現し、宇治などの銘茶を出して客を接待し、宝暦より寛政にかけて全盛を極めた。競って美しい茶汲女をおいて、その愛嬌溢れ触れなば落ちん風情に常連客が押し掛けたという。

この水茶屋はだいたい寺社の境内にあり、表は仮小屋風であった。見世先には炉と茶釜が置かれ、茶棚は軒下に出されていて、床几が二つ三つ配置されていた。軒には掛行燈が掛けてあり、これに「御休所」「千客萬来」とか、屋号が書かれていた。見世の奥には居付のちゃんとした建物があり、小さな座敷をしつらえ、真昼の情事にも使われた。これらの茶汲女の中で特に笠森稲荷の水茶屋・鍵屋にいたお仙という女は大変な評判の別嬪娘で、当時有名な浮世絵師春信が彼女に関する絵を二十数枚も描いたほどである。「水茶やへ来てハ輪をふき日をくらし」、「十九間ン程ハ浅黄でおっぷさぎ」、「廿人木にすると書茶の字也」、「うらおもてある水茶屋ハはやる也」。

◇二十軒茶屋（浅草）。

みずてん［**不見転**］金しだいで誰とでも寝る芸者。花札の「みずてん」から来た言葉だと言われるが、金さえ出せば相手を見ずに転ぶという意味が掛かっている。明治二十年頃からの言葉。
◇共同便所。

みずはのめ［**水端の女**］約千年前の遊女。当時の都の周辺には出身民族別に二つに分かれて住み分けていた。その一つが「水端の女」と呼ばれる一群である。彼女らは揚子江のほとりから直接日本へ来たか、朝鮮半島を経て来た海洋民族（「倭人」と言う）の子孫たちである。女の長者に率いられ、売春の同業組合を作り、小金持ちの庶民から貴族・皇族まで多種多様の層が客であった。

　姫君のように身を飾り、二、三人で小舟に乗って営業していた。揺れる小舟で酒を勧め、鼓を打って今様（流行歌）を歌い、日中でも衣を脱いで、人目もはばからず船上の青カンに励んだ。絵巻物に残る性交体位の凄まじさや、二人掛り、三人掛りで客に仕える姿は、まさにプロの集団といえる。事実、太政大臣・藤原道長《みちなが》は遊女に高禄を与え、備中守・藤原仲実《なかざね》は遊女と結婚したという記録がある。
「水端の女」に対する、もう一つの群が「くぐつ（傀儡）」と呼ばれる遊女たちである。彼女らは陸上で生活し、北方の騎馬民族の伝統を残し、モンゴルのパオ（包）に似たテントに住んでいた。訪ねてくる都人や野営する旅人たちを客としていた。テントの中か草むらの中での野天性交で営業していた。後背位で交わり、独特の歌のリズムでの尻振りによる性交は、騎馬民族特有のものであるともいわれている。こちらも同業組合を作り、遊芸と性の技で生活していた自由な一つの業者であり、江戸時代の遊女のように束縛されたものではなかったといえる。源為義の愛妾はくぐつの一人であり、また平治の乱に敗れた源義朝一行の敗走をくぐつの女長者が助けている。さらに将軍・源頼朝が富士の裾野の巻き狩にはくぐつの集団も同行しているなど、「くぐつ」は源氏とのかかわりも深い。

みずみずする［**麗艶する**］瑞々しく豊満で色気がある。欲情して妖艶な色のある。例えば、「麗艶する腰」というように使う。

みずむけ［**水向け**］誘いをかける。もとは、巫女が霊を誘い出すのに茶椀に水を供えたことによる。「水向けをして女房をよがらせる」（『末摘花』）。

みずをへらす［**水を減らす**］美人で、淫蕩で男を腎虚にさせる。「水向けをするもへらした女房也」、「死水をとるは減らした女房也」（『誹風柳多留』）。

みそかお［**密男**］密かに人の妻などのもとに通う男。

◇密夫、情夫、恋人（男性）。

みだれぼたん［**乱れ牡丹**］膝を少し曲げた両脚を左右に大きく広げた男性の上に、女性もほぼ同じ形で背を向けて乗って交わる体位。座位の後背位で、牡丹の乱れ散るさまに似ているからだという。重い女性の場合、男性は腕で支えるのが難しい。派手な体位なので鏡張りの部屋向きという声もある。

◇掬い上げ。

みだれる［**乱れる**］激しい性行為に燃え上がる。普段の慎ましやかさや理性が失われ、心乱す意味と、激しい行為に着衣や黒髪・化粧が乱れることなどが含まれる。「乱れて今朝は御機嫌とお髪上」（『誹風柳多留』）。「長からむ心も知らず黒髪の乱れて今朝は物をこそ思へ」（待賢門院堀川の歌）。

みちもりのはたらき［**道盛の働き**］過度の性行為。平道盛は戦の門出にも鎧を着けて女と交わったという逸話があるほど、非常に好色者として知られている。

みちゆき［**道行き**］浄瑠璃・歌舞伎などで相思相愛の男女の駆け落ち・情死行などの場面。男女が連れ立って道中すること。

みつうおんな［**未通女**］処女。あるいは、結婚していない女。一般に「未通女」と書いて「おぼこ」と読む。

みっかい［**密懐**］他人の妻を寝とること、つまり夫ある女が夫以外の男と性行為を行うこと〔平安時代・鎌倉時代〕。この言葉は当時、人妻の浮気が多かったことを物語っており、平安末期の『今昔物語』にも密懐にまつわる悲劇が書かれている。また鎌倉時代に入ると、密懐を公権力で処罰しようとして貞永元年（一二三二）八月、鎌倉幕府は武家法典『御成敗式目』五十一か条を定め、その中に「他人の妻を密懐する罪科の事」という一条を入れた。後には「密通」と同義語として使われている。

みつごう［密合］ぴったり合うこと。男性器が女性器にぴったりと挿入されること。江戸艶本では「密合」を「しっかり」などと読ませている。

みっしょ［密書］艶本。

みっつう［密通・蜜通］妻や夫のある男女が、他の女や男と密かに情を通じること。「町内で知らぬは亭主ばかりなり」（『末摘花』）。
◇私通、姦通、姦淫、不倫。
みつつぼ［蜜壺］愛液で濡れた女性器。

みつどう［密道］（男色の）肛門。「しりこだま」と読む。

みっぷ［密夫・蜜夫］間男。

みつりん［密林］濃い陰毛。または陰毛が濃いこと。

みところぜめ［三所責め］三か所の女性の性感帯にいっぺんに刺激を与え、責めること。口には接吻をし、乳房には手で愛撫しながら、性交によって膣を責めることをいう。後茶臼で、片手で乳房を他方の手で陰核を責めるのが本来の三所責めだという者もいる。「四所責め」「七所責め」の項を参照。
◇三国責め。
みとのまぐばい［美斗能麻具波比・御門の交接］性交。『古事記』にイザナギ、イザナミの二神が美斗能麻具波比をなしたまえりという事がある。「美斗」は御所（寝室）で、「麻」は旨く、「具波比」はくい合い（交接）の意味であるという。「みとのまくばい杓子を定規絵本みる」。「みとのまくわい」「みとのまぐわい」ともいう。

みなぎる［**漲る**］陰茎が勃起すること。

みなのがわ［**男女の川**］川の名。昭和初期、双葉山の全盛期の頃の大相撲に男女ノ川という横綱が居たので知られている。男女の川という文字から、男女を扱った川柳に縁語として使われる。「久しぶり堤のきれたみなの川」。堤を切るは、女がオルガスムに達すること。

みにくきかみ［**醜き紙**］見苦しい紙。性行為の後の処理に使った紙。「床の内にみにくき紙の出づる頃あくる侘しといふも吉原」（千柳亭）。

みになる［**実に成る**］心底から心身共に悦びを感じられる性交をすることを意味する古語。身が入る。

みねいり［**峰入り**］性交。春と秋に修験者が修行のため大和国の大峰山《おおみねさん》に入ることを峰入りという。春は熊野から大峰に入り吉野へ抜け、「順の峰入り」と呼び、秋は吉野から入り熊野へ抜け「逆の峰入り」と呼ばれる。草木を払いながら奥深く入るので、性交にたとえられるようになり、男上位を「順の峰入り」と言い、女上位を「逆の峰入り」と言う。

みほと［**美蕃登**］女陰。女陰に対する敬意も含まれている古語。『古事記』に「畝火山の美蕃登」という言葉が出てくるが、山を擬人化して、山の腹、山の腰などというのと同様に、山の陰部という意味で使っている。「ほと」の項を参照。

みみずせんびき［蚯蚓千匹］女性器の名器。膣内に襞が多く、それがみみずのように微妙な蠕動運動をして挿入した陰茎にまつわりつくようにするので、男性は堪らない快感を味わうという。

みょうと［女夫］夫婦。上方では夫婦よりも女夫の方が一般的。男社会の江戸に対して、上方の女上位を暗示している用語とも考えられる。

む

むぎばたけ［麦畑］農村部における最高の密会場所。出合茶屋などの無い農村部では絶好の青天井の場所であった。麦畑は、大概は土が乾燥していること、畝と畝の間が広く二人が重なるのに十分な広さがあること、畝と畝の間が緩やかな円弧の形で窪んでいること、出穂前頃になると麦の背丈はしゃがめば姿が隠れるほどの高さになることなど、野菜畑や水田とは比べ物になら無いほどの絶好の条件だった。それにもかかわらず、行為が激しすぎると、麦を押し倒してしまったりして畑の持ち主に迷惑をかけた。それらのことは、川柳の絶好の主題でもある。「あとを見てうれしおかしう麦起す」、「うざる畑主寝た麦の根に髯《かみ》がある」、「損ねたをこのもしがりし麦ばたけ」（このもしがるは羨ましがること）、

「はへてから娘の納戸麦畠」（納戸も密会の場所）、「麦刈てひとりおかしい事思ふ」、「麦刈てからうつとしき下男《しもおとこ》」（うつとしきは憂鬱なこと）、「苅にくき麦の由来を壱人笑み」。「麦の後チずいきの中で又はじめ」（『誹風柳多留』）。「まだ伸びもせぬにもう来る麦畑」、「麦畑ざわざわざわとふたり逃げ」（『末摘花』）。スコットランド民謡「カミン・スルー・ザ・ライ」（「故郷の空」の原歌）もライ麦畑の中の恋歌である。

むぎ［**麦**］麦畑のことで、アウトドア・セックスの暗喩。「麦ののちずゐきの中でまた始め」（『誹風柳多留』）。

むぎのなか［**麦の中**］麦畑の中という意味で、アウトドア・セックスの代名詞。「なびかぬと鎌でおどかす麦の中」（『誹風柳多留』）。「囲炉裏にて口説き落として麦の中」。

むきみ［**剝身**］貝の剝身、貝と同様に女陰の代名詞。「日を喰った剝身を下女に振る舞われ」（『誹風柳多留』）。日数の経った剝身はどす黒く臭気がある。

むくれたつ［**剝れ立つ**］勃起する。怒ったように立ち上がる。

むさしぼう［**武蔵坊**］女嫌い。武蔵坊弁慶は修行中にたった一度だけ女と交わったことがあるだけだと伝えられている。穴無しといわれた小野小町と並んでからかいの対象となっている。「武蔵坊終り初めも一つぎり」、「弁慶と小町は馬鹿だなァかかァ」、「させもせずしもせず二人名が高し」（『末摘花』）。

むしかえす［**蒸し返す**］立て続けに二番、三番と性交すること。「ふしかえす」が正しい読み方らしい。

むじょうりゅうしん［夢情留心］江戸時代、大奥の女たちなどが使用した自製の張形。簪（かんざし）や帯留に紅布を太さが一寸（径約三センチメートル）ほどになるまで巻いたもの。作り方は、わらび湯または葛湯に紅絹布をよく浸して丸め、乾かし、胴の太さが一寸強（約三センチメートル）、頭部の太さが約一寸五分（約四・五センチメートル）になるように幾重にも巻いていく。その付け根には性毛を束ねたものを先端から五寸五分（約一六センチメートル）の位置に丸く縛る。付け毛までが膣に挿入する部分で、付け根から下にも一寸ほど残す。ここは使用する時の把手となる。

こうして作られた物は、わらび湯または葛湯で幾重にも固く巻いた物なので、使う時には湿り、愛液を含むとますます固く締まり、十二分に張って太くなって、緩んだり折れたりすることは少しもない。

次に、使い方を『秘事作法』より抜き書きする。あらかじめ四半刻（約三〇分）の余裕を取る。まず無情留心の頭部を口一杯に含んで、片手は乳を揉み、片手は女陰を五十回ほど擦る。百回ほどになると陰核が固くなってくるから、口に含んだ夢情留心を手に持って、陰唇から膣口へと擦り上げ、深く膣口へ入れる。百回ほど擦ると愛液（騒水）で潤ってくるので、次に三百回ほど大きく抜き差しする。さらに、一杯に深く抜き差しすること二百回、ただしこれは九浅一深である。騒水の音がするようになったら、乳揉みを止め、その指で陰核を腹の上に向けて擦り付け、張形とともに二百回擦る。尻を上下左右に回したらば、陰核を上げていた指で陰核の先端を強く早くこする。片手の指は早くして、張形とともに二百回擦る。尻を上下左右に回したらば、陰核を上げていた指で陰核の先端を強く早く擦る。片手の指は早くして、張形の方は遅くする。これを二百回ほどすると、精水が出そうになる（絶頂に達しそうになる）ので、もう少し延ばすために、愛液が殊の外多い場合には、張形を抜き取って、口で拭い取る。これは玉露水で得難いものだから、口で拭って心肝に戻すのが良い。

むしろしき［**筵敷き**］下女兼妾。「あきれはて銘作我折るむしろしき」（銘作は名刀、我折るは降参、旦那の凄いのにあきれて降参の筵敷き）、「何べんも挑灯火畳むむしろしき」。
◇座敷き、二瀬。

むしろやぶり［**筵破り**］筵を破り突き抜けるほど、精力絶倫で勃起力が強大な陰茎の持ち主。また、その堅く勃起した陰茎。『当世爰かしこ』（安永四年・一七七五）に「十八九は節穴を通す。初老は筵を破る」とあり、『仮名文章《かなまじり》娘節用《むすめせつよう》』（天保頃）には「喰はぬは損者のびんずる隠居が筵破りの女犯だ」とあり、また、『軽口開談義』（江戸中期）には「この家の親父六十の筵破りとのたとへに違わぬ」とあるので、「筵破り」は初老（五十歳くらい）以上の男に使ったと思われる。

むすこ［**息子**］陰茎。

むすめ［**娘**］女陰。

むすめやど［**娘宿**］村の娘たちが一つ家に泊まって生活し、時には若衆と遊ぶ慣習。青森県下北郡には最近までこの風習が残されていた。「若衆宿」の項も参照。

むせい［**夢精**］男子が睡眠中に性的興奮を起こし、精液を漏らすこと。女性の性器や、性行為の夢を見ると起こることが多いのでこの名があるが、夢を見なくても起こることがある。江戸時代は「夢精」と書いて「もうぞう」と読んだ。

むだあな［**無駄穴**］禁欲して性交しないこと。「三年はむだあなにして縁を切り」（『末摘花』）。

むちむち　女性のふくよかな腰つきや乳房の表現。「むっちり」から変化した言葉。

むっくりどり［**むっくり鳥**］ふっくらと膨らんだ女陰のこと。「鳥」だけでも同じ意味があるが、ふっくらとした様子を強調する時に使われる。

むつごと［**睦言**］男女の寝物語。性行為の間に話し合う言葉や内容。

むつごと［**睦事・交合**］性行為、または性行為の内容。

むっちり　ふっくらとして張りのある様子。女性のふくよかな腰つきや乳房の表現に使われる。

むっつりすけべ［**むっつり助平**］一見おとなしくて口数が少ないのに女には手が早いこと、また、そのような人。冗談や卑猥なことは一切しゃべらないで堅そうに見えるのに、内心は凄く好色な人。

むはんのうき［**無反応期**］男性が射精した後に起こるインポテンツ状態。男性はいったん射精してしまうと一定時間インポテンツ状態になり、この時間の間はどんな性的な刺激に対しても反応しない。陰茎が勃起しないという生理的なインポテンツだけでは無く、性に対する興味が無くなり、時には嫌悪感を持つほどの、心理的な無反応期にも入るのである。

江戸時代の『御閨御慎みの事』にも、「すべて殿御の用事にかかり給ふ時は、種々して曲をつくし、充分に仕度く思ひ給ふが常なれども、用事終れば見るも嫌になるとか申すことにて候云々」とある。

男性の無反応期は若いほど短い時間で経過するが、年齢が高くなるにしたがってこの無反応期はどんどん長くなり、一時間から数時間、さらに半日、一日以上を要するようになる。ところで女性には、この無反応期は存在しない。

◇レフラクトリー・ステージ（refractory stage）。

むらであい［**村出合・村出会・村出逢**］アウトドア・セックス。「雁つらを乱してばれる村出會」、「村出逢させもが露に濡れるなり」（『誹風柳多留』）。百人一首の「契りおきしさせもが露を命にてあはれ今年の秋もいぬめり」（藤原基俊『千載集』）の中の言葉を援用しているのがミソ。「村出合苅穂の上で露に濡れ」（同）。

め

めあわす［妻合わす・娶す］女を男に添わせて夫婦にする。古くは、性交する・性交させるという意味に近い言葉だった。

めいき［名器］女性器が優れていること、またその優れている女性器。江戸時代の色道指南書『閨中紀聞枕文庫《けいちゅうきぶんまくらぶんこ》』（文政五年・一八二二）には、「玉門の形、饅頭を二つ合わせたるごとくに、むっちりと、ぐるり高にして、肉の赤み桃色にて、空われ長く、吉舌みぢかく太く、毛すくなくやはらかなるを、淫門の最上とす」とある。また、『春色初音之六女《しゅんしょくはつねのうめ》』（天保十三年・一八四二）には、「…この花魁は姿形も潤はしきのみならず、恋が窪の廓中、第一の交合上手にて、古今無類の玉門也。然ば、生娘の時より今にいたるまで、玉門の左右の肉和らかに膨れ上り、白羽二重の絹に真綿を包みし如く、実頭の肉高くやわらかなり。また細くやわらかなる毛の三十本ばかり、上の方に生て、股の色白く光艶としたる皮膚…」とある。いずれも、機能よりも外観重視と思える。

名器の種類には、章魚（たこ）、関木、茄子、陰冷、巾着、饅頭、前垂、カワラケ、長挺孔（ながさね）、カンヌキ、アタゴヤマなどがある。

女性器の良し悪しの率は、名器と呼べるもの…八パーセント、良マン…二五パーセント、並マン…五六パーセント、粗マン…一一パーセント、という古い調査結果がある。

また名器の種類別の調査では、巾着…三七パーセント、蛸壺…二一パーセント、ミミズ千匹…一一パーセント、数の子天井…七パーセント、潮吹き…五パーセント、その他…一九パーセントという結果もある。いずれも調査対象や調査内容に不明な点があるので、一般的に適用されるかどうかは不明であり、参考にとどめたい。

いずれにしても、名器に出会いたいというのは男の願望といえるであろう。しかし江戸川柳に「大同小異巾着と蛸の味」というのがある。蛸だ巾着だと男どもは具合のよい女陰を求めて躍起になっているが、どれもこれも、その味わいには大同小異で大差ないと結論付けている。また『一部詩集』（天保十年・一八三九、狂詩集）には「一蛸二饅頭三傘四巾着此餘何足論摺鉢深少悦土器浅多愁貫木支如滞清水溢似流…云々」とあり、名器を四つ挙げているが、その他のものは論ずるに足らないといっている。こうしてみると、名器というのは男たちの作り上げた幻影であり、夢であるといえるのではないか。ある人は「愛情こそが名器を作り上げる」と言っているが、けだし名言といえるのかもしれない。

医学的に名器の判定をするには、膣の大きさ、膣の伸縮性、膣粘膜の感触、膣粘膜の濡れ具合、膣の感じ方や感度を総合されたものだといわれているが、細かい研究はいまださ れていない。「交合器」の項を参照。

優れた男性器を名器ということもある。

◇上品（じょうぼん）、上開（じょうぼぼ）、妙陰。

めいしゅや［**銘酒屋**］銘酒の一杯売りを看板にした私娼窟。矢場女が廃れた明治二十年（一八八七）頃から、東京市内の各所に、表面は銘酒の一杯売りを看板にしてその実は数名の私娼を抱え置くことが流行った。大正時代に入ると浅草公園裏に数百軒の銘酒屋と称する私娼窟ができ、官の黙許を得て公然と営業し、昭和の初期まで続いた。

めいとう［**名刀**］すぐれた男性器のこと。

めいぼうこうし［**明眸皓歯**］美人の形容。目がぱっちりと美しく、歯が真っ白である。「明眸皓歯今何《いず》くにか在る。血汚の遊魂帰ることを得ず」（杜甫の詩、この場合の明眸皓歯は楊貴妃）。

めおとずもう［**夫婦角力・夫婦相撲**］夫婦の性行為。「泣き出され夫婦角力はわれになり」、「夫婦すもうの引分けは泣き出され」（『末摘花』）。

めかけ［**妾・目掛け・女掛け**］正妻の他に養って愛する女。正妻を持つ男と肉体関係を持ちながら経済上の援助を受けて暮らす女。養老二年（七一八）の養老律令では妾は「次妻」として本妻とほぼ同等の地位にあった。時代が降るにしたがって妾の身分は低くなっていき、江戸時代には下女・下僕などの奉公人の雇用と同じ扱いになった。それに応じて、江戸時代の蓄妾の習俗はますます盛んになり、少し裕福な町民も妾を持つようになった。大方は一年契約であり、毎年三月四日が「出代り」（初出勤）であった。一年間の勤務が見込まれれば「重年」（継続契約）になる。複数の男を兼務する女もあれば、下女の仕事と兼帯（兼務）する女もいた。「妾を兼帯に隠居の下女つとめ」（『誹風柳多留』）。「閨中に入ってめかけは章魚になる」（『末摘花』、物事がよく変化することのたとえに使われる「海中に入って雀蛤となる」という中国の慣用句の援用）。「重年をさせなさるかと水を向け」。

大名は正妻の他に「側室」と称する妾を持つ者も多かったが、それと同時に、正室（奥方・正妻）を人質同様に江戸に居住させられていたから、国許にも大名在国中の妾を必要とした。この国許の妾の首席は「御国御前」と呼ばれた。奥方は同族から娶るなどの制約があった上に、殿様自身で選択の余地が全く無かったのに対し、側室の方は自分の好みで選べたのであるから、その美醜の程度の差はもちろん、愛情の行方も察しが付く。

現代ではもっぱら「愛人」という言葉が使われるようになった。「愛人」の項を参照。

◇同義語、類義語は「愛人」の項を参照。

めかけめん［**妾面**］陰毛の生え方の一つ。逆三角形型に属するが、恥骨の奥の方、外側から見えない部分にひっそりと生えているもの。「陰毛」の項を参照。

めがたき［**女敵・妻敵**］自分の妻と姦通した男。姦夫。「女敵をもえ討たず、聞かぬ顔する腰抜けの彦九郎」（近松『堀川波鼓』）。

めがたきうち［**女敵討ち**］姦通した妻と相手の男を斬って仇を討つこと。昔、侍の場合は女敵討ちは自由であったが、あまり名誉なことではないので、実際にはほとんど行われなかった。時には金で解決したようである。「女敵討ちは天下のお許し」（近松『反魂香』）。

めぐすりかい［**目薬貝**］目薬を入れる貝。この目薬は媚薬の代用品としても使われたし、また、この貝の中に本物の長命丸や女悦丸を入れて売られていたから、目薬貝は媚薬の代名詞。「悪ざれをよふなされたの目薬貝」。

めしもりおんな［**飯盛女**］宿場の下級女郎。家康は江戸に幕府を開くと同時に街道の整備に力を入れ宿駅を設けた。幕府の軍事輸送力の増強のために、幕府の公用馬である伝馬と人足を出す義務を各宿駅に課した。幕府は伝馬の負担を負わせる代わりに地租を免除し、荷駄の運賃を得る権利や旅行者を宿泊させる権利を各宿駅に与えた。それでも負担は大き過ぎたので、宿駅の旅籠に飯盛女が生まれたのは必然的なことであった。幕府はこれを禁じたこともあったが、やむを得ないことと判断して、後には各駅の旅籠に、一軒につき二人ずつの食売女（めしうりおんな）と称する飯盛女を置くことを許可した。あくまで名目上は飯の給仕をする女ということにし、華美になることは禁じた。

めのじ［**めの字**］女陰。めめっこの頭文字。「ちの字とめの字まくり逢う筒井筒」（『誹風柳多留』、業平を詠んだ句）。

めめっこ［**女々っ子**］女陰。「めめっこもさん出して置くつばな売」。薬草のつばなを売りに来た稚い娘が籠の側でしゃがんでいると、パンティーなど穿いていない当時のことだから女陰も見えちゃったという句。「蒟蒻をめめっこにする華の宵」（『誹風柳多留』、「めめっこ」は短冊形に切った蒟蒻の真ん中に切れ目を入れ、端の部分をこの切れ目を潜らせて捩じった煮しめ。「華の宵」は花見の前の日の晩）。類句に「花の宵下女蒟蒻によりをかけ」があるが、前句の方が色気が匂ってくる。

めやみおんなにかぜひきおとこ［**目病み女に風邪引き男**］目を患っている女の潤んだ目は色っぽく見え、風邪を引いて首に白い布を巻いている男は粋に見えて、どちらも魅力的である。

も

もあいしょう［**最合妾**］複数の男が一人の女を月囲いで妾にすること。「最合ひ妾最一人でも苦にはせず」（もう一人増やして稼ごうか）。

もうげん［**妄言**］淫らな言葉。

もうご［**妄語**］淫らな言葉。またはよがり声。

もうそう［**毛叢**］陰毛。陰毛が草むらが茂るように生えそろっている様。

もえもん［**茂右衛門・茂衛門**］一般には男性器を指す。まれに女陰を言う場合もある。

もかぶり［**藻冠り**］二七〇〜二八〇年前、名古屋に生まれた下等淫売婦。当時、公娼が禁止されたために生まれた。その頃、熱田から新鮮な魚に藻を冠ぶせて売りに来た「藻冠り」という魚が、安くて味が良かったので、この安い割には味が良い下等淫売婦にも「藻冠り」という名が付けられた。その後、高等淫売婦ができてからも、高等百花（こうとうもか）、令嬢百花と呼ばれるようになり、「もかぶり」「もか」の名は残った。同時に伊勢、美濃、遠江にもこの呼び名は拡がった。

もくぎょ［木魚］女陰。

もくぞう［木蔵］未だ色気づかないこと。

もくぞうがに［藻屑蟹］毛深い女陰。モクズガニは脚やはさみに長い毛がふさふさと生えている。「乳母が前もくぞうがにのごとくなり」（『末摘花』）。

もじりまわす［もぢりまはす・捩り回す・捩り廻す］腰を捻って尻を回す行為。女の性交運動の一つ。

もちつき［餅搗き・房事］性交の隠語。男性器を杵といい、女性器を臼という。臼を杵がこねたり搗いたりすることに擬した言葉。「おまえ杵ならわたしは臼よ、抱いて手足をからみ餅」（俗謡から）。

もちつき［餅搗・望月］交合禁忌の日。儒教の影響から、祝いごとの餅つきの前に交合すると餅が穢れると考えられていたことから、餅つきの日の前後が交合禁忌の日となっていた。それがやがて交合禁忌の日をすべて餅搗というようになった。

もまれる［**揉まれる**］床慣れし過ぎて下品になること。

もみじあわせ［**紅葉合わせ**］女性の両乳房で男性器をはさみ、膣の代わりをさせて射精を促す方法で、偽交の一つ。

◇ポンパドゥール方式。

もも［**桃**］お尻。

ももいろゆうぎ［**桃色遊戯**］（年少の）男女の不純な交渉。遊びとしての性行為（ピンサロのピンもここから来ている）。

ももとさくらのはなずもう［**桃と桜の花角力**］女性同士の性行為。

もものはな［**桃の花**］月経。

ももひざさんねんしりはちねん［**腿膝三年・尻八年**］女性の腿や膝を嫌味無く撫でられるようになるには三年かかり、お尻となると八年かかるという格言。吉行淳之介が「桃栗三年、柿八年」をもじって作ったらしい。

ももよめ［**百夜目**］深草の少将が小野小町に恋したところ、その熱烈さに小町もやむをえず、百夜通い続けたら御意に添いましょうと約束したが、少将は最後の百夜目に雪のために死んでしまったという有名な伝説に由来する言葉。「百夜目はすまたをさせるつもりで居」、「百夜目は三もくも押す気で通い」（『末摘花』）。

ももんじい　毛深い女性のこと。ももんじやの訛り。「振袖に似合わぬ所コハもゝんじい」

（『末摘花』）。

ももんじや　毛深い女性のこと。江戸時代に猪・鹿などを売っていた店の称号に由来している。

もやもやのせき［濠々関］女陰。濠々関は古代に実在したと思われる関所で、陸奥の国から出羽の国への関所であるとされている。この関所を越すと土中から掘り出された壺の碑がある多賀城址に至る。その昔、よくわからない陸奥の奥地であったことや「もやもや」という地名とが重なって、女陰の代名詞となった。「もやもやの関有る奥に壺もあり」。「むやむやの関」ともいう。

もらいどこ［貰い床］他人の性行為に挑発されて欲情を催すこと。また、その欲情のために自慰などの性行動に及ぶこと。

もん［紋・文］売春婦。文単位の銭で買えたからかもしれない。

もんこ［門戸］入口という意味が転じて女性器の開口部のこと。御門戸または汚門戸が転じて「おまんこ」になったといわれている。

もんじゅ［文殊］妊娠三か月の胎児。江戸時代の産科では胎児を仏道になぞらえて、妊娠三か月を文殊、四か月を普賢、五か月を地蔵、六か月を弥勒、七か月を薬師、八か月になると観音、と言った。

もんじゅじり［文殊尻］文殊菩薩は趺座しているので肛門が前に突き出る恰好になってい

る。このような場合は肛門がゆったりとする。そのため、男色の場合に正常位の形で行うことができるという。そこで趺座によりこのような形をした尻を文殊尻と呼んだ。女性の場合も趺座している女は女陰が寛闊になって性交しやすいので、この場合も文殊尻ということがある。朝鮮の女性は趺座する習慣があるので文殊尻が多いといわれる。

もんぜんしゃせい［**門前射精**］男性が性行為に不慣れなため、陰茎を女陰に挿入する前に射精してしまうこと。

もんだかみ［**揉んだ紙**］枕紙。性行為をした後の始末をする枕紙は、音が辺りに聞こえないように、あらかじめよく揉んで柔らかくしておくのが、江戸時代の女たちの心遣いであり、たしなみであった。「尻で書くのの字は揉んだ紙へしみ」。

もんもん［**悶々**］悶え憂えるさま（広辞苑）。恋愛で心理的に悩むことの意味で従来はよく使われていたが、一九九三年頃からはもっぱら生理的に性交欲求が生じ高まるという意味で、若者の間で頻繁に使われるようになった。

や

や［**治**］なまめく。なまめかしい。治妖、治容など。

やきて［**焼き手・妬き手・嫉き手**］嫉妬深い夫や妻。「御ぞんじのやきてと内義勝て迯」

（『末摘花』、主人の嫉妬を理由に勝逃げ）。
やぎのめ［**山羊の目**］性具の一つ。羊の目の代用品。
やく［**役**］月経。厄（やく）の誤記。
やけぼっくいにひがつく［**焼け木杙に火が付く**］前に関係のあった男女が、一時縁が切れていたのに、また元の関係に戻ること。
やげん［**薬研**］女陰。薬研は漢方薬を粉末にするための舟形の窪みを持つ鉄製の器具で、その形が女陰に似ている。形が似ているだけではなく、薬種を粉にするためには舟形の窪みに入れたものを、鉄の円盤に木の軸を通した道具（鑢鍔）で捏ね回すのであるが、その動作も意味を含んでいるのではないだろうか。「薬研形《なり》しても薬なものでなし」「柔らかな薬研で命卸すなり」「鍔の無い薬研でおろす腎の臓」「逆さまな薬研で杭の打ちにくさ」。
やごう［**野合**］①正式の結婚をしないで男女が通じ合うこと。②恋愛結婚。③最近の文には誤って、野原など戸外での性行為の意味で使われている場合がある。本来「野（や）」には正式の（結婚）ではないという意味があるのを、単純に「野（の）」と解した誤りと考えられる。
　媒酌人（仲人）がある正式の結婚と私通（野合）とを区別するようになったのは江戸時代からである。以後身分の上下なく媒酌人を立てるのが常道となり、身分のある者は嫁・婿の両方から仲人を立て、事実上の媒酌人（橋渡しという）と公式上の媒酌人を立てるという婚姻形式が確立していった。この形式に当てはまらない恋愛による性行為や結婚は野合であり、「どれあい」と言われた。

媒酌人には出入りの医師が当たることが多く、これを「桂庵」と称した。仲人は持参金（敷銀）の一割を手数料として取るのが普通であったから、その敷銀目当てに媒酌人を営業する者も生まれ、医業を放って媒酌に奔走する医師や、医師をよそおう専業仲人も生まれた。同時に何とか婚姻までこぎつけようと嘘八百を並べ立てるので、「仲人口」という言葉も生まれた。「仲人にかけてハ至極名医なり」、「四百ツ、両方へうる仲人口」、「年を迄一割引ィてせわをやき」（『誹風柳多留』）。

やすびな［**安雛**］貧乏ながら心身共に健康に育ち、気立てがよく美しい娘。箱入りだが裸であるという洒落。

やち［**谷地**］低くじめじめした土地という意味から転じて、女陰のこと。

やっかいぼう［**厄介棒**］陰茎の俗称。つっかい棒に音をなぞらえ、時と所を選ばず怒張したり、欲望を満たせと主張したりする厄介な棒という意味で、江戸時代人特有のユーモア溢れる命名の一つ。

やっこ［**奴・やッ子**］もとは武家方で不義を働いた女子を戒めのために吉原に女郎として出した者をいった。古書に「いにしえ武家方にて不義などありし婦人を、戒めのためとて、五年或は三年の年期にて、この里（吉原）へ勤めに出すを言うなり」とある。やッ子には身代金というものはなく、無償で遊女稼業を強制される。天保の時代の例では、官から引き渡しを受けると、吉原の楼主たちは競争入札をすることになり、美貌の女であれば、四〇両、五〇両の値を付けた。中には一〇〇両を超す値のついた女もいたという。落札金は積み立てて遊廓内の諸費用に充てるとともに無事、満期まで勤めた女には手当金として幾らかが与えられた。

後には「奴」という名称は、法令に背いて売春行為をした女を、禁錮の代わりとして吉原へ送り下げ、奴隷の婢として労役に服させるのを目的とした制度の中で、幕府が別名としてつけたものである。したがって、取締りの網にかかった淫売や夜鷹が送られることが多く、堅気者の女房・娘が奴になることは皆無に近く、ましてや体面を重んじる武家では不義は法度であるからお手討ちになり、奴になることはなかった。

後には様々な理由で無償で遊女稼業をする女をすべて「奴」と言った。

やどう［野道］肛門性交。本道から外れたやり方という意味。

やとな［雇女・雇仲居］必要に応じて酒席や宴会に時間制で雇われ、席を賑わしたり芸ごとを披露したりする女性。主として関西で発達した職業婦人。

やどひきおんな［宿引女］街道の宿駅の旅籠で客を呼び込む女。女郎や飯盛のいない宿駅では、時には宿引女が売春をしたこともあったようである。『旅枕五十三次』の新居宿の記述には「宿引女にあいたいすべし。股ぐらの手入もおろそかなれども地もの故、陰毛、開の下口のあたり迄、はへさがりて気がわるく、吐陰おゝく鼻いきあらく、しんによがることとなれば情尤ふかし。小づかひとして弐百文やるべし」とある。

やなぎごし〔**柳腰**〕柳のように弾力があり、歩く時の動きが滑らかな腰。柳腰というと細っそりとした形を思い浮かべる人が多いようであるが、柳腰は形状につけられた呼び名ではない。しかし、弾力があり、滑らかな動きをするには、お尻の形は出ても垂れてもいないで、大き過ぎず小さ過ぎず、中肉中背の女性のお尻ということになる。肉付きがちょうど良いので皮膚感覚も敏感である。着物が良く似合い、そのたたずまいに気品があるということになる。

やば〔**矢場**〕江戸時代中期より大流行した民間の遊戯場。上方では「楊弓場」と言う。矢場で使われる楊弓という弓は正式の弓より相当小さく、長さ二尺八寸（約八十五センチメートル）しかない。矢は九寸五分（約三十センチメートル）、力を要しないので一般人でも楽に矢を射ることができた。矢場は武道に通ずるというので、お上も喜んでいた。テレビの時代劇で見るように、矢場には「弓取女」または「矢返し」と称する美しい女を四、五人置き、矢が的に当たると、女は「当りーっ」と叫んで太鼓をドーンと打った。

この女たちは表向きは弓取女であったが、実際は売春もする私娼であり、店の奥にはそのための小部屋があった。つまり矢場は私娼窟の一種であり、客も楊弓を射ることは二の次で、本当の目的は買春にあった。やがて矢場があまり盛んになり過ぎたので、天保の改革に際して女を置くことが禁じられてしまった。客の目的は女にあったのだから、女のいない矢場は当然の事ながら急激に衰退し消滅した。

やぶいり［**藪入り**］一月と七月の十六日に雇人・女中らが与えられる数日の休暇。久し振りの逢瀬に恋も深まるというもの。「出来そうになるとやぶ入り帰るなり」「やぶ入りの帰りたくない物を食ひ」（下の口で食った）、「やぶ入りをなまものじりにして帰し」（生物知りは生半可な物知り。奥女中が張形でない生物を知ったという解釈もあり）、「宿下りにうすく一と切れふるまはれ」。

やぶさめ［**流鏑馬**］輪にした紐を男の首に掛け、女は紐を手綱のように持ってする騎乗位。女が後ろに思いきり反れるのが良い。

やぶれがさ［**破れ傘**］女性上位のこと。淫水が陰茎を伝って流れ落ちる様を破れ傘の柄を雨が伝って流れ落ちる様にたとえた呼び名。

やほち［**夜発**］平安時代の売春婦。『和名類聚抄《わみょうるいじゅしょう》』によると、白昼ふらふらと出歩くものを「遊女」と言い、夜になって性を売るものを「夜発」と言ったが、やがて遊女も夜発も区別が無くなっていった。

やましたのけころ［**山下の蹴転**］江戸時代、東叡山寛永寺の北側の崖下の火除地の小屋にいた売春婦。寛永寺の北側の崖下は享保五年（一七二〇）三月、元文二年（一七三七）五月と火災が続いたため、ここを火除地とした。崖下なので「山下」と呼ばれた。広っぱには小屋掛けの見世物や葭簀張りの小屋が並んだ。ここで特に有名になったのが、「山下のけころ」と呼ばれる白首女である。美人が多く、青梅桟留黒繻子の半襟を掛け、緋縮緬の長襦袢をちらつかせて欲情をそそった。わりあいべたつかず好評だった。女たちの特徴は赤い前だれで、別名「山下の前だれ」とも呼ばれた。見世は間口二間に表は格子、二階に三畳・四畳の小部屋があって、そこで春を売った。「けころ」は「蹴転ばし」という意味で、チョンの間の遊びのことである。遊び代は二百文と決まっていて、客が上がると銚子を一本持って来るが、これが空になると遊びは終わり。追加を頼むと二回分の四百文とられた。「前だれで手を拭きながら四百取り」。「蹴転ばし」の項を参照。

やまねこ［**山猫**］売春芸妓の呼び名。江戸では寺社の境内で売春する女、京都では坊主相手の売春婦を言った。山は寺という意味、猫は寝子で性行為をする女という意味で、二語の合成語である。

やまのかみ［**山の神**］妻の異称（広辞苑）。妻の俗称。女房。かかあ（学研国語大辞典）。妻を奥とも呼び、「オク」はイロハ順で「ヤマ」の上にあるから「山の上」であるという説がある。

やまぶし［**山伏**］女陰の異名。山伏が額に着けている兜巾（ときん）には縦の筋が有って一見女陰ににているから。「山伏へ夜な夜な見舞う大天狗」「山伏はとっこを呑んで反吐を吐き」（『誹風柳多留』、独鈷は仏具で、陰茎の代名詞）。

やもお［**鰥夫・寡男**］男やもめ。本来は「やもめ」というのが正しいが、男のやもめという意味で「やもお」と呼んだ。

やもめ［**寡・寡婦・孀・孀婦・孀妻**］夫を失って独りでいる女。

◇後家、未亡人。

やゆう［**冶遊**］商売女と遊ぶ。女友達を求めて遊び歩く。少女の春遊。

やり［**槍**］陰茎。「槍でもつかれるように嫁案じ」（『末摘花』）。

やりさび［**槍錆**］勃起しない陰茎。または陰茎が勃起しない状態。性行為を戦にたとえたり、男性器を武具にたとえた言い方の一つ。

やりて［**遣手**］遊廓で、見世に上った客と花魁との間のとりもちをする女。この遣手の宰領一つで花魁のサービスが変わってしまうというから、客はこの女に祝儀（チップ）を出さなければならなかった。昭和初期の廓での遊興費が二〜三円の時代に、最低でも、五〇銭の祝儀を渡さないと遣手が敵娼を連れ出してしまったという。一円出せば機嫌良くなり、二円も出すと、愛想が良かったという。お金持ちと見ると、見世全部の者へのご祝儀を出さされ、これを総花と言った。「遣手とは仮りの名じつはもらいてえ」「総花に重き枕を遣手あげ」。

やる［**行る・遣る**］性交する。「しないからやれでは女房がてんせず」（『末摘花』、「する」と「やる」の両語の入った句）。

やる［**行る・遣る**］オルガスムに達する。「気を遣る」の略か。「女房やらんとすその声かなし」（『末摘花』）。

やる［**犯る**］女性に対して力ずくで性交すること。強姦すること。

やわはだ［**柔肌・柔膚**］（女性の）やわらかな肌。

◇和膚（にこはだ・にきはだ）、柔膚（にきはだ）。

ゆ

ゆ［**湯**］愛液。「女十分姪心萌したる時は陰肉はり、湯、下に降り陰中熱し」（『色道禁秘抄』）。

ゆうがお［**夕顔**］遊女のこと。特に俳句ではこの言葉が多く使われている。「夕顔や待人持て咲き急ぐ」（斑象）、「夕顔の宿にや一夜浮かれ妻」（也有）、「夕顔の君が巻きけり葭簾」（和風）。

ゆうじょ［**遊女**］古来、宿場などで歌舞をなし、または枕席に侍するを業とした女。室町時代以降遊廓が公認されてからの娼婦。すなわち遊女といえばテレビや映画でおなじみの、江戸時代の遊廓の中で自由を奪われて性を売った女性が思い浮かぶが、中世の遊女は歌や舞などの芸を身に付けていてそれを披露しながら性も売るという女たちであった。

古くは〈さぶるこ〉〈うかれめ〉に「遊行女婦」の文字を当てた。〈あそびめ〉の「遊女」はこの遊行女婦の約言・略称である。

平安中期の『和名類聚抄《わみょうるいじゅしょう》』によれば、白昼ふらふらと出歩くものを「遊女」といい、夜になって性を売るものを「夜発《やほち》」と言って区別しているが、やがて遊女も夜発も売春婦として混同されていった。手柄岡持の『後はむかし物語』には「傾城湯女白人躍子呼出山猫比丘尼飯盛綿摘夜発蹴転舟饅頭、如之云々…寛保の事なり」とある。遊女にもいろいろあったことが判る。

◇遊君、女郎、売春婦。

ゆうじょのけしょう［**遊女の化粧**］吉原などの遊女のうち、太夫など高級な遊女は顔には殆ど化粧をせず、素顔に近い状態で席に侍ったという。局などの下級遊女ほど顔の化粧は濃かった。さらに夜鷹などはすごい厚化粧をしていた。

また、遊女たちは唯一の商売物である洞にはよく手入れをし、顔同様に美粧を施し、高級遊女ほど行き届いていたという。先ずは恥髪の手入れ。多い場合には毛抜きで毟り、長いものは軽石をこすり合わせて切り取ったり、線香で焼いたりして始末した。吉原には下剃りの床屋がいて手入れをしてくれた。鹿恋い以上の高級遊女は秘所には麝香を入れた小袋を挿入したり、龍涎香を塗ったり、伽羅をたき込めたりした。避妊のためには、小杉紙もしくは三杉紙という上質の漉き紙を口の中にいれ、唾液で濡らしたものを丸めて膣内に詰めておき、仕事が終わると、腰湯（したゆ）を使って洗浄した。江戸時代も文政時代（十九世紀前期）になると、下級遊女の間には、「入黒子（いれぼくろ）」と呼ばれる刺青をするのが流行り始めた。これも化粧の一つだったようである。

ゆうとう［**遊蕩**］だらしなく酒色に耽ること。◇放蕩、道楽。

ゆうぶつ［**尤物**］すぐれたもの、すぐれて美しい女（広辞苑）。美女。すぐれて巨大な陰茎。雄根。

ゆうべけ［**夕べ気**］昨夜の（性行為の）疲れが残っている様子。「夕べ気の顔なぶり合う三度笠」。

ゆうり［**遊里**］たくさんの遊女屋が集まってある所。遊女のいる所。現代では単なる歓楽街・売春街と考えられるが、江戸時代の江戸の街では、これが文化育成の基盤であり、町人社交の場であり、教養向上の機会でもあり、高級で自由な恋愛の取引の場であって、いわゆる売春という言葉は当てはまらないと、歴史学者の樋口清之《ひぐちきよゆき》氏は言っている。それは、遊里では大名、武士、町人が皆同一扱いで、大小の帯刀を禁じ、大門内では駕籠も禁じられていた。遊里では一番が人間の意気、次が粋（すい）、そして恋と金が通用して、権力は全く無力であった。権力だけ有って意気や粋の無い武士は武様とか浅黄裏といわれて軽蔑された。つまり、恋愛至上主義を謳歌した爛熟期の江戸文化は、唯美で官能的な特色が重要な要素であるが、これは形式や格式に囚われず、人間本然の姿を愛した町人が生み出し、負担した文化だからであり、その町人文化の中で最も自由に、そして権力や階級の圧制から脱して育ったのが遊里であったからだと考えられる。
◇くるわ、色里、遊廓。

ゆかはじめ［床初め］新婚初夜。「とこはじめ」と同じ。「ゆかはじめ我声がしゃちこばってある」。

ゆきぐにれっしゃがた［雪国列車型］早漏の反対に、女性体内での持続時間が非常に長い性交のタイプ。雪国列車と同様に乗っているのが嫌になるという洒落から来ている。

ゆきわり［鞦韆］ブランコのこと。今ではブランコは子供の遊び道具と思われているが、平安時代には宮中で若い女官たちが遊ぶものであり、自慰の道具であった。当時の女官たちは長い裳（ギャザースカートのようなもの）をはいていたから、ブランコが揺れる度に裾が舞い、花のように開いた。その時のハラハラ・ドキドキする気持ちと揺れから来る陶酔の刺激が性の陶酔感に似ていたからだといわれる。嵯峨《さが》天皇は『経国集』の中で、「しばしば挙がり、香気尽くるを知らず」とか、「嬋妍たる嬌態」と表現している。また、『からくり草紙』には男女が性器も露わにブランコに乗っている図がある。
◇ブランコ、揺振（ゆさぶり）。

ゆくみばん［湯汲み番］江戸の町の湯ゥ屋には洗い場の最奥に、男湯と女湯の両方に通ずる四角な窓があり、そこから湯をもらって洗う。ここに座っていて、柄杓に湯を入れて突き出す役をしているのが「湯汲み番」である。略して「湯汲み」または「湯番」とも言う。窓の位置が低いので、普通に座っていればお互いの顔は見えないが腰の部分は見える。「女湯の湯汲みは水をへらす也」、「湯番の見習四五日は度々おやし」（『誹風柳多留』）。「あの娘は毛沢山だ湯汲み言い」。

ゆざけのこころみ［**湯酒の試み**］菱川（狩野）師宣の『表四十八手』に性交体位の一つとして上げられている。その挿絵を見ると、風呂桶に入った二人は立って腰下まで湯につかり、女は片足を桶の縁に載せている。男は手を縁について体を反らせ、開いた女の股間に交接している。女は右手にお燗薬罐を持ち、土器に注いだ酒を左手に持って男に飲ませている。風呂の中で全裸で交合しながら女に酒を注がせるというのは、男にとってこの世の極楽というべきか。体位というより師宣の夢の一つだったのかもしれない。「湯陰酒茎・湯開酒末良（ゆぼぼさけまら）」の項を参照。

ゆなぶろ［**湯女風呂**］①江戸時代のお風呂屋兼売春宿。江戸の人口は男三人に女一人の割合という男過剰の町であったから、結婚できない男が数多くいた。必然的に男たちの性欲を満足させてくれる場所がいろいろと存在していて、その一つが湯女風呂である。湯女風呂が特に流行したのは寛永年間（一六二四〜四四）の頃で、当時は江戸に二〇〇軒ほどあったという。湯女（ゆな）が生まれた最初の頃は、客の脱いだ着物をたたみ、茶菓を出してもてなすのが仕事だったが、やがて客の垢を指で掻き出すサービスも始めたので「垢掻」とも呼ばれた。そしてさらに後には湯女は性行為の相手をするようになり、遊女と変わらなくなっていった。

全盛時代の湯女風呂は、入浴のための風呂屋の業務は七つ（午後四時）には終わらせてしまい、以後は上がり湯（脱衣場）を座敷に模様替えをして、そこを金屏風で幾つかに仕切った。湯女は着物をたたみ、茶菓を接待する時の着物とは別の着物に着替え、客がくると席にはべり、酒や料理を勧め、三味線を鳴らし、小唄を謡ったりした。そして求めに応じ肉体も提供した。

湯女風呂が集中していたのは、神田界隈や鎌倉河岸など武家屋敷の周辺だが、それは客になる単身赴任の武士が多かったからだと思われる。

それら数多くの湯女風呂の中で、最も話題を集めたのが、神田雉子町の「摂津国風呂（つのくにぶろ）」であった。美女を多く集めた上、その美女たちの濃厚な接待が噂になって繁盛した。三万石の堀丹後守の屋敷の前にあったので、「丹後の前の風呂」が省略されて通称「丹前風呂」と呼ばれていた。幕府は何度も湯女を禁止したが、丹前風呂は湯女の名称を「髪洗女」と変えたりして売春を継続した。ついに営業停止命令が出されてからも四、五年後には復活した。丹前風呂の数多い湯女の中でも「勝山《かつやま》」という美人湯女は外出の際、女歌舞伎の真似をして裏付きの袴を履き、袖口の広いゆったりとした派手な衣裳を着て編笠を被り、大小の木刀を差した男姿で小唄を謡いながら歩いたといわれ、吉原の花魁を凌ぐ評判だったという。彼女が着た袖口の広いゆったりとした派手な衣裳を真似る役者もいたためにこの衣裳も有名になり、「丹前」と呼ばれるようになった。ちなみに勝山は承応二年八月から吉原の太夫になった。太夫は「道中」といって仲ノ町を内八文字で歩く習わしがあったが、勝山は大道狭しと外八文字で仲ノ町を闊歩した。新参者の勝山が下手な歩き方で道中をするのをみて嗤ってやろうとしていた古参の太夫たちは、その堂々たる偉容に驚き仰天し、吉原の太夫たちの道中はすべて外八文字になったという。以後は外八文字を吉原風と呼び、従来の内八文字は島原風と呼ばれるようになった。こうして新しい風俗を生み出すほど賑わった湯女風呂も、明暦三年（一六五七）六月十六日限りで全面禁止になり、六〇〇人の湯女は新吉原に送られ、「奴女郎」と呼ばれる遊女になった。

②湯治湯の温泉宿にいる私娼。有馬温泉から始まり、湯女のいる宿の繁盛につられて全国的に広がり、足利時代の中期に最盛期を極め、江戸時代の元禄期に衰退したという。

「施湯」「湯屋の童女」の項を参照。

ゆになる［**湯になる**］堕胎する。「水になる」ともいう。「崩しけりとつこ湯になるいのこづち」。とっこは胎児。

ゆびじゃれ［**指戯れ**］手指で陰茎を愛撫し、射精させてしまう女郎の技。

ゆびにんぎょう［**指人形・指木偶**］指を用いて女性器を愛撫すること。または、女性が自慰をするときに使う自分の指のこと。いずれも、指であたかも人形を操るように女陰の中をくじることからきている。「人形芝居に女房が先へ行き」。ときには女性が陰茎を弄う場合にも使う。

◇人形、人形芝居。

ゆぼぼ［湯陰・湯開］湯に入った後の潤いのある女陰。また、湯に入った後の女陰は潤いがあって良いということ。

ゆぼぼさけまら［湯陰酒茎・湯開酒末良］①夫婦琴瑟《きんしつ》相和す時の妙薬として知られている。②湯に入って、女と酒を呑んで性交すること。③湯に入った後の女陰は潤いがあって良く、酒を飲むと血液循環が良くなり、陰茎の勃起力も高まるので良いという意味。④陰茎に酒を塗るのも良いという意味。「湯上がりのあぢハ古語にもほめて有」、「女房を湯にやり亭主酒を呑み」（『末摘花』）。

ゆや［湯屋］風呂屋。銭湯。江戸では火事を恐れ、密集区域で二町に一軒、場末では四町に一軒の風呂屋が許可された（寛政二年の例）。多くは入込（混浴）で、女の尻を触るなどの悪戯はよくあった。そこで生娘や良家の子女のための女湯があった。寛政三年には入込が禁止され、奇数日と偶数日で男女を分けるようにとのお触れが出たが、必ずしも守られなかった。江戸っ子は「ゆうや」と発音した。「せんずりをかけと内儀ハ湯屋で鳴り」、「男湯へ入る年かと母叱り」（『末摘花』）。

ゆやのいし［**湯屋の石**］湯屋に置いてある毛切石のこと。「湯屋の石舐めるところを引ったくり」（『末摘花』）。

ゆやのわらんべ［**湯屋の童女**］平安時代までは、浴室があるのは皇族や上流貴族と大寺院だけであり、一般庶民はもちろん下級貴族らには入浴の習慣はなかった。室町時代になって京都に初めて湯屋（風呂屋、銭湯）が作られた。そしてやがて「湯屋の童女」と呼ばれる湯女が湯屋に登場した。彼女らは短い腰布を着けただけの艶姿で、二人がかり三人がかりで客を悦ばせた。報酬を得て奉仕する点では、江戸時代の湯女と同じである。

よ

よいくさ［**夜軍**］性行為。性行為は洋の東西を問わず戦にたとえられてきた。それは、性行為において男性は攻める感覚や征服欲を充足させる感覚を持つのに対し、女性は誘い込み、食べてしまうという加虐性を持つからだと、心理学者は言う。「夜軍はなぎなた疵を槍で突き」。

よいこと［**良い事・善い事・好い事・快い事・美い事・能事**］性行為。

よう［**陽**］①「男性」あるいは「男性の」という意味。例えば陽具、陽根、陽物など。②陰茎のこと。

ようき［**陽気**］精力、性欲。
ようぐ［**陽具**］陰茎、男子生殖器。
ようけい［**陽茎**］陰茎、男子生殖器。
ようこん［**陽根**］陰茎、男子生殖器。
ようじみせ［**楊枝見世**］楊枝を売る店。楊枝とは柳の木を細く削り、先を叩き潰して房状にした歯ブラシのこと。各店が美しい看板娘を揃えていたので、それを目当てに集まる男たちで繁盛した。「浅ぎうらやうじもないに長居する」「なめたのハないかとなぶるやうじみせ」。
ようじょうくん［**養生訓**］貝原益軒（寛永七年、筑前黒田藩士の家に生まれる）八十四歳の時の著書。中国の医学書を引用した性学書として有名。
ようせい［**陽精**］精液。愛液。性交時の精液と愛液の混じったもの。
ようたんぼ「よく立たない」という意味の、近畿・四国方面の方言。よく勃起しない、いわゆる「ふにゃ摩羅」「半立ち摩羅」のこと。
ようちあさがけ［**夜討ち朝駆け**］夜となく朝となく性行為をすること。本来は戦で夜不意をついたり、早朝いくさを仕掛けたりすること。性行為を戦になぞらえた言葉の一つ。
ようぶつ［**陽物**］男性の物、すなわち陰茎。
ようぼう［**陽鉾**］陰茎。

ようもつくらべ［**陽物競べ**］陽物、すなわち男性器を競うことだが、単に大きさや長さを比べるのではなく、どのくらい女性を悦ばせられるかを競った。それを絵にした物が後の浮世絵に影響を与え、浮世絵に描かれた男女は皆大きな性器の持ち主になったと言われる。

ようよう［**養陽**］男性の精気を養い蓄え、精力旺盛になること。

ヨーグルトのあじ［**…の味**］女性の愛液の味。滋賀医大助教授笠井寛司著『名器の科学』が言い初めらしい。膣粘膜表層からはがれた細胞には、高い濃さのグリコーゲンが含まれており、それが膣の中の酸によって乳酸になれば、ヨーグルトに近い味になるのだろうと考えられる。

よかちょろ　落語などで、商家の旦那が吉原の花魁に夢中になる話。

よがりごえ［**浪り声・快声・快り声・悦声・悦り声・喜悦声・喜悦り声・能がり声・好がり声・感通声・歓喜声・感絶声・夜雁声**］性交中、快感のために発する歓びの声。

『肉蒲団』によれば三通りの声があり、

一は、まだ本当に快感の頂上に達していない時の声で、相手を刺激するために出している。

二は、頂上に近付いた時の声で、体も心も声もよがっているので、意味不明になる。

三は、感極まった時に出す声で、声はかすれて聞き取れなくなる。泣いているように聞こえる。

別の研究では、

一、「あぁ」とか「いぃ」とか呻き声に近いもの。

二、「あなた」とか「〇〇さん」とか「姐々（姉さん）」「哥々（お兄さん）」と呼ぶもの。

三、「いい」や「いいわ」「好きよ」「すてき」「いや」「いやよ」「だめ」「おします（いやよ、いやよの古語）」などの快感を表すもの。

四、「行く」「死ぬ」「殺して」「神様が来るわ」などの「いく」「しぬ」関係の言葉がある。

最近のカップルからの聞き取り調査による別の研究では、

一、ハミングふうの声…「アァァァ」「ウゥゥゥ」「イェェェ」など。

二、スキャットふうの声…「アゥアゥア」「イャアーッ」「ムゥムゥム」など。

三、名前または代名詞を呼ぶ…「〇〇さん」「〇〇くん」「〇〇（呼び付け）」「あなた」など。

四、相手に対する感情の表現。

（1）単語（あるいは単語に近い言葉）による表現…「好き」「大好き」「好きだよ」「愛してる」「かわいい」など。

（2）少数の単語の組み合わせによる表現…「とっても好き」「死ぬほど好き」「全部好き」「とってもかわいいよ」など。

五、行為・行動に対する感情表現。

（1）単語（あるいは単語に近い言葉）による表現…「いい」「いいわ」「気持ちいい」など。

（2）繰り返しや少数の単語の組み合わせによる表現…「いいわいいわ」「好き好きいいわ」「とってもいい」「すっごく気持ちいい」「あぁあぁ気持ちいい」など。

六、行為・行動に対する激情表現。

（1）単語（あるいは単語に近い言葉）による表現…「行くっ」「死ぬっ」「行きそう」「死にそう」など。

（2）繰り返しや少数の単語の組み合わせによる表現…「死ぬ死ぬ」「死んじゃうっ」「天国にいっちゃう」など。

七、行為・行動に対する要望表現。

（1）単語（あるいは単語に近い言葉）による表現…「そこっ」「そこよ」「もっとーっ」「早くぅ」など。

（2）繰り返しや少数の単語の組み合わせによる表現…「そこよそこよ」「もっと早くぅ」「ぐんぐんやってーっ」など。

八、行為・行動内容に対する要望表現。

（1）単語（あるいは単語に近い言葉）による表現…「舐めてっ」「入れてっ」「揉んでよ

っ」など。

（2）繰り返しや少数の単語の組み合わせによる表現…「ぐりぐりしてっ」「舐め舐めしてっ」「○○舐めて」「ぐうっと入れて」「もっと強ーくしてぇ」「速く動かして」など。

九、多数の単語の組み合わせによる激情表現。

（1）感情を主とした表現…「あなたを死ぬほど愛しているのよ」「私もう離れているのはいやよ」「あなたの何もかもが好き」「君の○○はとてもきれいで素敵だよ」「あなたの□□はとっても大きくて素晴らしいわ」など。

（2）行為・行動に対する要望表現…「私の○○はもうぐしょぐしょよ」「そんなに速く動かしちゃいやよ」「止めちゃ駄目よ止めないで」「天国に行ってるみたいに気持ちいい」など。

（3）行動内容に対する要望の激情表現…「あなたの□□舐めさせてっ」「私の○○舐めしてよ」「私の○○にあなたの□□を早く入れてよ」「後ろから入れてっ」「もっともっと締め付けてくれーっ」「バックは嫌っ、前から攻めてっ」など。

十、終わりの章、極限の章。

（1）言葉による表現…「私をめちゃめちゃにしてぇーっ」「私の○○ぶち抜いてーっ」など。

（2）呻きによる激情表現…「あぁ・あぁ・あぁぁぁぁーっ」「うっ・うっ・うううぅ

ーっ」「いゃ・いや・いやぁぁぁーんっ」など。
《参考》言ってはいけない言葉。
（1）要望が非難と取られる言葉…「もっとぉ・もう終わっちゃったの」「もっとよ・早すぎるわ」「とっても気持ちいいっ・もっと大きくならないの？」。
（2）非難だけの言葉…「へたね」「貴方へたくそね」「小さいのね」「ぶかぶかだよ」など。

小説などの中ではその時の気分を文章化して、あたかも浪《よが》り声の中で喋っているように表現されていることが多いが、現実には有意の言語が発せられることは少ない。

生理学的には、オルガスムに達すると血圧が上がり、血液中の酸素が減少し二酸化炭素が増加する。当然、呼吸は苦しくなり、一分間に四十回も呼吸するようになる。この呼吸の乱れでついつい出してしまうのが浪《よが》り声だという。

したがって浪《よが》り声を発するということは、オルガスムに達しているといえるのだが、あえぎ声が大きいからといって、それに比例して快感も大きいとはいえない。概してヒステリー症の女性の声は大きいといわれるから、浪《よが》り声が大きいということは息苦しさが大きいか、ヒステリー症の女性であるからであって、その時の快感は低い。

◇秘声、嬌声、騒声、春声、叫春、叫快、嬉声、愧声、媿声、呻声、挿入歌、効果音、SE、愛語、ようがり声。魏声（ぎせい、媿声の誤字と思われる）。

よがる［浪る・嬌る・善がる・美がる・能がる・快る・悦る・喜悦る・感通・歓喜・感絶］性交中に歓びの声を出すほどに快感の状態になること。「其当座恥しさうに嫁よがり」（『末摘花』）。
よきのはもたたない［斧の刃も立たない］心も体も堅い生娘。斧（よき）は小型の斧。成人した女のものを長刀傷にたとえるのと対になる言葉。「斧の刃もたゝぬ所を丁稚めが」「斧の刃も立ねど丁児かしこ過ぎ」、「斧の刃の立ぬも道理列女伝」。
よくしょう［欲性］本能的欲望。
よくじょう［欲情］色欲の情。
◇気ざす、意馬心猿の情。
よくじょうする［欲情する］色欲の情が起こる。「欲情」に「する」を付けた現代語。むらむらっとする、チンピク。
よごころ［世心］男女間の情、色気、色情、春情。男女間の情を解する心（古語）。「世心つける女、いかで心なさけあらむ男にあひ得てしがなと思へど…」（『伊勢物語』）。
よこぶえ［横笛］男は横臥して少し上向きになり、女は体半分を乗せる形の性交体位。女は腰を使わず、男の運動だけで快美の極みを味わえるという。横笛の命名のいわれは不詳。
ヨサホイぶし［…節］代表的な性歌の一つ。大正十三年に広島から流行り出した。最初は二行目に数え歌の型式が踏まれた別れの歌だったのが、完全な数え歌になると同時に性歌に変わった。

よしちょう［**葭町・芳町・よし丁・芳丁**］江戸時代、日本橋芳町は男色街として有名で、僧侶たちの利用が多かった。「葭町へ行く」と言えば、若衆を買いに行くという意味である。「よし丁の尻を旦方まで喰らひ」「芳町の釜へぶち込む御鉢米」「いい法事芳丁へ迄花が降り」「いい法事芳町迄も花が散り」（『誹風柳多留』、「旦方」は檀家）。「吉原と芳町の間皺わたり」。

　また、男性相手の肛門交だけではなく、大奥勤めや後家などの女客が来ればちゃんと男として相手をしてくれた。「芳町で牛蒡を洗う女客」「よし町へ女の上がる気の悪さ」（『末摘花』）。

よしのがみ［**吉野紙**］大和吉野産の閨房用紙で、延紙ともいう。「ことおかしくもはりかたへ吉野紙」（『末摘花』）。

よしわらげいしゃ［**吉原芸者**］吉原の芸者。吉原の遊女は諸芸に通じていて気位も高く、売春行為には独自の拒否権を持っていたので、気に入らない客は何度でも振られるということがあった。勢い客は座興を添えることに工夫し、そのために遊女と客の仲を取り持つために発生したのが吉原芸者である。「仲芸者」とも言う。「町芸者」に対する言葉。

よしわらごちょう［**吉原五丁・吉原五町**］吉原は最初、江戸町、仲の町など五町で成り立っていたのでこう呼んだ。後に拡大されて八町になってからも吉原五町という呼び名は使われていた。吉原では「町」という字は使わず必ず「丁」を使ったから「吉原五丁」が正しく、明治以降の書物に「吉原五町」と書かれているものが多い。

よたか［**与多加・夜多嫁・夜鷹**］江戸で、最下等の売笑婦の称。夜になると道端に小屋を組み、筵を垂らし、その戸口で客を引いた。夜鷹の玉代は二十四文だった（京阪では三十二文）が、多くは五十文から百文を与えたという。「また倉を四たびまくって百になり」（『末摘花』）。江戸の夜鷹の発生は定かではないが、元禄十一年（一六九八）九月六日に数寄屋橋より出火し千住まで焼けた大火の跡地に掘立小屋ができた折、焼け出されて本所付近に泊っていた女たちを若者たちが（暇潰しと女たちの援助の気持も有って）買ったのが始まりで、さらに後家たちが柳原の土手の辻に出て定着したらしい。五十年後には、鮫河《さめが》橋・本所・浅草堂前の三か所だけで四〇〇〇人の夜鷹がいたという。

したがって夜鷹には四十、五十はおろか、還暦過ぎの女もいたという。そのため、顔は厚く白塗りして仕事をしていた。その中で、本所のおしゅんという女は一際器量よしで、毎夜柳原土手外れの筋違橋《すじかいばし》のそばの髪結床の裏で身を売り、客の数は一年間に三六〇数人に及んだので、「一とせのおしゅん」という異名を取ったという。一日の稼ぎが二十四文、一年の稼ぎは約九千文になる。とはいえ、当時の物価は大福餅一個が四文、銭湯十文、蕎麦が十六文。大工の手間は三日で千文（一分）であったし、下女の年俸でも六千〜八千文（衣食住付きで）だったから、決してよい稼ぎとはいえない。

嬶嫁。

◇惣嫁（大坂での呼称）。辻君（京都での呼称）。夜発（やほち）、昼伏、夜行、隻狐、佐鵐（カイシまたはケシと読む。怪しい猛鳥の意）、想嫁、想与女、売女、夜発（やぼつ）、

よたけもない［**与太気も無い**］純真で、だらしなくいい加減なところのないこと。

よだれ［**涎**］欲情して分泌される愛液、または先走りの水のこと。「長局牛のよだれを流して居」（牛は張形のこと）。

よつ［**四つ**］正常位のこと。

よつあし［**四つ脚**］獣のこと。転じて後背位の時の女性の姿勢。

よっつたたく［**四つ叩く**］性交する。大工の隠語からきているらしい。

よつで［**四つ手**］正常位。菱川（狩野）師宣の『表四十八手』には、「此道におゐて何れ愚かはなしといへども、この手にまさるはなし」とある。「かやは四手、中なる人は雑魚寝かな」（江戸時代の発句）。

よつめや［**四つ目屋**］江戸時代のポルノ・ショップ。黒地に白で四つの菱の目を染め抜いた商標から、この屋号がついた。性具類と媚薬類を販売していて、性具類は「四ッ目屋道具」と呼ばれ、媚薬類は「四ッ目屋薬」と言われた。両国薬研堀の四ッ目屋忠兵衛の店は寛永三年（一六二六）に長命丸を売り出したが、もう一軒、両国通り吉川町の高須屋安兵衛の店も四ッ目屋を名のって存在し、両方で元祖争いをしていた。後に大阪新町にも四つ

目屋ができた。惚れ薬「いもりの黒焼き」は有名だったようである。「長命丸」は「丸」と名がついているが、丸薬ではなく練り薬で、陰茎に塗り付けて使用したものである。また、「長命」という名のため誤用されたこともあるらしいが、「長命」は精力のことについてであったらしい。「四つ目屋道具」の代表は張形である。「四つ目屋の試みに下女されるなり」（『末摘花』）。「四つ目屋薬」も絶えず工夫されて新製品が出されていたようである。「四ッ目屋の女房たびたびためされる」（『誹風柳多留』）。

よとぎ「夜伽」女が男の意に従って共に寝て、夜の相手をすること。

よところぜめ「四所責め」性交中に、同時に四か所の性感帯に刺激を与えること。すなわち、膣（性交）、唇（接吻）、乳房（愛撫）、肛門（愛撫）の四か所を同時に責めることである。膣、唇、乳房、陰核の四か所だという説もある。肛門を含む四所責めでは肛門性感を満足させるという意義が大きいといわれる。

◇四国責め。

よなれる「世慣れる・世馴れる」情事に通じる。性行為の事を詳しく知っていること。男女の情を理解すること。

よね「米・夜寝・宿・世根・妖姉」吉原など遊廓の遊女。語源には諸説有り。一、二を上げると、遊女を「お小女（おこめ）」と言ったのが変わったという説。「よたれそつね」と書くと「よ」と「ね」の間に四字挟まれているので、しじ（陰茎の古語）を挟むという意味から来ているという説。米は女陰の古語であるという説、などである。「よね（女）は大坂より京よし」（元禄の書『傾城仕送大臣』）とあり、大阪には鄙びた女郎ばっかりだったことが判り、今は大都市になっている大阪も都会らしくない時代が長く続いたことを示している。

よのなか［**世の中**］男女の中、夫婦の中（古語）。「歌は詠まざりけれど、世の中を思ひ知りたりけり」（『伊勢物語』）。男女の交際、男女の情交（古語）。「世の中をまだ思ひ知らぬ程よりは…」（『源氏物語』）。

よばい［**夜這い**］夜、女のところへ忍んで行くこと。社会学的には中世以前の母系社会では、妻問婚が正式な婚姻方式であって、夜這いは結婚の正しい行動であったと考えられる。古く妻を娶ることを意味した「聘」の字は「よぶ」「よばう」と読まれ、息子の妻をとることを意味した「娼」の字も「よぶ」「よばう」と読まれたことなどから、「ヨバイ」そのものが結婚を意味し、「夜這い」の文字は後から当てられたものらしい。ともかく、古代婚姻の風習が後世に伝わり、若衆宿の若者たちが娘宿の娘たちの所に通った風俗を生み、それらがその後の夜這いのルーツであると考えられる。そうしてつい近年（昭和）まで、多くの地方に夜這いの習慣が残されていた。結果として妊娠した場合、夜這いをかけられた娘の弟妹として育てられた。山陰地方ではこれらの子は「ほりたご」と呼ばれた。墾田（ほりた）は年貢を納めずに済む隠し田のことである。明治時代の山陰地方で妊娠した娘が投身自殺した。お腹の子が夜這いの結果ではなく、好きな男の私生児だったことを恥じて自殺したというから、今日と倫理観がいかに違っていたかを考えさせられる事例である。

江戸では夜這いは下男下女以外には行われなかった。川柳では、①夜這いが夜、皆が寝静まってから行われること、②当人の真剣さに比べ、第三者から見ればおかしな行動であること、③目的地までの工夫と気苦労、④努力が報われない悲しい失敗、⑤夜這いを待つ女の心境と様子、⑥夜這いに成功した時の感動や行動などが描き出される。「ふるふのは夜這と胴を据へた後」（胴を据えるは決意すること）。「下卑た戀寝所へそろりそろり這い」「這いこむと泥棒というむごい奴」（『誹風柳多留』）。「昼みれば夜ばい律気（律義）なおとこなり」「酔った時夜ばいはよせと懲りた奴」「手と足で来るのを下女は待ている」「明け方に冷たい夜着へはい戻り」（『末摘花』）。「思ふまま夜着へ戻って鳥の声」。

夜這いのルーツが妻問婚といわれるように、男性が夜這いをかけるのが一般であるが、「三崎よい所女の夜這」と謡われているように、相模国三崎では古くから《女の夜這い》が行われていた。江戸末期に書かれた笑山《しょうざん》の『諸国ものがたり』に、その様子が記されている。三崎の《女の夜這い》が前時代の遺風なのか性風俗の堕落によるものかは不明である。しかしこのことから相模女は好色であるという俗説が生まれたことは確かなようである。

よみわ［読輪・読和］文章本位の艶本。

よみわぼん［**読和本**］春画が少なく、時には春画の全く無い、読み物を主体にした春本。

よめとおめかさのうち［**夜目遠目笠の内**］女の人は、夜見る時、遠くから見る時、笠をかぶっている時に見ると、実際よりも美しく見える（京都いろは歌留多の一つ）。

よもやちりめん［**よもや縮緬**］長崎の高等売春婦。高髷に黒縮緬の羽織、車に乗っての往復など、その贅沢振りは誰が見ても令夫人。よもや売春婦とは思わないというのが語源。

◇よもや縮緬黒縮緬、よもや、黒縮緬。

よりそい［**寄り添い**］仰臥した女性にそっと寄り添った形で、交接しない。これから全てが始まるという基本の体位で、これに寄り添いという命名をしたのは、江戸時代人のセンスと言えよう。

よる［**夜**］性行為。「夜の営み」「夜する事」の略。「夜を昼一間に二人物しづか」。

よるかっせん［**夜合戦**］性行為。

よるすること［**夜する事**］性行為。「あら世帯夜することを昼間する」（『末摘花』）。

よるのいとなみ［**夜の営み**］性行為のこと。一般には性行為が夜に営まれることから生じた言葉。

よるのごよう［**夜のご用**］性行為の相手をする仕事。

よるのはな［**夜の花**］街娼。

よるはしょうふのごとく［**夜は娼婦の如く**］「昼は淑女の如く、夜は娼婦の如く」の後半部分。社会人として品格と良識を備えた女性が、夜の性行為の場面ではそれらをかなぐり捨てて淫らになること。昼と夜の差が大きければ大きいほど男性にとっては好ましいということである。

よろいがた［**鎧形**］べっ甲または革製の円筒（角のとれた六角形か八角形のこともある）で、性交時に陰茎にはめて使う。陰茎の太さを補うものだが、老人または勃起不全気味の陰茎の補助用としても使われた。温かい湯に浸してから用いる。女性はこれで膣内をこすられると極めて快感を感じるという。「又章魚に引ったくられるよろい形」（『末摘花』）。◇胴形、助け船。

よろこびなき［**歓び泣き・歓喜泣**］よがり泣き。「わるいくせ女房よろこび泣きをする」（『末摘花』）。

よんいち［**四一**］遊廓の有能な女郎が仕事に励むと、四年の任期が一年経るという制度。そのために女郎たちは芸事に励み、体を大切にし、さらに、特殊な曲技・曲芸（花電車など）の習練に努めたという。

よんもじ［**四文字**］元来は英語の「フォー・レター」を訳した言葉で、それぞれ四つの文字から成る単語、カント（cunt、女陰）、コック（cock、陰茎）、ファック（fuck、性交）などの意味がある。

日本で四文字といった場合は「おまんこ」の平仮名四文字を指していて、もっぱら女陰の意味で使われる。「おまんこ」という言葉が女陰を表す代表的な用語として日本中で通用するようになってからの言葉だから、日本語の「四文字」は大正時代以降、主として昭和の中期以降に使われるようになったものである。

ら

ら［**羅**］陰茎の先端、亀頭。

らせつ［**羅切・裸切**］男根を切り取ること。主として僧侶たちの間で行われた。性欲の煩悩を断って修行に打ち込むために自ら男根を切ったのである。また、女犯の罪を犯したものが罪を逃れるための手段として自ら羅切した場合も多いという。「花守に羅切欲しがる道楽寺」。羅切は、本来は足の早いので知られる仏教の守護神のことであるが、この場合の羅切は、摩羅を切るという言葉を短縮したものであろう。「羅切して又下になる長局」。この場合の羅切は上になった女が股間から張形を外すことである。

らちだいいち［**埒第一**］性行為を大切に考える遊女。

らっか［**落花**］処女喪失。

らっかろうぜき［**落花狼藉**］花を散らすような乱暴をすること。乱暴なやり方で性行為をすること。

らにく［螺肉］貝の肉、転じて女性器。または大陰唇や小陰唇。

ラブホテル love+hotel（和製英語）、情事のための同伴旅館。旅館やホテルという名称が使われているが、一般には宿泊せず、愛の行為のために一定時間だけ使用することが多い。この場合は「休憩」と称し、二時間（関西では一時間）を単位として使用料が決められていて、それを超過すると時間単位で超過料金を支払う仕組みになっている場合が多い。古い呼名から「ラブホテル」に変わったのは、一九七三年からである。

ラブホテルは時代とともに、その存在意義、使用目的、存在場所、対象者、施設・設備、使い方、外観、サービス面、そして呼び名などに少しずつの変化はあるが、次に示す類義語のように名を変えながら連綿と続いている。
◇出会、出合茶屋、出合宿、貸屋敷、盆屋（京阪地方）、待合、小宿、連れ込み、連れ込み宿、同伴旅館、温泉マーク、さかさクラゲ、ファッションホテル、ブティックホテル。
らんけい［蘭閨］皇后の部屋。婦人の美しい寝室。（蘭房）。

らんこう［乱交］何人かの男女が、その集団の中で、不特定多数の相手と性行為を持つこと。
◇乱取り、仕勝ち。
らんこん［乱婚］多数の男女が、特定の夫または妻を定めずに夫婦となる結婚形態。原始社会にはよく見られる。雑婚、ポリガミー。

ランデブー rendez-vous（フランス語）、デート。昭和初期の言葉。

らんりん［乱倫・濫倫］男女の関係が淫らなこと。不倫。

り

りちぎもののこだくさん［**律義者の子沢山**］生真面目な人は、外で遊蕩に耽らず、もっぱら妻と性行為に及ぶので、自然に子供が多く生まれる。

りひしらず［**理非知らず**］女性は膝を胸につくまで曲げて仰臥する（本来この場合はこの形で手足を縛り、口にも何かを詰めて行う）。男性は膝立ちして交接する体位。いわば強姦に近い技法なのでこの名がついたのであろう。馴れ親しんだカップルの間では刺激が大きく、マンネリからの脱却に役立つ。

りゃくだつこん［**略奪婚**］婚姻形式の一つで、相手の娘やその保護者の承諾が得られない場合、男が相手を奪い取って嫁にしたり、男の友人が数人がかりで娘を奪ってきて男に与えたりする形式を取る。この習俗は俗に「かつぐ」と呼ばれるが、呼称は異なるが各地に散在し、明治の中頃まで続いていた地方もある。相手の娘自身が承諾せぬ場合が本来の略奪婚であるが、相手の娘は納得しているのに両親が承諾しないため、男と娘が示し合わせて逃げる場合も、略奪婚の形をとり「かつぐ」と呼ばれる。江戸時代や明治時代の略奪婚の多くはこのケースである。

◇かつぐ、嫁かつぎ、嫁ぬすみ、かつぎ出し、かたげ。

りゅうじゅ［**龍珠**］『性史』に書かれている彩女の女陰の相の内の最高のもので、一〇〇〇人中に二、三人の絶品。二頭の龍が珠をはさむようになる花芯の相というが、要は女陰の口は小さいが弾力性に富み、男性器を迎え入れると、その状況に応じて伸縮するという逸品。

りゅうせい［**溜精**］溜まりに溜まっている精気、精力、精液。

りゅうようさいび［**柳腰細眉**］スタイルも容貌もすぐれた淑女の形容。

りょういん［**良陰**］性交に適した女陰。「名器」が形や働きが良いという意味で使われるのに対し、「良陰」は充血や愛液分泌などによって、状態が良い場合に使う。

りょうごく［**両国**］江戸時代には両国米沢町に四つ目屋があったので、四つ目屋道具（性具）や四つ目屋薬（媚薬類）の代名詞である。『両国で女房すすり泣きをする』（『誹風柳多留』）。最近の句で両国といえば、大相撲や力士または太った人の代名詞である。

りょうしょく［**漁色・猟色**］手当たり次第に女をもてあそぶこと。次々に女を求めて情事に耽ること。荒淫漁色。「ぎょしょく」とも読む。

りょうとうづかい［**両刀使い**］女性相手の性行為もするが、男色もするという男。戦国時代の武将は平時は女性を相手にするが、戦時には男色に耽るのが普通だったという。最近では男性相手の性行為もするが、レズビアンにもなる女性もいて、これも両刀使いという そうだが、本来、刀は陰茎の代名詞として使われたのであるから、女性に「両刀使い」と いうのは相応しくないであろう。

りょうのばし［**両伸ばし**］双伸位。伸展位で男性も伸ばした体位。

りょくおうこう［**緑鶯膏**］女性用の媚薬。丁字や山椒など六種類の材料を混合してつくる。これを女陰の内部に塗って性交をすると、女の快楽が非常に高まるという。

りんかん［**輪姦**］一人の女性を数人の男が強姦すること。

◇まわりとり、念仏講、百万遍。

りんき［**悋気**］男女間の嫉妬。やきもち。「悋気からあられぬ物に判押て」「悋気講小さい口はなかりけり」、「広成った男の悋気旅もどり」、「去年から煩ふて居て悋気する」。

りんきのわ［**悋気の輪**］女が嫉妬心のために、自分の愛人の陰茎に嵌めた輪。文政天保（一八一八〜四四）の頃、江戸で使われた。

りんのたま［**琳の玉・輪の玉**］直径二センチほどの金属製（一般には真鍮製、高価なものは金銀二種の金属製）の玉で、二個で一組になっている。一個は中が空洞になっている。性交時に膣内に入れて使う。中で触れ合って爽やかな音をたて、快美感を喚起する。出す時は女を四つん這いにさせて尻を叩くと出るという。「名玉は尻を叩くと転げ出し」、「弱腰をたたいて妾なにか出し」（『末摘花』）。

◇緬鈴（めんりん）、めい玉、恋の玉。

りんのわ［**琳の輪**］金属製の玉数個を糸で繋いだ物、または、べっ甲製の幅広の海鼠の輪にブツブツの付いた環状の物。陰茎にはめて刺激具として使った。「りんのわはへのこのかりへはめしうえつかへばこする玉門のふち」（『閨中道具狂歌十四首』）。「七くどふ拾たりんの輪問ふ知識」（知識は高僧のこと）。

◇海鼠（なまこ）形、海鼠の輪、姫なき輪。

りんらく［**淪落**］身を持ち崩す。

る

ルーデサック コンドームのこと。日本にゴム製のコンドームが舶来された明治初期から昭和前期までルーデサックという名称が使われてきた。ただ単に「サック」と呼ぶことも多かった。日本語のルーデサックの語源は英語のヌードサック（肉袋）、リュードサック（猥褻袋）の転訛だという説もあるが、ドイツ語のルーデサック（棒袋）がそのまま使われたという説が正しいと思われる。

るすいやく［**留守居役**］諸侯の江戸藩邸（上屋敷）に常住し、家老の命を受けて幕府や同列諸藩との公務の交渉・連絡の任に当たる渉外担当者。その職掌上各藩留守居役同士の親睦や情報交換は大切な職務であることから、いつも藩侯以上に潤沢な金を持ち、御留守居役寄合と称し、瀟洒な料理茶屋に芸者を揚げて、藩費を使った派手な饗宴が行われた。遊び慣れているはずだが、社用族の悲しさか遊びは野暮だった。「三みせんを折て御留守居弐両出し」（下手なくせに何にでも手を出すのが、野暮侍の通弊）。「おどり子の中で公務を談ジ合ひ」、「おどり子におどれと留守居むりをいゝ」（踊り子といっても転び専門なのに）。

◇御留守居役、御留守居、留守居、御城役、聞番役。

るすみまい［**留守見舞・留守見廻**］伊勢参りなど亭主が長旅の時に細君の無聊を慰めに行く。それが男であると下心があると見られる。「瓜田ンへ沓を入れに来る留守見廻」（『誹風柳多留』）。

るつぼ［**坩堝**］女性器。

ルビコンのかわをわたる［**…の河を渡る**］シーザーが元老院の禁を犯し、ルビコン川を渡ってポンペイウスと開戦した故事から「ルビコンの河を渡る」は重大な決断を下すという意味になり、さらに、禁を犯して決断するという意味に転じた。それがさらに転じて、してはならない相手と性行為をするという意味にも用いられるようになった。

るりこうにょらい［**瑠璃光如来**］女陰のこと。

れ

れいこく［例刻・例国］例の物という意味で、陰部・性器のこと。男根、女陰のいずれにも使われた。寛政享和（一七八九〜一八〇四）の頃、吉原で流行った言葉。「この女等とかく亭主の例こくへ食らいつきます」（蓮蒻本より）。

れこ 情婦のこと。情婦を意味する仕草として、小指を出して「これ」といった、その「これ」をひっくりかえした隠語。情夫を「まぶ」といったのに対する言葉。

レズビアン lesbian、女性の同性愛者。本来は「レズビアの」「レスボス島の」という意味。レスボス島出身の女性詩人 Sappho（サッフォー）が、乙女たちに対する情熱的な愛をうたった詩をたくさん残したことから、レスボス島の女性に同性愛嗜好者が多かったといわれるようになったことによる、といわれている。

◇サフィスト（sapphist）。

れつじょう［劣情］いやしい心情、肉情、情欲。

レディー・テディーしょうこうぐん［…症候群］男はいざという時にはいつでも男性器が性交可能な状態にならなければならないと思い込んでいて、もしそうならなかったらどうしようと気に病んで、勃起不能になる病気。ＡＶなどの見過ぎが原因と考えられている。

れんあい〔**恋愛**〕男女が互いに相手にひかれて愛しあうこと。特定の異性と精神的・肉体的に強い結合を求めようとすること。また、その感情。恋（学研国語大辞典）。明治に入ってから、肉体的な交わりがなくては恋愛は成立し得ないという考えと、肉体的な交わりがなくても恋愛は成立し得るという考えとが対立した。前者は江戸以来の色恋の伝統に裏付けられたものであり、後者は明治維新による文明開化で西欧からもたらされた恋愛観に依拠したものである。この色恋の伝統（江戸）と輸入された恋愛・結婚観（明治）との対立は、明治の中頃には新しい恋愛観が圧倒的に優位に立ったが、その後も相譲らず論争は大正・昭和の時代にも引き継がれ、今日に至るまで、男女間の愛のあり方をめぐる一大論点になっている。また、人生における恋愛の重要性や位置づけも論じ続けられている。「生命は宇宙の絶対の実在であり、恋愛は生命の顕彰である」（倉田百三『愛と認識との出発』より）。「文化の成熟度は、恋愛の年齢層の広さで計れる」という中村真一郎に対し、脚本家の大石静は「恋愛が限られた若い世代のものではなくいくつになっても、当たり前に恋愛が出来る感覚を大人が持ち、又それを抵抗なく受け入れられる社会こそが、成熟した社会であるということである」と評釈している。

◇〔愛系〕愛、愛情、愛欲、想愛、相愛。
◇〔恋系〕恋、色恋、恋情。
◇〔色系〕色、色恋、色情。

◇〔好き系〕好意、好感。
◇〔情系〕愛情、恋情、色情、慕情。
◇〔その他系〕相惚、片想い、慕情。
れんしのそうこん〔**連枝の相婚**〕兄弟姉妹どうしの結婚、あるいは兄弟姉妹どうしの性行為のこと。「連枝」とは高貴な人の兄弟姉妹のこと。
れんどう〔**孌童**〕なまめかしい女のような男の子。
れんり〔**連理**〕二本の木が成長とともにくっついて、理（木目）が一つになっていること。親孝行な息子の庭に二本の木が生え、この珍しい現象が起こったことから、初めは親孝行という意味で使われていたが、後に転じて、夫婦・男女の契りの深いことのたとえになった。また、玄宗《げんそう》皇帝と楊貴妃の誓いの言葉として白楽天が詠んだ詩（『長恨歌』）の「天にあっては願わくは比翼の鳥となり、地にあっては願わくは連理の枝とならん」という言葉から、「連理の枝」としてもっぱら夫婦愛として使われるようになった。
◇連理比翼、比翼連理。
れんりのえだ〔**連理の枝**〕契りの深い夫婦または男女のたとえ。「ならゝ事なら比翼の鳥、儘になるなら連理の枝」（坪内逍遥『当世書生気質』より）。「連理」の項を参照。

ろ

ろういん［**弄淫・拚淫・挵淫**］性器をもてあそぶ。相手の性器を愛撫する場合にも、自分の性器をもてあそび、オナニーする場合にも用いる。

ろういん［**弄陰**］男性が手指を使って女陰を愛撫すること。

◇探春、指弄、中指、二本指、チチラチオ。

ろうがい［**労咳・癆咳**］①漢方で肺結核のこと。②恋患い、または恋患いの娘。十六、七歳の娘の顔色が悪くなり、夕刻から熱を出し、寒気がして盗汗をかき、月経が止まる病気。肺結核に似た症状なので癆咳と呼ばれたが、今でいうホルモンのバランス異常、あるいは恋患いと思われる。だから、男を持たせれば治ると言われていた。「労咳に問へば誰れでもいゝと云ひ」。類句に、「戀の盗みさせぬから病みだし」（『誹風柳多留』）、「労咳のむやみやたらにうずくなり」（『末摘花』）、「心地例ならぬが男欲しいなり」がある。男にも労咳の若者はいたらしく、「男の労咳五丁（吉原）で治すなり」という句がある。

ろうこん［**弄根**］女性が手指を使って男根に刺激を与え、勃起させること。また、その技法。弄根の技法については、「片手摘み」「傘の撫で下ろし」「渡し船」「猫撫で」などの項を参照。「弄根」あるいは「弄根る」と書いて「いぢる」と読ませる場合も多い。「柔らかなててに甘えて小僧立ち」。「てて」は父親と手々を掛け、「小僧」は子どもと陰茎（倅）を掛けている。

◇指弄。

ろうさくひだい［労作肥大］陰茎が、性交や自慰を体験することによって大きくなること。

ろうせい［浪声］よがり声。女性が性交の快感のために発する声。

ろうらくする［籠絡する］旨くまるめこんで手なずけ、自分の思いのままにすること。

ろくあみだ［六阿弥陀］春秋のお彼岸に江戸近郊にある六つの阿弥陀様を詣でる信仰があった。豊島《としま》村・西福寺《さいふくじ》、下沼田村・応味寺、西ヶ原《にしがはら》村・無量寺《むりょうじ》、田端村・与楽寺《よらくじ》、下谷・長福寺、亀戸《かめいど》・常光寺《じょうこうじ》の六か寺で、全部廻ると六里二三丁（約二七キロ）ある。女性が六阿弥陀詣でをすると、よく練れるといわれた。「六あみだ女房湯にゆく惜しいこと」、「六あみだあんまりねれてねつがさし」、「ねれ切った嫁底豆が六つ出来」、「いらぬこと嫁田端から腰がぬけ」（『末摘花』）。

ろてん［露転］男性器、または、男性器の亀頭のこと。露（精液）を転（滴らせる）という意味。（転は点の誤りか）。

ろのじ［呂の字］キス。口と口とが繋がっているから。キスをするという意味に使う場合は「呂の字を書く」という言い方をする。冗談半分に、下呂をクンニリングスという意味に使った例もあったが…。

わ

わい［**猥**］猥褻の略。他の語の前に付けて「卑猥な…」「淫らな…」という意味の言葉を作る。例えば「猥本」「猥画」「猥語」「猥談」など。

わい［**Y**］猥褻の略である「猥」に、アルファベットの「Y」を当てたもので、「猥」と同様に使われる。例えば「Y本」など。

わいせつ［**猥褻**］①男女間の性欲・肉欲上の行為や事柄に関することで、見聞きして不快感を覚えるくらいにいやらしいこと。②他の色情を挑発したり、自分の色情を外部にあらわそうとする醜い行い。③性欲をいたずらに興奮・刺激させて、普通の良識ある人に羞恥心・嫌悪感を与え、善良な性的道義観念に反すること（法律的意味）。
「猥」は訓読みは「ほゆる」で、犬が男女の野合の姿を見て吠えることから「みだりがましいこと」という意味が生まれた。「褻」の字の訓読みは「けがらわし」で、「褻」の字は「衣」と「執」から成るので「衣を執ること」つまり「裸になって陰部を顕わすこと」だという説がある。
◇エッチ、卑猥。

わいぶ［**猥部**］陰部のこと。

わいぶ［**Y部**］陰部がYの字型をしていることと、日本語の猥部をひっかけた言葉。
わかいつばめ［**若い燕**］年上の女の愛人である若い男。
わかさ［**若狭**］愛液の分泌。奈良のお水取りで「若狭」と呼ぶと水が湧き出てくることから。
わかさとよぶ［**若狭と呼ぶ**］前戯によって愛液の分泌を促す。奈良のお水取りで「若狭」と呼ぶと水が湧き出てくることから。「ゆびさきで若狭々々とよぶ美男」。
わかしゅ［**若衆・龍陽**］男色を業とした少年、陰間。男色関係のある少年、ちご。
わかしゅうと［**若姑・若舅**］息子に嫁を迎えたばかりの舅・姑。「若姑息子がするとただは寝ず」「初孫を早く見たさに二階へ寝」(『末摘花』)。
わかしゅうやど［**若衆宿**］成人した未婚男子が起居を共にした共同の宿。一九一〇年代までの日本の農・漁・山村地域には、「若者組（または若連中）」「娘組（または娘連中）」と呼ばれる男女それぞれの団体があった。未婚男子は成人式の年齢（十五〜十七歳くらい）を迎えると、共同の宿に移って起居を共にした。この宿を「寝宿」または「若衆宿（または若者宿）」と呼んだ。彼等は宿で寝起きしながら食事の用意をし、農耕や狩猟・漁労の方法を学び、遊んだりした。
一方、未婚の女性の行動は地域によって大きく異なる。ある地域では、成女式の年齢（初経の頃）を迎えると、「娘宿」と呼ばれる宿に移って起居を共にした。

男たちは親方の監督下で、若者宿から娘宿に夜這いに出かけ、婚前交渉の自由恋愛が行われていた。女の「寝宿」の習俗のない地域では、娘たちは親方の裁量の範囲の中で若者宿に出入りして、男子に奉仕したり、婚前交渉を持つこともできた。この風習には、性交渉を含む自由な配偶者選択過程が有り、恋愛技術の教育機関であり、正しい婚姻を目的とする一つの機関であるといえる。

世界の各地にこれと似た「青年の家」がある。ある地域では、女子は青年に奉仕することによって手当てをもらい、それを結婚資金に充てるという。

わがてえぐり［**吾手抉り**］女性の自慰行為。「あてえぐり」ともいう。

わかめざけ［**若布酒**］両脚を閉じた女性の股間に酒を注ぎ、これを飲むこと。酒の中に陰毛がゆらめく姿を若布にたとえたもの。舌の先で舐めるように飲む。最初は、舌の動きが女性の腹部から陰阜にかけての愛撫になり、酒が少なくなるに従い愛撫する位置が下に移動して女陰に近付いて行く。最後には女性も股を開き、男は、酒に濡れた女の肌を、女陰の周囲から徐々に中心に向かって舐めつくして行く。

わかん［**和姦**］夫婦でない男女が、合意の上で性交すること。

わぎもこ［**脇母古**］私の恋人という意味の古代語。

わごう［**和合**］結婚すること。睦まじくすること。性交。エクスタシー。

わざもの［**業物**］陰茎のこと。業物とは本来名刀を意味するから、勝れた陰茎のことであり、男性器を業物と表現した場合は、女性器は鞘と表現する。

わざわいのかど［**禍いの門・災いの門**］女陰（色欲）。「口は禍の門」という諺がある。これは口から出る言葉を慎まないと禍を招く基になるという戒めであるが、江戸人は、下の口（女陰）すなわち色欲も慎まないと禍を招く基になるよと戒めて、女陰（色欲）を禍の門と呼んでいる。「禍ひの門ちょうほうな所なり」（『誹風柳多留』）。「わざはひの門を女は二つ持ち」。狂歌にも「うかうかとわなに掛かりて身を水鶏（たたき）たたく戸口はわざはいのかど」「世の中の男女のわざはひもしもからおこる物にこそあれ」などがある。

わじるし［**ワ印・和印・〇印**］江戸時代、春画や春本の類を、それに関わる人たち（版元、絵師、彫師、刷師など）の隠語でワ印と呼んだ。「ワ」は春意（わらいえ）または笑本の頭文字というのが一般的な説であるが、猥褻の頭文字という説や、睦まじいという意味の「和」という説もあり、定かではない。

わたくしもの［**私物**］男性器。公に出せぬ物、すなわち、隠すべき物という意味で付けられた名称。寛永の頃に最も多く使われたらしい。

わたしぶね［**渡し船**］陰茎を勃起させる技法の一つ。女性は陰茎の中ほどよりやや先端に近い部分を握り、包皮の冠状溝から亀頭冠にかけて、被せたり剥いだりする。あまり強く行うと射精してしまうので、手加減が必要である。

わたつみ［**綿摘み**］綿入れの防寒衣料を作る店では、多くの若い娘を使っていたが、その娘に淫売させる店があった。その淫売屋、またはそこで淫売をする女を「綿摘み」という。「何くわぬ顔で娘は綿を摘み」「すこすこがおっぱね起きて綿を摘み」「ぬりおけとまわたのあひへとんとねて」（昼は塗り桶で真綿を引いていた）。

わびすき［**侘数寄**］情愛のない、お義理でする性行為、あるいは閨語り。茶道にことよせた隠語。

わらいえ［**春画・笑い絵・春意**］春画。

わらいえのかるた［**春意酒牌**］性交体位の絵が描かれた歌留多。

わりつける［**割り付ける**］股を割って、体または性器を押し付ける。

わりどこ［**割り床**］宿場などの娼婦宿で、客が多い時に一つの部屋を屏風などで仕切って床をとらせたこと。したがって、物音や声は隣りに筒抜けである。それが良いという者もいた。また、そのことから女の品定めもできたらしい。

わる［**割る・破る**］性交する。特に処女と初の性交をすること。「新鉢を割る」の略。「嫁入りの一の道具を手代わり」（『末摘花』）。「女一生忘れぬは割られた日」「かたぎを割るはめっぽうに骨が折れ」「丹田に気を落とし付けあらを割り」「割れたと悟る新鉢の声変わり」（初交を終えると娘の声は少し嗄れて低くなるという）。

われざね［**尿翅**］小陰唇。小陰唇は古くは「下水翼（しもひだ）」と呼ばれていたが、別の呼び名として「尿翅（われざね）」という言い方が有った。「さね」と言えば普通は陰核と解するが、古くは「われざね」を略して「さね」という場合も多かったから、「さね」を小陰唇と解した方が良いことも多い。

われめ［割れ目］女性器のこと。または、女性器の大陰唇の合わさった部分の縦の溝。

◇縦溝、溝、陰溝、裂け目、亀裂、陰裂、クレバス。

ん

んま［馬］月経。「宿下りんまだと見へて外へ出ず」（『誹風柳多留』）。

付録1　体位の分類

体位については、古来より様々な種類分けがされていて、いわゆる「四十八手」というものも、同じ体位に異なる名称が付けられていたり、ほんの僅かな違いなのに別の体位として扱われていたり、場合によっては、異なる体位なのに人によっては同一名称が付いていたりもする。ここでは、高橋鐵著『あるす・あまとりあ』を参考にして、一般に判りやすい名称による分類を試みることにした。◇印は、同体位に付けられた別称。

I　前向位と背向位。

1　前向位＝両性の前面（顔と顔、胸と胸、腹と腹）を向けた性交体位。

◇前どり、まとも、前方位、対面位法、A姿勢、第一位置、人間位。

2　背向位＝女性が男性に背を向ける性交体位。

◇後どり、ひよどり越え、対背位法、B姿勢、後向位、第二位置、動物位、四足獣技法。

II　男上位と女上位。

1　男上位＝男が上・上位・優越の性交体位。

◇正常位。

2　女上位＝女が上・上位・優越の性交体位。

◇道鏡ぶり、地天泰、擬男性交、転倒位、逆態。

Ⅲ　立位と座位と臥位。

1　立位＝男女両者か一方が立って行う性交の体位。

2　座位＝両者が座って行う性交の体位。

3　臥位＝男女両者か一方が横に臥せて行う性交の体位。

Ⅱと Ⅲの併せて五つの体位には、それぞれ前向位と背向位があるから、基本的には一〇種類の分類ができ、これに特殊な体位である、斜横位と逆角位を加えると一二種類になる。

1. 前立位（前向位の立位）

①凭立位《ひょうりつい》　壁、塀、樹木、ベンチ、柱など何か体の支えになるものに凭れて、立ったまま行う体位。

◇凭れまとも、よせかけ、もたれこみ、佇立・扶持性交、移動型。

②脚揚位《きゃくようい》　男が女の片脚を持ち上げ、女は片脚だけで立つ型。

◇立ち掛り、立鼎。
③懸縋位《けんついい》　男は立ち、女は男の首にぶら下がり、両脚を男の腰部に絡む。男は女の腰を抱き上げる。
◇御輿、蝉がかり、櫓立・汽車の弁当売り、釘打ち体位、膝と臀との立位。

2. 背立位（背向位の立位）
①脚揚背立位　前立位の脚揚位と同様に、（椅子などを用いて）片脚だけを前へ少し高く揚げ（あるいは男性が背後から片脚を抱き上げ）、上体を前へややかがめた女性の背後から接する体位。
◇碁盤ぜめ、碁盤づめ、つまどり、仏壇返し。
②四股位　女が膝をつかずに、手足で四つん這いになっている背後から、男は、女の腰を覆って接する体位。
◇種子ヶ島、大渡し、駒がけ、広つび、田植え、犬取り、牡牛体、牡羊体、四足獣技法、ポンペイ式技法。
③床上床下背立位　女が床上（またはベッドの上）にうつ伏せになり、両脚が床下についているとき、男は床下に立ったまま、女の背後から接する体位。
◇三春驢。

3. 前座位（前向位の座位）

◇前坐位。

①椅《き》座位　腰掛けている男性の上腿へ、女性が両脚を広くひろげて跨がる体位。

◇西洋稚児取り、座位、踞踏体、猿搏勢、歓喜仏、猿猴態。

②膝座位　男が膝座（正座）をし、その上に女性が膝を立て、あるいは膝をついて乗り、交接する体位。

◇居茶臼、投網、鏡茶臼、花筏、狂獅子。

③脚伸座位　男が箕踞（なげ足）をし、その脚の上に女性が両脚を広げて抱かれる交接体位。

◇ちごどり、花筏、鯖の尾。

④胡座位　男があぐらをかき、その脚の上に女性が両脚を広げて抱かれる交接体位。

◇あぐら、居茶臼、投網、逆転式。

⑤女跨位　男は正座か、やや腰を浮かした形を取り、女性は膝を着かず、男性の両腿を跨ぐように腰を下ろして交接する体位。

◇女上跨位、乗馬位、居茶臼、忍び居茶臼、投網。

⑥脚揚座位　前座位の場合に、男性が女性の片脚（または両脚）を持ち上げた体位。

◇股すかし、鶴交勢（片脚を揚げる体位）、下り藤（両脚を揚げる体位）。
⑦半座位　女性は後ろに手を着き、腰を上げて半身を起こしたまま、膝を軽く曲げて両脚を開く。男性は正座の形で女性の開いた両脚の内側に臀を置いて交接する体位。
◇向う突き、鏡茶臼、狂い獅子、異常性交法、象鼻天。

4．背座位（背向位の座位）
◇後座位　背座型、対背位椅座姿勢。
①椅座背位　男が腰掛けている上に、女性が背を向けたまま跨がる体位。
◇背負い掛り、背負い掛け、後座位。鴨の戸（女は両手を前に着く）。
②膝座背位　正座または胡座をかいた男性の上に、女性が背を向けたまま跨がる体位。男性が少し後ろへ反り身になるか、女性が少し前に這うようにする必要がある。
◇後茶臼、うしろ、櫓取り、反り観音、本駒がけ、(三味線責め)、鴨の羽返し（女は片手で男の首を巻き、後に反り返る）。
③男反背位　男性は腰を下ろして脚を前に投げ出し、後ろに手を着いて体を反る。女性は男性に背を向けて交接し、両手を前に着くようにする。
◇本駒がけ、炬燵がかり、海老、締め込み錦（女性が男性の足先まで伏せた体位）。
④女俯背位　女性は正座した形から前に肘を着いてうつ伏せる。男性は後ろから膝を着い

た形で女性の下半身を抱え上げて交接する体位。

◇膝臥位、かかえ上げ、すくい揚げ、乱れ牡丹、おかま、後ろ巻き、〆込み錦。

5．女上前位（女上位の前向位）

①女上膝位　男が仰向けになり、女が膝をついて交接し、主動的に行う性交体位。

◇茶臼、本茶臼、乗馬位、倒れ蓮華、逆さ床、笠伏せ、破れ傘、擬男性交、螺旋式、大蜂式、轆轤、空翻蝶（くうほんちょう）。

②女上跨位　男が仰向けになり、女が両膝を立てたまま、跨座の姿勢をとる性交体位。

◇腹やぐら、時雨、時雨茶臼、ボート掛り、機織、機織茶臼、乗馬位、騎乗位、騎馬位、馬乗位、騎馬姿勢。

③女上伸位　男が仰向けになり、女は交接をして両脚を伸ばした性交体位。

◇茶臼善光寺、筏茶臼、茶臼筏、茶臼伸ばし。

④折衷女上前位　男が仰向けになり、女は脚の片方ずつを、膝位、跨位、伸位のいずれかにする。または男女の脚を互脚位にする場合もある。

◇倒蓮華（さかされんげ）、空翻蝶。

6．女上背位（女上位の背向位）

①女上背膝位　仰臥した男性に、女性は背を向けて膝をついて跨がり、交接する性交体位。または椅座位の場合もある。

◇逆茶臼、逆上位、後ろ櫓、月見、逆手がらみ、臀部相観式、背飛鳧（はいひふ）。

②女上背跨位　仰臥した男性に、女性は背を向けてしゃがむように跨がり、交接する性交体位。

◇後ろ櫓、帆掛舟、月見茶臼。

③女上背伸位　仰臥した男性に、女性は逆向きに脚を伸ばした形で覆いかぶさり交接する性交体位。移行形と考えられる。

④双仰臥位　仰臥した男性の上に、女性も仰臥して交接する体位。女上背位で性交を終え、そのまま眠りにつくような場合に多い。

◇撞木反り。

7．男上前位（男上位の前向位）

女が仰臥して男が前向きに乗る性交体位。種々の説はあるが、古来、最も一般的、かつ基本的な体位とされている。

◇正常位、まとも、本手、本どり、本馬、正交。

①開股位　仰臥した女性は上腿を開き、膝を曲げて上にあげる。男性は肘と膝をついて体

重を軽減しながらその上に乗り交接する性交体位。

◇正常位、まとも、本手、本どり、本間取り、本馬、正交、正向位、四つ、四つがらみ。

②腰高位　女性の臀の下に枕をあてがい、女性の股を広げて、開股位と同様に交接する性交体位。

◇枕がかり、鶺鴒本手、開華型、塗り込め式。

③屈曲位　仰臥した女性は上腿を開き、腰を曲げて脚を上にあげる。男性は肘と膝をついて体重を軽減しながらその上に乗り交接する性交体位。脚の揚げ方やその程度により、様々な呼び名がある。

◇前つけ、鴨の入首、かつぎ上げ、きぬかつぎ、肩車、片掛け、肩掛け、海老責め、欠伸型、龍宛転、翡翠交、亀騰勢、偃蓋松、甲蟹態、野馬躍。

④男踞位　仰臥した女性は屈曲位を取り、男性はその腿の間にしゃがみ、つまり踞座した姿勢で交わる性交体位。

⑤纏絡（てんらく）位　男性は胸、腹を合わせ、女性は脚を男性の腰から背に絡み付ける性交体位。日本人独特の体位らしい。

◇足からみ、たすき、四つがらみ。

⑥―1　女下伸位　仰臥した女性は両脚を揃えて延ばす。男性はその上に跨がり交接して抱き合う体位。

◇外がこみ、小股ばさみ、伸展位。
⑥―2　双伸位　仰臥した女性は両脚を揃えて延ばす。男性はその上に伸位で乗り、交接して抱き合う体位。
◇善光寺、番い鳥、しがらみ、筏くずし、肩透かし。
⑦男掌位　股を左右に開いて仰臥した女性に対し、男性は手と膝を着いた形で交接する体位。
◇富車。
⑧抱上位　前座位の形から女性を仰臥させた体位。つまり女性の腰から臀部は自分の膝の上に抱き上げて交接したまま上体だけを寝かせる体位。
◇かかえ込み。
⑨互脚男上前位　互脚位の男上前位。
◇八雲の契り。
⑩床上床下男上前位　女性は上半身をベッド上に仰臥し、股を開いて脚を下に垂らす。男性は床下にたって交接する体位。
◇海鷗翔。

8. 男上背位（男上位の背向位）

腹這いまたは四つん這いになった女性の上に男性が重なる体位。
①腹臥位　腹這いの女性の上に、男性も腹這いになって交わる体位。
◇後ろ巻き、つぶし駒がけ、敷き小股、玄蟬附、象態。
②膝肘背位　膝と肘を着いて四つん這いになった女性の後ろから男性も膝を着いて交わる体位。最も一般的な背向位。
◇膝臥位、うしろどり、さしさば、ひよどり越え、下手櫓、駒掛け、出船、白虎勢、膝胸位、虎歩勢、隔山取宝、隔山点燭。
③女掌位　膝と掌を着いて四つん這いになった女性の後ろから男性も膝を着いて交わる体位。最も一般的な背向位。
◇田植え。
④閉股位　膝肘背位や女掌位で陰茎を嵌入後に女性は両膝を着けて股を閉じた体位。
◇広つび。
⑤折衷男上背位　膝肘背位で女性が片脚を伸ばす、あるいは、肘位・掌位を左右で変える等の体位。
◇裾野、蟬付勢。
⑥互脚男上背位　膝肘背位を基本とし、男性は左右の脚を相前後し、同じく左右の脚を相前後した女性の脚と互い違いにする体位。

9．前臥位（男女ともに側臥した姿勢をとる体位）
◇横どり、ならび、横づけ、横接、双臥位、臥位、双魚勢。
①前側位　男女向かい合って横臥し、女性は下側の脚を少し前に曲げ、男性は、その上に腰を浮かせぎみにして割り込み、上になった女性の脚を上げさせて置く。
◇横取り、並び、横付け、横接、両のばし、前臥位、外わく（女性の上の脚を男性の背に絡ませた体位）。
②纏絡位　前側位で女性が脚の間に男性を挟み込んで絡み付く体位。
◇矢はずかけ、内わく（女性が両脚を伸ばした体位）。
③半臥位　前臥位で邪魔になる男性の下のほうの片肘を立てるか、女性が仰臥した体位。
④間隔位　半臥位を少し変えて互いに上半身の間隔を取り、身体をX字状に交差させる体位。
◇鯖の尾。
10．背臥位（男女ともに横臥し、女性の臀部に面して男性が交接する体位）
◇腹臥位、うしろならび。
①背側位　背臥位の最も一般的な形。

◇腹臥位、うしろならび、搦め取り、間男取り、対背位側臥姿勢、流線型、背臥位。
②間隔背臥位　互いに上半身の間隔を開けた背臥位。
◇腹臥位、後取り、こけつもどき、窓の月。
③女仰位　横向きに寝た女性は、上半身は捻って上向きになり、片脚を上げて股を開く。男性は女性の股間に臀部から交接し、上半身は捻って女性の上半身の上にかぶさる性交体位。
◇松葉くずし、松葉返し、対側位法、折れ松葉、対背位側臥姿勢。

11. 斜横位（男性の体の横軸と女性の体の横軸が直角に交差する位置関係で交接する体位）
◇斜角態。
①斜横女上位　横臥した男性の上に、女性は大きく開股して横向きに交差した形で結合する体位。
◇帆立貝、十の字掛り、逆十字、逆十文字、横茶臼、宝船、斜角態。
②斜横男上位　横臥した女性の片脚を上げ、男性は膝をついて開股された女性に交差して結合する体位。
◇廓つなぎ、斜角態。

③男側位　横臥している男性に、両脚を上げた女性が横から接近し結合する体位。
◇宝船、横やぐら、御所車、菊一文字、こぼれ松葉。
④床上床下斜横位　ベッドなどの上に横臥した女性に、前からあるいは後ろから、下に立った男性が近付いて結合する体位。ベッドなどを用いない場合は、女性の片脚を上げて浮き腰にし、男性は膝座したまま交接する。
◇女側男上位。
⑤女斜位　胡座をかいた男性に、女性は横向きに抱かれた形で交接する体位。
◇鴨の入首。

12．逆角位（男性と女性の頭の向きが逆になって交接する体位）
①逆角女上位　仰臥した男性の上に女性は逆向きに跨がり結合させる体位。
◇くさり、下がり藤、飛び違い。
②逆角男上位　仰臥した女性の上に男性は逆向きに跨がり結合させる体位。
◇梃子掛り、飛び違い。
③逆角側臥位　男女双方が、頭と脚を逆に向け合って側臥しながら結合する、つまり、互いにL字形と逆L字形になって交接する体位。
◇松葉くずし。

付録2　体位〔永井潜による〕

前向位

1　正常位　男　子：全陰茎に刺激あり。
女　子：全般に弱き刺激あり。
適　合：一般普通。
不適合：妊娠初期、腹部肥満。
調和性：容易。

2　伸展位　男　子：陰茎小帯、陰茎背部に刺激あり。
女　子：膣後壁、陰挺部に刺激あり。
適　合：勃起不全の場合。
不適合：妊娠期。
調和性：困難であるが可能。

3　屈曲位　男　子：亀頭上部、陰茎体の下部に刺激あり。
女　子：膣前壁、膣口後縁に刺激。陰挺刺激なし。
適　合：陰門の開き過ぎ、弛緩しすぎ。

不適合：妊娠期、発育不全。
調和性：容易。

4　乗馬位
男　子：全刺激よし。
女　子：全刺激よし。
適　合：両性とも最大の悦楽。男性弱き場合よし。
不適合：膣短小。発育不全。初交。毎日。
調和性：困難であるが可能。

5　前坐位
男　子：全刺激よし。
女　子：陰挺部。深い時は全部。浅い時は膣後壁、膣挺部。
適　合：経験浅い女性。妊娠時。
不適合：深い挿入。
調和性：困難であるが可能。

6　前側位
男　子：正常位とほぼ同じ。
女　子：正常位とほぼ同じ。
適　合：普通一般。
不適合：なし。
調和性：容易。

後向位

7　腹臥位　男　子：陰茎小帯、陰茎背部に刺激あり。
女　子：膣前壁、膣口後縁に刺激。陰挺刺激なし。
適　合：普通。
不適合：妊娠期。皮下脂肪多量。
調和性：困難であるが可能。

8　後側位　男　子：陰茎小帯、陰茎背部に刺激あり。
女　子：膣前壁、膣口後縁にわずかな刺激。
適　合：病気あるいは弱い男女の静かな性交。
不適合：中程度の感度の女性には中途半端な刺激。
調和性：やや困難。

9　膝臥位　男　子：亀頭上部、陰茎背部に非常なる刺激あり。
女　子：膣後壁に大きな刺激。膝、肘をつけば陰挺刺激。
適　合：受胎によし。妊娠時その他。
不適合：膣口広く弛緩。妊娠終期。
調和性：非常に容易。

10　後坐位　男　子：陰茎小帯、陰茎背部に刺激あり。
女　子：膣前壁、膣口後縁に刺激。子宮部。陰挺刺激なし。
適　合：刺激動作の齟齬《そご》がある場合。
不適合：膣短小、発育不全、初交は深い挿入不適。
調和性：困難であるが可能。

付録3　日本古来の体位〔いわゆる四十八手〕

1　本間どり：正常位。
(別名) 差し向かい、前どり。
(特長) 無理がなく、性感度も高い。両手の使用、接吻など自由。

2　きぬかつぎ：屈曲位の変形。女性の両脚は男性の両肩に載せる。
(別名) 肩車。
(特長) 刺激が強く、弛緩した膣に勧める。

3　片かけ：屈曲位の変形。女性の片脚は男性の肩に載せる。
(特長) きぬかつぎより楽。暑いときによし。

4　足かかえ：屈曲位。女性は両脚を深く折り曲げ、踵を腿に着ける。

（特長）女性の露出度大きく、刺激も大きい。やや苦しい体位。
5　昇りかけ：きぬかつぎの変形。男性は中腰になる。
（特長）挿入完全、男性有利。刺激は強いが疲労度も大きい。
6　とんぼつり：屈曲位の完成された形。女性の両脚は男性の背中にからむ。
（別名）足からみ。
（特長）屈曲位で体が離れるのを補った体位。やや無理がある。
7　四つからみ：正常位の変形。女性は両脚は男性の腰に、両腕は男性の背にからませる。
（別名）四つ手からみ。
（特長）男女とも動きのリズムに乗せやすく、刺激も高めやすい。
8　磯の波枕：正常位の変形。男女とも両手を相手の肩にまわして密着する。
（特長）新婚夫婦向き。男性は乳房を愛撫しやすい。結合感が高い。
9　小股ばさみ：四つからみの変形した伸展位。
（別名）外がけ。
（特長）腰枕を使うとより効果的。陰茎が長く膣が短いと有害。
10　坐り茶臼：男性は腰掛けるか胡座。女性が跨がる。
（別名）投網、居茶臼、股すかし。
（特長）ベッド、脱衣必要なし、インスタント性技向き。妊娠確率高し。

11　茶臼からみ：坐り茶臼の変形（女性が足を男性の腰にからませる）。
（特長）動作不自由、男性の疲労強し。
12　肩透かし：坐り茶臼の変形。女性は上体を後ろに反らし、手は自分の後方につく。
（特長）男性の視覚に訴える興奮、女性自身の動きによる興奮により効果的。暑い日向き。
13　向う突き：前坐位の変形。胡座をかいた男性に跨がった女性の両腿の下から男性は両手を入れて女性の腰を支える。
（特長）結合感低し。好奇心の面白さ。
14　本茶臼：女性上位の正常位。
（特長）女性主導。男性疲労時向き。
15　腹やぐら：騎乗位。仰臥した男性の腰部に女性が馬乗りにしゃがみこむ。
（特長）女性が旺盛の場合に向く。夏向きで妊娠率低し。
16　釣り橋：騎乗位の変形。男性は上体をやや起こし、女性は上体を後ろに反らす。
（特長）深い愛情を示すに適した体位。
17　片手先はずかけ：騎乗位の一種。男性は上跨の女性の背部を片手で抱え、片脚を女性の脚の上にあげ、交脚姿勢を取る。
（特長）女性の安定感に欠けるが、形の面白さによる刺激大。
18　茶臼伸ばし：女性上位の伸展位。

(別名) 茶臼善光寺。
(特長) 男性の勃起不十分、女性の広膣に適。下つき、肥満は不適。
19 本平やぐら：茶臼伸ばしの発展形。互いに両手で肩を抱き、脚をからませる。
(特長) 双方の動きによる刺激大。
20 帆立貝：女性上位の伸展位で、女性は陰茎を軸に右あるいは左に九十度回転し、男女が十文字に交差した体位。
(別名) 横茶臼、十の字がかり。
(特長) 弛緩した膣向き。上下運動難し。好奇的体位。効果は薄い。
21 かけくずれ：帆立貝からの移行型。帆立貝の状態で互いに両手で相手の腰をだきかかえる。
(特長) 無理な姿勢。下つき女性や勃起不十分な男性には不可能に近い。
22 後ろ並び：背向の側位姿勢。男女が横臥して同方向を向いて行う体位。
(特長) 女性の満足度高し。妊娠中、雑居家族向き。
23 窓の月：後ろ並びの変形。女性は両膝を曲げ、片膝を上げて陰部の露出に心掛ける。
(特長) しんみりと風情を重んじる場合向き。
24 鴨の羽返し：後ろ並びの変形。L字型の女性の後ろから男性は交接する。女性が片脚を上げその下に男性の片脚を入れる。

（特長）静かなムード派向き。妊娠時、疲労時向き。
25　逆とったり：鴨の羽返しの変形。男性の片脚の上の女性の脚を持ち上げるようにし、上半身を起こして女性の上に覆いかぶさるようにする。
（特長）静かなムード派向き。妊娠時、疲労時向き。
26　矢はずがけ：男女が対向して横臥する。女性はやや仰向けぎみに片脚を上げ、そこに男性は片脚を入れて交接する。
（別名）両のばし、横どり、ならび。
（特長）肥満型には不向き。長時間向き。前戯向き。
27　根腰：男性は仰臥して右脚を上げる。女性はこの脚を抱くようにして横向きに男性の上にしゃがみ交接する。騎乗位に近い側位姿勢。
（特長）効果低く、好奇心向き。
28　二本づめ：根腰の姿勢から女性は後ろに倒れ、男性は横向きになる。男女の角度は直角になる。
（特長）効果低く、好奇心向き。
29　鴨の入首：仰臥している女性の両脚を持ち上げ、男性は横臥のまま交接する。つまり女性は仰臥屈曲位で、男性は横臥伸展位になる。
（特長）無理な形の上、効果も少ない。

30 うしろ茶臼：背向位に属する。腰掛けるか座るかまたは胡座をかいた男性の膝の上に女性が背を向けて腰掛けるようにして交接する。
(特長) 動き不十分。前戯の延長みたいなもの。絶頂に達しにくい。
31 つき廻し：うしろ茶臼の形から、女性は前屈みになって両手をつき、男性は両手を後ろについて上体をそらせ性器の密着度を増した形。
(特長) 全体に接触感が少ない。
32 敷き小股：腹這いになった女性の上に男性も腹這いになり、膝で女性の両脚を開かせるようにして交接する。
(特長) 痩せた夫婦、下つき女性向き。前戯としては良いが満足感少なし。
33 手車：背向位。肘と膝をついた女性の後ろから男性は膝つきまたは中腰で交接する。
(別名) ひよどり越え。
女性は腕を伸ばしても良い。
(特長) 結合位置は理想的。妊娠時向き。
34 かかえあげ：腹這いになっている女性の両股を開き、それを抱え上げて膝立ちで交接する。
(特長) 長時間は無理、気分転換用体位。
35 種子ヶ島：女性は肘も膝もつかずに四つん這いになる。男性はその後ろから交接する。

（別名）大渡し、駒かけ（馬の交尾の意）。
（特長）手車よりは疲労少なし。
36　掬い上げ：座っている男性の腿の上に女性は後ろ向きに座る。男性は女性の両足を掬うように抱き上げて交接する。
（特長）男性に強い力が必要。力士向き。
37　後ろ櫓：逆騎乗位。
（特長）無理な体位。
38　逆手からみ：男性が仰臥した上に女性は逆向きに乗り、互いに相手の脚に絡む。
（別名）下り藤、くさり。
（特長）結合困難。
39　逆手四つ：男性上位の逆手からみ。女性の腰に枕を当ててやっと接合できる。
（別名）梃子がかり。
（特長）結合は無理。
40　淀の水車：女性は仰臥して膝を曲げて胸に抱く。男性は反対向きに四つん這いになり、後退りして交接する。
（別名）飛び違い。
（特長）大変無理な体位。実用的ではないが、中国では推奨されている。

41 逆の浮橋：男性上位の逆方向の伸展位。ほとんど交接は無理。
(特長) 無理な体位。好奇心から、前戯として使われる。
42 とまり蟬：男性は脚を少し開いて立ち、女性は両手で男性の首にすがりつき、両脚も腰に絡み付けて交接する。男性は両手で女性の腰を支える。壁や立木を利用することも多い。
(別名) 蟬がかり。
(特長) 男性が力強く、女性が小柄な場合のみ可能。
43 鯉の滝のぼり：男女が向かい合って立ち、女性は背伸びして交接する。
(特長) 女性に無理がある。
44 千鳥の曲：フェラチオ。
(別名) 尺八、吸茎。

(特長) 正規の性器結合ではなく、男性器接吻の愛技。妊娠時、月経時に良い。肛門に接しないことが効果的。
45 片男波：クンニリングス。
(特長) 正規の性器結合ではなく、女性器接吻の愛技。女性は男性の愛の確証として感じ、絶頂にも達する。前戯としても効果的。女性の同性愛の行為としても使われる。
46 巴どり：男性上位のシックスナイン。

（特長）正規の性器結合ではなく、相互の性器接吻による愛技。前戯として効果的。
47　逆巴：女性上位のシックスナイン。
（特長）正規の性器結合ではなく、相互の性器接吻による愛技。前戯として効果的。
48　二丁だて：側臥位のシックスナイン。
（特長）正規の性器結合ではなく、相互の性器接吻による愛技。前戯として効果的。

あとがき

「いろ」にもいろいろある。本書『いろの辞典』の「いろ」は、「色っぽい」「お色気」「色ごと」などというときの「色」である。江戸時代の文学、中でも『誹風柳多留』や『末摘花』などの川柳に興味をもった時、理解し難い言葉に数多く遭遇した。暇をみつけては、それらの言葉を辞書やら文献やらで調べ、アイウエオ順にワープロに整理し始めたのが、この『いろの辞典』を作ろうと思ったきっかけである。

参考のために読んだ西鶴や近松の作品でも、「色」に関する言葉は「古語辞典」だけでは理解できないものが多く、悩まされた。少し時代が下ればと思ったが近代文学でもそれは同じであった。ましてや中国やインド、そして欧米の古典から引用された用語には何のことやら判らないものが一層多い。現代文学の場合は類推することができる場合も少なくないが、それが純文学や推理小説の中の濡れ場に、さり気なく出てくると類推しているつもりで、たいていの場合は理解できないまま読み飛ばしてしまうことになる。それに、無闇矢鱈と外国語を使いたがる著者もいて読者を悩ませる。これでは伏せ字だらけの文章を読んでいるようなものである。

吉田《よしだ》精一《せいいち》氏は『国文学・解釈と観賞』(昭和五十年二月臨時増刊号)の中で「文法よりも

語彙の解明が必要であり、語彙の調査はなによりも事実の詮索に待つ。そして事実をつきとめる場合の困難は、主に風俗の知識と理解の不足にかかっている」と書かれている。「色」の言葉を解明することは、性のみならず生活について知ることであり、考え方を理解することである。

「色」と言うと、軽視はおろか軽蔑さえされることも多い。しかし、「色」はそれ自体がすべての人に関わる大切なことであり、すべての人の人生の中に大きな位置を占めるものである。だから「色」の本にはユーモアがあり、人情の機微が潜んでいる。したがって「色」について古人の想いを調べ、現代の科学的知識と照合する追究は、今一度自分の人生について考え直すよすがになり、人の人生について別の観点から考えるきっかけにもなり得るのである。このことは、この辞典の編纂を進める中で実感した次第である。

人間の心の成長は、出版物の少なかった昔に比べて現代もほとんど進歩せず、些細なことで悩んでいる少年・少女は今なお減少していない。むしろ増加しているとさえ言える実情である。

例えば、昔よく言われた科白に「お前は男だろう。キンタマが付いているんだろう」というのがある。この言葉一つの中にも、かつては男のシンボルが陰茎ではなくて睾丸にあったということが汲み取れる。最近では男のシンボルはもっぱら陰茎に移ってしまい、世の男性はその大きさを自慢し、また、小さいことに悩んだりしている。

陰茎と睾丸とどちらが重要なのかは一概に判じ難いが、男性の男性たる所以である精液を作るという本質的な仕事をする部分である睾丸より、表面から良く見えて、しかも性交という派手な行為に関わる部分である陰茎の方が重んじられるということは、世相の反映ともとれるのである。

こうして見ると、一つ一つの言葉の中に含まれる古人の知恵、人間の歴史を実感することができるのである。

最初、自分の趣味のためにこの辞典の作成を始めてから既に二十年余りが経過した。今から思えば、先人の著作をベースにすれば、短期間でより充実させる道もあったと思われるが、敢えて自分で読んだ本に限ることに執着してきた。読書中に一つの不可解な語に直面すると、国語辞典を引き、古語辞典を引き、読めない文字は漢和辞典で調べた。それでも解らない時は、その言葉を説明してある書物に突き当たるまで待ち、運良く解ればそこで、この辞典の一語が完成する。その時の小さな喜びの積み重ねがあったからこそ、ここまで続けられた。

古典の勉強不足、現代作品では興味の偏り、若者向け作品の読書量の少なさなど不十分な点が多い。諸賢のご指導・ご教示を戴きたい。

なお、一般語に就いては岩波書店発行新村出編『広辞苑』、学習研究社発行金田一春彦他編『学研国語大辞典』、角川書店発行久松潜一他編『角川国語辞典』などを、古語は『学研新・古語辞典』を、外来語に就いては成美堂発行『平成版カタカナ語新辞典』と旺文社発行津田武編『カタカナ語新辞典』を、アイヌ語に就いてはさんおん文学会発行の赤木三兵編『アイヌ語小辞典』を常時机上に置いて参照させて戴いた。

また、前掲の至文堂発行『国文学・解釈と観賞』（昭和五十年二月臨時増刊号）からは、多々学ばせて戴いた。

拙著の発行にあたり、文芸社の方々には大変お世話になりました。中でも編集部の金田雄一様には何度も足を運んで戴き、素人判断からくるわがままを聞いて戴き、深く感謝しております。

二〇〇〇年一月

改訂版あとがき

『いろの辞典』を刊行したところ、多くの方々から励ましの言葉を戴き、反響の大きさに驚きながらも感謝しております。特に『週刊朝日』に書評を戴いたり、またTBSラジオ放送「森本毅郎《もりもとたけろう》スタンバイ」の中の「日本全国八時です」のコーナーでは、担当の現代詩作家・荒川洋治《あらかわようじ》先生から項目例を挙げながら書評を戴きました。これらを励みとし、ご批判の点については配慮しながら、今後もより高い完成を目指して行きたいと思っております。

この改訂版では初心に帰り、特に次の三点に配慮しました。

(1)関連する古川柳を一つでも多く挿入する。

(2)古川柳に関わる言葉について補遺する。

(3)現代語については、現代の世相を反映しているものに限るようにした。

二〇〇〇年十二月

文庫版あとがき

本書は、二〇〇〇年十二月に文芸社から単行本として刊行された『いろの辞典［改訂版］』を改題し、文庫化したものである。

文庫化にあたっては、項目を見直し、加除の上、明らかな誤記や誤読、誤解を与える表現を全面的に訂正し、表記の仕方の統一を行った。

こうして再び手にとりやすいサイズになったことで、さらに多くの方々に読んでいただけることは、著者として望外の喜びといえる。

文庫化にあたり、ＫＡＤＯＫＡＷＡの文芸・ノンフィクション局第四編集部のみなさまにはいろいろとお世話になりました。

心から感謝申し上げます。

二〇一八年二月

いろごと辞典《じてん》

小松奎文《こまつけいぶん》

平成30年 3月25日　初版発行
令和7年 4月25日　19版発行

発行者●山下直久

発行●株式会社KADOKAWA
〒102-8177　東京都千代田区富士見2-13-3
電話　0570-002-301（ナビダイヤル）

角川文庫 20848

印刷所●株式会社KADOKAWA
製本所●株式会社KADOKAWA

表紙画●和田三造

●お問い合わせ
https://www.kadokawa.co.jp/（「お問い合わせ」へお進みください）
※内容によっては、お答えできない場合があります。
※サポートは日本国内のみとさせていただきます。
※Japanese text only

ISBN978-4-04-400167-4　C0195